Ennéagramme,
relations humaines
et vie de couple

Sauf mention contraire, toutes les illustrations sont la propriété de l'auteur.

Traduction : Anne-Gaëlle Wozniak

Direction d'ouvrage : Éric Salmon

Relecture : Laure Sannoner

ISBN : 978-2-73391-526-4

355, rue de la Montagne Noire
31750 Escalquens
grancher@piktos.fr
www.grancher.com

Titre original : *The enneagram, relationships and intimacy*

Pour plus d'informations au sujet du Dr David Daniels et de son travail, rendez-vous sur son site Internet : www.drdaviddaniels.com

DAVID DANIELS et SUZANNE DION

Ennéagramme, relations humaines et vie de couple

Mieux se comprendre l'un l'autre
pour s'aimer et vivre pleinement

GRANCHER

« Mieux me connaître
et comprendre les autres
est la clé de mon rêve personnel,
sociétal et humanitaire. »

David Daniels

Préface du Dr Daniel J. Siegel

Ce livre est le fruit d'un savoir accumulé au cours de centaines de séminaires sur l'Ennéagramme, de quarante ans d'expérience en thérapie, et de la dévotion d'un homme qui a consacré sa vie à améliorer celle des autres. Professeur en médecine, David Daniels était un homme exceptionnel, capable d'accueillir les autres pour ce qu'ils étaient vraiment. Il avait une capacité incroyable à se connecter aux autres, à leur faire dire l'essentiel et à les pacifier émotionnellement. C'était toute sa vie, sur le plan personnel comme professionnel.

Faire des relations sa priorité absolue le rendait différent. David était convaincu que c'est l'amour, nos relations et l'amour que nous vivons dans nos relations qui nourrissent notre moi intérieur, et qui nous fournissent le fondement nécessaire à une vie profondément satisfaisante.

Par sa capacité à inspirer la réceptivité (une sorte de pleine conscience relationnelle), il a transformé ma compréhension du processus de croissance vers la plénitude de la vie. J'ai connu David quinze ans avant sa mort. Nous étions deux psychiatres, l'un et l'autre hors des sentiers battus, cherchant tous les deux à intégrer la science aux traditions contemplatives.

Nous avons continué à nous voir, à enseigner ensemble, et à apprendre l'un de l'autre, dans un groupe de travail que nous appelions avec affection « le Brain Group ». Avec Laura Baker, Denise Daniels et Jack Killen, le Brain Group essaie de traduire le vocabulaire de l'Ennéagramme (système fondé sur notre réactivité émotionnelle et nos motivations instinctives) en une nomenclature scientifique moderne qui s'appuie sur la neurobiologie, mon champ d'expertise.

Il s'agit notamment de voir ce qui se joue entre le tempérament inné et la neuroplasticité empirique – la manière dont les cerveaux sont façonnés à la fois par la génétique et les facteurs interpersonnels. Pendant ces quinze années, David et moi nous sommes mutuellement soutenus tandis que nous intégrions nos connaissances de la psychiatrie occidentale aux pratiques plus contemplatives de la méditation, aux expériences de pleine conscience et au processus d'unification intérieure.

Les propos de ce livre sont ceux à la fois d'un scientifique, d'un expert en sciences comportementales et d'un bâtisseur de meilleures relations. Écrit au cours des sept dernières années de la vie de David, ce livre est imprégné de la sagesse qu'il avait acquise. Je suis particulièrement reconnaissant à sa co-auteure, Suzanne Dion, et à ses enfants, Denise Daniels et J. D. Daniels, d'avoir fait en sorte que ce livre voie le jour. Puisse cet ouvrage vous apporter une nouvelle vision, une nouvelle compréhension de votre vie et de vos relations, et, bien sûr, davantage d'amour.

Acceptez ces mots d'un sage des temps modernes et laissez la lumière et l'amour de David vous inspirer et vous guider vers la plénitude et le bien-être. Bonne lecture !

Daniel J. Siegel, professeur en médecine

Mindsight Institute, Santa Monica, Californie, décembre 2018

Remerciements

Remerciements de Suzanne Dion, co-auteure

Ce livre est assez spécial. Pour l'écrire, il aura fallu plusieurs années, de multiples versions, et une poignée de personnes exceptionnelles, chacune ayant profondément aimé l'homme hors du commun qu'était David.

Trois semaines avant son décès brutal, David m'avait remis avec enthousiasme une nouvelle version de son travail, et je venais de m'y atteler lorsqu'il nous a quittés. Auparavant, j'avais promis à David de finaliser ce livre en son nom s'il ne pouvait le faire lui-même. Cette collaboration est celle qui m'a demandé le plus d'humilité au niveau personnel et le plus de persévérance au niveau professionnel de toute ma vie. Néanmoins, terminer ce livre pour lui et pour sa famille a été un grand honneur.

C'est grâce à David que je suis venue à l'Ennéagramme. C'est grâce à lui que j'ai passé le diplôme de formateur en Ennéagramme et grâce à lui que j'ai eu la chance de devenir celle que je suis aujourd'hui. Alors que j'animais un séminaire pour cadres et dirigeants, j'ai vu David raconter, avec émotion, la façon dont l'Ennéagramme lui avait permis de développer la compassion, pour lui-même et pour les autres. Le voir adopter une posture de vulnérabilité pour expliquer à des dirigeants d'entreprises comment l'Ennéagramme pouvait améliorer leurs affaires a ouvert mon propre cœur et changé ma vie à jamais.

Un immense merci à J. D. Daniels et à Denise Daniels, ses enfants, qui m'ont soutenue tout au long du chemin pour que le manuscrit de David voie le jour. Ce projet n'aurait pas abouti sans leur dévouement et leur contribution.

Un merci tout particulier au Dr Dan Siegel, dont les recherches, l'engagement et le charisme ont touché non seulement David mais aussi beaucoup parmi nous sur le chemin vers la pleine conscience. Ceux d'entre nous qui liront ses livres inspirants deviendront peut-être des passeurs qui diffuseront à leur tour ses idées aux individus et aux familles, aux enfants et aux écoles, afin de contribuer, à leur échelle, à faire une précieuse différence dans ce monde.

À Britain, ma fille : merci pour les heures infinies passées à sourire à mes côtés, dans mon bureau, pendant toutes les années où ce livre s'est trouvé sur mon écran. À Georges et à Betty, mes parents attentifs et anticonformistes, qui m'ont laissée jouer des jours et des jours avec créativité, sans entraves et sans interruption. Je n'ai pas de mots pour vous remercier de tout ce que vous m'avez donné en tant que parents.

Je voudrais également remercier tous ceux qui ont participé avec amour à ce projet, corrigeant, prenant soin de moi, débattant de nouvelles hypothèses. Chacun de vous a joué un rôle décisif dans ce processus, afin d'être sûr que nous arriverions au bout, pour exaucer le vœu de David.

Puisse ce livre témoigner de l'immense générosité de David, de sa vision et de ses innombrables contributions. Cet ouvrage incarne son rêve pour nous tous : ceux qu'il a aimés, les groupes de développement personnel dans lesquels il s'est investi, les participants aux événements Ennéagramme auxquels il a participé, ainsi que tous les habitants de la planète Terre. Puissions-nous participer à la création d'un monde plus paisible et plus aimant, celui que David espérait tant, et pour lequel il a travaillé sans relâche, passionnément et avec tant d'amour.

Avant-propos

Nous vivons une époque fascinante. On remet le genre en question, le divorce est devenu banal, aux États-Unis des nourrissons sont laissés à la crèche dès l'âge de six semaines – les dommages potentiels sur leur développement sont ainsi quasi normalisés –, la technologie a largement dépassé nos rêves les plus fous et, d'un autre côté, certains bataillent pour trouver un partenaire qui puisse répondre à leurs besoins, qui puisse « les rendre heureux ». Dans notre monde, le niveau de désenchantement est incroyablement élevé, tout comme celui du progrès, ou également celui de la fascination.

J'ai passé soixante ans à soigner la douleur et la déchirure du lien, autant que la croissance, la joie et le développement des enfants, des parents, des familles et des êtres aimés. Le travail que j'exerçais à titre privé se focalisait surtout sur des couples qui essayaient de mieux s'entendre, de se sentir davantage aimés ou désirés, de mieux se comprendre l'un l'autre. Aujourd'hui, les couples se battent pour gagner leur vie tout en essayant d'empêcher leurs familles de se dissoudre. J'ai également consacré une bonne partie de mon travail à traiter la violence, notamment celle des adolescents. En conséquence, mon travail m'a orienté vers la communication non violente et ses répercussions sur la gouvernance. Pendant les trente-cinq dernières années, j'ai consacré ma vie à organiser des séances individuelles, des ateliers de groupe, des formations enracinées dans les traditions contemplatives qui nous encouragent à vivre plus pleinement notre vie en relation avec les autres.

Notre capacité à bien nous entendre avec les autres est un thème récurrent dans notre quête de bonheur. Ce sont nos relations qui semblent, à chaque fois, se trouver au centre de la joie que nous ressentons. Les relations affectent la façon dont nous nous sentons connectés avec nous-même et la recherche du sens de notre vie. Elles semblent également être la première et plus grande cause de souffrance dans nos vies, encore et encore. Au milieu de tant de tristesse, de conflits et même de désespoir, j'ai découvert que notre incapacité à entrer en relation avec amour, à communiquer honnêtement ou à gérer notre réactivité émotionnelle était au cœur de la majorité de nos combats intérieurs.

Je me suis souvent demandé si le mode de fonctionnement de la société américaine – se surpasser, réussir, vouloir toujours plus – n'était pas en décalage avec notre structure humaine fondamentale et nos besoins émotionnels les plus élémentaires. Nous avons besoin les uns des autres. Nous n'avons pas été conçus pour être seuls, pour nager isolés au milieu des richesses. C'est aussi simple que cela. Nous avons besoin les uns des autres et nous avons besoin de relations, de toutes sortes de relations. Sans elles, nous ne pouvons pas nous développer pleinement, nous approprier ou élargir notre individualité. Seuls, nous avons peu de chances de parvenir à comprendre les autres. Lorsque nous sommes isolés, en manque de liens, difficile de découvrir comment trouver du sens à notre vie, et encore moins comment nous connecter à nous-même. La recherche comportementale estime que nous sommes des créatures sociales, dotées d'un cerveau social. Cela signifie que nous sommes sensibles, complètement interdépendants, et que nous avons besoin d'appartenir pour nous épanouir.

Ce livre est une réponse à notre puissant besoin d'amour – physiologique, émotionnel et spirituel. Il tente également de répondre à la question : qu'est-ce qui nous empêche de ressentir l'amour et de le cultiver ? Qu'est-ce qui nous empêche de nous aimer les uns les autres ? Qu'est-ce qui nous sépare de ce que nous appelons *l'intimité* ? Ces pages cherchent à explorer le fait qu'à certains moments nous nous donnons énormément de mal pour obtenir de l'amour, alors qu'à d'autres nous nous démenons pour le diminuer et réduire les liens possibles dans notre vie. La manière dont nous tournons le dos à l'amour, dont nous nous débrouillons pour le saboter, a été l'objet d'étude de toute ma vie.

Il existe de nombreux livres sur l'amour et de nombreux autres sur la façon d'améliorer ses relations. Des livres formidables ont été écrits sur l'importance cruciale de ce qu'on appelle « l'attachement sécurisant », qui joue un rôle considérable dans le lien. Ma contribution, aujourd'hui, ce sont mes quarante années de pratique privée (surtout avec des couples), mes soixante et une années de mariage, les vicissitudes relationnelles de Suzanne et notre profond intérêt pour les penchants de la nature humaine, grâce à l'étude de l'Ennéagramme. De toutes les méthodes de traitement que j'ai utilisées au cours de ma carrière, aucune n'a été aussi efficace pour aider les membres d'un couple à guérir leur cœur et à relâcher leurs défenses que l'apprentissage de l'Ennéagramme. Une utilisation pertinente de ce système nous permet d'appréhender les différences d'organisation interne du tempérament humain, qui, en l'occurrence, définissent chaque profil Ennéagramme.

Pourquoi « ce » livre ?

Bien qu'il explore principalement les relations intimes, ce livre s'adresse à tous ceux qui veulent « se sentir mieux à l'intérieur » et à ceux qui veulent ressentir davantage de paix et d'acceptation lorsqu'ils sont en relation avec les autres. Il y sera autant question de l'amour de soi que de l'amour de l'autre. Il inclut des exercices pour développer de bonnes relations et offre l'espoir d'une intimité durable et florissante. C'est un livre qui voudrait nous apprendre à assouplir la structure de notre personnalité et nous proposer des chemins de croissance.

En identifiant notre profil de personnalité dominant, nous pouvons nous libérer des perceptions cognitives et émotionnelles ainsi que des comportements qui peuvent nous desservir avec les autres ou qui créent de l'insatisfaction dans notre vie. Découvrir notre profil Ennéagramme peut également nous libérer de réactions automatiques qui apportent chaos ou rigidité à notre vie intérieure et à notre expérience du monde. Je fais référence à ces comportements qui peuvent nous priver de relations durables et nous empêcher de nous aimer pleinement.

Il y a très longtemps que je désirais écrire ce livre, le travail de ma vie s'étant focalisé sur les relations : leur importance, leur qualité, et le rôle crucial qu'elles jouent dans nos vies. Bien qu'il inclue certaines théories et recherches en cours, ce livre est en réalité davantage un guide de travail, une initiation au développement personnel inspirée par la science. Nous espérons qu'il incitera chacun à s'interroger et qu'il favorisera des prises de conscience, afin de développer l'observation de soi, la pleine conscience, et la capacité à accueillir davantage d'amour.

J'en suis venu à croire qu'il n'y a que deux choses importantes dans la vie :

1. Notre relation avec nous-même

2. Notre relation avec les autres

Cette découverte apparemment simple a ressurgi constamment tout au long de mes années d'études, de pratique et de recherche. Mes années d'animateur de panels de la tradition orale de l'Ennéagramme et mes heures passées avec des couples en souffrance m'ont appris que la qualité de nos expériences relationnelles est le point sur lequel on n'insistera jamais assez.

Notre point de départ est notre relation avec nous-même. Paradoxalement, **c'est notre relation avec nous-même qui détermine le type de relation que nous allons créer et cultiver avec les autres.** Nous comprendre nous-même est ce qui nous amène à comprendre les autres. Entretenir une relation d'intimité d'abord avec nous-même, à un degré important, détermine notre capacité à partager une intimité véritable et durable avec quelqu'un d'autre : émotionnellement, physiquement et spirituellement.

La première question à se poser est celle-ci : comment développons-nous une relation avec nous-même ? Cette question pourrait sembler à certains relativement stupide. En effet, n'est-ce pas toujours le cas ? « *Je me parle à moi-même tout le temps* », m'a dit un jour quelqu'un. Aussi laissez-moi reformuler ma question. Comment développons-nous avec nous-même une relation *de qualité* ? Le terme « qualité » renvoie ici *à un type de relation qui produit un ressenti authentique dans notre monde intérieur, une forme de vérité de notre être le plus intime.*

À partir de là, comment cultivons-nous réellement avec les autres des relations de qualité ? Des relations fondées sur la vulnérabilité et l'honnêteté plutôt que sur la défensive et l'adaptation. Des relations qui nous soutiennent et nous nourrissent, plutôt que de nous épuiser ou de nous frustrer.

La raison fondamentale de l'écriture de ce livre est la suivante : comment ce système appelé « Ennéagramme » s'intègre-t-il dans le développement de chacune des formes de relation mentionnées précédemment ? Comment peut-il influencer le développement de la vie intérieure ? L'Ennéagramme peut-il nous aider à la cultiver et à en faire davantage l'expérience ?

C'est là notre point de départ et aussi là où nous espérons finir. Voilà le sujet de ce livre. Au fil des années, j'ai vu des choses qui faisaient la différence et j'ai vu ce qui pouvait apporter un changement durable et un meilleur épanouissement. C'est un honneur de m'attaquer à ce sujet parce qu'il a fini par signifier tout pour moi et pour mon travail.

Nous espérons inciter le plus grand nombre à davantage prendre soin de sa capacité à avoir des relations de qualité et une profonde intimité. Des relations de qualité constituent la base fondamentale pour élever des enfants bénéficiant d'un lien d'attachement sécurisant et pour être un partenaire aimant à la recherche d'une vie où l'amour est central. Je nous souhaite à tous des relations humaines épanouissantes, profondes et durables.

J'ai rédigé ce livre avec le soutien et la collaboration de ma collègue, professeur d'Ennéagramme, coach et écrivain Suzanne Dion, afin de partager mes années d'observations et le fruit du travail que nous avons réalisé ensemble. Notre plus grand espoir est d'avoir développé des solutions et des pratiques durables, qui contribueront peut-être à améliorer nos relations, nos vies et notre monde.

Introduction

Amour – ce mot de cinq lettres qui suscite tant de désir. Une affaire de cœur qui a renversé des nations, poussé des individus à tuer, qui est le sujet d'œuvres d'art et de chansons depuis des siècles et qui est encore en tête des gros titres aujourd'hui. À la fois chimique, instinctif, comportemental et émotionnel, il est incontournable sur le chemin de l'accomplissement spirituel. Le besoin d'amour, fondé sur la survie, définit le fait même d'être humain. Objet de fascination et d'analyse depuis des siècles pour certains des penseurs et artistes les plus célèbres du monde, pourquoi l'amour est-il tellement chéri et, pourtant, semble-t-il, si difficile à trouver, à comprendre et à garder ?

Nombre d'entre nous cherchent la solution miracle pour « vivre heureux à jamais ». Ou peut-être existe-t-il un élixir qui, donné à M. ou Mme Parfait, nous permettra au moins de trouver la personne de nos rêves et, en fin de compte, d'embellir notre vie. Tandis que nous nous efforçons de communiquer avec amour avec les personnes qui partagent notre vie, faut-il se réjouir de ce qu'Internet regorge d'articles et de vidéos qui prétendent nous aider à interagir de façon plus efficace avec les autres, d'être de meilleurs parents pour nos enfants et, oui, de trouver le véritable amour pour nous-même ?

Malgré tous ces modes d'emploi, n'aurions-nous pas négligé le fait que l'AMOUR est ce que nous sommes et d'où nous venons ? L'amour est notre essence même. C'est ce dont nous avons le plus besoin pour nous épanouir, et ce pour quoi, intrinsèquement, nous sommes faits. C'est déjà « là ». L'amour vient de notre être. Nous pouvons le décrire émotionnellement et psychologiquement, ainsi que scientifiquement ou chimiquement. Mais ce qui est le plus important, et ce dont j'ai fini par me rendre compte, c'est que nous devons retourner à l'amour, nous comporter comme si l'amour est bien ce qu'il est, arrêter de le restreindre et de le bloquer, et cesser d'y résister.

Alors, qu'est-ce que l'amour ? Nous avons lu bien des définitions différentes. Certaines sont émotionnelles. Certaines sont biologiques. Certaines sont expérimentales. Essayer de le définir avec nos propres mots pour ce livre ne fut pas une mince affaire. Et avant de lire le paragraphe suivant, nous vous invitons à vous arrêter un instant pour vous demander de quelle façon vous pourriez le décrire avec vos propres mots : *Qu'est-ce que l'amour ?*

Définissons l'amour

L'amour est une façon d'être et un moyen d'entrer en relation. Il est ouvert et réceptif, il ne porte pas de jugement et n'est pas sur la défensive. Il est inconditionnel, dévotionnel et respectueux. L'amour est au centre même de toute vie, et, dans sa forme la plus pure, est imprégné de libre arbitre. C'est une force qui porte en elle-même une belle fréquence, lumineuse et apaisante. L'amour est vitalisant, bienveillant et durable. Il est inestimable et incommensurable. L'amour est cette lumière sans équivoque qui rayonne dans nos yeux et nous illumine de bonté, de patience et de grâce. C'est l'amour qui s'exprime sous forme de prévenance, de bonté et de douceur, sans effort. C'est l'élément moteur de notre harmonisation et de notre résonance, et, à un degré incalculable, il croît en fonction de notre niveau de conscience et de notre qualité de présence à l'ici et maintenant.

Après tout, du début à la fin, l'AMOUR est une affaire d'intériorité.

L'amour exprime les besoins et les désirs humains les plus fondamentaux et il est à l'origine de la façon dont nous arrivons à nous connaître nous-même, à former des liens et à nous connecter les uns aux autres. En fait, l'amour est tellement vital à la survie et au développement des êtres humains que, sans lui, notre développement serait inadapté, incohérent, ou, en tout cas, inachevé. Un manque d'amour dans notre vie peut nous laisser appauvris cognitivement, émotionnellement, physiquement et même spirituellement.

Mon avis sur l'amour

Je crois vraiment que l'amour est notre bien le plus précieux. Lorsqu'on interroge des octogénaires, ils ne disent généralement pas : « *Je regrette de ne pas avoir travaillé plus* », mais plutôt : « *Je regrette de ne pas avoir aimé davantage.* » Ou : « *Je regrette de ne pas avoir pris plus de temps pour connaître les autres, être avec ma famille, apprécier la beauté et la joie autour de moi. Je regrette de ne pas avoir poursuivi un objectif plus sincère.* » Puisqu'ils le disent si souvent, pourquoi ne l'ont-ils pas fait ? Qu'est-ce qui nous pousse continuellement à gagner davantage d'argent, à rechercher plus d'attention ou à amasser la sécurité au-delà de ce qui est nécessaire, en passant maintes fois à côté de notre besoin d'amour véritable ? L'amour est-il vraiment la chose la plus fondamentale au cœur de nos cœurs ? N'est-ce pas, en réalité, ce que nous recherchons et essayons d'amasser ?

Comment aimons-nous, comment manifestons-nous l'amour et comment vivons-nous l'amour ? Que savons-nous de l'intimité ? La véritable intimité. Qu'est-ce que l'intimité, d'ailleurs ? « Amour » et « intimité » sont des mots très courants, des concepts passionnants, mais que veulent-ils dire exactement, et que signifient-ils pour nos relations ? Que signifie « être en relation » ? Qui SUIS-JE lorsque je suis en relation avec quelqu'un d'autre ? Plus important encore, qu'est-ce que cela me fait, à moi, d'être en relation avec moi-même ?

Nous pouvons répondre à ces questions en nous examinant globalement à la fois nous-même et nos relations. Nous devons, dans les deux cas, nous adresser à l'individu dans son ensemble, ainsi qu'à chaque dynamique relationnelle. J'ai beaucoup réfléchi à la façon dont nous créons réellement ces relations intimes profondément satisfaisantes, des relations qui satisfont notre esprit, notre cœur, notre corps et notre âme. Pourtant, en principe, le contenu de ces pages s'applique fondamentalement à toutes les relations significatives, vitales, pas seulement aux relations de couple. Ce livre a pour objectif de nous aider à comprendre comment nous sommes devenus ce que nous sommes et ce que nous montrons de nous-même dans tout ce qui a trait à l'amour. Et, surtout, ce que nous pouvons faire de ces découvertes à partir d'aujourd'hui.

Bien que ce livre ne porte pas sur l'éducation des enfants, ce que nous y partageons aura indirectement des répercussions sur votre parentalité. Le développement de la compréhension de soi par la pratique de la pleine conscience, tel que nous en parlons dans ce livre, aura des répercussions sur la totalité de vos relations parent-enfant en influençant la qualité de chaque transaction émotionnelle que vous pourrez avoir avec vos enfants en développement. *Si Dieu le veut.*

Une grande partie de ce livre aborde la question des facteurs universels qui gouvernent toutes les relations, y compris celles de nature amoureuse. Une autre section approfondit mon système favori pour le développement de la conscience de soi, l'Ennéagramme, qui, j'en suis venu à le croire, est enraciné dans notre évolution. Si vous vous y intéressez suffisamment, le système de l'Ennéagramme changera la façon dont vous abordez et vivez vos relations en approfondissant votre intimité avec vous-même et avec les autres, pour toujours – comme cela fut le cas pour moi, pour Suzanne, et pour des milliers d'autres.

L'attachement – là où commence notre histoire d'amour

Primordial pendant nos premières années, l'amour – exprimé en une relation d'attachement attentionnée, sécurisée et constante entre le nourrisson et la(les) personne(s) qui s'en occupe(nt) – est le socle de notre développement. Non seulement il crée ce socle, mais il favorise aussi notre développement. On sait aujourd'hui qu'un attachement sécurisant réussi, des premiers soins de qualité, favorise notre développement cognitivo-émotionnel, psychologique et physique.

La manière dont nous avons ressenti cette affection précoce – l'attachement – influence la manière dont nous exprimons notre amour : comment nous donnons et recevons l'amour, et dans quelle mesure nous sommes réellement capables de nous aimer nous-même. Notre comportement d'adulte dans une relation amoureuse est la conséquence directe de la qualité des relations d'attachement que nous avons connues au début de notre vie. Autrement dit, les bases de notre « potentiel d'amour » sont en place bien avant que nous n'ayons consciemment notre mot à dire.

Comment cela se fait-il ? Tandis que nous entrons dans ce monde « programmés pour l'amour », prêts à recevoir de l'amour et, finalement, à en donner, la façon dont nos *parents-donneurs de soins* interagissent avec nous, quand nous sommes bébés, détermine notre capacité à aimer, et aussi, dans une grande mesure, nos aptitudes, plus tard, à la prise de conscience de soi et des autres. Jaak Pankseep, spécialiste en neurosciences affectives, évoque ce qui se déclenche chez la mère et l'enfant lorsqu'ils sont en relation : « ***La maternité est la physiologie de l'amour.*** » Cela signifie que la biochimie de l'allaitement, de l'attachement, du lien, du toucher et des soins qui est générée chez un nourrisson en réponse à une mère à l'écoute libère les mêmes réactions biochimiques que l'expérience de l'amour, plus tard, dans la vie. Bien que notre capacité à aimer et à nous épanouir dans la connaissance de nous-même soit innée, il est nécessaire de la connaître par un ressenti pour pouvoir la développer. Des échanges d'amour précoces avec notre environnement activent notre capacité d'amour innée.

Mémoire implicite et mémoire explicite

Ces deux à trois premières années de la vie, bien qu'en apparence peu remarquables dans le grand ordre des choses, se trouvent être parmi les années de développement les plus cruciales. Bien qu'il soit pratiquement impossible de se souvenir de ces premières années, car notre mémoire de rappel ne se développe qu'après deux années de vie, on se souvient en réalité de quelque chose. Ces expériences préverbales très précoces sont en réalité enregistrées, mais dans une partie du cerveau appelée mémoire « implicite ». *Qu'est-ce* qui est enregistré ?

Ce sont nos expériences émotionnelles, c'est-à-dire les réponses émotionnelles de notre système nerveux central et de notre système limbique à l'environnement du tout début de notre vie. Ces expériences, nous ne nous en *souvenons* pas plus tard, mais elles sont ce que nous finissons par ressentir, extérioriser et exprimer durablement, d'une façon ou d'une autre, tout au long de notre vie. C'est ce qui est établi, et ce n'est pas rien. Ces premières expériences émotionnelles et les réactions qu'elles suscitent sont programmées au cœur même de notre être et installent la base de la relation que nous développons et perpétuons avec nous-même, avec les autres et avec le monde.

La mémoire implicite apparaît approximativement deux ans avant que notre mémoire consciente – appelée mémoire explicite – ne se mette en place. La mémoire explicite se situe dans une partie du cerveau différente, principalement dans une zone appelée *hippocampe*. Les souvenirs explicites sont ceux dont nous pouvons nous rappeler sur commande. Ils ressemblent à de petits films ou à des instantanés qui nous rappellent des histoires ou des événements du passé et autres détails mémorables.

L'impact de la mémoire implicite a longtemps été sous-estimé. Au début de la psychologie, on avait tendance à considérer que ce dont nous ne pouvions pas nous souvenir de manière explicite ne pouvait pas nous faire de mal, ou n'était pas important. Nous savons maintenant que tel n'est pas le cas.

Par exemple, si nous n'avons aucun souvenir explicite de la terreur ressentie lors d'une sensation d'abandon à l'âge de dix mois, lorsque nous avons crié et souffert de la faim dans notre berceau pendant des heures – seul et sans réponse de qui que ce soit –, *nous en avons gardé* un souvenir émotionnel. L'expérience émotionnelle de cette terreur formera une puissante charge émotionnelle dans les systèmes de mémoire implicite de l'organisme, en particulier s'il n'y a eu aucun réconfort immédiat pour la compenser. Si, après que nous avons été découvert dans cet état, cette expérience négative de terreur a été suivie d'un réconfort, qui nous a calmé et ramené à l'équilibre émotionnel, l'intensité de la charge émotionnelle, telle qu'enregistrée dans la mémoire implicite, a éventuellement pu être réduite, voire complètement traitée.

Mais, sans un *réconfort de récupération* approprié ou l'existence de nombreux facteurs qui étaient encore à comprendre, on peut affirmer que notre mémoire implicite aura certainement enregistré cette expérience comme une terreur sans fin, les heures de détresse d'un nourrisson lui paraissant éternelles. Par conséquent, j'émets l'hypothèse qu'une interprétation intrapersonnelle peut ici commencer à prendre forme, par exemple l'idée fondamentale que « *tout le monde s'en fiche* ». Ou un désespoir profond qui nous amène à ressentir « *Je suis démuni* ». Ou encore « *Quoi que je fasse, le monde ne me répond pas* » – une interprétation préjudiciable qui peut mener à ce que l'on appelle *l'impuissance acquise*. Ce type d'expérience précoce, ainsi que la façon dont elle est interprétée en nous-même, modèle alors notre développement (et notre sens du soi) selon des processus que nous commençons seulement aujourd'hui à comprendre en profondeur.

De la même façon, la mémoire implicite enregistre les expériences au cours desquelles nous étions allongés en sécurité sur la poitrine d'une mère aux petits soins à l'âge de six mois. La sensation de son souffle sur notre joue, du battement de son cœur dans notre oreille pendant des heures, sa chaleur sur tout notre corps sont des expériences émotionnelles associées à ce qui développe l'attachement sécurisant et un bien-être émotionnel global. Les sentiments d'être aimé, vu et tenu que nous avons enregistrés ont tout autant d'impact et sont aussi éternels que les expériences plus douloureuses ou traumatisantes dont nous nous souvenons.

Pour commencer – Comment sommes-nous devenus celui que nous sommes ?

Que nous nous en *souvenions* ou pas n'est pas ce qui détermine les répercussions qu'une chose a sur nous. **Notre « comportement est ce qui en témoigne »**, nous dit souvent Suzanne. **Et notre expérience intériorisée de nous-même en témoigne, elle aussi.** Notre comportement extérieur, notre réactivité et la facilité avec laquelle elle est déclenchée, est le résultat visible de ce qui pourrait nous être arrivé au tout début et la preuve de ce qui nous pilote de manière inconsciente : parfois en nous tenant en otage, parfois en contribuant à notre épanouissement. Ce qui nous est arrivé il y a bien longtemps est profondément enfoui dans nos organismes, et est associé à la source de la douleur cognitivo-émotionnelle démesurée ou de l'amour abondant que nous ressentons à l'intérieur. **Les états émotionnels de nos premières années deviennent notre expérience interne de nous-même.** Même si nous ne parvenons pas à les retracer ou à les localiser clairement, ils sont fondamentaux.

Toute cette discussion nous ramène à notre *expérience de l'amour* durant notre phase de développement. Nous savons que la façon dont nous avons connu l'amour au tout début est directement corrélée à la façon dont nous connaissons et exprimons l'amour à l'âge adulte. En regardant ce principe fondamental sous l'angle des neuf structures de personnalité de l'Ennéagramme, nous posons cette question : l'environnement – nos *parents-donneurs de soins*, leur façon de nous toucher, de nous parler, de nous corriger ou de nous guider – affecte-t-il notre « potentiel d'amour » de la même manière ? Ou considérons-nous que l'environnement du développement toucherait seulement certains enfants, ou différentes dispositions, de manière différente ?

Il est aujourd'hui établi que les expériences émotionnelles précoces – et les empreintes qui en découlent – sont le point de départ de notre compréhension de nous-même. De même, qu'est-ce qui interagit en nous avec nos expériences précoces, en particulier avec les expériences qui affectent la sécurité dans nos relations avec les autres ? Est-ce simplement la façon dont on a pris soin de nous qui a fait de chacun de nous celui ou celle qu'il est aujourd'hui ? Ou y a-t-il autre chose à prendre en compte ?

Comment expliquer les nombreuses différences entre frères et sœurs qui partagent la même maison et les mêmes *parents-donneurs de soins* ? Oui, il faut prendre en compte l'ordre de naissance, et la façon dont on a pris soin de chaque enfant de la fratrie lors de la naissance. Mais il est difficile de nier que cela n'explique pas tout.

C'est une pièce importante du puzzle de la découverte de soi-même, et cela fait partie du débat habituel entre inné et acquis. J'aimerais aborder le sujet du point de vue de l'inné ET de l'éducation, parce que j'estime que c'est important d'associer les deux.

La réponse à nos postulats est qu'il s'agit de notre propre disposition biologique innée, ou ce que le Dr Dan Siegel appelle les *propensions neuronales* de notre être nouvellement formé, c'est-à-dire *ce qui* interagit avec l'environnement pour former les créatures complexes que nous sommes. C'est, en réalité, notre nature intrinsèque qui interagit dans chaque transaction émotionnelle et chaque expérience.

Et cela inclut, de manière essentielle, les expériences si précieuses que nous avons faites depuis le début de notre vie avec nos *parents-donneurs de soins.* « Ils » sont l'aspect le plus important, sans conteste, de ce que nous appelons *l'environnement.*

Tout cela signifie que les sentiments, les comportements et le niveau cognitivo-émotionnel de bien-être que chaque personne exprime au cours de sa vie se développent à partir d'une sorte d'architecture initiale. Ce modèle intrinsèque étant en place, nous répondons à ceux qui interagissent avec nous à travers des stades de développement divers. Nos expériences et réactions uniques gouvernent le flux d'énergie et d'informations qui traverse nos divers systèmes psycho-dynamiques. Cette nature distincte intrinsèque, notre *tempérament*, est la structure émettrice qui va être impactée par l'environnement (et ce que les *parents-donneurs de soins* rencontrent) dès le premier jour.

Ce livre est l'occasion de vous partager la raison pour laquelle j'en suis venu à étudier, enseigner et soutenir l'Ennéagramme avec passion.

Comme l'a écrit le Dr Dan Siegel dans *The Mindful Therapist* :

> *« Les gens ont réellement des propensions neuronales – qu'on appelle tempérament – qui peuvent être quelque peu, mais pas complètement, modifiables. Aucun système de description de la personnalité (à l'exception de la version contemporaine de l'Ennéagramme) ne propose une organisation axée sur l'intérieur. C'est-à-dire ne donne à voir la façon dont une architecture interne du fonctionnement mental – et pas simplement le comportement – s'organise au fur et à mesure des périodes de développement. »*

Imaginez combien il serait utile de connaître les profils Ennéagramme et d'identifier son tempérament lorsque, au lycée, nous essayons de nous comprendre nous-même ! Même chose pour l'éducation des enfants ! Et imaginez combien cette compréhension pourrait nous aider à mieux gérer nos relations professionnelles ! Mieux nous entendre avec l'être aimé ! Ou lorsque nous cherchons quelqu'un avec qui avoir des enfants ! À tous ces niveaux, l'Ennéagramme est un trésor !

Le voyage vers l'épanouissement personnel

Ce travail, le développement personnel, également connu sous le nom de réalisation de soi, ne consiste pas à perdre ses repères personnels, à rejeter des parties de nous-même ou à nous forcer à entrer dans un autre type de tempérament, ce qui est impossible sur le plan biologique de toute façon. Il est peu probable que nos propensions innées et nos inclinations structurelles *changent*, sans compter qu'elles sont imprégnées de certaines de nos plus grandes aptitudes naturelles. Nous ne voulons pas les nier ! *Qui suis-je vraiment et quelle est ma mission de vie ?*

De même, dans nos relations, y compris la relation que nous avons avec chacun de nos enfants, on ne change pas l'autre. Mais nous pouvons optimiser sa croissance et son épanouissement plutôt que d'espérer changer des aspects de son tempérament fondamental, c'est-à-dire la structure de son profil Ennéagramme.

Le développement personnel est le désir de grandir et de tendre vers la personne accomplie que nous sommes destinés à être, sur le plan du développement. Il s'agit de développer nos propensions neuronales et de guérir tout ce qui a porté atteinte à notre développement idéal. Cela suppose de nous rapprocher de notre nature essentielle et d'oser incarner l'ensemble de nos qualités, sans complexes. Il s'agit de déconstruire, puis d'alléger les défenses et le conditionnement négatif qui nous ont été imposés lorsque nous grandissions et qui ont pu entraver notre développement intrapersonnel. Il s'agit de renoncer, avec beaucoup de compassion et de compréhension, à nos comportements défensifs acquis : ceux que nos propensions neuronales ont proposés comme solutions d'adaptation. La plupart sont devenus inadaptés, destructeurs, limitent nos émotions et déforment notre moi. Je parle de déconstruire le conditionnement qui nous maintient *dans cet état de blocage*, qui nous rend rigides dans nos certitudes, nous fait perdre le contrôle ou nous rend peu réceptifs, méfiants ou incapables de recevoir. Le développement personnel est cette quête grâce à laquelle ce qui a besoin d'être exhumé, traité et correctement nourri se retrouve un jour, de façon bien méritée, éclairé par notre conscience bienveillante.

Tandis que nous avançons vers l'âge adulte, nous commençons notre quête d'une vie satisfaisante en nous appuyant sur nos talents, notre bien-être émotionnel et nos ressources intérieures. Il ne fait aucun doute que les relations intimes entre adultes peuvent être une grande source d'amour et de réconfort, et qu'elles peuvent répondre à un grand nombre de nos besoins en matière de liens et d'attention. Mais pour ceux d'entre nous qui n'ont pas fait, enfant, l'expérience d'un attachement sain – lien, réconfort et validation –, les relations entre adultes ne pourront, au mieux, qu'*essayer* de répondre à nos besoins émotionnels et psychologiques, à nos besoins d'amour et de réconfort.

Malheureusement, il arrive souvent que les relations ne suffisent pas. Pourquoi ? Notre composition intérieure est structurée selon différents critères : tempérament inné, propensions neuronales, degré de satisfaction de nos expériences d'enfant, expérience de l'amour et des relations, liens que nous formons et degré de confiance que nous accordons. De même, l'adaptation s'est structurée et des modes de comportement se sont mis en place : notre façon d'aimer les autres et de nous aimer nous-même, de nous sentir aimés par les autres et par nous-même. Chacun de ces deux critères – composition intérieure et adaptabilité – a été plus ou moins activé (ou éteint) depuis notre petite enfance jusqu'à aujourd'hui, en fonction de ce que nous avons vécu.

Nos processus de développement sont extrêmement complexes. Nous sommes aussi fragiles sur le plan du développement que nous sommes résilients sur le plan de l'adaptation. Mais c'est la qualité de nos années de développement qui pose les bases de notre stabilité relationnelle, autant dans la relation avec nous-même que dans celle que nous aurons avec les autres. En fonction de nos premières expériences « d'amour et de relation » – expériences qui forment notre « style et nos capacités d'attachement » –, nous pouvons être ou ne pas être capables de nous adapter ou de recevoir, de donner ou de faire confiance, d'aimer et d'accepter, de façon appropriée. Lorsque, pour différentes raisons, les systèmes d'attachement nous font défaut, nos sensibilités à diverses perturbations de l'attachement – et la manière dont nous nous adaptons pour répondre à ces perturbations – peuvent être directement corrélées avec les propensions neuronales avec lesquelles nous sommes nés, celles qui sont fondamentales à la structure de chacun des neuf profils Ennéagramme. *Cela mérite d'être exploré plus avant.*

L'intimité sexuelle, ou *l'interaction* avec un partenaire, est finalement une façon palpable *de commencer* à expérimenter la relation et la formation de lien, et peut contribuer à soulager l'inconfort dû à ce qui a pu manquer, être endommagé ou ardemment désiré dans l'enfance. De plus, évidemment, les expériences sexuelles peuvent cultiver une satisfaction physique et un sentiment d'affection et de proximité. Mais, là encore, la sexualité peut ne pas suffire si nos récepteurs de l'affection, du toucher et des expériences intimes associées à la formation du lien n'ont pas été suffisamment activés ou nourris quand nous étions petits.

La réalisation de soi est possible. Nous avons un moyen pour arriver à nous connaître intimement et à nous développer, et nous pouvons le faire à l'âge adulte : nous pouvons étudier l'Ennéagramme. Nous pouvons nous pencher sur les relations d'attachement et les interactions relationnelles de notre enfance. Nous pouvons observer en particulier les flux émotionnels, voir quel souvenir nous en gardons, avec autant d'honnêteté et de compassion que possible. Nous pouvons nous remémorer la façon dont nous nous sommes sentis touchés, la manière dont nous nous sommes adaptés, et comment ces adaptations peuvent avoir été intériorisées. Et, ce faisant, nous entamons un processus de présence à nous-même, une pratique de conscience de soi, afin d'avancer avec amour vers l'acceptation de nous-même et la plénitude que nous méritons.

Revenons à l'Ennéagramme et à sa place dans le développement personnel

L'Ennéagramme est un système qui décrit comment la nature humaine est organisée de l'intérieur vers l'extérieur. C'est bien davantage qu'une simple typologie comportementale, c'est un modèle de sagesse. Je ne soupçonnais pas, quand j'ai découvert l'Ennéagramme il y a des années, qu'il transformerait ma vie à ce point.

Au début, il m'était difficile de reconnaître publiquement mon intérêt pour l'Ennéagramme. Il avait clairement une dimension spirituelle et il pâtissait d'un manque de reconnaissance académique sur laquelle j'aurais pu m'appuyer. Comme j'étais issu d'un milieu médical universitaire structuré, imprégné de science empirique et de méthodes cartésiennes, j'ai suivi ma formation Ennéagramme incognito pendant dix-huit mois avant de faire mon *coming out*.

Par ailleurs, je m'étais rendu compte que les mondes de la psychiatrie et de la psychologie avaient tendance à catégoriser les gens en fonction de stéréotypes à connotation plutôt négative, tels que paranoïaques, sociopathes ou narcissiques. Du coup, je me refusais à catégoriser les gens. Et puis j'ai fini par trouver le système de l'Ennéagramme si pertinent, si profondément perspicace, si LIBÉRATEUR, que, finalement, j'ai fini par témoigner publiquement de mon intérêt pour lui.

L'Ennéagramme est l'outil de connaissance de soi le plus profond que j'aie rencontré en cinquante ans de pratique comme médecin, thérapeute, professeur, conférencier, enseignant et auteur. Il nous enseigne avec beaucoup de sagesse les similitudes et les différences entre les uns et les autres. L'étude de l'Ennéagramme nous aide à construire, améliorer et maintenir des relations aimantes, intimes et satisfaisantes. Il le fait en nous révélant, assez précisément, pourquoi *nous sommes ce que nous sommes*, et pourquoi nous agissons *comme nous agissons*, nous offrant une profonde compréhension de nous-même et des autres. Il nous offre une cartographie cohérente pour nous aider à déconstruire nos mécanismes de défense (la façon dont notre profil tend à réagir lorsque nous nous sentons menacés) et pour reconnaître nos qualités essentielles, et nos talents particuliers. Sans cette compréhension, la qualité de nos relations peut relever du pari.

Comme Helen Palmer, auteure et référente Ennéagramme mondiale, l'écrit dans son livre *L'Ennéagramme au travail et en amour* :

> *« La vie de couple démontre les différences qui existent entre nous. Chacun dit la vérité de son point de vue, et en même temps, chacun raconte une histoire différente. »*

Ces doubles vérités – « chacun son point de vue » –, lorsqu'elles ne sont pas avalisées a priori, peuvent nous déchirer. « *Qu'est-ce qui ne va pas chez toi ?* » nous arrive-t-il de dire à notre partenaire qui a un point de vue différent et insiste pour l'imposer. Mais lorsqu'elles sont partagées affectueusement, lorsqu'elles sont comprises et non craintes, ces différences peuvent être reconnues comme un atout et non comme un préjudice. Nos différences sont faites pour contribuer à notre survie mutuelle, et pour que chacun apporte quelque chose à la vie de l'autre. Elles ont une dynamique stimulante. Nos différences nous permettent de partager ensemble une vie plus productive et plus intéressante, avec plus de soutien mutuel et, dans une certaine mesure, plus de joie.

En résumé

À nous qui sommes sur le point de partir en quête de plus de plénitude et d'amour dans notre vie, ce livre veut offrir des clés pour nous guider. Il semble plus bénéfique de travailler sur notre développement personnel – pour augmenter la flexibilité de notre réponse cognitivo-émotionnelle – que de tenter de modifier notre tempérament de base : la structure de notre personnalité. Il y a en chacun de nous une capacité à se développer et à s'épanouir, qui augmente l'estime de soi et une forme d'auto-guérison dont nous avons besoin pour nous accomplir pleinement.

En découvrant qui nous sommes, nous trouvons notre voie vers les autres. En créant un lien avec nous-même, nous devenons capables de créer un lien avec les autres. En nous acceptant, nous pouvons plus facilement accepter les autres. En nous aimant, nous faisons l'expérience de l'amour et devenons capables d'aimer véritablement les autres. En intégrant les concepts et les exercices de ce livre, nous acquerrons les moyens de donner et de recevoir plus pleinement l'amour, dans tous les domaines de notre vie.

Sans doute rien n'est-il plus important dans nos vies que d'entreprendre ce chemin de développement. Y a-t-il quelque chose de plus précieux que de mieux se comprendre, de pouvoir développer des relations plus saines, de devenir davantage capable d'aimer, et de réaliser tout cela avec enthousiasme, compassion et persévérance ?

Puissions-nous tous entreprendre ce cheminement. Nous accorder plus d'amour, à nous-même et aux autres, avec conscience et compassion. Mettons notre volonté au service du développement de notre potentiel. Réalisons-nous pleinement pour contribuer au mieux-être de nos familles, de nos communautés et du monde.

« En apprenant
à nous connaître
plus profondément,
nous pouvons faire aux autres
le cadeau de notre présence
et de notre attention. »

David Daniels

Chapitre 1

Bases d'un apprentissage incarné et d'un changement durable

Le contenu de ce livre est le fruit de l'ensemble de ma vie professionnelle. J'ai toujours aimé chercher des solutions, notamment celles qui peuvent faire une différence. Cela dit, même si j'apprécie vraiment le contenu de ce livre, se contenter de le lire et d'apprendre seul des théories ne suffira pas. Ce travail de développement personnel, il va aussi falloir le mettre en pratique.

Si la lecture suffisait, nous n'aurions qu'à lire l'un des bons livres écrits sur l'Ennéagramme, les relations, ou le développement de l'intimité. Mais, hélas, la seule connaissance mentale ne produit pas de véritable changement. **A. H. Almaas** a dit un jour, dans un podcast Sounds True de 2014, avoir observé qu'il n'y avait qu'une personne sur 10 000 « qui soit capable de progresser seule sur son chemin de développement personnel sans l'aide d'un bon professeur ». Et que fait un bon professeur ? Il nous fait pratiquer.

C'est un défi d'essayer de changer simplement en lisant, sans les bénéfices de l'interaction. En toute honnêteté, faire ce travail seul ou simplement lire sur ce sujet n'a jamais fonctionné pour moi. Mon expérience m'a enseigné que, quel que soit le contenu, nous avons aussi besoin d'une méthode pour l'intégrer. Une pratique répétée des apprentissages va engendrer une expérience émotionnelle significative. Au fil du temps, cette succession d'expériences mentales, émotionnelles et corporelles va faire émerger ce que nous espérons changer, devenir et conquérir. Une pratique qui implique nos sens construit les voies neuronales dont nous avons besoin pour de nouveaux apprentissages, une connaissance plus profonde et l'adaptation désirée. La pratique permet au contenu de s'intégrer et de s'incarner.

Contenu ET processus : la clé pour la croissance et le développement

Au fil des ans, j'ai beaucoup réfléchi à la manière dont nous pouvons intégrer ce que nous apprenons cognitivement à ce que nous pratiquons physiquement et émotionnellement. Élaborer des exercices est presque un passe-temps pour moi et j'ai toujours regretté que si peu de théories soient mises en pratique ! Nous manquons de bonnes méthodes pour nous développer au-delà de nos schémas habituels et de nos solides mécanismes de défense. La pratique nous renvoie à notre propre responsabilité, nous confronte à ce que nous apprenons.

Elle nous permet de nous jeter à l'eau, de ressentir un certain inconfort au début, voire notre maladresse, et de le reconnaître.

À chaque essai, ce que nous mettons en pratique commence à devenir plus familier, moins inconfortable et plus facile. Je trouve qu'il manque une mise en pratique dans de nombreuses approches de développement personnel aujourd'hui. L'accent est trop souvent mis sur la théorie. Ne vous méprenez pas, nous devons effectivement commencer par une compréhension cognitive. Mais trop peu de propositions sont suffisamment structurées pour nous permettre d'intégrer cette nouvelle connaissance.

Un véritable changement nécessite la mise en œuvre d'expériences répétées, afin qu'*il y ait des répercussions sur notre cerveau*. Des exercices pratiques. Tous les jours. C'est ce qui permettra à notre *réseau électrique*, à notre système nerveux central, de faire de nouvelles expériences révolutionnaires qui pourront nous changer. Comme le dit le Dr Dan Siegel : **« C'est la façon dont nous UTILISONS nos esprits qui peut modifier nos cerveaux. »**

Avec *intention*, nous pouvons influer sur notre *centre d'attention* et faire advenir un développement personnel radical. Mieux encore, servons-nous de *notre intention* pour diriger consciemment notre attention afin de créer de nouveaux circuits de neurones dans nos cerveaux ! Ce que nous expérimentons lors de nos mises en pratique apporte de nombreux bienfaits. Cela nous renforce dans notre engagement à nous améliorer, et provoque des résistances et l'inconfort de l'inconnu. Cela nous donne une nouvelle vision de nos propres schémas et de ceux des autres. Cette nouvelle vision nous semblera « différente » et nous serons heureux de constater cette différence. Notre pratique mettra en avant des perspectives résultant de l'expérience, que nous aurons alors besoin d'apprécier avant de nous y engager pour poursuivre notre chemin de progression.

Le changement et le développement dépendent de ces va-et-vient, entre l'intégration de la pratique et celle du contenu. Cela m'a amené, il y a des années, à développer un modèle avec ma collègue Terry Saracino – présidente de la Narr ative Enneagram Training School (maison mère des centres de formation diffusant l'Ennéagramme dans le monde sur la base de la méthode pédagogique de la tradition orale). Nous avons appelé ce modèle UGP : Universal Growth Process (Procédé de Croissance Universel). Cet UGP consiste en cinq étapes fondamentales, à suivre dans l'ordre.

1. **A**wareness (Conscience)

2. **A**cceptation

3. **A**ppréciation

4. **A**ction

5. **A**dhésion

Les lignes directrices de ce modèle de développement personnel sont appelées les « 5 A » et représentent un modèle étape par étape pour une transformation pas à pas. Elles sont le complément indispensable au contenu appris en nous aidant à comprendre ce qu'il faut en faire, afin de pouvoir réellement influer sur notre vie et nos interactions quotidiennes.

Voici un résumé des « 5 A » qui vous en donnera un premier aperçu. Nous explorerons ce modèle de façon plus détaillée, pour chaque profil Ennéagramme, dans le chapitre 9.

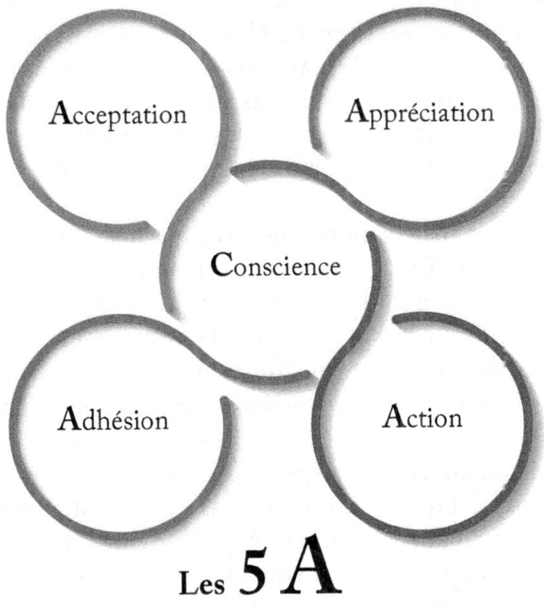

Figure 1 : Les 5 procédés de l'UGP pour la Maîtrise de Soi

1 – Awareness (Conscience)

La conscience est une forme de reconnaissance : c'est le fait de devenir présent. C'est un état où l'on devient conscient. Et c'est l'acquisition d'une perception. La prise de conscience est consciente et se fait de façon délibérée. C'est le fait d'observer l'information et l'énergie qui se trouvent en nous-même et ce qu'elles attisent en retour à l'intérieur de nous. La conscience est neutre. Elle n'a pas d'opinion et elle n'a pas de préférence, elle se contente d'observer « ce qui est ». Elle une manière intentionnelle de témoigner et de prêter attention, et elle ne censure rien. La prise de conscience nous permet de faire une chose extraordinaire. C'est une capacité qui nous permet de nous séparer de notre expérience interne pour nous dédoubler : une partie de nous-même observe une autre partie, qui est observée.

Par exemple, pendant notre pratique de respiration, nous entraînons notre conscience à être. Pour ce faire, nous avons focalisé notre attention sur notre respiration. Nous sommes également conscients que, tandis que nous respirons, nous nous sentons physiquement relâchés et à l'aise. Dans ce cas, nous sommes *avec* la respiration *et* conscients de cette respiration, et nous sommes également conscients de *comment nous nous sentons*. Nous sommes avec la respiration ***et*** avec notre état de relâchement dans l'instant présent, ***et*** nous sommes conscients des deux en même temps. Nous ne pensons pas à hier, à demain ou à quoi que ce soit d'autre. Nous sommes seulement avec ce qui se passe ici et maintenant, conscient de cela et conscient de nous-même. Nous sommes pleinement présents.

Nous pouvons tout aussi bien prendre conscience que nous ne sommes plus concentrés sur notre respiration. En fait, grâce à la « conscience », nous pouvons *prendre conscience* que nos pensées ont pris le contrôle et que nous avons été distraits. D'un coup, nous nous rendons compte que nous avons zappé et que nos pensées ont dévié vers un problème professionnel. Notre conscience peut aussi nous dire que nous *ne savons pas exactement depuis combien de temps* cela nous préoccupe.

C'est notre conscience qui remarque que nous sommes passés à autre chose. C'est notre conscience qui voit que nous sommes passés d'une attention à nous-même, dans l'instant présent, au fait de « penser » à quelque chose qui n'est pas dans l'instant présent. Dès l'instant où nous remarquons que notre attention s'est échappée et que nous étions en train de penser à autre chose, nous remarquons également que notre exercice de respiration de « présence à soi-même » n'est plus dans notre esprit. Nous l'avons laissé derrière nous et n'en étions plus conscients, *plus du tout*. Par ailleurs, nous pouvons également prendre conscience que ces pensées qui concernent notre travail ont fait passer notre état physique de relâché à tendu, et notre ressenti d'agréable à angoissé.

En prenant conscience d'avoir basculé dans ce que ma collègue Helen Palmer appelle **« une des catégories du type »** – les nombreuses catégories de pensées qui occupent notre esprit –, nous pouvons retourner à l'instant présent et replacer notre attention sur notre respiration et nos sensations. Ou nous pouvons la placer sur quoi que ce soit d'autre dont nous voulons être « conscients », que ce soit en nous-même ou dans notre entourage immédiat.

Notre présence à nous-même peut également inclure *une conscience de notre conscience* appelée « méta-conscience ». Cela signifie que nous sommes conscients *d'être conscients*. Nous nous observons observer et nous le savons. Nous savons que nous nous sommes mis en mode « *observation* », pendant qu'en même temps nous nous regardons de façon neutre observer quelque chose. *Quelque chose observe l'observateur observer.*

Et quelle est cette chose qui *observe* que *nous observons* ? Qui est ce « soi observateur » derrière le soi ? Qui est ce témoin, à l'intérieur de nous ? Notre lumière intérieure, notre âme, cette part de Dieu en nous ? Les réponses à ces questions sur ce qui constitue et dirige cette puissante capacité sont aussi nombreuses que cosmiques. Quoi qu'il en soit, pour avancer sur notre chemin de développement, il nous appartient de la réfréner, de l'apprivoiser et de pouvoir compter sur elle.

La conscience est une sorte de compétence, cultivée par une pratique intentionnelle. La pratique développe notre capacité à nous ancrer, c'est-à-dire à nous mettre dans notre corps, et cela nous aide à développer la réceptivité (le fait de permettre aux choses de pénétrer et d'être reçues par nous). La conscience est conçue pour muscler nos capacités d'observation afin de mieux nous connaître et de nous aider à nous développer à la fois émotionnellement et spirituellement. Comme le dit mon fils, J. D. Daniels, ***« il ne nous est pas possible de changer et de faire grandir ce que nous ne pouvons pas voir »***. Et voir, cela commence par la prise de conscience. C'est ici, avec la pratique de cette capacité unique, que commence vraiment tout notre voyage de développement personnel.

La pratique qui construit la conscience

Pour commencer à développer cette forme de conscience, il est fondamental de pouvoir, après de grandes respirations, nous ancrer dans notre corps et accueillir avec neutralité ce qui se présente (corporellement et émotionnellement) dans l'instant. Faire des exercices de respiration est un bon début pour apprendre à focaliser notre attention vers l'intérieur de nous-même. Mais, avec un peu de pratique, notre conscience peut aller bien au-delà de notre respiration. S'entraîner à devenir conscient est comparable à n'importe quelle autre compétence que nous aurions envie d'éveiller, puis de maîtriser.

Au départ, nous pourrions trouver cette pratique semblable à d'autres exercices de respiration. Avec le temps, nous prendrons conscience qu'il se passe bien plus de choses en nous que notre simple respiration. Nous deviendrons capables de commencer à ressentir des sensations. Toutes sortes de sensations que nous pouvons avoir l'habitude d'ignorer. Nous commencerons à ressentir et à autoriser des sentiments que, peut-être, nous avions l'habitude de refouler ou dans lesquels nous évitions de nous impliquer (parce que, par exemple, nous ne les aimons pas ou nous n'en voulons pas). Nous pourrons découvrir que nous sommes capables d'écouter plus et d'interrompre moins.

En fait, un bon exercice de prise de conscience est un exercice de « curiosité ». Il demande de la discipline, comme le fait la mise en œuvre de quelque chose de nouveau. Mais en nous astreignant à pratiquer, nous commencerons à remarquer avec honnêteté davantage de choses. Avec le temps, nous deviendrons moins aveuglément réactifs. Nous passerons moins fréquemment en « mode automatique », quand notre pensée nous échappe. Et nous expérimenterons pour nous-même une aptitude nouvelle à répondre différemment aux situations.

Plutôt que de fonctionner par instinct, par programmation innée ou par schémas de réaction répétés et acquis, nous découvrirons que nous sommes davantage capables de contenir sans problème nos diverses impulsions – suffisamment longtemps – pour faire des choix plus conscients. En fin de compte, nous ne serons plus « esclaves » de nos habitudes d'esprit invétérées, mais plutôt responsables d'elles. Cela nous offrira la possibilité de réagir au monde avec des réponses pertinentes plutôt qu'avec des automatismes, en phase avec l'instant présent et avec la justesse nécessaire.

Expression et suivi émotionnels précis

Prenons par exemple des moments où nous nous sommes *vraiment* sentis en colère, anxieux ou tristes. Avons-nous évalué notre ressenti pour ce qu'il était réellement ? Si oui, cela veut dire que :

- Nous avons appuyé sur « *pause* » pour ressentir sensoriellement l'émotion « primaire » au moment où elle s'éveillait.
- Nous avons activé notre observateur intérieur.
- Nous avons pu déceler le processus interne qui a précédé le déclenchement de cette émotion.

C'est cela, *activer* notre conscience. La conscience offre à l'observateur intérieur – spectateur témoin – la possibilité de discerner l'émotion primaire ressentie, avec neutralité et bienveillance. Cela nous permet de faire émerger notre *vulnérabilité* plutôt que de nous laisser submerger par l'émotion primaire, qui active notre système de défense et nous fait basculer dans un piège émotionnel dit *de camouflage*. Sans conscience de notre bouleversement émotionnel primaire, qui amène la vulnérabilité, la tristesse pourrait être masquée par le sarcasme et la rage, l'anxiété dissimulée en irritation, et la colère contrecarrée en évitement. L'expression émotionnelle secondaire (le camouflage) nous emmène très loin de la vulnérabilité et plus loin encore d'une communication saine avec toute autre personne.

Parvenir à activer cette capacité qui consiste à *appuyer sur « pause » pour mettre de la conscience* constitue une énorme progression. Devenir capables de nous observer et d'élargir notre conscience représente le graal de tout chemin de développement personnel.

2 – Acceptation

L'acceptation commence quand nous admettons, sans jugement, tout ce qui s'éveille en nous dans l'instant, ainsi que ce que nous pouvons subjectivement sentir s'éveiller chez les autres. L'acceptation est la validation. Dans le monde du développement personnel, l'acceptation est une reconnaissance neutre. C'est l'art d'être ***avec*** une chose, *telle qu'elle est*, sans la juger. L'acceptation ne signifie pas que nous *aimons* cette chose, que nous sommes d'accord avec elle ou que nous la pardonnons. L'acceptation n'a pas de conditions. L'acceptation – la simple validation – est un atout majeur dans notre développement. C'est quelque chose que beaucoup croient, à tort, avoir développé.

Laissez-moi vous partager l'histoire d'une personne de Profil 1 (le Perfectionniste) qui étudiait l'Ennéagramme depuis cinq ans et qui, en assistant à l'un de nos séminaires, comprit enfin la signification de l'acceptation de soi. Ma collègue Terry Saracino, Profil 6 de l'Ennéagramme (le Loyal-Sceptique), avait pris la parole et racontait comment elle était parvenue à une plus grande acceptation d'elle-même. Terry expliquait notamment comment elle s'était retrouvée un jour sur le sol, en larmes, anéantie par la peur. Elle relatait combien cela l'avait exaspérée : « *Après toutes ces années d'enseignement de l'Ennéagramme et tout ce travail sur moi-même, me retrouver là, par terre, en train de craquer* ***encore*** *?* »

Elle continua à se faire des reproches pendant un bon moment, puis finit par admettre : « *Eh oui, Terry, tu en es vraiment là* », et par accepter la situation, telle quelle. Et à cet instant, l'accusation a cessé, et la compassion est apparue. « *C'est ça, l'acceptation de soi ?* » demanda la participante de Profil 1. « *Je n'ai jamais fait ça de ma vie !* » Elle poursuivit : « *M'accepter moi-même, telle que je suis, a toujours voulu dire m'empêcher de m'améliorer, et cela, c'était hors de question !* » Avant d'entendre le témoignage de Terry, cette participante de Profil 1 avait toujours pensé qu'elle était une personne dotée d'une grande acceptation d'elle-même. Mais en réalité, elle a découvert qu'elle ne s'autorisait l'acceptation que pour ce qu'elle considérait comme *permis*. Ce avec quoi elle n'était pas d'accord, ou ce qu'elle ne se permettait pas, n'était pas accepté. Dans son esprit, l'acceptation pouvait signifier rester coincée au point où elle en était ! En vérité, cela n'a absolument rien à voir avec l'acceptation de soi.

L'acceptation, ce n'est pas être ou ne pas être d'accord, ce n'est pas capituler ou accepter tacitement. Et ce n'est pas quelque chose qui pourrait nous empêcher de nous développer. Selon la définition de l'acceptation des 5 A, l'acceptation consiste, d'abord, à revenir à la réalité, en toute honnêteté, puis à faire avec ce qui est là. Et ce n'est qu'en partant avec honnêteté de l'ici et maintenant que nous pouvons faire ce genre de progrès. À partir de là, nous pouvons décider consciemment de grandir et de changer, si c'est ce que nous désirons, ou non.

3 – Appréciation

L'appréciation consiste à concentrer consciemment notre attention sur ce qui est bon et positif en nous-même, chez les autres et dans le monde. L'appréciation est en accord avec la qualité énergétique de la gratitude. C'est l'action de rendre grâce à quelque chose, d'en honorer l'énergie, et d'être content que ce soit là, en face de nous. Cela suppose que nous recherchions ce qui est positif et louable dans le « quoi que ce soit » qui survient ; c'est la valeur ajoutée de l'acceptation de soi. Pour revenir à Terry Saracino, à partir du moment où elle a accepté qu'elle était effondrée sur le sol, sa colère contre elle-même a cessé et son amour de soi s'est enclenché. Déclarer, puis apprécier le fait qu'elle ait réellement expérimenté ce niveau de dérèglement a accru l'intimité et la vulnérabilité de Terry. C'est ce qui lui a permis de poursuivre son travail de développement à un niveau plus profond, d'autant plus profitable.

4 – Action

L'action, ici, est la confrontation avec ce que vous *avez vu* en vous, ce dont vous avez pris conscience et avec quoi vous êtes maintenant en relation personnellement. De quoi voulez-vous être le mentor, de quoi voulez-vous vous libérer, que voulez-vous faire davantage, ou pour quoi voulez-vous avoir de la compassion ? Vous m'avez peut-être entendu dire, lorsque j'enseigne, que **« la conscience sans action n'est en aucun cas de la conscience »**. Ce que je veux dire par là, c'est : à quoi cela sert-il de reconnaître quelque chose – prendre conscience d'un schéma qui nous a bloqués, qui inhibe notre expression de nous-même, qui endommage notre relation aux autres ou qui nous blesse – et de ne rien y faire ? La perspicacité est formidable, la connaissance est formidable, l'acceptation et l'appréciation de ce que nous avons trouvé en nous sont formidables. Mais est-ce la fin ? Je ne le crois pas. L'action est le moment où nous « faisons » quelque chose : incarner la prise de conscience et les informations que nous avons obtenues. C'est l'opportunité pour nous d'être notre propre mentor et de devenir notre propre « coach intérieur », un coach qui nous emmène maintenant dans une direction désirée de façon consciente.

Nous avons remarqué, par exemple, que nous nous apitoyons sur notre sort, peut-être même que nous boudons, parce que nous n'obtenons pas ce que nous désirons (comme de l'attention, de l'affection, du temps ensemble, des moments chacun de son côté…). Je sais, cela n'en concerne que quelques-uns parmi nous, n'est-ce pas ? Nous avons reconnu, grâce à notre pratique de la prise de conscience, que nous avions tendance à blâmer l'autre de façon presque spontanée. Mais, en y réfléchissant, nous nous rendons compte que nous n'avons, en fait, jamais communiqué à l'autre ce que nous voulions, et il/elle ne lit pas dans nos pensées. Nous commençons à entrevoir que notre douleur ou notre colère, dirigée vers l'autre comme elle l'est, est générée involontairement. À la croisée des chemins, nous pouvons maintenant nous autoriser à choisir d'exprimer quelque chose de différent. Lorsque nous libérons l'énergie bloquée par la réactivité, cette même énergie circule dorénavant librement et devient disponible pour formuler d'autres choses.

Il devient possible de choisir des réponses plus constructives parce que nous nous sommes autorisés à explorer les origines de la susceptibilité que nous éprouvons quand nos envies ou nos besoins restent sans réponse. Cela nous donne aussi l'occasion de prendre un moment pour nous demander avec douceur si notre réaction habituelle nous a été enseignée. Ou montrée en exemple. Est-elle due à quelque chose qui nous a manqué lors de nos premières années de vie, qui nous a menés à cette perpétuelle souffrance ? Demander à l'autre ce que nous voulons avec maturité et fermeté (communication efficace), et / ou accepter un compromis qui implique de consentir de façon responsable (en lâchant prise réellement) à se passer de cette envie ou de ce besoin particulier : l'une ou l'autre de ces aptitudes amène à bien davantage de succès relationnels.

Nous pouvons aussi prendre davantage conscience de l'impact que nous avons sur notre partenaire. Comment le fait que je m'apitoie sur moi-même le/la touche-t-il ? Comment vit-il/elle ma réactivité ? Il y a des chances pour qu'il/elle ne la vive pas forcément bien. Lorsque nous « attaquons » l'autre, comment répond-il/elle ? Est-ce qu'il/elle prend de la distance et s'isole ? Se met sur la défensive ? Contre-attaque ? Dans le cadre du processus que nous suivons pour élargir notre conscience, remarquez combien il est rare que les réponses automatiques, réactives, que nous adressons à notre partenaire nous donnent ce que nous voulons vraiment (paradoxalement). Elles donnent un résultat pire encore.

En faisant appel aux 5 A pour nous guider, nous commençons par *accepter* avec compassion que « cela fait mal » ; nous voyons que nous sommes vraiment mal dans notre peau lorsque le mécanisme « mes besoins ne sont pas satisfaits » s'enclenche. Ensuite, nous *apprécions* le fait d'être arrivés aussi loin dans notre processus de prise de conscience en atteignant cet état d'« honnêteté dépourvue de jugement » ! Formidable. Tout simplement formidable. Il est difficile de regarder en face certaines de ces réalités. Maintenant, c'est le moment de l'*action*. Qu'allons-nous faire de tout cela ? Pourquoi ne pas échanger sur nos vulnérabilités respectives ? Cela créerait un processus de partage d'intimité.

Tout d'abord, demandons à notre partenaire de s'asseoir, pour lui partager notre ressenti concernant un besoin, quel qu'il soit, qui selon nous n'est pas satisfait. Choisissons de lui dire que cela est pour nous inconfortable, et décrivons cet inconfort que nous avons repéré. Partageons ensuite la nature réelle du besoin, en disant par exemple : « *J'ai remarqué que j'avais besoin de réconfort et de tendresse, et je me demandais quel serait le meilleur moment pour nous retrouver.* » En reconnaissant nos propres besoins et ressentis, nous ne mettons pas l'autre sur la défensive, ce qui lui permet de s'ouvrir à notre demande positive, attachante et vulnérable. En approchant l'autre de cette manière, nos chances d'obtenir ce que nous voulons augmentent considérablement. Alors nous sommes gagnants. Il/elle aussi est gagnant(e). Nous sommes tous les deux gagnants.

En décidant de suivre les étapes des 5 A, nous nous donnons les moyens d'apporter une nouvelle réponse à un vieux dilemme qui nous faisait souffrir. Cela nous permettra aussi de mieux évoluer à l'avenir, ce qui change la dynamique de notre vie. La prochaine fois que nous nous trouverons devant un besoin ou une envie qui n'est pas satisfait, suivons le chemin des 5 A. Lorsque nous ressentirons à nouveau cette douleur du type « *je me sens encore ceci ou cela* », regardons-la, acceptons-la, et apprécions-la. Le but est d'apprendre à discerner, sur-le-champ, qu'*il y a ici une douleur*, et que cette douleur *veut quelque chose, ou a besoin de quelque chose.* Ce besoin ou cette envie peut exister depuis longtemps, être très sensible, honteusement caché ou précieux à nos yeux.

Au lieu d'être emporté par un tourbillon de réactivité immédiate, nous pouvons activer de la compassion pour nous-même tout en cultivant la compassion pour l'autre, qui a aussi des besoins et des envies qui peuvent ou non coïncider avec les nôtres, au même moment. Nous sommes alors dans un espace qui nous invite à nous comporter avec attention, profondeur et conscience, en accueillant l'amour de soi et le respect de l'autre.

L'étape Action est celle où se trouve notre pouvoir fondamental. C'est là que réside la source de notre liberté, et la possibilité pour nous d'acquérir une plus grande flexibilité dans notre réponse et d'aller vers un plus grand accomplissement. C'est une étape critique, qu'il ne faut en aucun cas éluder.

5 – Adhésion

L'adhésion est un engagement. C'est un accord que nous signons avec nous-même par lequel nous nous engageons à pratiquer ce procédé tous les jours. C'est un engagement à l'auto-discipline. Comme J. D. Daniels le partage avec ses clients en thérapie, « **nous sommes là-dedans tous ensemble. Nous avons tous ces schémas, et beaucoup d'entre eux se mettent en travers de notre chemin. Pour les changer, il faut un processus actif, qui demandera du temps** ». Voilà ce qu'est l'étape de l'Adhésion. L'étape Action seule ne suffira pas. Je suppose que c'est là que beaucoup d'entre nous abandonnent. Nous sommes tout excités la première fois que nous nous comportons différemment, en suivant les 5 A, et que ça marche ! Mais à ce moment-là, la sensation de nouveauté se dissipe et le vieux schéma réapparaît, comme de vieilles pantoufles confortables. Il se réinstalle subrepticement et nous repartons alors dans nos bouderies, ruminations et autres frustrations – à propos de tout et de rien. Il nous est familier et semble faussement légitime.

Adopter les « 5 A » et les mettre en pratique est indispensable. C'est comme un outil dans la boîte à outils d'une pratique de pleine conscience. Les 5 A sont un guide méthodique facile à retenir pour mettre en pratique les qualités de pleine conscience qui adhèrent à ces concepts et entraînent une répétition qui vise au changement. Changer nos schémas demande une pratique continuelle, du temps, de la répétition, de la régularité ET de l'engagement. Sans un engagement, motivé par la liberté de choisir sa vie et une volonté proactive, nous n'avancerons pas beaucoup sur notre chemin vers une réactivité plus faible, une conduite plus consciente, une présence améliorée, et une capacité profonde à aimer.

En résumé

Les exercices sont conçus pour nous aider à intégrer l'apprentissage, la prise de conscience et les idées qui construiront finalement de nouvelles voies neuronales dans nos cerveaux ; l'intégration est au cœur d'un véritable changement des schémas comportementaux cognitivo-émotionnels.

Nos pratiques influeront sur nos différentes formes de réactivité défensives, soit générées et déclenchées à l'intérieur de nous-même, soit exprimées en réponse à l'environnement. Or, la réactivité provoque discorde, chaos intérieur et rigidité.

De nouvelles formes de prise de conscience peuvent interrompre l'irruption défensive des schémas comportementaux cognitivo-émotionnels habituels, qui ne sont ni flexibles ni pertinents.

En développant pour nous-même de nouvelles options de réponse, nous pouvons expérimenter des réponses plus favorables aux types d'expériences émotionnelles que nous voulons apporter dans notre vie, peut-être pour la première fois.

« Quand nous voyons
quelqu'un sur la défensive,
ou dans une forme de réactivité,
souvenons-nous que
nous sommes face à la douleur. »

David Daniels

Chapitre 2

Qu'est-ce que la conscience ? Quelles répercussions a-t-elle sur moi et sur mes relations ?

Il est temps d'aborder la notion aujourd'hui banale et pourtant extrêmement scientifique de *conscience*. La conscience est une attention, *dans l'instant*, au flux structuré d'énergie et d'informations qui circule en nous et crée nos vies, traverse nos corps et irrigue nos cerveaux. Notre définition de la conscience comprend tout ce sur quoi nous plaçons notre attention, l'environnement, ainsi que nos données sensorielles porteuses de sens.

La *conscience* peut commencer avec les informations rassemblées par nos sens : sons, odeurs, goûts, touchers et, bien sûr, images. La conscience enregistre également le ton d'une personne, ses gestes, ses froncements de sourcils, ainsi que nos observations environnementales, telles qu'un taxi passant bruyamment ou une bagarre dans un bar. C'est elle qui reconnaît le sentiment qui s'éveille en nous lorsque nous voyons un chiot ou que nous regardons des gens s'embrasser. Tout cela se traduit en *informations*. Et l'information, en elle-même et à partir d'elle-même, crée cette *énergie* en nous. La conscience nous permet d'appréhender tout cela, et peut également identifier chacun des différents éléments.

Toutes sortes d'énergies sont simultanément générées et reçues par nos systèmes internes, et des données qui génèrent de l'énergie viennent de partout autour de nous, tout le temps. Intégrer toutes ces énergies qui entrent en nous tandis qu'elles sont reçues par nos divers systèmes de réception – en même temps que tout ce flux d'énergie et d'informations – est l'objectif ultime du développement. Nous appelons cela l'***intégration***.

Intégration : Former, coordonner ou fondre en un tout fonctionnel ou unifié.

Lorsqu'il s'agit d'un individu et de ce que nous pouvons appeler « plénitude », l'intégration est mise en évidence par ses qualités, qui peuvent inclure une tranquillité d'esprit imprégnée de prévenance, de gentillesse et de douceur. Il fait preuve d'un véritable intérêt pour les autres et d'une capacité à la compassion et à l'empathie.

L'intégration va de pair avec un discernement sain et une cohésion cognitive. L'intégration permet la réceptivité, et engendre une cohérence cognitivo-émotionnelle et comportementale. L'intégration entrelace les parties de nous-même avec lesquelles nous avons du mal avec celles que nous apprécions.

L'intégration est au cerveau ce qu'un bon assaisonnement est pour une salade César aux multiples saveurs. Elle en fait un tout homogène, et pourtant chaque ingrédient reste perceptible tout en contribuant délicieusement à l'ensemble.

L'intégration est l'objectif ultime du développement personnel. C'est d'elle que découle « tout ce reste » que nous recherchons. Parce que, en vérité, « tout ce reste » se fonde sur et dépend de ce qui est développé en nous, de ce qui vient du plus profond de nous.

La conscience est la clé qui ouvre la voie au développement des compétences qui viennent réguler l'information et le flux énergétique selon des façons nouvelles, proactives et intégratives. En prenant conscience de nos propres processus internes, nos pensées, nos attitudes et nos sentiments, ainsi que des réactions qu'ils provoquent en nous, nous pouvons rompre des schémas de pensées, de sentiments et de comportements que nous appliquons automatiquement depuis toujours, et qui souvent nous limitent, nous déstabilisent émotionnellement ou nous rendent malheureux.

Ces schémas automatiques peuvent inhiber notre capacité à aimer et à nous accepter nous-même, ainsi qu'à aimer et à accueillir les autres. Prendre conscience de ces schémas devenus habituels, et de ce que signifie « être en mode automatique », nous offre l'opportunité de développer de nouvelles façons d'interagir, d'aimer et d'être. Ces « nouvelles façons » peuvent profondément améliorer notre vie.

La conscience nous mettra également en contact avec ces talents que nous aimons et que nous avons besoin d'exprimer pleinement pour vivre une vie épanouie.

Comme le dit Daniel J. Siegel :

> *« Non seulement être conscient permet d'être plus présent dans l'instant, mais en rapprochant l'individu d'un sens profond de son monde intérieur, cela lui offre l'opportunité d'améliorer compassion et empathie. Pleine conscience ne veut pas dire « être complaisant », c'est une palette de compétences qui améliore la capacité à avoir des relations bienveillantes avec les autres. »*

Exercer sa conscience bâtit en nous la plate-forme sur laquelle la présence – l'incarnation physique également appelée « ancrage », la réceptivité et les capacités d'auto-observation – peut prendre forme et prospérer. Avant d'aller plus loin, définissons quelques-uns de ces concepts, afin de nous assurer que nous parlons bien de la même chose.

La présence – Qu'est-ce que c'est ?

La plupart d'entre nous connaissent l'expression : « *Revenir au moment présent.* » On en parle partout sur Internet et sur les réseaux sociaux, on nous explique que c'est LA chose à faire pendant la pause déjeuner. Nous entendons tous les jours que c'est une bonne chose. Mais savons-nous vraiment ce que nous sommes supposés faire ? Quelle partie de nous, exactement, « devient présente » ? Nous espérons que les étapes décrites ci-dessous répondront à ces questions.

J'aimerais diviser la présence en quatre expériences distinctes :

1. Présence à nous-même, en nous ancrant dans notre corps.
2. Présence à nous-même, en utilisant la respiration pour focaliser notre attention.
3. Présence à ce qui est, reconnaissance de ce que nous découvrons en étant présents.
4. Présence au monde extérieur et à ceux qui s'y trouvent.

Nous pouvons d'abord accéder à une compréhension de la présence en la trouvant dans l'expérience de la respiration. Une fois que nous avons accédé à la présence par un exercice de respiration, nous pouvons tourner cet accès vers notre monde intérieur, et, ce faisant, nous vivrons notre capacité de « présence » à l'intérieur, où la présence est incontournable pour avoir une expérience complète de nous-même. Puis nous commencerons à la cultiver dans notre environnement, y compris pour et avec nos proches.

Nous ancrer dans notre corps

Pour être présents, il faut d'abord commencer par focaliser notre attention sur notre corps

Qu'est-ce que ressent mon corps ? Quelles sont mes sensations ? Où se trouvent-elles ? C'est dans notre corps que les signaux *de notre véritable* état intérieur sont *ressentis*. Notre état physique, comme notre état cognitivo-émotionnel et même notre état spirituel, nous est transmis par l'intermédiaire des sensations. Le corps est le canal de ces sensations variées, y compris les sensations de nos activités émotionnelles, système d'information aussi puissant que complexe. Ce système fait circuler informations et énergie – qui sont ensuite interprétées – et dirige notre sens du soi et la totalité de notre vie.

Notre « état » nous parle sans cesse par l'intermédiaire de notre corps mais nombre d'entre nous sont passés maîtres dans l'art de l'ignorer. Bien que cela nous aide à évacuer toutes sortes de douleurs (qu'elles soient cognitives, émotionnelles, physiques ou spirituelles), cela contribue aussi à court-circuiter d'autres sensations qui dynamisent la vie, comme l'excitation, la joie et l'amour inconditionnel.

Être présent à nous-même

Commençons par nous concentrer sur la façon dont notre corps est ancré dans l'espace. Sommes-nous assis ou debout ? Sentons le contact de nos pieds avec le sol, ou sentons-les si nous sommes allongés. Sentons le poids de notre corps. Laissons tomber nos épaules, et faisons courir notre conscience le long de notre colonne vertébrale, en commençant par la nuque. À présent, partons à la recherche de nos sensations. Quelles sont nos sensations ? Et où sont-elles localisées ?

Utiliser la respiration

Maintenant que nous sommes ancrés, concentrons-nous sur notre respiration. La respiration qui nous maintient en vie, l'inspiration qui donne force et l'expiration qui détend. Plaçons notre attention sur notre diaphragme, puis sur notre poitrine, et sentons comme « nous sommes respirés ». Prenons une grande respiration, inspirons profondément, puis expirons profondément. Et, sans nous arrêter, prenons une autre respiration, inspirons à fond et expirons à fond. Et répétons le processus.

Cet exercice de respiration consciente a pour objectif d'entraîner notre attention, entraînement qui cultive notre capacité à être présent. Comme le demande fréquemment Russ Hudson, auteur et figure reconnue de l'Ennéagramme : **« Quel degré de présence pouvons-nous tolérer ? »** Tolérer la présence n'est pas nécessairement donné. La présence, en elle-même et par elle-même, peut faire remonter un certain nombre de choses avec lesquelles il nous est difficile *de cohabiter*. Avec lesquelles il nous est difficile de rester tranquillement assis. Elle peut faire émerger une douleur physique, une douleur psychologique ou émotionnelle que nous ne comprenons pas ou dont nous ne voulons pas. La présence peut faire remonter des choses que nous ne souhaitons pas ressentir ou accepter. La présence peut faire remonter une solitude obsédante qui semble n'avoir aucune origine, une angoisse ou une frustration qui implore le soulagement. Pas étonnant que la plupart du temps nous ayons tendance à ne pas être présents. Cela dit, c'est lorsque nous sommes « présents » que nous réalisons notre meilleur travail de développement, que nous arrivons à nous aimer profondément, que nous ressentons pleinement la présence des autres et que nous vivons le mieux notre vie. *Alors, c'est parti !*

Que pouvons-nous faire une fois présents ? Reconnaître ce qui est

L'expérience consciente de la présence permet alors la « reconnaissance ». **La reconnaissance c'est identifier et convoquer ce qui est vraiment.** Soyons-y présents et nommons-le.

La reconnaissance nécessite une réceptivité (état actif de réception) sincère (avec gentillesse et acceptation). La reconnaissance est un état réceptif dans lequel « ce qui est » peut-être ressenti sans jugement et nommé pour ce que c'est. La reconnaissance collabore avec un observateur intérieur conscient, avec un témoin intérieur neutre qui ne porte pas de jugement, afin d'appeler la vérité avec lucidité et humilité.

La reconnaissance est le moment où nous honorons notre condition la plus intime et où nous la nommons. C'est le moment où nous reconnaissons nos émotions. C'est le moment où nous reconnaissons notre état physique, qui nous renseigne sur l'état de *nos sentiments*. Pas les sentiments que « nous voulons », mais les sentiments *qui ont été identifiés* et qui sont vraiment là.

Nous voulons tous voir de la béatitude lorsque nous faisons cet exercice et nous croyons que « nous sommes tellement évolués », mais ce n'est pas toujours ce qui apparaît. À l'intérieur, nous pouvons trouver un jugement négatif sur nous-même, de l'autocritique, ou de l'agressivité mentale. La reconnaissance peut révéler que nous sommes au septième ciel. Ou que nous sommes jaloux, furieux, impuissants ou tristes. Elle peut aussi montrer que nous avons été injustes ou blessants envers quelqu'un.

La reconnaissance peut être associée à des sentiments de honte et de haine de soi, ou à de la curiosité, voire à de la compassion. Ce « avec quoi » nous associons notre *reconnaissance* est essentiel à notre développement. *L'association consciente est la clé, pour ainsi dire !*

La manière dont nous nous traitons lorsque nous reconnaissons notre vérité – la vérité de ce qui est à l'intérieur – est vitale pour nos processus en cours. Il ne nous est pas possible d'améliorer ce que nous ne voyons pas. C'est la première chose. Mais si nous nous accusons d'une façon ou d'une autre pour ce que nous voyons, il est possible que nous ne voulions plus jamais regarder.

La reconnaissance accueillie avec intérêt et compassion nous fait avancer vers l'intégration, ce qui n'est pas le cas de la honte et de l'autocritique. Nous devrions donc commencer par assumer notre vérité avec intérêt et bienveillance, grâce à un processus de reconnaissance guidé par la curiosité.

Pendant le processus de reconnaissance, nous pourrions nous entendre dire des choses comme :

- « *Oh, je me sens agité(e), d'où cela peut-il venir ?* » (Reconnaissance de l'état intérieur avec curiosité.)
- « *Pourquoi suis-je toujours si anxieux(se) ? C'est agaçant, je ne peux plus me supporter !* » (Reconnaissance de l'état intérieur avec jugement et rejet.)

- « *Tiens, revoilà la jalousie ; je déteste ça !* » (Reconnaissance des sentiments de l'état intérieur avec rejet de soi.)

- « *Je ne peux pas supporter ce gars ! Je suis très en colère. Ohhh, je me sens tout petit en sa présence et ça me blesse.* » (Reconnaissance de l'état intérieur plus révélation de soi-même honnête accueillie avec compassion pour soi.)

- « *Oh la la, la tristesse est de retour, je n'ai rien demandé mais, c'est vrai, je ressens une profonde tristesse.* » (Reconnaissance de l'état intérieur avec honnêteté et acceptation de soi.)

- « *Whaou, je me sens tellement zen aujourd'hui, c'est merveilleux de me sentir comme ça !* » (Reconnaissance d'un état de bien-être et d'acceptation de soi.)

- Ou que dites-vous de cela : « *Oh, je ne suis pas suffisamment bon pour prendre cela en charge* [jugement qui blesse et sabote] *; pas étonnant que j'aie été nerveux toute la journée.* » (Reconnaissance couplée à la compassion.)

Dans cet état de *reconnaissance*, nous permettons à la vérité de notre situation, quelle qu'elle soit, de se révéler. Et nous la recevons. Nous l'autorisons et nous l'admettons. Et nous sommes bienveillants et neutres à ce sujet. Ce sujet étant tout simplement la vérité qui s'exprime. *Ce que* nous reconnaissons lorsque nous devenons présents à notre *moi* intérieur *est la présence* que nous voulons cultiver.

Nous observer nous-même est un acte neutre, et il est important qu'il reste bienveillant. Il n'a pas besoin d'avoir un programme. Il se contente de regarder. Cela peut être comparé à la neutralité que nous pouvons ressentir lorsque nous voyons un livreur laisser un colis à notre voisin. Vous savez que vous l'avez vu, mais sans juger, parce que c'est juste un livreur qui fait ce qu'il a l'habitude de faire tous les jours. En fin de compte, vous ne pouvez le voir que pour ce qu'il est et ce qu'il fait, ni plus, ni moins.

Quand la présence se transforme en *reconnaissance*, puis en *acceptation*, nous pouvons nous livrer à une précieuse observation de notre état intérieur. C'est le nôtre, après tout, nous avons le droit de le rencontrer.

Que notre reconnaissance provienne de notre « plénitude », qui pourrait apporter amour, paix et sérénité, ou de notre « sensibilité blessée », qui pourrait amener jugements et blâmes, notre présence à nous-même – le fait d'être présent à celui ou celle que nous sommes à un instant donné – est un pas important sur le chemin du développement. La reconnaissance est une étape incontournable du voyage vers l'intégration personnelle et vers une vie plus accomplie.

Présence à l'intérieur versus présence à l'extérieur

Quatrième et dernière considération : notre capacité à être présents à l'environnement extérieur. J'aimerais insister sur une distinction importante : la *présence* est souvent confondue avec le fait de « remarquer ». Être *présent* au fait que nous sommes dans un restaurant est une forme de prise en compte, une sorte de conscience, mais ce n'est pas exactement de la *présence*. Il serait plus juste de considérer cela comme le fait de rassembler des informations de base. Être présent au fait que nous sommes dans un restaurant et que quelqu'un vient juste de commencer à crier sur le serveur est une prise de conscience de l'environnement et peut avoir élevé notre niveau de vigilance. Mais il y a un fossé entre « prendre connaissance de ce qui se passe autour de nous » et « être entièrement présent à ce qui se passe ici ».

La présence dont nous parlons est un *travail intérieur* – la présence à nos états les plus profonds, ceux qui nous disent ce dont nous sommes conscients et à quoi nous sommes présents dans l'environnement. La présence à l'environnement signifie que nous sommes *réceptifs* à la fois à l'expérience que nous faisons de l'endroit où nous sommes ET à la manière dont ce à quoi nous sommes présents peut également toucher les autres.

Suis-je présent à ce magnifique coucher de soleil qui va disparaître dans moins d'une minute ? Comment est-ce que je me sens, en contemplant ce coucher de soleil ? De quelle manière me touche-t-il ? Que se passe-t-il en moi en ce moment ? S'il y a d'autres personnes, suis-je « présent » à elles ? Suis-je présent à leur situation intérieure ou à leur état extérieur ? Est-ce que je leur offre ma présence ? Est-ce que ma conscience se porte sur eux autant que sur moi pendant ce coucher de soleil ?

Vous pensez peut-être : « *Grands dieux, ça fait beaucoup, quatre aspects à prendre en compte en même temps !* » Eh bien, étonnamment, ces quatre étapes sont en permanence à notre disposition. C'est simplement que nous ne sommes pas entraînés à les appréhender. Nous ne savons pas – pour la plupart d'entre nous – comment développer la présence et nous n'y sommes pas exercés. Et, alors qu'il a fallu quatre paragraphes pour la décomposer et l'expliquer, avec de l'entraînement, nous pouvons en fait cultiver la présence de façon consciente en une poignée de nanosecondes.

Parlons de la pratique de la conscience

Lorsque nous commençons ce voyage dans la pratique de la conscience, prenons notre temps. Au début, s'entraîner à la « conscience » peut être bizarre. C'est parfois agaçant ou même frustrant. Il se peut que notre esprit parte dans tous les sens et que nous devions recommencer. Nous devrons peut-être lutter pour identifier notre état intérieur. Enregistrer notre ressenti peut même ne rien donner au départ. Il est également possible que nous ne voulions PAS ressentir ce qui est réellement là, alors nous nous déconnectons vite de cet état et nous détournons notre attention vers autre chose. Il n'y a qu'une seule solution à chacun de ces scénarios. Essayez encore. Et encore. Nous progressons un peu à chaque entraînement. Un entraînement inutile, ça n'existe pas, jamais. À force de persévérance, cela devient plus facile, vous verrez. Cela en vaut la peine, et nous le méritons.

Pratiquer est fondamental pour l'observation de nos états mentaux, émotionnels et corporels, que nous soyons en mode susceptible ou en mode « cœur ouvert ». Chacun de nos états émotionnels et chacune de nos stratégies d'adaptation sont en corrélation avec le point sur lequel notre attention se concentre et sur les énergies que ce placement de l'attention déclenche à un moment donné.

C'est en parvenant à déceler les subtilités de notre ressenti interne que nous pouvons évaluer notre état intérieur. Ce faisant, nous pouvons suivre nos « pensées » et nos « sentiments » avec réalisme. Nos pensées comme nos sentiments sont des formes de stimuli très réels ; ils déterminent notre sens du moi autant que notre comportement.

Il est important de comprendre que l'énergie formée par une seule pensée ou un seul sentiment génère une décharge d'énergie, une sorte de réponse. Il est essentiel de pouvoir le remarquer. Observer sans jugement et avec curiosité nous permettra de découvrir quelle pensée ou quel sentiment a provoqué cette réponse en nous. Par exemple, la pensée qu'on a mal pourrait engendrer une réaction d'évitement. Mes pensées ont-elles créé une réaction de stress qui m'a donné envie de réagir ? Quels sentiments provoquent en moi une réaction de colère ? Une réaction d'anxiété ? Une réaction de honte ? Ai-je interprété le comportement de quelqu'un comme signifiant que « je ne suis pas important », ce qui a provoqué une réaction de détresse ? Et ainsi de suite…

Quand nous observons notre monde intérieur, le flux énergétique « d'informations et d'interprétations » pourrait aussi nous montrer une forme de réaction créée pour faire diversion. Cette diversion peut prendre de multiples formes : elle peut se manifester par une pensée désagréable, nous catapulter dans l'imaginaire, nous faire passer de la présence à l'excitation ou à l'anticipation, ce qui, somme toute, nous distrait avec succès. Nous pouvons également observer notre avidité à obtenir une réponse, laquelle peut engendrer une multitude de réactions, telles que la frustration, un doute persistant qui suscite l'anxiété, ou encore un discours intérieur négatif (qui, de cause à effet, induit une dérivation de l'énergie vitale et des sentiments de honte et de résignation).

Nous sommes forgés par un « héritage synaptique », comme le dit Dan Siegel ; ce sont des voies neuronales qui fonctionnent par habitude grâce aux propensions et aux expériences antérieures qui nous ont formés. Nous pouvons fonctionner avec ces schémas et leurs répercussions pour le reste de notre vie, mais rien ne nous y oblige.

Un exercice de présence, devenir acteurs de notre développement

Pour diriger notre vie de façon plus consciente, de l'intérieur vers l'extérieur, il existe une clé : relâcher l'emprise de ces schémas en pratiquant la présence à nous-même. En nous exerçant à placer notre attention consciemment, nous allons développer une capacité qui peut nous changer la vie : l'aptitude à prendre acte de la direction que prend notre attention.

La conscience est notre capacité à discerner, nommer et accepter notre réalité intérieure. Une telle pratique augmente la flexibilité de notre réponse, ce qui nous permet d'avoir plus de choix dans notre façon de réagir. À partir de là, nous pouvons nous attendre à une meilleure adaptabilité interpersonnelle : à devenir capables de vivre en harmonie avec les autres, grâce notamment à une meilleure acceptation de soi.

Nous entraîner à placer notre attention améliore notre capacité à vivre une relation plus satisfaisante avec nous-même, les autres et la vie en général. Transformation et croissance dépendent de l'élargissement de notre conscience, d'abord dirigée vers notre vie intérieure. Le placement de l'attention nous permet de prendre du recul et de nous ancrer, lorsque les défis du monde extérieur enclenchent notre réactivité automatique. Cultiver la présence nous permet aussi de profiter de la richesse et de la beauté de la vie qui se déploie devant nous. Toutes les spiritualités incluent une pratique de placement de l'attention qui vise à élargir la conscience. La conscience liée à la présence est un cadeau sur notre chemin de développement. Comme le partage de manière poignante le chercheur Baron Payton, **« élargir sa conscience est thérapeutique »**.

Le pouvoir de la conscience

La conscience nous permet d'observer où nous en sommes intérieurement à chaque instant. La clé de voûte de l'exercice est l'acceptation : observer sans censurer ce que nous remarquons et sans le manipuler pour en faire quelque chose d'autre. Malheureusement, l'auto-rejet est courant. Nous faisons l'expérience de ne pas aimer ou de ne pas vouloir ce que nous ressentons à l'intérieur. Ou bien nous essayons de résister à ce sentiment lancinant ou à cette angoisse psychologique. Nous ne voulons tellement pas le ressentir que nous le nions. Ou bien, dans le cas où nous voulons être différents de ce que nous sommes en réalité, nous nions notre vérité, ce qui signifie que nous nions qui nous sommes réellement. Par exemple, nous voulons être plus éclairés, ou moins blessants, ou moins en demande affective que nous ne le sommes en réalité ; aussi, nous rejetons (plutôt que de l'accepter) ce que notre conscience fait émerger et nous allons alors nous donner du mal pour jouer un personnage « plus désirable ».

Ces réactions intérieures qui nient notre vérité sont à l'origine de l'abandon, de la négligence et du mépris de soi. C'est ainsi qu'on commence à présenter un faux self (on affiche une personnalité non authentique). Lorsque nous nous manipulons et que nous nions ce qui se passe réellement en nous, pour éviter notre part d'ombre, nous manquons l'occasion d'une profonde prise de conscience et le chemin de croissance qui va avec.

En évitant de reconnaître et de ressentir notre propre vérité, nous perdons notre capacité à discerner la vérité à l'extérieur. Nous perdons notre moi authentique. Nous perdons notre aptitude à accueillir le présent. Nous perdons notre capacité à nous connaître nous-même. Et nous perdons la chance de nous développer et de grandir. Par conséquent, une relation d'intimité honnête et aimante avec notre vrai moi, ainsi qu'avec ceux des autres, devient impossible.

Viktor Frankl et « La pause » :

« Entre le stimulus et la réactivité, il y a un espace. Dans cet espace réside notre pouvoir de choisir notre réponse. Dans notre réponse résident notre croissance et notre liberté. »

La pause

Arrivés à l'âge adulte, il est possible que nous soyons bien entraînés au déni, à l'auto-censure, et aux nombreuses réactions automatiques qui en découlent. Tant que nous ne décidons pas de nous engager sur un chemin de développement personnel, comme nous ne sommes même pas conscients de nos schémas automatiques, nous n'avons aucune chance de pouvoir les contrôler.

Il existe un minuscule intervalle dans lequel nous pouvons nous faufiler qui, avec de la pratique, peut faire toute la différence. Ce moment où il faut tirer parti de l'intervalle – la pause – ne dure peut-être qu'une milliseconde ; mais il se situe là, entre le stimulus et la réaction. Avec un effort, mentalement, nous pouvons le discerner. Il se trouve également entre l'observateur (moi-même) et l'objet (l'autre), créant un espace entre ce que je fais et ce qu'un autre fait.

Cette pause, bien que minuscule, est pleine de promesses. D'espoir. Et de puissance. Et qu'est-ce qui est nécessaire pour « faire une pause » entre *ce qui est déclenché* par le stimulus et *l'impulsion* qui génère une réaction ? C'est notre capacité à stopper l'impulsion – la charge d'énergie – de la réponse qui se déclenche instantanément.

C'est ce que Michael Brown, auteur du livre *Le processus de la présence*, appelle la « rétention ». La rétention ne consiste pas à engourdir, à supprimer ou à nier. Il s'agit de développer notre capacité à « contenir » la charge avec bienveillance, de la « retenir ». En la reconnaissant sans résistance, avec bienveillance, quel que soit le contenu. Tout ceci se passe pendant une interruption momentanée de l'activité cognitivo-émotionnelle. Une fois le temps suspendu, nous pouvons observer la réaction enclenchée et, avec compassion, la comprendre et la respecter. Par cet acte volontaire, nous « redevenons libres » de pouvoir choisir l'action la plus juste, plutôt que de subir notre réactivité automatique habituelle.

Mettre en place une pratique de la pleine conscience nous aide à développer cette capacité à freiner (pas toujours facile, mais c'est apaisant !), que nous allons appeler « Capacité à appuyer sur Pause ». Notre Capacité à appuyer sur Pause est ce qui ouvre un intervalle d'une fraction de seconde au cours duquel nous pouvons élargir notre conscience. La conscience nous permet d'être « présents », et avec un peu d'entraînement nous pouvons tolérer cet état de « présence » et y rester. La conscience qui nous maintient en présence est ce qui renforce l'intégration temporelle.

L'intégration temporelle est ce qui se produit lorsque les sources d'énergie différenciées du cerveau et le flux d'informations (cognitives, émotionnelles et physiques) se connectent et collaborent. L'intégration est une voie de cohérence personnelle, qui nous permet, par exemple, de mieux gérer l'incertitude, la prise de décision ou la résolution de problèmes. Cela nous aide à atténuer le stress chronique dû au manque de temps et nous permet de vivre le changement comme un phénomène naturel et non menaçant. La Capacité à appuyer sur Pause – qui crée un espace pour la prise de conscience, pour la présence, et catalyse l'intégration – nous permet de passer des turbulences de la surface de notre océan aux profondeurs plus calmes de nos fonds marins.

Les recherches sur les neurosciences valident l'importance de la pratique de la pleine conscience. Les personnes qui la pratiquent depuis plus longtemps développent davantage de neurones intégratifs dans le cortex préfrontal, zone où se déroule une grande partie de notre cognition. Des études ont également démontré que ceux qui pratiquent régulièrement ces « exercices d'éveil de la conscience » ont développé des aptitudes identifiées dans l'un des acronymes mnémotechniques de Dan Siegel : F.A.C.E.S., qui signifie plus de Flexibilité, d'Adaptabilité, de Cohérence, d'Énergie (au sens d'énergie « libérée ») et de Stabilité.

Penchons-nous sur ces cinq qualités et imaginons la manière dont chacune d'elles pourrait affecter notre vie et notre relation à nous-même. Et surtout, demandons-nous quel effet elles pourraient avoir sur nos relations d'intimité.

> Qu'évoque pour vous chacune de ces cinq qualités ?
>
> Comment influencent-elles votre relation avec vous-même ?

En outre, les études montrent que, très vite, la pratique de la pleine conscience a des effets bénéfiques significatifs, comme augmenter la concentration, le bien-être, la clarté mentale, le traitement de sensations physiques stressantes, retarder les actions impulsives et réguler les réactions d'anxiété au niveau de l'amygdale (la partie de notre cerveau qui joue un rôle clé dans la régulation des émotions, en particulier des émotions aversives).

Par-dessus tout, notre conscience et notre capacité de présence sont certainement les deux qualités les plus importantes que nous puissions acquérir. Ces qualités nous ouvrent à une meilleure connaissance de nous-même et à davantage de compassion pour nous-même. Être présent et ancré nous permet alors de faire l'expérience de nous-même avec discernement, empathie et sincérité. L'auteur et chercheur Dan Siegel nous offre un autre acronyme mnémotechnique pour réfléchir à ces qualités désirables : C.O.A.L., Curiosité, Ouverture, Acceptation et Amour (Love). Ce sont les bénéfices qui nous attendent, à force de pratiquer la pleine conscience.

> Qu'évoque pour vous chacune de ces quatre qualités ?
>
> Quelle place prennent-elles dans vos relations ?

Exercice de Respiration Fondamental : devenir présent, comment apprendre à utiliser sa respiration >>

La respiration est un excellent point de référence intérieur pour « revenir chez soi », puisqu'elle est toujours là, « avec nous ». Il n'y a rien de tel que de respirer profondément pour nous rappeler instantanément autant notre fragilité que notre vulnérabilité ; seize à vingt mille fois par jour ou plus, cette respiration qui nous donne la vie nous accompagne et nous maintient en vie. Elle nous emmène loin des clameurs de nos cinq sens, loin des préoccupations du passé ou du futur. La respiration est neutre et humble. Elle n'a pas de programme, excepté de donner la vie en subvenant à nos besoins en oxygène. C'est réellement un cadeau qui permet de construire une conscience personnelle. Même si elle n'apportait aucun autre bienfait que celui de prolonger notre existence physique, elle mériterait bien le temps que nous passons à nous connecter à elle régulièrement. C'est le cœur de notre capacité fondamentale à recevoir (inspirer) et à donner (expirer). Elle mérite notre gratitude.

La respiration et notre étude de nous-même

Avant tout, la pratique de la respiration fournit le point de départ d'un travail d'exploration intérieure. C'est le tout premier endroit où nous pouvons arriver à accéder à un sens de nous-même. *Notez bien : c'est notre sens du soi qui crée notre réalité.* En nous penchant sur notre profil Ennéagramme, nous découvrirons plein d'informations sur nos préoccupations mentales ainsi que ce sur quoi nous plaçons notre attention. Nous découvrirons que nous partageons avec d'autres représentants du même profil les mêmes qualités développées par ces exercices de pleine conscience. Entre notre entraînement pour développer notre capacité de présence et les enseignements de l'Ennéagramme, nous serons bien équipés pour mettre des mots sur nos pensées, nos sentiments et nos comportements, sur ce qui les déclenche et sur la façon dont ils s'expriment.

Pour moi, qui suis un Profil 6 de l'Ennéagramme (le Loyal-Sceptique), la pratique de la pleine conscience m'a appris à repérer le moment où je commence à douter de quelqu'un. J'ai commencé à remarquer que ce mécanisme était récurrent, qu'il me rendait anxieux, et m'empêchait de faire confiance à cette personne. J'ai découvert que ce schéma était quelque peu déstabilisant pour moi !

Si je n'avais pas pris conscience de cette dynamique, je n'aurais pas perçu la distance que je créais entre les autres et moi, sans le savoir. Gagner en présence m'a aussi permis de prendre conscience de ma façon de penser : imaginer le pire scénario possible. Cela occupait une bonne partie de mon temps et de mon énergie, et ça faisait aussi monter l'adrénaline ! Après avoir repéré ces schémas, j'ai pu constater que, s'ils m'étaient utiles d'une certaine façon, ils me faisaient aussi partir en vrille mentalement. Dès lors, je pouvais être attentif à l'impact que j'avais sur les autres, ce dont j'étais incapable auparavant.

En résumé

Un exercice de pleine conscience – également appelé exercice de présence à soi-même – peut se faire individuellement, en couple ou en groupe, pendant des laps de temps variés, avec différents placements de l'attention, plusieurs fois par jour.

Revenir à la respiration est particulièrement utile pour augmenter notre sens de l'observation, réduire la réactivité dans les moments de frustration ou de stress et, finalement, rediriger notre attention à volonté.

Un exercice de pleine conscience peut se faire n'importe quand pour se recentrer et réduire sa réactivité. Cela peut se faire les yeux ouverts ou fermés. Il n'y a pas de « mauvaise » pratique, même les fois où l'on est distrait ou frustré. Chaque essai compte.

Pratiquer la pleine conscience est essentiel pour travailler avec l'Ennéagramme, car il nous faut faire grandir en nous-même un bon observateur qui puisse débusquer notre réactivité, nos préoccupations mentales et l'angoisse émotionnelle de notre profil. Ce sont des prises de conscience nécessaires, qui nous permettent de revenir à nous-même avec honnêteté et sans arrière-pensée. Cette connaissance de nous-même devrait nous permettre de mieux nous accepter et d'accueillir les autres avec davantage de compassion.

Exercice de Respiration Fondamental >>

Nous vous proposons ici un exercice de recentrage pour entraîner notre observateur intérieur. Notre conscience témoin est la gardienne de notre expérience intérieure subjective. Cet exercice nous fait passer par plusieurs étapes afin de diriger notre attention vers l'intérieur, d'apaiser notre esprit et de l'amener à focaliser notre attention sur notre respiration.

L'idée est de devenir davantage « présent » à nous-même. Nous pouvons faire cet exercice seul, en couple ou en groupe. Nous pouvons suivre les indications d'un enseignant ou simplement nous guider nous-même.

Souvenez-vous qu'il n'existe pas de « mauvaise » pratique. Faisons chaque jour de notre mieux pour nous centrer sur nous-même, pour nous ancrer dans notre corps, apaiser notre mental, ressentir le fait que nous sommes vivants, notre existence sur la planète, et notre besoin d'être présent à notre vie.

Combien de temps doit durer ma pratique ?

Être présent peut devenir un processus de formation seconde par seconde. C'est une compétence qui découle de la pratique. Apprendre à cultiver cette capacité nécessite une répétition méthodique. Un peu comme un entraînement musculaire que vous feriez absolument chaque semaine à la salle de gym avec des répétitions et des enchaînements spécifiques, vous devez pratiquer un exercice de présence comme celui-ci pendant au minimum 5 à 20 minutes par jour.

Comment s'entraîner ?

- Plaçons nos pieds sur le sol, relâchons nos épaules, et redressons-nous de façon à être assis bien droits avec la colonne vertébrale allongée. À présent, laissons nos yeux se fermer afin d'atténuer les distractions occasionnées par des stimuli extérieurs.

- Dirigeons notre attention sur notre respiration et contentons-nous de la suivre, laissons en fait notre respiration nous faire respirer. Ressentons ce qui se passe lorsque nous écoutons le son de l'inspiration profonde et vivifiante. Sentons notre poitrine s'abaisser tandis que nous écoutons le son de notre expiration. Sans la moindre pause, inspirons à nouveau profondément, et observons ce que nous ressentons lorsque nous respirons, nous nous sentons vivants.

- Respirons pendant au moins une minute, inspirons et expirons. Puis ouvrons-nous à l'état émotionnel d'être réceptif, ce doux sentiment qui autorise et invite tout ce qui survient à survenir. Pendant ce temps, concentrons-nous sur la respiration, l'inspiration et l'expiration, en permettant à notre corps de relâcher toute tension à chaque répétition.

- Tandis que nous suivons notre respiration, l'inspiration et l'expiration, laissons-la s'approfondir à chaque fois. Remarquons comment elle disparaît dans la cavité abdominale à chaque expiration, juste en dessous du nombril, dans le centre de gravité du corps. Remarquons comment notre inspiration soulève notre poitrine et nous emplit de vitalité.

- Lorsque notre attention s'égare vers une pensée, une sensation ou un sentiment quelconque, contentons-nous de le remarquer. Acceptons sans jugement ce qui est survenu. Observons-le, puis laissons notre attention retourner à la présence en nous, à la conscience intérieure de notre condition physique et à celle de notre corps dans l'espace. Percevons à nouveau notre inspiration, revenons aux sensations de la respiration, et suivons-la à nouveau.

- Lorsque nous sommes prêts, ramenons lentement notre attention sur notre environnement. Notons ce qui s'y trouve. Où est notre corps et comment le ressentons-nous ? Entendons les sons autour de nous et ouvrons les yeux.

En résumé

La pleine conscience offre des pratiques et des processus puissants pour chaque dimension de notre vie. Une pratique régulière peut améliorer notre relation à nous-même, notre capacité à être de bons parents, nos relations avec nos proches et avec nos collègues. Je crois vraiment que mieux interagir avec nos états intérieurs nous mènera à des relations et à des expériences plus profondément satisfaisantes et bien plus saines.

Vous pouvez revenir à ce chapitre aussi souvent que nécessaire pour le relire, y compris pour revoir comment établir un processus de présence qui inclue conscience de soi et processus de reconnaissance. Le « Procédé d'appuyer sur Pause » nous permet de retenir notre impulsion première et d'évaluer la justesse de notre réaction, aussi bien lorsque nous nous débattons avec nous-même que lorsque nous sommes en relation avec les autres.

Mettre en place un exercice de respiration, qui nous apprend comment nous connecter à notre respiration et donc à notre corps (notre soma), est la clé d'une méthode pour nous connecter à nos états intérieurs, pour replacer notre attention volontairement et pour accepter courageusement notre vérité. C'est le processus qui permet également à chacun d'entre nous de mieux se connecter aux autres, ces autres qui soutiennent notre vie, qui co-créent notre vie, et qui partagent nos nombreuses expériences.

Chapitre 3
La biologie des relations : l'anatomie de l'amour

La culture populaire tend à considérer l'AMOUR comme une sorte d'alchimie, ou comme quelque chose qui arrive de façon mystérieuse, magique ou, avec de la chance, « au premier regard ». Mais l'expérience de l'amour possède une architecture physiologique stupéfiante, une architecture aussi complexe que la magie des sentiments eux-mêmes. Nous sommes conçus pour connaître l'amour non seulement émotionnellement, mais aussi physiologiquement. D'une certaine façon, nous pourrions dire que *l'amour est en nous depuis toujours*, et que nous sommes programmés pour le rencontrer.

Neurones miroirs

Certaines des recherches les plus passionnantes de ce siècle nous apprennent que nous sommes une espèce vivante *sociale* dotée d'un cerveau *social*, un cerveau qui, dans une certaine mesure, nous permet de nous lire l'un l'autre, un cerveau programmé pour refléter l'expérience de l'autre. Cette aptitude est rendue possible par ce qu'on appelle les « neurones miroirs ». Nous avons tous des neurones miroirs et, d'après ce que nous savons, ils sont câblés dans les parties frontale et pariétale du néocortex de notre cerveau. Définition du néocortex empruntée à Wikipédia :

« Le néocortex est une zone du cerveau des mammifères impliquée dans les fonctions cognitives dites supérieures comme les perceptions sensorielles, les commandes motrices volontaires, le raisonnement spatial, la conscience ou le langage. »

Une zone plutôt impressionnante !

Ces neurones miroirs se lient alors à d'autres zones corticales et au système limbique (qui gère la régulation des émotions ainsi que les instincts et les humeurs) par une zone centrale ou médiane de circuits cérébraux appelée l'insula. Définition donnée dans un article du *New York Times* :

« L'insula gouverne les interprétations émotionnelles subjectives, les signaux sociaux et le sens moral, ainsi que les sensations corporelles. »

Grâce à cet incroyable ensemble de circuits limbiques et néocorticaux, nous sommes capables d'élaborer une cartographie de notre monde intérieur et de mettre en forme ce qui se passe dans la tête des autres, leurs états émotionnels et leurs perspectives. Métaphoriquement et techniquement parlant, nous sommes programmés pour être reliés les uns aux autres.

L'attachement

Chose importante, l'expérience de l'attachement, de la relation aux autres, passe en grande partie par nos systèmes limbiques. Envisageons le cas d'un sentiment de tristesse qui grandit jusqu'à devenir détresse, émotion que nous ressentons lorsque nous perdons l'attachement et la relation. La plupart d'entre nous, nous avons connu la détresse que ressent un enfant perdu dans un grand magasin, ou la détresse qui accompagne la perte d'un être cher. La tristesse sous-jacente et le chagrin qui lui fait suite en réaction à la perte de ces liens d'attachement sont des émotions qui nous révèlent combien ils étaient importants pour nous, combien être en lien compte, et combien ces expériences sont vitales pour la globalité de notre être et pour nos processus de développement.

Revenons aux neurones miroirs : c'est en partie grâce à ces neurones que nous sommes capables *de faire preuve d'empathie et de compatir* avec les autres lorsqu'ils traversent tristesse, chagrin ou détresse. Les neurones miroirs font partie du système qui permet à des parents, par exemple, d'être immédiatement en phase avec la détresse de leur enfant et c'est le même système qui permet à deux personnes qui s'aiment de ressentir la détresse de l'autre au cours d'une conversation, autant qu'ils ressentent la leur (*pour peu que nous soyons suffisamment présents pour le faire !*).

Nourritures affectives : programmés pour être proches

Que sont les nourritures affectives ? Nous en avons tous besoin pour grandir, nous développer et réussir. Oui, bien sûr, nous pouvons parler de « nourritures » affectives puisqu'elles sont une forme de nourriture. Mais, plus spécifiquement, il s'agit d'une bienveillance induite neurologiquement, en grande partie par notre système limbique, notre cerveau mammalien. Ces nourritures affectives sont officiellement définies comme :

« Nourriture émotionnelle et physique et soins prodigués à quelqu'un. »

Les nourritures affectives sont pour les êtres humains ce que l'eau mélangée au « Miracle-Gro » est pour une plante en pot. Les nourritures affectives sont la nourriture invisible, vitale, dont chacun de nous a besoin non seulement pour survivre, mais pour grandir sainement et exprimer son potentiel. Les nourritures affectives contribuent à un lien parent-enfant réussi, au développement de notre estime de soi, et c'est aussi ce qui nourrit notre système limbique.

Pour prendre une image, les nourritures affectives sont la valeur ajoutée d'un arrosage régulier riche en minéraux pour une plante en pot dans une Californie aux précipitations aléatoires. Même si nous sommes confiants quant au pot que nous avons choisi et à toute la lumière extérieure qu'elle aura grâce à l'endroit où nous l'avons placée, le fait de l'arroser trop ou pas assez peut considérablement influencer son développement. L'ajout du Miracle-Gro est une autre étape qui prend du temps, qui demande de la patience, de l'assiduité et du soin, mais quelle différence sur le long terme !

Nous pouvons espérer qu'il pleuvra *juste assez* pour maintenir la plante en vie (mais, pas de chance, nous sommes en Californie), parce qu'après tout nous estimons souvent que les plantes, comme les enfants, sont résilientes et résistantes, et que ce n'est pas la peine de trop s'inquiéter. Nous pouvons aussi la noyer avec le tuyau d'arrosage une fois de temps en temps, par manque de temps ou de patience pour l'arroser et en prendre soin régulièrement, estimant que cette grande quantité d'eau suffira pour un moment… avant de découvrir qu'elle est brûlée en surface et que ses racines pourrissent. Malgré nous, nous allons vite découvrir que, sans un arrosage régulier et des soins attentifs adaptés aux besoins de la plante, nous aurons *des problèmes*. Même si la plante ne meurt pas complètement suite à ce régime d'arrosage excessif et irrégulier, elle ne sera jamais aussi belle, colorée et épanouie qu'elle aurait pu l'être. Bien qu'elle survive, elle ne prospère pas, elle est rabougrie, clairsemée et desséchée. Elle lutte pour absorber (recevoir) le soleil, retenir l'eau, et parvenir à un état de bien-être continu. Elle n'a tout simplement pas développé son potentiel.

C'est aussi notre cas à nous, les êtres humains, lorsque les nourritures affectives nécessaires à notre développement sont inégales, aléatoires, inexistantes, ou, pire encore, lorsqu'elles sont préjudiciables et traumatisantes, pendant une bonne partie de notre enfance.

Bien que conçus pour survivre à tout prix (nos organismes sont extrêmement doués pour cela !), les humains souffrent lorsqu'on ne répond pas à leurs besoins fondamentaux. Sauf que, contrairement aux plantes négligées qui affichent leur lutte et la rendent visible, les êtres humains privés de nourritures affectives souffrent principalement à l'intérieur. Les répercussions ne sont pas nécessairement visibles, et le potentiel perdu n'est pas facile à mesurer. Nous n'en savons souvent rien.

Même si l'enfant donne l'impression d'aller bien vu de l'extérieur, il est possible que chaos, dérèglement ou rigidité soient en cours de développement à l'intérieur. Souvent, se cristallisent en eux une perte de connexion à leur être authentique, une incapacité à tolérer la frustration, des difficultés à se concentrer et une inaptitude à se calmer. Et encore, *ce n'est qu'une partie* de ce qui se forme à l'intérieur de leur structure de personnalité, et qui a des conséquences sur le développement de leur système cognitivo-émotionnel. Un manque de confort émotionnel

– ou pire encore, une éducation préjudiciable et traumatisante – prive un être humain en développement des ressources intérieures dont il aura besoin plus tard pour s'en sortir, sans parler de son épanouissement. Toute notre croissance, tout notre apprentissage, tout notre développement futur, ainsi que le stress auquel nous serons confrontés adultes, dépendent de la cohérence et de l'intégrité de ces ressources intérieures, qui se sont développées ou non dans notre enfance.

La plupart des bébés nourris mais jamais pris dans les bras meurent. Et nous savons qu'un manque de nourritures affectives entrave les processus de développement et en fin de compte le développement du potentiel. Sachant cela, il est incroyable d'apprendre que des enfants sauvages ou sévèrement négligés survivent à d'horribles situations. C'est la preuve que, contre toute attente, nous pouvons survivre et que nous *survivons*, même si notre confort émotionnel est limité et que nous sommes privés de gestes affectueux.

Mais comme nous l'avons mentionné, il y a parfois des problèmes. Des déficiences surviennent dans notre système émotionnel, et des carences sont mises en évidence dans les processus de développement de notre personnalité. Le développement complet de notre potentiel est remis en question. Un dérèglement émotionnel, des difficultés à contrôler l'impulsivité, une inaptitude à respecter ou à mettre en place des limites appropriées, une incapacité à gérer la détresse ou à s'auto-réguler sont certains des symptômes qui commencent à apparaître chez le tout-petit et se manifestent bien après l'entrée dans l'âge adulte, semant le chaos dans la vie des gens et la pagaille dans leurs relations.

Souffrir, lorsqu'on est jeune, sur le plan du développement, amène à souffrir plus tard sur les plans cognitif et émotionnel. Les stratégies d'adaptation qui étaient nécessaires dans l'enfance peuvent se transformer, à l'âge adulte, en stratégies inadaptées et en sabotage. Et, tandis que nous souffrons et faisons de notre mieux pour faire face, notre entourage, lui aussi, souffre et lutte pour faire au mieux.

Nourritures affectives, attachement et relation

Expert reconnu dans son domaine, le Dr Gabor Maté a expliqué lors d'une conférence :

> *« Pourquoi montons-nous au créneau si violemment lorsque nous souffrons d'un manque de relation ? Parce que nous sommes programmés pour ! »*

Nous sommes en fait programmés pour être reliés aux autres. Comme tous les mammifères, nous sommes programmés pour être en lien, et c'est aussi ce qui fait de nous des êtres humains. C'est ainsi que nous survivons, puis que nous nous développons. En fait, « ***la relation en elle-même est anxiolytique*** », précise le

Dr Mark F. Schwartz, ancien directeur de l'Institut Masters and Johnson. C'est le fait d'être en relation qui calme un bébé qui pleure, mais qui n'a pas faim, c'est le fait d'être pris dans les bras qui dissipe la détresse et l'agitation d'un bébé, continue-t-il. Le fait d'être en relation est un mécanisme qui apaise l'anxiété et qui est intégré en nous et dans nos systèmes nerveux centraux.

Notre aptitude à materner est également intéressante. Par exemple, si on élimine le néocortex (le cerveau « pensant ») d'une femelle hamster, elle peut toujours s'occuper de ses petits. Mais une lésion limbique (le cerveau des sentiments, des émotions, de l'empathie), même légère, détruit complètement l'aptitude de la femelle hamster à s'occuper d'eux. Le système limbique est le noyau central de l'attachement, de l'attention et de la création de liens, de la nourriture émotionnelle et du développement de tout mammifère.

Cela démontre l'impact qu'aura à long terme un manque de nourritures affectives pendant l'enfance sur les petits garçons – futurs pères – et sur les petites filles – futures mères et nourrices de notre société. Il y aura des répercussions sur leur système limbique en développement. Ce qui aura une incidence sur leur capacité à créer du lien et à offrir eux-mêmes un confort émotionnel et une réponse aux besoins d'attachement de leurs propres enfants plus tard. Qui, à leur tour, grandiront pour devenir des membres de la société, soit en souffrance, soit épanouis.

Nous l'avons déjà mentionné mais répétons-le, les études menées sur des bébés mammifères avec lesquels on n'interagit pas physiquement montrent que, bien qu'ils soient suffisamment nourris, ils sont en souffrance. On constate qu'ils ne se développent pas bien, si tant est qu'ils survivent. Il est prouvé qu'ils ont, que nous avons, besoin de contact. Nous avons besoin de chaleur. Nous avons besoin de sentir que quelqu'un « s'occupe de nous ». Le fait de créer des liens et de nous attacher, d'être maternés et aimés est une nécessité pour notre développement. Nos besoins fondamentaux dépendent d'une matrice de traitement systémique, une matrice qui impacte, littéralement, notre cerveau de façon continue, seconde après seconde, tout au long de nos premières années de développement et au-delà.

Des études faites avec des singes nouveau-nés élevés en isolement, c'est-à-dire sans contact les uns avec les autres jusqu'à l'âge adulte, démontrent l'impact néfaste de l'isolement : ils grandissent, mais ils ne savent même pas comment se reproduire. Souvent, ils ne sont pas du tout capables de fonctionner sur le plan sexuel. Envisageons à présent les répercussions de l'isolement sur les êtres humains, et envisageons-le au-delà de la petite enfance et des premières années, qui sont indubitablement cruciales.

Prenons le cas d'un préadolescent marginal, qui grandit dans la société d'aujourd'hui, extrêmement affairée, compétitive et axée sur Internet. Imaginons ses deux parents épuisés, qui travaillent, qui n'ont que peu de contacts avec leur adolescent marginal parce que chacun doit répondre à ses propres besoins, les dîners ensemble sont toujours manqués, et l'ado est, de toute manière, absorbé par son ordinateur une grande partie du temps. Et imaginons que ce jeune manque de quelques bons amis proches.

Ce jeune a besoin de plus que d'un contact intermittent avec ses parents pour traverser l'adolescence, sans parler de l'aide qui lui est nécessaire pour se développer et devenir une personne normale, en bonne santé, équilibré socialement et sexuellement, qui joue son rôle dans la société. Des études en cours, incluant le travail avant-gardiste du Dr Dan Siegel dans le domaine de la neurobiologie interpersonnelle, révèlent l'importance du contact humain et le fait qu'un contact continu et positif est nécessaire tout au long de nos années de développement pour que notre socialisation et nos capacités relationnelles fonctionnent pleinement.

Le cœur

Arrêtons-nous un instant pour parler du cœur. Non pas d'un point de vue physiologique, mais du point de vue des nourritures affectives. Notre cœur, tout en étant un organe confortablement niché à l'intérieur de notre cage thoracique, est aussi identifié comme le lieu d'expression de notre besoin de contact. Tendu vers l'extérieur en direction des autres, grâce à sa proximité avec nos bras et nos mains, notre cœur cherche symboliquement à atteindre les autres. Nous tendons les bras pour étreindre. Nous tendons les bras pour enlacer. L'une des premières choses que font les bébés est de tendre les bras à la personne ayant le rôle de parent. C'est un geste si banal et ordinaire qu'il est facile d'en négliger l'importance pour nos besoins fondamentaux et notre survie de développement.

Être pris dans les bras et tenir quelqu'un d'autre est l'étreinte qui nourrit la vie humaine elle-même. C'est le premier endroit sûr que nous trouvons grâce à notre mère ou les personnes qui s'occupent de nous, et c'est quelque chose que tout au long de notre vie nous pouvons facilement nous donner les uns aux autres, pour nous apporter réconfort, sécurité, affection et assurance. Être étreint et étreindre est une expérience vitale à faire tôt dans la vie afin d'être *activé* pour aimer, prêter attention, nous materner nous-même, et les autres plus tard dans la vie.

Les gestes qui constituent des nourritures affectives, comme s'étreindre et se tenir dans les bras, sont le fondement de notre propre sentiment émotionnel de sécurité et de développement, et en fin de compte d'épanouissement. Il a été identifié que *l'intention* d'étreindre peut avoir un effet physiologique extraordinairement positif sur nous. Il a même été découvert que l'intention seule active des zones particulières du cerveau.

> Quand nous ouvrons nos bras à quelqu'un, que ressentons-nous ? Que se passe-t-il en nous ?

Que ressentons-nous quand quelqu'un vient vers nous en ouvrant les bras, exprimant un grand désir de nous enlacer ? Comment le vivons-nous ?

Explicitons davantage ce qui se passe en nous lorsque nous entrons en relation, et que nous nous lions les uns avec les autres : j'ai été fort étonné, un jour, d'apprendre que le cœur humain (encore lui) peut coordonner ses battements cardiaques en présence d'une autre personne. Lorsque nous partageons avec quelqu'un un lien affectif positif, nos deux cœurs, qui sont sensibles à ces sensations, se mettent à battre à l'unisson, en synchronisant leurs rythmes. Cela influe sur notre bien-être physique de manière très positive.

Savoir cela nous permet de nous ouvrir intentionnellement à ce type d'état émotionnel authentique avec une autre personne réceptive. Nous pouvons y arriver en nous concentrant sur notre appréciation de ce qui est positif et précieux en nous, chez la personne concernée, et dans le monde. C'est un état d'esprit que nous pouvons faire advenir délibérément, et qui génère un ressenti particulièrement positif, en plus de mettre en place un rythme harmonieux dans notre propre cœur. Il se synchronise alors et s'harmonise avec celui de l'autre et avec la vie elle-même.

Lorsque nous faisons l'expérience de ce genre de congruence cardiaque, toutes les fonctions corporelles, aussi bien émotionnelles que physiques, s'épanouissent. Nous nous détendons. Nous réussissons. Nous rayonnons. Nous vivons plus pleinement. Et nous vivons plus longtemps. Dans cet état, nous produisons davantage de dopamine, de sérotonine, d'ocytocine et même davantage d'endorphine, et notre corps se charge de chimie neurotransmettrice qui véhicule un sentiment de « bien-être », un sentiment d'« être en lien ». Chacune de ces molécules crée du bien-être et ce sont les mêmes sentiments (et la même chimie) qui sont activés lorsque nous sommes dans les bras d'une mère attentive, aimante et qui nous allaite (si possible) pendant la petite enfance, et lorsque ces expériences de développement continuent tout au long de l'enfance. Lorsque nous sentons de l'amour dans notre cœur, lorsque nous nous autorisons à ressentir de l'amour pour nous-même, alors l'immense champ magnétique autour de notre cœur rayonne d'un sentiment d'amour pour les autres. Cela suscite le désir – authentique et inconditionnel – de donner et de recevoir des autres. C'est là que réside le bonheur accompli d'un être humain. En appréciant, en étant reconnaissant et en aimant, nous catalysons et rendons possible un sentiment d'amour qui nourrit les autres, ce qui, inévitablement, nous nourrit nous-même. C'est le genre de lien plein d'amour que nous voulons vivre tout au long de la journée, qui coule entre nous dans un sens et dans l'autre, nous remplissant le cœur de sentiments, et l'esprit de plénitude. C'est ce qui soutient et améliore le bien-être dont nous avons besoin pour nourrir les nombreux aspects de notre intériorité qui dirigent les mécanismes cognitivo-émotionnels, physiologiques et spirituels qui sont à l'origine de notre croissance et au fondement de notre vie. C'est une bonne nouvelle ! Et à notre portée.

Manque de contact = manque d'expérience du cœur

Les bébés élevés dans des institutions avec peu de contacts humains ne se développent pas correctement. Parfois, ils ne se développent pas du tout et meurent. S'il manque de nourritures affectives, de relations et de liens, un nourrisson de six mois peut ressembler, sur le plan physique comme sur le plan du développement, à un nourrisson de trois mois, même s'il est très bien nourri et vit dans un bon environnement matériel. Au lieu de se développer, ces nourrissons deviennent maladifs et repliés sur eux-mêmes, perdent du poids et meurent à des taux plus de 40 fois supérieurs à la normale. Et si, pour une raison ou une autre, certains d'entre eux s'en sortent, leur développement limbique – capacité à créer du lien, régulation émotionnelle et attachement – peut être sérieusement amoindri. Cela peut mener à une vie de souffrance pour cet être, autant que pour tous ceux qu'il pourra rencontrer, ou essayer d'aimer.

Les prisons américaines sont pleines d'hommes et de femmes qui ont grandi privés de ce dont ils avaient cruellement besoin pour atteindre leur plein potentiel. Par conséquent, ils basculent dans le crime pour survivre, le mieux que l'on puisse faire lorsqu'on fait face à un chaos intérieur total et à un haut niveau de désespoir. Vous souvenez-vous d'une époque pas si lointaine, dans notre propre histoire, où les nouveau-nés étaient séparés de leur mère à la naissance, et gardés dans une nurserie d'hôpital stérilisée afin de permettre à la mère de se reposer et de limiter l'exposition des bébés à de dangereux microbes ? Pendant une bonne semaine, voire plus, le papa ne pouvait pas s'approcher de son nouveau-né et devait se contenter de contempler à travers une vitre des rangées de bébés.

Nous avons longtemps normalisé des pratiques qui sont préjudiciables à ce qui est crucial pour la survie et le développement d'un nourrisson, à savoir le contact humain, la chaleur, l'attention et le fait de le porter. Un autre exemple est celui des nouveau-nés prématurés à risques : jusqu'à récemment, on excluait pour eux les soins et le contact physique pendant les premiers jours, semaines ou mois de leur vie, selon la sévérité de leur cas. Encore une fois, comme il est ironique que ce soit justement cette pratique d'isolation dans des incubateurs stérilisés qui augmente la probabilité que le nourrisson meure ! Heureusement, les protocoles ont changé et les parents sont aujourd'hui encouragés à avoir un contact physique direct et immédiat avec leur nouveau-né. Depuis, les taux de mortalité ont naturellement diminué.

Mammifères, allaitement et nourritures affectives

Pour insister encore sur notre besoin de relation et d'attachement, rappelons que la vision d'un nouveau-né est conçue de telle sorte qu'il ne voit qu'à 20 cm pendant les premiers mois de sa vie, juste la distance requise pour saisir les yeux et le visage de sa mère lorsqu'il tète le sein. En outre, la mère qui allaite et son nourrisson font l'expérience d'une conscience partagée l'un de l'autre : ils co-créent l'expérience émotionnelle positive *de prendre soin*, échange que partagent tous les mammifères et dont ils ont besoin pour se développer sainement. De plus, le nouveau-né reconnaît physiologiquement sa mère et sa réaction physiologique vis-à-vis d'elle est très différente de celle qu'il a avec un étranger. C'est assez incroyable ! Comment ce nouveau-né peut-il faire la différence ? Mais il la fait. Le fait qu'un nourrisson reconnaisse sa propre mère est une adaptation de l'évolution, parce qu'il est extrêmement probable qu'*avec elle* il sera en sécurité et qu'elle prendra soin de lui. Savoir cela assure la survie du nourrisson et son développement au fil du temps.

En outre, les expériences du psychologue Harry Harlow avec des singes rhésus dans les années soixante se sont révélées stupéfiantes pour notre compréhension de l'attachement et des besoins instinctifs d'attention. Voici ce qui s'est passé : au lieu de choisir le substitut maternel dur fait de fil de fer et avec du lait en abondance qu'on leur proposait, les bébés singes ont préféré choisir un tapis en tissu doux et chaud auquel s'accrocher et se câliner, quand bien même ce substitut ne donnait pas de lait. En outre, lorsqu'on les a comparés aux singes qu'on avait forcés à choisir le substitut dur en fil de fer, on s'est aperçu que les singes qui avaient choisi comme substitut le tapis en tissu s'étaient mieux développés. Ces bébés singes, qui ne pouvaient pas s'apaiser avec un substitut fait de fil de fer, même s'ils disposaient de lait en abondance, ne se développèrent pas bien. Le désir inné d'une proximité physique réconfortante a surpassé le désir des petits singes de se nourrir facilement. De façon surprenante, le réconfort qui engendre l'apaisement s'est également révélé plus important pour leur bien-être ultérieur.

Les recherches de ce type nous ont énormément aidés à comprendre nos propres besoins sur le plan du développement. À partir de la neuroscience affective et de la neurobiologie interpersonnelle, nous cherchons à comprendre nos systèmes de développement sensibles, qui recherchent pour s'apaiser quelque chose qui va bien au-delà de la nourriture et de l'abri. Dès la naissance, nos connexions internes sont conçues pour recevoir amour et nourritures affectives afin de développer tout notre potentiel. Et notre besoin profond de relation avec les autres, qui subsistera toute notre vie, est une dimension incontestable de notre humanité et de notre bien-être. Ce sont ces précieuses interactions qui nourrissent notre cerveau, promeuvent notre développement émotionnel et nourrissent notre esprit, nous permettant de connaître une vie accomplie.

Rôle de la théorie de l'attachement

Qu'est-ce que la théorie de l'attachement ? Les travaux menés par les psychologues Mary Ainsworth et John Bowlby dans les années soixante et soixante-dix ont donné une base scientifique à leurs découvertes sur le lien humain et la relation, le besoin de proximité physique et émotionnelle, et la notion de sécurité dans nos relations. La théorie de l'attachement nous amène à comprendre ce qu'est *l'attachement sécurisant*, qui se définit comme une relation réussie entre un enfant et les personnes qui s'en occupent. Lorsque ce lien est satisfaisant, trois exigences fondamentales sont remplies. Lorsqu'elles ne le sont pas, un sentiment aversif de survie se déclenche :

- **Le besoin de reconnaissance et de sécurité**
  Cette exigence primitive est associée au centre d'intelligence mental de l'Ennéagramme. Lorsque ce besoin n'est pas satisfait, l'émotion motrice principale devient la peur, pouvant aller jusqu'à la terreur.

- **Le besoin de relation et de soutien**
  Cette exigence primitive est associée au centre d'intelligence du Cœur dans l'Ennéagramme. Lorsque ce besoin n'est pas satisfait, l'émotion motrice principale devient la tristesse, pouvant aller jusqu'à la détresse ou l'hystérie.

- **Le besoin d'autonomie et d'estime de soi**
  Cette exigence primitive est associée au centre d'intelligence Viscéral-Corporel dans l'Ennéagramme. Lorsque ce besoin n'est pas satisfait, l'émotion motrice principale devient la colère, pouvant aller jusqu'à la rage.

La théorie de l'attachement nous aide ainsi à comprendre ces trois systèmes émotionnels aversifs et la façon dont ils se déclenchent lorsque nos besoins d'attachement fondamentaux ne sont pas satisfaits. **La peur** survient lorsqu'on perd une personne sur laquelle on pouvait compter en cas de danger, ou lorsque les personnes qui s'occupent de nous sont elles-mêmes imprévisibles ou dangereuses. La **détresse** survient lorsqu'il y a perte de reconnaissance ou de relation avec les personnes principales de notre vie, celles qui prennent soin de nous. Elle est souvent associée au fait de ne pas se sentir encouragé, écouté, apprécié, ou entouré. Et la **colère** résulte d'une obstruction à notre capacité de puissance ou à notre autonomie, à notre dignité et à notre estime de soi, et manifeste notre besoin de mobiliser de l'énergie pour avoir ce que l'on estime nécessaire d'obtenir, de poursuivre ou de protéger.

Formes d'attachement

Lorsque la personne qui soigne et élève est sensible et satisfait aux trois exigences fondamentales d'un nourrisson ou d'un enfant, il en résulte un **attachement sécurisant** et l'enfant s'épanouit. Lorsque la personne nourricière, mère ou autre, ne répond pas aux besoins de l'enfant d'une manière fiable et sensible, ou l'ignore, ou s'en détache, il survient un **attachement d'évitement**, caractérisé par le fait que l'enfant se dérobe à la relation. Lorsque la personne nourricière est inconstante, faisant alterner écoute et insensibilité aux besoins de l'enfant, il survient un **attachement ambivalent**, auquel cas l'enfant manifeste de l'insécurité, et on a alors souvent un enfant qui se colle à l'adulte, à cause de sa détresse limbique. Enfin, lorsque la personne nourricière est imprévisible, nocive et manque totalement d'écoute, il en résulte un **attachement désorganisé**, avec un enfant qui ne sait pas à quoi s'attendre ni à quel moment. Dans ce cas particulier, les stratégies et les capacités d'attachement s'effondrent, tout simplement.

En termes relatifs au système limbique, tout cela se rapporte aux « 3 R » – la **résonance** limbique, la **régulation** limbique, et la **révision** limbique.

- La **résonance** signifie simplement présence et réceptivité à l'autre, de telle façon que nous nous accordons l'un à l'autre et que nous cheminons ensemble. Nous prenons l'autre tel qu'il est pour lui-même, étant nous-même dans un état de neutralité et d'authenticité, dépourvu de jugement critique. Nous écoutons ouvertement et avec bienveillance l'expérience subjective de notre enfant, de notre partenaire ou d'un ami, leur mélodie personnelle, quel que soit son air.

- La **régulation** consiste à équilibrer et à harmoniser la relation à l'autre, c'est l'aptitude à s'adapter de façon appropriée par toute une gamme de réactions. La régulation est étroitement liée au système des neurones miroirs (SNM) dont nous avons parlé plus haut. Elle permet donc une flexibilité de réaction, une résilience, une régulation émotionnelle et une communication de confiance.

- La **révision** survient lorsque nous intégrons à la fois la *résonance* et la *régulation*, ce qui nous permet d'influencer et d'avoir sur les autres un impact positif. Cela signifie que nous avons tous la capacité d'influer les uns sur les autres, et nous le faisons ! Souvenez-vous, car c'est également important : nous avons le pouvoir de changer les autres pour le meilleur en étant d'abord un exemple. Le meilleur moyen pour cela est de « joindre le geste à la parole », si l'on peut dire. En commençant par être des modèles, nous aurons sur les autres un impact fort et immédiat.

Qu'est-ce que tout cela signifie pour nous ? Cela veut dire que développer une attitude aimante ou un sentiment d'amour demande de l'amour. Cela signifie que nos relations et nos appartenances réciproques sont toutes deux des expériences fondées sur l'amour. Il sera plus facile de vivre une vie profondément satisfaisante en ayant grandi dans un foyer où il y avait de l'amour. Pour offrir à un être humain en développement la chance de se développer pleinement et de s'accomplir, il faut « de l'amour ». Nous savons parfaitement que, pour faire l'expérience de l'amour et de relations affectives, nous dépendons totalement de notre système limbique, que nous ayons 7 ou 77 ans. **Il est donc temps de donner la priorité à une mission fondamentale : que peut faire chacun d'entre nous pour contribuer à créer un monde qui s'applique à « développer des êtres aimants », dès l'instant où ils entrent dans ce monde jusqu'au moment où ils intègrent la société ?** C'est ce que nous pouvons entreprendre de plus sacré. C'est une mission pour l'ensemble de la société, que, nous l'espérons, nous prendrons tous au sérieux, pour assurer notre avenir et pour le plus grand bien de tous.

Référons-nous encore une fois à l'auteur avant-gardiste qu'est le Dr Gabor Maté, avec un extrait de son livre *Les dépendances, ces fantômes insatiables* :

> *« Toutes les histoires ne se terminent pas bien... Mais les découvertes de la science, les enseignements du cœur, et les révélations de l'âme nous assurent qu'aucun être humain ne se trouve au-delà de la rédemption. La possibilité du renouveau existe depuis aussi longtemps qu'existe la vie. La question ultime est : comment soutenir cette possibilité chez les autres et en nous-même ? »*

Et si je n'avais pas eu ce dont j'aurais eu besoin lorsque j'étais jeune ?

En termes profanes : et si mes besoins en matière de développement n'avaient pas été comblés au cours de mon enfance ? Et si je n'avais pas reçu les nourritures affectives dont j'avais besoin ? Comme le dit souvent le Dr Gabor Maté : et si on nous avait infligé des choses que nous n'aurions pas dû connaître, qui nous auraient traumatisés, consciemment ou inconsciemment ? Et si ce qui aurait dû arriver n'était pas arrivé ? Autrement dit : et si nous n'avons PAS été soignés NI étreints, si nous ne nous sommes pas sentis aimés, comme nous en avions besoin pour un développement émotionnel optimal ? Et si nous ne nous sommes pas sentis vus, entendus ou compris, c'est-à-dire s'il n'y a eu que peu d'écoute ou de résonance entre nous et les personnes qui nous élevaient et nous soignaient ? Et si nos parents avaient fait de leur mieux, mais que nous avons passé beaucoup de temps seuls, et qu'il n'y a pas eu beaucoup de moments de proximité lorsque nous étions petits ? Et si, pire encore, nous avons été constamment et régulièrement négligés ? Maltraités émotionnellement ou physiquement ? Et si nous ne nous souvenons pas de notre enfance, mais que pour une raison ou une autre nous avons du mal à être proche de quelqu'un ? Cela signifie-t-il qu'il n'y a aucun espoir pour nous ? Ou encore : et si nos besoins premiers semblaient pris en charge, mais que notre perception et les sentiments qui en résultaient nous disaient le contraire ?

Nous « reparentaliser » : une guérison rédemptrice

Tout petits, nous n'avons pas notre mot à dire et nous n'avons aucun contrôle sur la façon dont nous sommes traités, dont nos parents nous élèvent et prennent soin de nous. Mais une fois adultes, nous avons ce contrôle. Nul doute que nous ayons une bonne longueur d'avance lorsque nous avons eu des parents attentifs, à l'écoute, aimants, heureux de notre existence, de notre croissance, et de l'expérience subjective que nous avons de la vie qui se déploie devant nous. C'est ce dont nous rêvons tous, n'est-ce pas ?

Comme le dit Jamie Catto, musicien et producteur de *One Giant Leap* : **« *Être à l'écoute de nos blessures nous ouvre à notre créativité...* »** et nous pouvons décider **« *de transformer nos côtés sombres en carburant spatial pour notre vie* ».** Quelle déclaration ! Cette perspective optimiste est à la fois encourageante et stimulante. Elle nous donne l'énergie de dynamiser notre volonté et notre liberté d'agir, pour notre guérison. La compréhension de nos blessures et de la manière dont nous les avons interprétées ainsi que les leçons que nous pouvons en tirer peuvent changer la façon dont nous vivons notre vie, dont nous l'apprécions et dont nous essayons d'en tirer le meilleur, quelle que soit la façon dont nous l'avons commencée lorsque nous dépendions totalement des autres.

Être à l'écoute de nos blessures va inévitablement nous confronter aux croyances destructrices qui en ont résulté et qui nous hantent aujourd'hui, mais c'est probablement le plus beau cadeau que nous puissions nous faire. Notre expérience de nous-même, qui devient ensuite notre expérience principale des autres et du monde, est grandement déterminée par les débuts que nous avons eus dans la vie et l'interprétation que nous en avons faite et que nous avons intégrée. Pour autant, laisser notre développement dépendre du hasard sans le prendre en main, en laissant les choses se faire, n'a pas grand sens, quand on y réfléchit.

Laisser s'installer la douleur psychologique, la détresse intérieure, le mécontentement, des sentiments difficiles à supporter, l'isolement et la solitude, ce n'est pas ce que nous désirons vraiment. Pourtant cela peut arriver, c'est l'un des effets possibles d'une blessure émotionnelle due à un traumatisme précoce, et c'est certainement un gaspillage de notre potentiel propre et la perte d'une vie qui attend, à juste titre, d'être vécue réellement et aimée.

Méta-compétences

Il a fallu plus d'un siècle à la psychothérapie et aux recherches sur le cerveau pour commencer à s'y intéresser, mais la recherche scientifique a beaucoup progressé dernièrement sur la compréhension de notre capacité à changer, à nous développer autrement et à grandir. La neuroplasticité nous dit que nous pouvons former de nouvelles voies neuronales à l'intérieur des réseaux qui gouvernent notre organisme. Elle nous dit que nous pouvons développer nous-même le système limbique de notre cerveau et que nous pouvons développer nous-même des « méta » compétences. Nous pouvons activer consciemment notre aptitude à nous observer penser, et sentir, et réagir de façon somatique. Nous pouvons prendre conscience du contenu de nos pensées, ou nous pouvons nous *observer* et prendre conscience de notre expérience intérieure subjective de l'observation elle-même (méta-prise de conscience). La « méta » compétence est l'aptitude et le processus de développement grâce auquel nous arrivons à nous regarder, à nous connaître et, inévitablement, à nous développer de façon proactive, et même à guérir, si nous le désirons.

Il a été prouvé que nous pouvons, en fait, prendre l'initiative, plus tard dans notre vie, de grandir en dépassant le manque de nourritures affectives et nos déficiences de l'enfance. Bien que ces expériences hors de notre contrôle fassent partie de ce qui a dessiné les contours de nos réalités cognitivo-émotionnelles et de la façon dont nous nous y voyons, ce n'est pas la fin de l'histoire. C'est un engagement fort que d'entreprendre un travail de développement personnel, mais c'est possible et cela en vaut la peine.

Citation du Dr Gabor Maté qui bouleverse l'ordre établi :

> *« Nous ne sommes peut-être pas responsables du monde qui a créé nos esprits, mais nous pouvons prendre la responsabilité de l'état d'esprit avec lequel nous créons notre monde. »*

Le potentiel d'autoguérison

Voyons les choses de cette façon, grâce à une perspective partagée sur Sounds True par Jamie Catto : nos corps sont programmés pour s'auto-guérir. Par exemple, si nous nous coupons, il suffit d'un pansement et d'une semaine de patience, et la blessure disparaît. Nous sommes – puisque nous pouvons le voir de nos propres yeux – des créatures qui s'auto-guérissent. Nous sommes biologiquement construits pour aller vers le bien-être, si tant est qu'il soit envisageable ; c'est l'état naturel de la nature elle-même. Prenons conscience que ce n'est pas seulement le corps physique qui peut s'auto-réparer. Notre corps psychologique, cognitivo-émotionnel, le peut aussi. Si on leur donne *la nourriture* dont ils ont besoin, nos corps énergétiques émotionnels (et autres) peuvent aussi se transformer et *s'entraîner* pour atteindre des capacités et des états plus sains et plus aboutis.

Comment faire ? Pas à pas, en effectuant un travail en profondeur associé à un bilan étiologique (l'étude de ce qui nous est arrivé) ; en travaillant consciemment et avec compassion à mieux nous comprendre (l'Ennéagramme peut être une aide) ; en nous engageant sur un chemin de développement personnel ; et en pratiquant des exercices de pleine conscience qui permettent au changement désiré d'advenir.

Nous pouvons y arriver !

Cela semble assez simple sur le papier, quand on considère les différentes étapes à suivre, mais en réalité ce n'est pas si facile. Comme le dit l'auteur Geneen Roth : « ***Devenir un esprit libre demande une grande discipline.*** » Cela va demander du travail, de l'entraînement, de l'application, dans la durée. Des efforts sont nécessaires pour identifier les schémas conditionnés selon lesquels nous pensons (ou ne pensons pas, ou pensons trop), selon lesquels nous ressentons les émotions (ou non) et selon lesquels nous agissons (en suractivité, ou passivement). Cela demande du dévouement, un réel engagement, et il faut être prêt à s'entraîner et à ne pas y arriver, et à s'entraîner encore. Il va falloir d'abord apprendre à observer, puis les changements dont nous avons besoin et le désir suivront.

Nous avons le pouvoir, si nous choisissons de l'exercer, de nous guérir nous-même. Et c'est un pouvoir qui, au bout de compte, ne repose pas entre les mains de ceux qui nous ont élevés et ont pris soin de nous. Il arrive un moment où ceux qui nous ont élevés et ont pris soin de nous ont atteint leur « date de péremption », ce qui signifie que le temps où ils étaient les seuls à pouvoir vraiment régler le problème est terminé, même s'ils pensent, ou si nous pensons, qu'ils le pourraient, ou qu'ils le devraient.

Ce qui nous a blessé dans l'enfance peut être sondé et exhumé. Et ce que nous n'avons pas eu dans l'enfance peut nous être donné, si nous le voulons, consciemment, à l'âge adulte. Il s'agit de nous embarquer dans le processus qui fera de nous notre propre parent. De devenir notre propre parent idéal. De nous comprendre, d'être à l'écoute de nous-même et de nous nourrir de la façon dont nous n'avons pas été émotionnellement nourri lorsque nous étions enfants. De retrouver notre moi authentique : celui que nous ressentons au fond de nous-même.

> *« Notre traumatisme n'est pas de notre faute, mais notre guérison est un choix conscient et de notre responsabilité. »*
>
> *– Elizabeth Wirija, artiste*

Cela nous ramène aux relations car elles aussi sont cruciales dans ce processus de guérison et de croissance. Tandis que le travail de développement de soi est un travail intérieur, et il est clair que personne ne peut le faire *pour* nous, les relations sont une facette importante d'un processus de développement intentionnel. La lésion originelle ayant été faite *par la relation*, le travail de guérison devra aussi se faire *par la relation*. **C'est dans une relation que nous avons été blessés, enfants. C'est dans une relation que nous pouvons guérir, adultes.** Cela commence par la relation que nous recommençons à bâtir avec nous-même, et cela culmine dans les relations que nous allons tenter de développer avec les autres, en recherchant consciemment des relations positives, qui nous nourrissent émotionnellement et favorisent notre croissance.

Les relations peuvent nous guérir. Dans la relation que nous apprenons, avec compassion, à développer avec nous-même, nous pouvons devenir la source de notre propre guérison. Par conséquent, nous pouvons ensuite apporter ce moi plus présent, plus aimant, plus conscient dans nos expériences avec les autres. Décider de devenir responsables de notre évolution et participer consciemment à notre vie intérieure peut révolutionner la manière dont nous nous expérimentons nous-même, ainsi que nos relations et notre place dans le monde.

> *« Nous sommes responsables à 100 % de qui nous sommes dans une relation. Notre tâche est de nous libérer suffisamment pour pouvoir réagir dans le moment présent et non en fonction d'une programmation ancienne. Voilà ce qu'est la liberté. »*
>
> – Dr Gabor Maté

Résultats d'une pratique de pleine conscience sur les qualités de l'attachement sécurisant

Grâce aux étonnantes recherches du professeur et auteur américain Jon Kabat-Zinn et de ce qui a été écrit dans *The mindful brain* de Dan Siegel, nous savons maintenant que les qualités d'un adulte qui présente un attachement sécurisant sont en corrélation directe avec les qualités développées par quelqu'un qui pratique la pleine conscience régulièrement. C'est une nouvelle formidable !

Les recherches ont établi qu'au fil du temps une implication régulière dans une pratique de pleine conscience produit les neuf qualités fondamentales qui sont aussi associées à un individu qui présente un attachement sécurisant :

- **L'auto-régulation** : aptitude à s'auto-réguler sans aide ni influences extérieures, c'est-à-dire à sortir des systèmes émotionnels aversifs et à les réguler de façon à rester serein et à faire les bons choix.

- **La communication ajustée** : capacité à décoder les signaux envoyés par les autres et à accueillir leur expérience subjective et leur état d'esprit.

- **L'équilibre émotionnel** : flexibilité des états affectifs (émotionnels), des sentiments, et de leur apparition identifiable.

- **La flexibilité dans la réponse** : capacité à appuyer sur pause, à contenir la charge de n'importe quel niveau de réactivité, et à choisir une réaction consciemment désirée au stimulus.

- **L'introspection** : aptitude d'une personne à relier les nombreuses étapes de sa vie entre elles, en formant un récit cohérent du passé, qui peut être corrélé au présent ainsi qu'à l'avenir.

- **L'empathie** : capacité à ressentir dans son esprit l'expérience subjective associée au récit de quelqu'un d'autre, et à s'aligner avec eux, sans jugement et avec compassion.

- **L'aptitude à réguler la peur** : compétence qui ralentit l'assimilation des hormones de stress, ce qui nous évite d'être submergés et entraînés dans le chaos lorsque nous faisons face à des situations potentiellement menaçantes.

- **L'écoute de l'intuition** : requiert un calme intérieur et une certaine forme de conscience afin de reconnaître ce qui est reçu et d'en tenir compte.

- **Le sens moral** : fait partie des développements du lobe frontal du cerveau et fournit une boussole qui permet d'avoir, consciemment, un comportement éthique, un comportement « qui ne fera pas de mal », qui place au premier plan, avec l'intégrité personnelle, le plus grand bien de tous ceux qui sont concernés.

Que nous ayons eu ou non la chance de bénéficier d'un attachement sécurisant dans notre enfance, sachez que nous avons la possibilité de développer les mêmes qualités à l'âge adulte, en nous engageant dans une pratique régulière de la pleine conscience. *Il y a de l'espoir pour chacun de nous !* À tout moment dans notre vie d'adulte – et en association avec une pratique de pleine conscience –, nous pouvons développer notre propre *parent nourricier* intérieur, un parent qui nous apprend à prendre soin de nous comme nous en aurions eu besoin à l'origine. Le fait de rejouer pour nous-même, de façon consciente, le rôle du parent nous permet d'obtenir les nourritures affectives nécessaires au développement dont nous avons pu manquer enfants.

En parallèle, grâce à une pratique de pleine conscience, nous pouvons prendre en charge notre développement. Le développement personnel (l'Ennéagramme peut être une aide !) est le point de départ pour créer et maintenir des relations adultes plus satisfaisantes. Nous pouvons également améliorer, à n'importe quel moment, nos compétences parentales afin de garantir à nos enfants un développement adapté. Une pratique assidue nous donne les moyens de réfléchir, puis de mettre en avant les qualités qui prodiguent des nourritures affectives ajustées, qualités qui engendrent, chez nos enfants, un attachement sécurisant, et qui constitueront la plate-forme sur laquelle s'appuiera leur développement. Nous avons le pouvoir, en tant qu'êtres humains, de faire bénéficier des pratiques de pleine conscience et des fruits de notre développement personnel d'abord notre moi adulte, puis ceux que nous aimons, y compris notre partenaire, notre famille et nos enfants en développement.

En résumé

Nous connaissons maintenant notre besoin – aussi bien cognitivo-émotionnel que physiologique – de créer des liens, et notre capacité fondamentale, grâce à notre cerveau social, à vibrer, nous inspirer, nous soutenir les uns les autres, et même à nous développer, côte à côte.

Nous vous exhortons à prendre le temps de réfléchir à ce matériau, qui inclut des informations sur notre neurobiologie, ce que nous savons de la théorie de l'attachement, et une compréhension de la manière d'aborder nos capacités d'auto-guérison.

Nous pouvons saisir cette opportunité pour commencer sérieusement ce travail de connaissance de soi et le chemin vers la guérison. C'est un travail précieux, sacré, et il nous appartient de droit.

Nous avons également la possibilité d'influer bénéfiquement sur nos relations et le pouvoir de les améliorer. La répercussion sur notre vie peut être puissante, parce que la qualité de nos relations est directement liée à la qualité de notre vie.

Ce sont nos relations – avec nous-même et avec les autres – qui apportent le plus de beauté, de satisfaction et de croissance à notre existence et au temps que nous passons sur cette Terre. *Donnons pour cela le meilleur de nous-même !*

Chapitre 4

Mieux nous connaître : commençons avec l'Ennéagramme

Avant de connaître l'Ennéagramme, il me fallait du temps, dans un cadre thérapeutique, pour calibrer la structure de personnalité de quelqu'un, évaluer la situation et m'organiser à partir des problèmes rencontrés. Il est difficile de comprendre seuls notre système de défense, ce qui déclenche notre réactivité et comment nous essayons d'échapper à la réalité. Discerner la manière dont nous définissons nos priorités et créons notre réalité demande de la patience. Avec un peu de chance, nous finissons par trouver quelque chose de concluant à force de questionnements intérieurs.

Défi hasardeux lorsque nous ne sommes pas sûrs de ce que nous cherchons en nous, ni si cela fonctionne. Sans repères, discerner nos schémas de pensée, d'émotions et d'action revient à errer dans un labyrinthe. Difficile de nommer ce que nous ressentons et ce que nous manifestons : sommes-nous cohérents ? En lien ? En train de grandir ? Pas facile.

Un des premiers obstacles est le fait qu'une attitude défensive ne sait pas qu'elle se défend, un désaccord ne sait pas qu'il est peut-être en train de saboter quelque chose, et la honte toxique ne sait pas ce qu'elle nous fait, à nous et à nos relations, au fil du temps.

Lorsque nous avons toujours fait quelque chose d'une certaine manière, réagi aux choses à notre façon, toujours vécu dans l'anxiété, dans la frustration ou dans la solitude, jour après jour, nous ne savons pas qu'il existe une autre façon d'être. Nous croyons que *c'est juste nous.* Nous pouvons même nous en vouloir de toujours faire « cette chose » qui, nous le savons, nous occasionne des problèmes. Mais il nous semble que nous ne pouvons pas arrêter, parce que *simplement nous avons toujours été comme ça*. Lorsque quelqu'un est différent de nous, ou réagit d'une façon opposée à la nôtre, nous pensons souvent : « *Qu'est-ce qui ne va pas chez lui ?* » Nous pourrions même passer pas mal de temps à nous battre pour convaincre l'autre que notre façon de faire est LA bonne. Pourquoi donc les autres – notre partenaire, notre patron, nos enfants – ne comprennent-ils pas ça ?

Comment commencer à nous connaître ?

Je voudrais commencer par vous partager le fait que nous, les êtres humains, nous avons un *cerveau qui catégorise*. Cette machine virtuelle de reconnaissance de schémas qu'est le cerveau nous permet, par exemple, d'ouvrir d'innombrables portes partout dans le monde sans effort, sans avoir besoin d'apprendre à nouveau comment ouvrir chaque porte. Elle nous permet de reconnaître un ami de loin ou de dos, ou de nous souvenir d'une personne que nous n'avons rencontrée qu'une fois, même si nous ne pouvons pas la voir entièrement ni nous souvenir exactement de son visage. La reconnaissance des schémas permet à notre cerveau, avec ses 100 milliards de neurones et ses milliers de connexions entre neurones, d'appréhender le monde, de manière instantanée, sans une surcharge qui nous ferait court-circuiter. Imaginez notre vie si, chaque jour, nous redécouvrions tout, comme si c'était la première fois ! Nous serions épuisés, sans parler du fait que nous nous retrouverions dans un état permanent d'émerveillement, de fascination et de surstimulation. En d'autres termes : bienvenue dans l'expérience quotidienne d'un bébé qui rampe… c'est ça qu'ils expérimentent chaque jour ! Nous sommes conçus, en grandissant, pour catégoriser, organiser et donner du sens au monde en concevant une réalité reconnaissable dans laquelle nous nous sentons en sécurité, en structurant l'acquisition des données.

Diverses typologies

Il n'est pas surprenant, dès lors, que le domaine de la psychothérapie ainsi que certaines traditions spirituelles tentent de nous aider à nous comprendre en nous proposant différentes typologies de personnalité. Par exemple, le système des quatre tempéraments : sanguin, flegmatique, colérique et mélancolique, est issu de la théorie antique des *humeurs* (fluides corporels) ; la théorie de la personnalité selon le groupe sanguin, qui vient d'Asie, catégorise les penchants de la personnalité selon le groupe sanguin ; les 16 types du MBTI proviennent des travaux de Carl Jung ; le DSM (Diagnostic and Statistical Manual), pour sa part, identifie les pathologies et les problèmes de santé mentale. Chacun de ces systèmes a pour but de nous aider à reconnaître des schémas de personnalité, du bien-être humain, ou de la pathologie. En tant que clinicien, le système que j'ai trouvé le plus pertinent est l'Ennéagramme, *système auquel je ne cesse de me référer*. Je l'ai utilisé dans ma pratique professionnelle, afin de mieux comprendre les schémas récurrents que j'observais dans la vie de mes patients, ainsi que pour mon propre développement personnel.

La sagesse de l'Ennéagramme trouve sa source dans les grandes traditions spirituelles du monde ainsi que dans les mathématiques de Pythagore. Cela m'incite à penser que le système énonce nos caractéristiques humaines fondamentales dans la mesure où elles contribuent au collectif, aux besoins d'évolution de notre espèce en tant qu'entité systémique. Le lien de l'Ennéagramme avec ces traditions anciennes est ce qui explique son utilité clinique particulière et ses nombreux avantages.

L'Ennéagramme nous enseigne que nous avons des conceptions différentes de la réalité, selon l'orientation de notre attention. Connaître ces perspectives et ces données sur l'attention nous permet d'appréhender les talents respectifs des différents profils, chacun d'eux contribuant à l'évolution et à la survie de l'espèce humaine.

L'Ennéagramme et notre évolution

Il existe, dans le système de l'Ennéagramme, neuf profils de personnalité distincts et fondamentalement différents. Ces différents profils sont des structures de caractère organisées de l'intérieur. Chaque structure a ses propres priorités et dirige son attention dans une direction particulière, qui la mène à une façon particulière de penser, de ressentir et d'agir. Du point de vue de l'évolution, chacune de ces structures apporte sa propre contribution au collectif, contributions qui, je n'en doute pas, participent à notre survie en tant qu'espèce. Selon neuf centres d'attention différents, chacun de nous met en avant un assemblage de forces et de stratégies, de capacités et de sensibilités qui ont été, et sont toujours, indispensables à notre survie, à notre évolution et à notre pérennité.

Par exemple, si la totalité de l'espèce humaine se focalisait sur le fait de trouver de la nourriture, qui dans le groupe pourrait s'occuper de cuisiner, de créer chaleur et protection contre les éléments ou de repousser les envahisseurs ? Si nous étions tous conçus de la même façon, avec les mêmes penchants, le même centre d'attention et les mêmes talents, cela n'aurait aucun sens pour la survie collective.

La profondeur du système repose sur les penchants inhérents à la nature humaine. Chacune de ces propensions inclut forces, faiblesses et schémas adaptatifs de la personnalité, et s'organise d'une certaine façon, avec son système de croyances et ses perspectives. Deux chercheurs américains, A. Thomas et S. Chess, au début des années quatre-vingt-dix, ont reconnu neuf – oui, neuf ! – catégories de personnalité identifiables chez des bébés âgés de trois à dix-huit mois. Chacune de ces catégories présente une façon prédominante de gérer son attention, et ces neuf façons recoupent de manière frappante les neuf profils Ennéagramme et leurs habitudes d'esprit, leurs manières de diriger l'attention et leurs façons d'interagir avec le monde.

Le système de l'Ennéagramme

Ennea signifie « neuf » en grec. Le mot grec *penta-gon* signifiant « figure à cinq côtés », il est facile de comprendre qu'un *ennea-gon* comporte neuf côtés. *Gramma* est le mot grec pour « dessiner ». Par conséquent, la traduction littérale du mot Ennéagramme désigne un dessin ou une figure à neuf côtés, *que représente en page suivante la figure 2* :

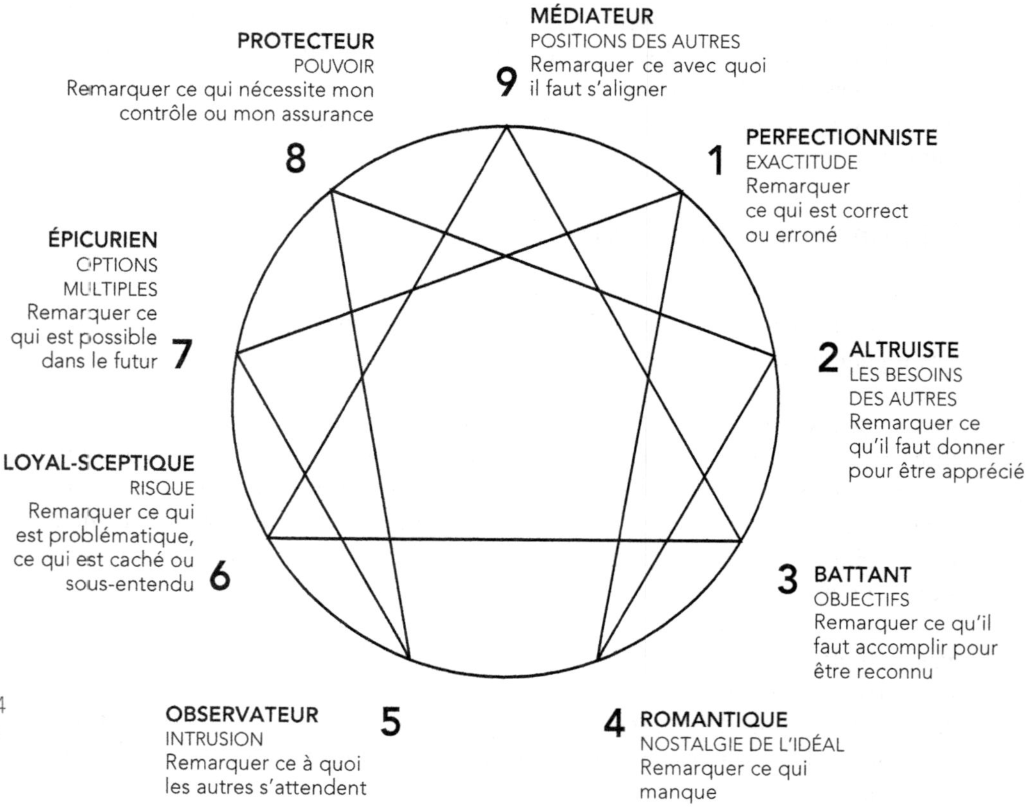

Figure 2 : L'Ennéagramme : placements de l'attention

L'Ennéagramme explique qu'il existe neuf façons différentes de prêter attention à la réalité, et que chaque perspective véhicule ses propres pensées, sentiments, comportements *et* sa façon de contribuer au monde. Chacun d'entre nous a tendance à voir une facette particulière de la réalité de façon innée, ce qui signifie qu'individuellement nous ne disposons pas d'une vision à 360°. Nous sommes, d'une certaine façon, « spécialisés ».

Pendant que nous grandissions, de la petite enfance à l'âge adulte, l'une de ces neuf façons d'être et d'appréhender la réalité a soutenu notre développement et a dirigé une grande partie de notre expérience. L'un de ces neuf filtres cognitifs et l'émotion directrice qui lui est associée ont mis en place la schématisation selon laquelle les cellules de notre esprit, de notre cœur et de notre corps s'adaptent et inventent des stratégies pour que nous nous exprimions dans le monde. Cette organisation vise à nous protéger de la souffrance psychologique, émotionnelle, spirituelle et physique, et à nous procurer une vie sécurisée, reliée aux autres et satisfaisante. Ces filtres et les émotions directrices associées représentent les qualités que nous utilisons pour protéger des aspects centraux de notre moi profond en cas de menace, maltraitance, négligence ou dans l'éventualité où nous avons fait face, pendant l'enfance, à un rejet dévastateur de la part de ceux qui prenaient soin de nous. Ces qualités en nous, avec lesquelles nous sommes venus au monde selon moi, incluent notre sens du soi, nos principaux talents, et nos qualités supérieures d'espoir personnel, de foi et d'amour.

Les besoins fondamentaux et les croyances de chaque profil de l'Ennéagramme

Sous chaque ensemble de filtres centrés sur l'attention – fondement de notre structure de personnalité de l'Ennéagramme – se trouve quelque chose que j'ai identifié et appelé « Proposition de Base (PB) ». Il s'agit de l'ensemble des croyances qui gouvernent l'existence de chaque profil et prétendent assurer sa survie ; en accord avec une sorte de soi qui dicte *ce qui doit ou ne doit pas être* afin d'être son meilleur soi, un soi qui sera aimé et accepté. Les Propositions de Base sont fondées sur trois besoins fondamentaux :

- Le besoin de sécurité et de certitude
- Le besoin d'amour, de relation et d'appartenance
- Le besoin de dignité (estime de soi) et d'autonomie

Ce sont ces croyances sous-jacentes qui dirigent, puis déterminent la direction de notre attention. Dans le langage de l'Ennéagramme, nous appelons ce placement de l'attention l'*habitude d'esprit*. Ces croyances sous-jacentes orientent également la façon dont nous dirigeons la majeure partie de notre énergie. Dans le langage de l'Ennéagramme, nous appelons cela *l'émotion directrice* du profil.

Alors que le développement de notre Proposition de Base est un processus fondamental et très inconscient du développement de notre personnalité, ces schémas importants – avec les qualités limitatives qui les accompagnent – sont tissés dans notre tissu physiologique, au niveau de la programmation neuronale et du système émotionnel qui régit le profil. Tout cela se déroule en grande partie de manière inconsciente et automatique. Certains aspects de ces schémas s'exécutent d'eux-mêmes, bien qu'ils puissent ne plus correspondre à ce qui est demandé à l'instant présent. Ou même s'ils se trouvent être une réaction pertinente, ils s'exécuteront par habitude sans que nous en ayons vraiment conscience.

Élaborés très tôt dans notre développement biologique et environnemental, ces schémas peuvent nous maintenir enfermés dans des réactions automatiques et déclencher une réactivité qui ne nous est plus utile et ne nous protège plus. Conçus pour nous protéger, et alignés sur la façon dont nous sommes appelés à contribuer à la survie de notre espèce, ils sont passés en mode automatique, à notre insu.

Propositions de Base des neuf profils de l'Ennéagramme

PROFIL 1 | le Perfectionniste | La Proposition de Base : L'état originel de perfection en toutes choses s'efface à l'arrière-plan et laisse place à un monde qui, d'après les Profils 1, juge et punit mauvais comportements et impulsions. Les représentants de ce profil en viennent à croire qu'ils gagneront de la valeur et recevront davantage d'amour en se comportant *bien*, en corrigeant les erreurs et en obéissant aux exigences de leur esprit critique. Simultanément, les Profils 1 développent du ressentiment car ils ont supprimé la colère ou la culpabilité ressentie lorsqu'ils se sont laissés aller à leurs impulsions ou lorsqu'ils ont évalué leur comportement comme *mauvais*. L'attention du Profil 1 est concentrée sur les erreurs et les fautes, sur l'injustice, sur le fait qu'il faut prendre ses responsabilités, être obéissant et fiable, tout en repérant ce qui doit être amélioré.

PROFIL 2 | l'Altruiste | La Proposition de Base : L'état originel de liberté, dans lequel les besoins sont satisfaits d'après une *volonté universelle*, passe à l'arrière-plan d'un monde que les Profils 2 perçoivent comme : « *Je dois donner pour recevoir.* » Ils en viennent à croire qu'ils ne peuvent obtenir d'amour et satisfaire leurs besoins qu'en commençant par donner aux autres, s'occuper des autres et se sacrifier. Simultanément, les Profils 2 développent le sentiment d'être indispensables et deviennent orgueilleux lorsqu'ils s'occupent des autres, croyant qu'ils savent mieux qu'eux ce dont ils ont besoin. L'attention du Profil 2 se porte naturellement sur les besoins et désirs des autres, et il dénie souvent les siens.

PROFIL 3 | le Battant | La Proposition de Base : L'état d'espérance originel, dans lequel on peut faire confiance à la manière dont les choses se passent suivant une loi universelle (qui ne dépend pas de nos efforts particuliers), passe à l'arrière-plan d'un monde que les Profils 3 perçoivent comme un monde qui récompense l'action et la performance plutôt que l'être. Ils en viennent à croire qu'ils peuvent gagner reconnaissance et amour par la performance, l'action et la réussite. Simultanément, les Profils 3 développent une énergie combative qui les conduit à oublier leurs sentiments pour mieux incarner une image de gagnant. L'attention du Profil 3 se tourne naturellement vers les tâches à accomplir, les objectifs et la performance, vers le fait de maintenir *l'image* qu'ils sentent que les autres désirent et de réussir ce qu'ils doivent accomplir afin d'obtenir leur approbation.

PROFIL 4 | le Romantique | La Proposition de Base : L'état originel d'une relation profonde à soi-même et à toute chose s'estompe au profit d'un monde que les Profils 4 perçoivent comme un monde qui ne les acceptera pas, qui les abandonnera et leur donnera le sentiment que *quelque chose d'important* manque. Ils en viennent à croire qu'ils peuvent regagner ce lien, cet *état idéal d'amour, de beauté et d'union perdu*, en recherchant l'amour ou la situation suprême, unique, extatique, spéciale, pleine de sens et profondément satisfaisante. Simultanément, les Profils 4 envient ce qu'ils idéalisent, mais qui leur semble toujours hors d'atteinte, ou seulement atteignable par les autres. L'attention du Profil 4 se tourne naturellement vers *ce qui pourrait être*, ce qui peut engendrer fréquemment déception, mélancolie ou frustration.

PROFIL 5 | l'Observateur | La Proposition de Base : L'état originel d'omniscience, une sorte de connaissance directe qui satisfait nos besoins fondamentaux, passe à l'arrière-plan d'un monde que le Profil 5 perçoit comme trop exigeant et / ou qui donne trop peu en retour. Ils en viennent à croire qu'ils ont besoin de se protéger des intrusions, ou du risque de ne pas être à la hauteur. Ils vont donc protéger leur vie privée et devenir aussi autonomes que possible, limitant leurs désirs et accumulant des connaissances. Le savoir permet de nourrir la vitalité. Simultanément, les Profils 5 deviennent avares de leur temps, de leur énergie, de leurs connaissances et de leurs biens. Leur attention se tourne naturellement vers ce qui est physiquement ou émotionnellement intrusif, afin de prendre du recul pour observer et comprendre la situation.

PROFIL 6 | le Loyal-Sceptique | La Proposition de Base : L'état originel de la foi en soi-même, dans les autres et le monde s'estompe au profit d'un monde que les Profils 6 perçoivent comme menaçant, imprévisible et indigne de confiance. Ils en viennent à croire que la vigilance, une imagination active et le questionnement vont leur permettre de mener une vie satisfaisante, sécurisée et prévisible. Les Profils 6 vont soit éviter ce qui est inquiétant (posture phobique), soit foncer vers le danger (posture contre-phobique). Soit ils tendent à esquiver dangers et menaces, soit ils les combattent. L'attention du Profil 6 se tourne vers ce qui pourrait mal se passer, vers les risques potentiels, vers les pires scénarios : comment s'y préparer et y faire face. Son attention se porte également sur la sécurité, la confiance et la trahison, et sur le moyen d'éviter de se retrouver impuissant et sans défense, situation dans laquelle il ne pourrait plus s'en sortir.

PROFIL 7 | l'Épicurien | La Proposition de Base : L'état originel de constance, qui permet de profiter librement de la vie, s'efface en arrière-plan au profit d'un monde que les Profils 7 perçoivent comme frustrant et limitatif. Ils vont donc être toujours en mouvement, de façon à éviter la souffrance, l'ennui ou l'enfermement. Ils croient pouvoir échapper à la frustration et à l'ennui et s'assurer une vie agréable en multipliant les options, les nouveaux stimuli et les aventures. Simultanément, les Profils 7 développent une *boulimie de l'esprit* pour trouver des solutions à tout, anticiper les plaisirs et planifier des projets d'avenir. Leur attention se tourne vers les options positives, la stimulation, et le fait de rester enthousiaste.

PROFIL 8 | le Protecteur | La Proposition de Base : L'état originel d'innocence qui assure que la vérité est au fondement de toute chose s'estompe et laisse place à un monde que les Profils 8 perçoivent comme dur, dominateur et injuste, où les forts profitent des faibles. Ils en viennent à croire qu'ils peuvent affirmer leur puissance et gagner le respect en devenant forts, en imposant leur vérité et en dissimulant leur vulnérabilité. Simultanément, les Profils 8 sont pleins d'une énergie vigoureuse et exubérante. Leur attention se tourne naturellement vers ce qui est injuste, déloyal ou malhonnête, et vers ce qui a besoin de contrôle, d'énergie ou de protection.

PROFIL 9 | le Médiateur | La Proposition de Base : L'état originel d'amour inconditionnel, auquel chacun contribue de façon égale et respectueuse, passe à l'arrière-plan et laisse place à un monde que les Profils 9 perçoivent comme un monde qui nécessite conciliation et oubli de soi. Ils en viennent à croire qu'ils doivent se fondre dans le groupe, ne pas se faire remarquer ou faire d'histoires, et cette posture de compromis se substitue à leur estime d'eux-mêmes. Les Profils 9 croient qu'ils peuvent se faire accepter en s'alignant sur les autres et en fusionnant avec leurs vies et leurs priorités. Simultanément, ils vont disperser leur énergie dans des activités non essentielles et développer une forme d'inertie (oubli de soi) vis-à-vis de leurs propres priorités, de leurs envies et de leurs limites. L'attention va naturellement vers les directives des autres, les programmes des autres et les demandes de l'environnement.

> Après avoir lu les neuf Propositions de Base ainsi que les placements de l'attention des neuf profils, lequel de ces profils résonne le plus en vous ?

Les systèmes de récompense et de punition

L'Ennéagramme éclaire la façon dont chaque structure de personnalité est programmée pour certains comportements *qui la font se sentir bien*, apportant sens du soi et estime de soi. Chaque structure de personnalité manifeste un ensemble de comportements qui provoquent en lui le sentiment positif *d'être content de soi.* Il s'agit du système de récompense interne de chaque profil, un système branché à tous ces puissants neurotransmetteurs (la biochimie du bien-être, en particulier la dopamine), qui peut être à l'origine du fait que certains profils mettent en place certains comportements plutôt que d'autres, de façon apparemment naturelle.

En outre, nous pouvons nous sentir vraiment mal dans notre peau, nous culpabiliser ou avoir honte de nous-même si nous avons agi sans atteindre le but que nous nous étions fixé. La conception de *qui nous sommes* (ou devrions être) est ébranlée lorsque nous disons ou faisons quelque chose qui entre en conflit avec les croyances profondes de notre structure de personnalité, ces croyances qui déterminent pour nous ce que *nous devons être ou faire* pour être aimés. La façon dont nous nous approuvons (récompense) ou nous désapprouvons (honte) nous-même au niveau cognitivo-émotionnel est, finalement, ce qui régule notre relation à nous-même et les comportements qui en découlent. Notre supporter intérieur nous récompense lorsque nous nous conduisons d'une certaine façon, tandis que de la même manière notre critique intérieur nous punit lorsque nous *ne* nous sommes *pas* comportés d'une certaine façon. Et tout ceci soit est dirigé par notre biochimie, soit l'affecte.

Si l'on regarde tout cela d'un point de vue biologique, on découvre que la biochimie est derrière les pensées, les sentiments et les comportements de chaque individu. Dès lors, la structure de chaque profil de l'Ennéagramme, déterminant la manière dont elle aime ou n'aime pas, se manifeste. Le système d'approbation de chaque structure de personnalité est programmé pour être en rapport avec les substances chimiques endogènes (que nous fabriquons nous-même) du bien-être. Qu'est-ce que cela signifie ? Quand nous nous sentons approuvés, que ce soit par nous-même ou par quelqu'un d'autre, nous nous épanouissons sous les effets de la dopamine et de la sérotonine. La dopamine est un neurotransmetteur qui nous fait bouger : elle nous motive. Elle nous fait nous lever pour nous nourrir, pour obtenir des choses et pour agir. Elle nous fait nous sentir responsables et capables, et fiers de ce que nous sommes dans le monde. La sérotonine, un autre neurotransmetteur, régule l'humeur. C'est elle qui nous donne le sentiment que la vie est belle, que nous sommes bons, que le monde est bon. Elle produit un sentiment de bonheur et régule l'humeur. Nous produisons ces deux neurotransmetteurs pour toutes sortes de raisons, y compris lorsque nous nous conduisons *de manière appropriée* et que nous sommes satisfaits de nous-même.

La même chose est vraie pour le système de désapprobation de chaque profil. Il est lui aussi régi par la biochimie. Il existe, pour chaque profil de l'Ennéagramme, un large éventail de paramètres qui vont lancer le système de désapprobation, notamment la honte et la culpabilité. Les substances chimiques impliquées ici pourraient provoquer le sentiment *d'un effondrement*, qui épuise la force vitale, provoqué par la honte et induit par le système nerveux parasympathique. Ou bien le sentiment de culpabilité, s'il est traité avec dureté, peut susciter une rage intérieure contre soi-même ou extérieure contre les autres.

Inversement, la désapprobation – venant de soi ou des autres – peut faire baisser à la fois la dopamine et la sérotonine, les empêchant de circuler dans notre organisme. Alors, une bonne partie de ce sentiment de *nous sentir bien dans notre peau* est éliminé. Une fois *touchés à cet endroit*, nous nous sentons mal. Dégoûtés. Déprimés. Frappés d'anxiété (*mais qu'est-ce que tu fais, adrénaline, bouge-toi et fais donc quelque chose pour résoudre le problème !*), jusqu'à complètement perdre les pédales, voire jusqu'à la panique. Tout dépend du degré de désapprobation, de la façon dont nous l'avons interprétée (surtout) et du degré de cohérence dont nous faisons preuve afin d'en traiter fondamentalement ne serait-ce qu'une partie.

Voyons précisément comment cela fonctionne. Prenons un Profil 1 de l'Ennéagramme, par exemple. Ce profil tend à se *sentir bien*, à bénéficier des bienfaits d'une décharge de dopamine et de sérotonine, quand tout est sous contrôle, organisé, bien en ordre, et rangé. J'ai souvent entendu des Profils 1 me dire qu'ils se sentent heureux après avoir nettoyé leur maison ou rangé leur garage ! Et un Profil 1 insuffisamment développé émotionnellement peut admettre être aux anges, *se sentir bien*, lorsqu'il gronde quelqu'un, fait remarquer une erreur, ou reprend quelqu'un qui a eu un comportement inapproprié. *Il aurait dû faire attention !*

Les Profils 1 se récompensent lorsqu'ils font de bonnes actions, lorsqu'ils se voient comme une « bonne personne », et lorsqu'ils renforcent cette vision fondamentale d'eux-mêmes qui les pousse à être bons et droits dans le monde. Leur système de désapprobation se déclenche lorsqu'ils font des erreurs, lorsqu'ils n'ont pas les bonnes réponses, lorsqu'ils laissent les choses inachevées, ou lorsqu'ils jugent avoir été mauvais ou avoir eu tort (ou lorsque c'est le cas des autres).

Un Profil 2, par exemple, l'Altruiste, reçoit une décharge de dopamine lorsqu'il s'est occupé de quelqu'un, qu'il a répondu aux besoins de l'autre, qu'il se voit comme une personne attentionnée et chaleureuse : celle vers laquelle on se tourne pour avoir de l'aide, des conseils ou de l'amour. Son système de désapprobation se déclenche lorsqu'il dit « non » à quelqu'un dans le besoin, lorsqu'il ne se précipite pas pour aider, lorsqu'il voit quelqu'un se montrer égoïste ou lorsqu'il commence à sentir qu'il n'en a pas fait assez pour quelqu'un. Et il peut tout à fait s'effondrer émotionnellement lorsque ce qu'il a donné n'a pas été remarqué ou apprécié.

> Même si vous n'êtes pas sûr de votre profil dominant, qu'est-ce qui, dans votre vie, vous fait vous sentir bien dans votre peau ?
>
> Quelles sont les attitudes que vous jugez ou punissez chez vous ? Quelles sont celles qui vous déçoivent ou vous font honte ?

L'Ennéagramme est fondé sur les croyances systémiques d'un individu, comme mentionné dans les Propositions de Base. Ces croyances sont ce qui façonne pour chacun la quête d'une vie heureuse et d'un sens du soi acceptable. Un soi qui mérite d'être aimé. L'Ennéagramme met en lumière, avec beaucoup de pertinence, la direction vers laquelle chaque profil porte son attention (en termes d'Ennéagramme : l'habitude d'esprit) et la manière dont ce placement de l'attention dirige et guide l'énergie de chacun (l'émotion directrice du profil).

L'Ennéagramme est pour nous un moyen puissant et efficace de comprendre la personnalité humaine. Il nous permet notamment de reconnaître que chaque profil possède un talent propre – une propension –, qui attire son attention sur certains aspects du monde qui l'entoure et certaines interactions relationnelles. Le placement de l'attention de chaque profil est spontané et automatique. Il est presque toujours associé aux aptitudes et aux talents de chacun.

En résumé

Avant de nous embarquer dans les structures de personnalité des différents profils, souvenez-vous qu'en tant qu'êtres humains nous reposons tous sur une structure de personnalité, une sorte de squelette qui nous maintient. Aucune chance d'échapper à la typologie, puisque nous avons un cerveau qui catégorise, qui subdivise virtuellement tout dans des groupes, des catégories et des compartiments. La proposition de l'Ennéagramme repose sur notre tempérament inné. Néanmoins, nous pouvons échapper au stéréotype lorsque nous travaillons avec une typologie qui nous aide à prendre conscience de notre moi, pour devenir des êtres humains conscients, souverains et individualisés. Il faut garder à l'esprit que nous sommes tous très différents les uns des autres, même au sein d'un même profil. Avoir à l'origine le même tempérament, les mêmes propensions naturelles que d'autres n'empêche pas d'être unique. Nous sommes des êtres mystérieux, spirituels, avec beaucoup d'aspects à explorer au-delà des structures de l'Ennéagramme qui organisent notre survie. Nous sommes uniques à tellement d'égards : entre autres dans notre façon d'aimer, dans notre sexualité, notre créativité et notre façon de manifester notre vulnérabilité et notre intimité.

Nous pouvons, en tant qu'êtres humains, nous adapter et nous ajuster à toutes sortes de circonstances, même si nous reposons sur la structure profonde d'un profil Ennéagramme sur laquelle nous nous appuyons quotidiennement. Cela permet à ceux avec qui nous sommes en relation de nous reconnaître et de nous apprécier au fil du temps. Travailler avec l'Ennéagramme augmente notre compréhension et notre compassion pour nous-même et pour les autres de tous âges, et c'est, d'après moi, le chemin le plus fructueux pour le développement personnel, relationnel et spirituel. C'est certainement l'un des modèles les plus profonds pour développer l'intimité avec soi-même, engendrée lorsque la prise de conscience du soi rencontre la compassion pour le soi. L'intimité avec soi-même est ce qui nous permet d'expérimenter n'importe quel degré d'intimité avec un autre. C'est un principe fondamental que vous retrouverez tout au long de ce livre.

Les études révèlent que *l'habitude d'esprit* de l'Ennéagramme se manifeste dans notre propre neurobiologie. Nous savons que nos neurones opèrent en fonction d'un flux entrelacé d'informations et d'énergie. Nous avons fini par comprendre que ce flux d'informations n'est pas dû au hasard mais qu'il est organisé intérieurement par les propensions neuronales de notre personnalité – notre tempérament –, qui dirigent notre habitude d'esprit et notre placement de l'attention.

Que se passe-t-il lorsque nous nous engageons dans le développement personnel ? Nous modifions littéralement le flux entrelacé d'informations et d'énergie qui traverse les neurones. En même temps, nous changeons et nous acceptons certains aspects de nous-même. Cela montre comment notre esprit peut utiliser le cerveau pour créer une nouvelle vision, plus saine, de la réalité, ainsi que de nouvelles relations et expériences émotionnelles qui soient plus satisfaisantes. Ces découvertes sont porteuses d'un grand espoir.

Nous savons maintenant que nous avons le pouvoir de créer de nouvelles voies neuronales et d'améliorer notre aptitude à intégrer le flux d'informations à travers nos systèmes émotionnel, spirituel et physique. Tout cela commence lorsque nous en prenons conscience. L'intégration de notre réactivité à la vie et à l'expérience que nous en faisons améliore notre vie et celle de ceux que nous aimons. De meilleures relations et des liens d'intimité plus profonds sont à notre portée, pour autant que nous choisissions de faire le chemin.

Il n'y a plus qu'à…

Chapitre 5

Notre structure : trois centres de l'intelligence et trois émotions aversives

Comment notre personnalité – et nos relations – est-elle directement liée à notre neurobiologie ? Et pourquoi est-ce important ? Pour commencer, les neurosciences affectives et le travail de Jaak Panksepp nous révèlent que les êtres humains partagent plusieurs systèmes émotionnels d'intelligence avec l'ensemble des mammifères. Trois systèmes émotionnels aversifs (peu agréables à vivre) sont là pour assurer la survie. En accord avec la structure et le dessin de l'Ennéagramme, ces trois systèmes émotionnels aversifs sont corrélés aux trois centres d'intelligence de l'Ennéagramme.

Pas un, mais trois processeurs

Les scientifiques ont fini par découvrir que l'énergie et l'information voyagent vers le haut, depuis les viscères et le cœur jusqu'au cerveau pour y être intégrées et traitées. Cette énergie et ces informations sont traitées grâce à la capacité de reconnaissance, la logique et les perceptions des nombreuses facultés mentales de notre esprit. Or, avant, on avait l'habitude de penser que notre intelligence résidait uniquement dans notre tête, dans cette matière grise entre nos oreilles. Tant et si bien qu'il peut être surprenant d'apprendre que les neurosciences ont prouvé qu'il y a en fait trois parties du corps à partir desquelles nous expérimentons et percevons. Il y a en nous au moins trois intelligences qui formulent des impressions et qui traitent énergie et informations. Énergie et informations qui sont perçues et reçues de nous-même, des autres et du monde qui nous entoure.

Nous vivons à une époque où la science rejoint des concepts qui proviennent de traditions spirituelles anciennes et qui se transmettent depuis des milliers d'années, et notamment celui de ces trois formes d'intelligence complexes. Chez la plupart des mammifères, ces centres peuvent être considérés comme rudimentaires (d'après ce que l'on sait pour l'instant), mais chez les êtres humains ces trois centres sont relativement sophistiqués. Les auteurs et experts en modélisation comportementale Marvin Oka et Grant Soosalu ont écrit *mBraining. Using your multiple brains to do cool stuff*, un ouvrage qui propose des méthodes pratiques pour mieux accéder et communiquer avec ces trois sources hautement intelligentes de connaissances, de sentiments et de sensations.

Avons-nous déjà pris le temps de nous demander où est localisée notre intelligence ? Cela peut sembler idiot, car nous nous rappelons bien la définition qu'on nous en donne depuis l'école primaire, mais revoyons cela. Au lieu de considérer que l'intelligence est uniquement située dans le cerveau, *dans cette matière grise qui pense, au sommet de notre tête*, envisageons cette définition :

« Magistral régulateur d'un système nerveux ; réseau de neurones qui capture et traite les informations (en tant que données significatives), et qui interagit étroitement avec de l'énergie. »

Cette définition élargit notre réflexion. Alors que nous connaissons bien le centre de traitement situé dans notre tête (nos capacités mentales), on a découvert l'existence de deux autres réseaux de traitement de ce genre : des réseaux de neurones localisés dans le corps. L'un de ces réseaux se trouve à l'intérieur et autour du cœur. Et le second de ces réseaux de neurones est situé dans les intestins.

Chacun de ces trois centres possède un pôle de neurones extrêmement sophistiqué qui joue un rôle précis. Cela explique en particulier le conflit entre ce que nous pensons et ce que nous ressentons, cette bataille entre notre tête et notre cœur ! Ajoutez à cela un instinct viscéral, qui prime parfois à la fois sur la tête et sur le cœur ! Ce n'est qu'en comprenant ces trois intelligences, ces trois *réseaux*, que nous pouvons arriver à nous comprendre, nous-même et les autres, comme les êtres sensoriels et complexes que nous sommes véritablement. J'ai tendance à regarder nos extraordinaires complexités avec vénération, compassion et un respect mêlé d'admiration.

En outre, je voudrais attirer votre attention sur le fait que la psychologie occidentale et nos systèmes éducatifs ont placé l'intelligence de la tête (mentale) au premier plan, faisant d'elle « LA » localisation de l'intelligence humaine. Nos systèmes scolaires et leurs programmes privilégient un apprentissage centré sur la tête, un processus cognitif. Comme nous l'avons tous constaté, certains enfants réussissent bien, s'épanouissent même dans ce mode d'apprentissage, mais d'autres peinent terriblement. Les difficultés que traversent certains élèves pourraient nous alerter sur le fait que l'apprentissage est un processus individuel. Il devrait aussi nous ouvrir à la possibilité que l'apprentissage soit fait plus spécifiquement à partir de l'un de ces deux autres centres d'intelligence. Ainsi, ceux d'entre nous qui fonctionnent à partir de l'un de ces deux autres *réseaux* réussiraient mieux et pourraient mieux s'adapter.

Ces deux autres centres d'intelligence – ces pôles de neurones en activité – sont situés l'un dans le cœur (intelligence des émotions, de la relation, de l'appartenance, de l'amour et de l'acceptation), l'autre, plus bas dans le corps, dans les intestins (intelligence des sensations, du mouvement, de l'autonomie, de l'orientation spatiale). L'Ennéagramme reconnaît ces trois centres – la Tête, le Cœur et le Corps – et précise qu'ils fonctionnent tous les trois en chacun de nous. Chacun d'entre eux est nécessaire à notre survie. Et, à un certain niveau d'intégration, avec une conscience alignée sur les trois centres, l'accès à ces trois formes d'intelligence devient possible, nous donnant accès au meilleur de chacune à tout moment.

Le système de l'Ennéagramme est en partie fondé sur ces trois centres de l'intelligence, qu'on appelle parfois « domaines de perception ». Il est assez remarquable que cette connaissance ait fait partie de la sagesse de l'Ennéagramme bien avant que les recherches scientifiques récentes n'identifient ces trois puissants réseaux neuronaux dans notre corps.

Les trois centres d'intelligence

Le centre de la Tête | Profils 5, 6, 7 de l'Ennéagramme

Le centre de la Tête est aussi appelé centre Mental ou centre « pensant ». Ce centre est constitué de processus tels que la pensée, la perception et la connaissance. Il reconnaît les choses et leur donne du sens, il se souvient des faits, des données et des événements, il traite des calculs et des formules, construit des théories, des discernements et des jugements, génère des idées, envisage et rêve, crée des récits et maîtrise le langage.

Le centre du Cœur | Profils 2, 3, 4 de l'Ennéagramme

Le centre du Cœur est aussi appelé centre Émotionnel ou centre « des sentiments ». Ce centre se concentre sur les sentiments qui surviennent, les interprétations de nos systèmes émotionnels internes qui sont chargés d'indices et de ressentis à propos de nous et des autres. Ce centre enregistre notre appartenance, notre acceptation et notre reconnaissance, notre relation et notre résonance avec les autres, et il traite également nos valeurs et nos sentiments, ainsi que notre expérience de la camaraderie, de l'amour et des relations.

Le centre Viscéral-Corporel | Profils 8, 9, 1 de l'Ennéagramme

Aussi appelé centre Instinctif ou centre « sensation-mouvement-mobilisation ». En lui, nous trouvons le sentiment de notre propre présence : « *Je suis là, et j'existe.* » Où est ma place et où commence celle des autres ? Notre ventre (nos tripes) garantit l'intégrité de notre système immunitaire et en est le centre de commande. Il soutient également le sentiment de notre valeur, notre estime de nous-même et notre dignité : « *J'existe, donc je compte.* » Il a aussi le sens de ce qui est équitable et juste, harmonieux et approprié, il est le centre de notre autonomie et de notre aptitude à mobiliser, diriger et activer.

Trois grands systèmes de survie : les trois émotions aversives

Revenons à ce que nous avons expliqué au début de ce chapitre. Le système de l'Ennéagramme est structuré de façon unique autour de trois systèmes d'intelligence identifiables, situés en nous et systémiques. Un nouvel élément apparaît maintenant : ces trois systèmes sont fondamentaux pour notre survie existentielle. Grâce aux travaux du Brain Group, l'interprétation que fait l'Ennéagramme de ces trois centres a été corrélée avec les trois grands systèmes émotionnels aversifs des mammifères – aversif signifiant « qui suscite un sentiment de malaise qu'on ne peut pas ignorer ».

Un certain nombre d'entre nous, dans la communauté de l'Ennéagramme, en prenant conscience des neurosciences dédiées à l'affect, ont fini par réaliser combien la recherche sur les systèmes émotionnels des mammifères était corrélée avec la structure même du système de l'Ennéagramme et la validait, notamment la proposition des trois centres d'intelligence.

Les émotions aversives sont profondément ancrées dans notre système biologique. Elles sont, pour la plupart, non désirées, car elles ne surviennent que quand nous avons des problèmes, réels ou imaginaires ! Et elles sont fort désagréables. Elles sont conçues pour attirer notre attention, au départ, pour nous sauver la vie, pour nous faire réagir face à une menace perçue, et ce, aussi vite que possible. Leur composition chimique inclut (entre autres) le cortisol, l'adrénaline et la norépinéphrine, les fameuses « hormones du stress ». Ces systèmes émotionnels de réaction face au stress nous stimulent tellement que nous devons *agir, d'une façon ou d'une autre*, peu importe comment :

- ATTAQUER : affirmer, déclencher une attitude défensive
- FUIR : s'échapper, se détourner ou éviter
- SE FIGER : ne pas bouger, faire comme si de rien n'était, nier
- FLATTER : négocier, capituler, manipuler ou se conformer

Bien que chacune de ces réactions émotionnelles soit cruciale pour la survie, nous ne réussirons pas bien dans la vie si elles sont constamment activées. Ces réactions face à la menace nous écrasent, émotionnellement et physiologiquement, et si elles sont activées en permanence elles vont nous épuiser. La biochimie de notre système *de réaction face à la menace*, bien que constituant une réponse très puissante et efficace, est préjudiciable au corps (et à l'esprit aussi) si elle dure trop longtemps. Même si elles suscitent un sentiment de malaise, ces réactions existent pour une bonne raison. Occasionnelles, elles sont bénéfiques et ne veulent que notre bien.

Elles nous sont intrinsèquement rattachées, elles protègent et soutiennent notre sens du soi et notre bien-être, et sont également là pour assurer notre survie.

Du point de vue de l'évolution, nous n'aurions pas survécu longtemps (pas plus que nos homologues mammifères) si ces systèmes n'avaient pas été mis en place biologiquement. Ces émotions aversives sont activées lorsque les besoins fondamentaux nécessaires à notre survie ne sont pas satisfaits, sont menacés ou ne nous plaisent pas.

Les trois systèmes émotionnels aversifs

Voici les trois systèmes aversifs et le centre d'intelligence avec lequel ils sont corrélés, ainsi que les besoins fondamentaux qui leur sont associés :

- **Anxiété / Peur / Terreur** | Correspond au centre de la Tête, Profils 5, 6, 7 | Ces réactions émotionnelles surviennent lorsque nous ressentons une menace, un défi ou un danger concernant notre besoin fondamental de sécurité et de certitude. Ces réactions émotionnelles sont liées au **centre d'intelligence de la Tête**, centre qui détermine ce qui rend la vie *certaine* et prévisible, sûre et sécurisée.

Prenez un moment pour vous souvenir d'une situation où vous avez ressenti de la terreur.

- **Tristesse / Détresse / Hystérie** | Correspond au centre du Cœur, Profils 2, 3, 4 | Ces réactions émotionnelles surviennent lorsque nous ressentons la perte de notre besoin fondamental de relation et de lien. La tristesse, comme la solitude, est pour l'être humain l'expérience consciente de la perte de la relation, qui peut s'intensifier jusqu'à l'hystérie, comme un enfant perdu dans un magasin hurle et pleure de désespoir parce qu'il a été séparé de sa mère. Ces réactions émotionnelles sont liées au **centre d'intelligence du Cœur**, le centre qui nous informe sur notre profond besoin de lien, d'amour, d'attention, d'attachement et de relation.

Prenez un moment pour vous souvenir d'une situation où vous avez ressenti de la tristesse, de la détresse ou de l'hystérie.

- **Frustration / Colère / Rage** | Correspond au centre Viscéral-Corporel, Profils 8, 9, 1 | Ces réactions surviennent lorsque nous sentons notre dignité menacée, un manque de respect (selon nous), et lorsque nous ne pouvons pas obtenir ce que nous voulons ou lorsque nous sommes asservis ou dominés. Lorsque quelque chose se met en travers de notre route – notre autonomie est menacée. Cette réaction est liée au **centre d'intelligence Viscéral-Corporel**, centre qui sent ce qui ne va pas dans le monde qui nous entoure, et comment nous devons intervenir pour y remédier, nous accomplir, conserver notre liberté, obtenir ce que nous voulons et respecter notre estime de nous-même, notre dignité.

Prenez un moment pour vous souvenir d'une situation où vous avez ressenti de la rage.

Ces trois émotions fondamentales, couplées aux centres d'intelligence dans lesquels elles sont activées, sont très puissantes. Elles sont là pour générer des réactions en cas d'alerte rouge, et nous en avons besoin. Lorsqu'elles sont à leur niveau maximum, tout notre être perçoit l'urgence d'une question « de vie ou de mort », et ces émotions sont ce qui peut nous faire perdre le contrôle et nous mettre dans des états de chaos généralisé ou verrouiller notre rigidité.

Il faut apprendre à reconnaître, respecter puis réguler (accorder et équilibrer) ces systèmes pour développer une saine maîtrise de soi qui nous permette de faire face aux défis, épreuves et tribulations de la vie sans faire grimper notre stress à un niveau qui n'est pas adapté à la situation.

Par exemple, un manque de régulation dans ces domaines peut nous mettre dans un état de terreur indicible si nous ne sommes pas préparés à l'évaluation de nos performances. Ou nous laisser submergés par l'hystérie lorsque notre petite amie veut rompre avec nous. Ou encore nous mettre dans un état de rage lorsque notre épouse déclare : « *Je suis furieuse, il faut qu'on parle !* »

Citation du professeur de neurosciences Antonio Damasio :

« Les émotions [les émotions aversives de base] sont des programmes complexes en grande partie automatisés, concoctés par l'évolution. Les émotions sont le trésor de la régulation de la vie. »

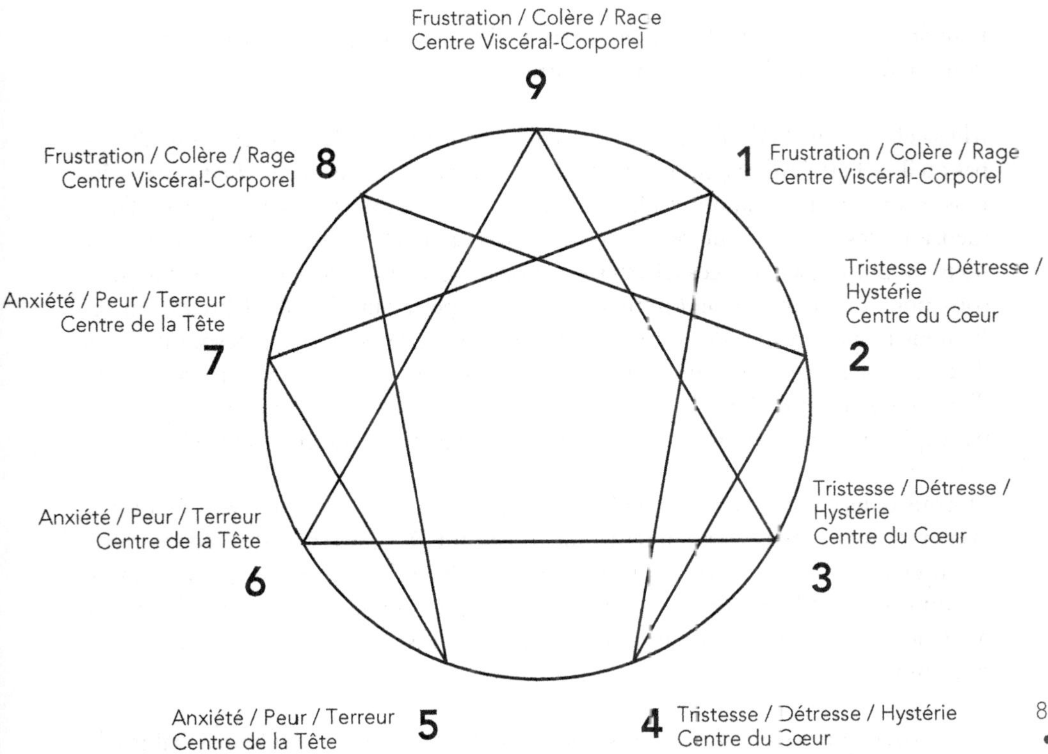

Figure 3 : Les trois systèmes émotionnels aversifs en fonction du profil et du centre d'intelligence

Travailler sur un bouleversement émotionnel : l'activation de notre réactivité

Nous savons donc maintenant ce que sont ces grands systèmes émotionnels, ce qu'ils font pour nous et pourquoi nous en avons besoin. Mais comment devons-nous les traiter ? Voici ce qu'il est essentiel de comprendre. **Même si nous ne voulons pas de ces émotions, nous n'avons pas intérêt à les ignorer.** Essayer d'éviter, de supprimer ou d'endormir ces émotions aversives (peur, détresse et colère), comme le *font* nombre d'entre nous, n'est pas ce que nous voulons vraiment. Les éviter ou les supprimer n'est pas la meilleure façon de les gérer. Les réprimer n'est pas une manière saine de les réguler. Les endormir ne va pas nous faire avancer. Oui, nous confondons tout le temps « *les faire taire* » avec « les réguler ». Nier l'existence et la montée de nos émotions aversives peut nous maintenir prisonniers et nous empêcher de nous développer, tant personnellement que relationnellement. Cela va par ailleurs augmenter le degré d'adaptation d'un soi non protégé, un soi qui a perdu ses frontières et les limites qu'il ne doit pas dépasser pour son bien-être, et un soi qui va de plus en plus se déconnecter de son authenticité. Cela favorise la formation d'un faux self : un soi qui se manipule pour faire de lui-même ce qu'il n'est pas, mais qu'il se sent obligé d'être. Et qui présente donc ce faux self, à lui-même et aux autres.

Mais cela ne veut PAS dire que ces émotions sont dénuées de sens ! Nous ne disons pas qu'il ne faut PAS réagir lorsqu'un ours pénètre dans votre chalet ! Dans ce cas-là, laissez tomber modulation et régulation, et courez ! Nous ne parlons pas de l'immense tristesse et de la détresse ressenties lorsque nous perdons un être aimé, qui nous conduisent à des accès d'hystérie. Laissons la maîtrise de soi de côté et autorisons-nous à faire pleinement notre deuil de cette perte qui a besoin d'être exprimée. Et nous ne parlons pas de contrôler notre rage lorsque nous avons besoin de nous défendre face à une personne dangereuse, ou lorsque nous sommes menacés lors d'une agression. Oubliez l'idée qu'il faut descendre d'un cran votre colère pour ne pas exploser : c'est le moment d'exprimer votre rage et de sauver votre vie !

Hormis dans ces cas extrêmes, le fait de ne pas exprimer sainement nos émotions aversives lorsqu'elles surviennent nous conduit à conserver des adaptations acquises pendant l'enfance et qui ne sont plus flexibles, ainsi que des croyances conditionnées et la réactivité associée qui n'ont plus la moindre utilité à l'heure où nous nous préparons à conquérir le monde et à construire une vie profondément satisfaisante.

C'est parce que ces émotions aversives peuvent déclencher nos schémas habituels de pensées et d'actions défensives, qui ont été motivés par des conflits ou des traumatismes antérieurs, qu'elles sont devenues incongrues par rapport à la réalité telle qu'elle se présente. À l'âge adulte, beaucoup de ces défenses émotionnelles aversives extrêmement réactives sont profondément ancrées dans notre structure, sont rarement conscientes et comprises, et il n'est pas facile de remonter à leur origine. Un grand nombre de nos schémas habituels attisent et enflamment une série de conflits inter- et intrapersonnels qui perturbent notre vie plutôt que d'assurer notre survie et / ou notre épanouissement.

Nous employer à comprendre, avec beaucoup d'attention et de compassion, nos systèmes émotionnels aversifs lorsqu'ils ont été activés est un engagement qui vaut la peine d'être pris. Quel degré de perturbation causent-ils ? Étudier ces émotions, également appelées *troubles de l'affect*, nous met sur la voie du développement personnel et d'une capacité à stabiliser nos émotions de manière consciente, ce qui fera diminuer la fréquence des troubles qui font irruption dans notre vie sans que nous le voulions.

Faire face à ces émotions de façon consciente et proactive

Et maintenant, que faire ? C'est là que le travail d'investigation fait de façon ancrée (un sens du soi conscient dans le monde physique), sincère (être présent et réceptif à ses sentiments et à ceux des autres) et vulnérable (modeste et curieux) répond à toutes les grandes questions. Lorsque vous êtes assiégé par une émotion aversive, essayez de vous demander sincèrement : « *Qu'est-ce que cette émotion cherche à me dire ? Ce sentiment est-il nécessaire, là, maintenant, pour assurer ma survie et mon bien-être ? Éviter ce sentiment pour réagir comme d'habitude ne serait-il pas un "vieux truc" qui ne marche plus dans ma vie ou dans cette relation ?* »

Ce processus d'investigation, dont nous parlerons plus en détail dans le chapitre 9 (Procédé de Croissance Universel), balise le chemin qui permet de se libérer de la tyrannie involontaire de vieux schémas de défense, qui reposent sur le fait de *ne pas vouloir ressentir* l'inconfort de la peur, de la détresse ou de la colère. En apprenant à prendre conscience de ces émotions puissantes et explosives, et en nous autorisant à remettre en question leur authenticité sur le moment, nous développerons de nouvelles structures cognitivo-émotionnelles sous la forme de nouveaux réseaux neuronaux. Nous pourrons alors ajuster nos réactions, qui seront plus profitables pour nous et pour ceux qui partagent notre vie.

Nous pouvons réellement changer

Pourquoi un bon travail d'introspection est-il important ? En quoi une introspection peut-elle nous aider à devenir plus proactifs dans la gestion de ces émotions aversives ? Parce qu'elle nous permet de grandir à chaque fois que cela nous arrive. De changer. D'avoir plus de choix comportementaux, des choix que nous trouverons pour la plupart bien plus appropriés à la situation. Avec de l'entraînement, nous pourrons élargir notre connexion neurobiologique pour arriver à constituer un répertoire de réactions émotionnelles et comportementales varié, plus flexible et plus nuancé. Le nom scientifique de ce processus de développement est « ***neuroplasticité*** ».

Il existe maintenant pas mal de preuves qui attestent que notre cerveau peut se reprogrammer et qu'il le fait : il demeure « plastique ». Il est capable de flexibilité dans son développement et il peut changer : sa structure peut littéralement changer, tout au long de notre vie. Aussi, pour tous ceux d'entre nous qui ont été blessés dans l'enfance, battus ou maltraités, négligés et traumatisés, ignorés et jamais écoutés, et qui sont souvent submergés et affectés par des émotions aversives, il y a de l'espoir. Beaucoup d'espoir !

Intégrer les trois intelligences

L'aptitude à reconnaître, évaluer et intégrer les trois centres d'intelligence est cruciale pour parvenir à une expérience satisfaisante de nous-même et pour cultiver avec les autres des relations épanouies. Il est vital de les équilibrer d'abord en nous-même, puis dans nos relations. Comment faire ? Si chacun de nous s'appuie plus ou moins sur les trois centres, en fonction de notre profil de l'Ennéagramme nous nous appuyons plus fortement sur l'un des centres que sur les deux autres. Jusqu'à ce que, bien sûr, nous travaillions à les équilibrer ; quête que nous serons encouragés à poursuivre en travaillant avec l'Ennéagramme.

Il est particulièrement utile de découvrir son centre prédominant, car c'est ce qui nous permettra de rééquilibrer les deux autres. Par exemple, si, dans une relation, l'un a une dominante centre Tête et l'autre une dominante centre Viscéral-Corporel, nous pourrions avoir besoin de nous demander : « *Ai-je été suffisamment attentionné envers mon partenaire aujourd'hui ? Qu'a-t-il pu ressentir lorsque je lui ai dit bonjour ?* (Allumons le centre d'intelligence du Cœur.) *Ai-je fait disparaître son inquiétude quand il m'a raconté comment son patron l'avait traité ce matin ?* » Ces propos viendraient soit des sensibilités du centre Viscéral-Corporel, soit des problèmes avec lesquels mon partenaire pourrait se débattre tandis qu'il raconte sa journée et a besoin de soutien.

Fonctionner à partir du centre Viscéral-Corporel : Profils 8, 9 et 1

Si le centre d'intelligence Viscéral-Corporel est dominant en nous, nous avons tendance à filtrer le monde à travers notre sens kinesthésique du mouvement, notre présence physique dans l'espace, nos ressentis sensoriels et notre instinct viscéral. Nous nous servons de notre dignité et de notre pouvoir pour rendre la vie conforme à ce qu'elle *devrait* être et pour obtenir ce que nous voulons. Nous avons tendance à concevoir des stratégies qui garantissent notre place dans le monde, qui assurent notre autonomie et qui diminuent notre inconfort.

Tous les profils dépendent du centre de l'intelligence Viscéral-Corporel pour :

- Développer les qualités qui nous donnent l'énergie nécessaire pour agir.
- Discerner la quantité d'énergie à déployer pour obtenir ce que nous voulons et valorisons.
- Nous ancrer dans le monde.
- Savoir agir avec justesse.

Pendant la petite enfance, sans en avoir conscience, nous étions naturellement ancrés dans le moment présent. C'est le centre d'intelligence Viscéral-Corporel qui, tout au long de notre vie, possède la faculté de nous ramener au présent. Lorsque nous sommes vraiment ancrés, nous savons qui nous sommes et où nous sommes dans le temps, dans l'espace et dans notre vie. C'est l'intelligence de ce centre qui nous permet de développer des limites personnelles saines, en nous donnant le sens de notre identité individuelle, à partir de laquelle nous pouvons avancer dans la vie et aller sainement vers les autres, conscients de ce que nous pouvons leur apporter.

Les effets sur notre vie

Lorsque nous agissons à partir du centre d'intelligence Viscéral-Corporel, nous pouvons parfois devenir indolents (désintéressés et alanguis), comme des machines surmenées *poussées trop fort*, balayées dans l'expérience sensorielle. Nous pouvons manquer de discernement et d'analyse (attributs du centre de la Tête) et nous pouvons manquer de recul sur nos sentiments (attribut du centre du Cœur). Comme quelqu'un qui ressent dans son corps ce qui se passe sur le moment et agit en fonction, pour le meilleur et pour le pire.

Lorsque nous agissons à partir du centre d'intelligence Viscéral-Corporel, nous pouvons réagir de façon trop impulsive ou avec trop d'assurance. Nous pouvons juger trop vite, croire que nous avons obtenu un accord alors que ce n'est pas le cas, ou être excessivement critiques par rapport aux positions des autres. Sans un équilibre suffisant avec les centres de la Tête et du Cœur, notre impact sur les autres (et les conséquences à long terme de nos actions) peut ne pas être pris en compte. L'action doit être contrebalancée par une réflexion du centre de la Tête et une compréhension empathique du centre du Cœur.

Ceux pour qui le centre d'intelligence Viscéral-Corporel est dominant ont besoin d'apprendre à tempérer leur tendance naturelle à agir (ou à se soumettre), à *appuyer sur pause*, à s'ancrer dans le présent et à réfléchir aux aspects dommageables de ce centre, en essayant d'intégrer les qualités du centre de la Tête *et* celles de celui du Cœur comme mentionné ci-dessus. Le résultat de cette intégration peut être étonnamment puissant.

Mots-clés : dignité, estime de soi, congruence, pouvoir personnel, protection, confort, action, justice, harmonisation et appartenance.
Si nous ne ressentons pas ces qualités, nous réagissons avec frustration / colère / rage, comme le font tous les mammifères, avec des variations de colère propres aux êtres humains, comme l'irritation, le ressentiment, l'irritabilité, l'agitation et l'impatience.

Étude de cas

Peter a commencé sa thérapie en exprimant la colère qu'il ressent face aux *accusations saugrenues* portées par sa compagne Carolyn. Peter a une dominante du centre d'intelligence Viscéral-Corporel. Il a tendance à ressentir les choses et à réagir parfois rapidement, parfois lentement (sa réaction viscérale pouvant mettre du temps à se construire), mais souvent sans analyse préalable. Cela bouleverse sa compagne, Carolyn, qui fonctionne avec le centre de la Tête. Elle se tend, se met en retrait, et commence à provoquer Peter. Carolyn, de son point de vue, essaie simplement de comprendre la réaction de Peter : « *Qu'est-ce que ça veut dire ? D'où sors-tu ça ?* » Carolyn adore son énergie ancrée et son aptitude à être véritablement présent pour elle, et pourtant elle réagit souvent de cette manière lorsqu'elle ne le trouve pas clair ou quand elle ne le comprend pas. À son tour, Peter se sent rabaissé et accusé, ce qui entraîne une réaction viscérale de colère : parfois, il se replie sur lui-même, boudeur, d'autres fois il explose soudainement, plutôt que *d'appuyer sur pause* et de se demander ce que son intuition viscérale, sa réaction, peut bien signifier. C'est un cercle vicieux dans lequel le conflit s'intensifie, les deux se repliant finalement sur eux-mêmes.

Au cours de notre travail ensemble, Peter est arrivé à mieux comprendre les forces et les défis de son intelligence qui s'appuie sur le corps, et il a appris à faire une pause avant de réagir, à prendre davantage le temps d'analyser (un attribut du centre Tête), à prendre en compte le fait que Carolyn fonctionne avec le centre de la Tête et à l'apprécier. En prenant conscience de sa propre tendance à fonctionner avec une intelligence qui s'appuie sur le corps et en apprenant à apprécier le fait que Carolyn fonctionne avec son intelligence analytique, qui s'appuie sur la tête, il a pu commencer à travailler sur ses propres problèmes. Il a été capable de réduire le nombre d'épisodes perturbateurs dans leur vie. Bien qu'elle n'ait jamais bénéficié d'un accompagnement, Carolyn s'est mise à lire des livres sur l'Ennéagramme et sur les trois centres d'intelligence.

Grâce à ses lectures et aux changements de comportement de Peter, Carolyn a progressivement diminué ses provocations verbales et parvient à s'excuser lorsqu'elle redevient excessive sur ce plan, dixit Peter. Ces changements, qui s'effectuent grâce à la compréhension des trois centres d'intelligence, de leur impact sur nos pensées, nos sentiments et nos actions, et de leur influence sur nos échanges les uns avec les autres, sont remarquables.

Fonctionner à partir du centre du Cœur : Profils 2, 3 et 4

Si nous fonctionnons à partir du centre du Cœur, nous avons tendance à percevoir le monde à travers une intelligence qui se focalise sur la relation, le lien, le sentiment et le fait d'être touché. Nous sommes à l'écoute des humeurs et des sentiments des autres afin de répondre à nos besoins d'acceptation, de contact, d'affection, de lien et d'approbation. Plus que les autres profils de l'Ennéagramme, nous dépendons de la reconnaissance et de l'admiration des autres pour soutenir notre estime de nous-même et combler notre besoin d'amour et de relation, et pour ressentir et finir par connaître notre valeur.

Pour nous assurer de recevoir cette approbation et cette reconnaissance, nous avons tendance à créer une image de nous-même qui poussera les autres à nous désirer et à nous accepter, et même à nous considérer comme spéciaux. En outre, la puissance de ce centre est intensifiée par l'émotion positive appelée « affection », sentiment de bien-être qui provient des liens que nous vivons au sein de nos relations : une émotion et un besoin partagés par tous les mammifères. Le lien entre la mère qui allaite et son nourrisson en est l'illustration parfaite. Chaque profil de l'Ennéagramme compte sur cette intelligence *de la relation* pour connaître et développer les qualités du centre du Cœur, l'empathie, l'appréciation, la compréhension, le fait de prendre soin des autres, la compassion et la bonté.

Les effets sur notre vie

Lorsque nous fonctionnons avec le centre du Cœur, nous pouvons perdre l'ancrage et la perspective que fournissent les centres du Corps et de la Tête, et nous retrouver engloutis dans la quête de réactions émotionnelles de la part des autres qui soutiennent l'image de nous-même que nous désirons et qui nous prouvent que les autres ont cette image de nous. Nous pouvons prêter trop d'attention aux liens que nous avons avec les autres, à leurs sentiments pour nous, ce qui affecte nos propres sentiments vis-à-vis de nous-même, et alors nous nous reportons à nouveau sur leurs sentiments.

Cela peut conduire à l'obsession « être apprécié, être approuvé », avec un manque de concentration sur nos tâches, ou d'analyse cognitive, ou d'ancrage en nous-même. Nous pouvons devenir dépendants de l'approbation des autres et avoir constamment besoin d'être rassurés : affichons-nous une persona assez bonne, aimable et désirable ? À des sentiments sincères, il faut associer une réflexion équilibrée qui permette de prendre du recul et la volonté de garder une certaine objectivité dans les problèmes émotionnels ou les conflits (attributs du centre de la Tête). Il est également important de savoir aller de l'avant en prenant des décisions et en agissant de façon opportune (attributs du centre Viscéral-Corporel).

Ceux pour qui le centre d'intelligence du Cœur est dominant ont particulièrement besoin d'apprendre à réfréner leurs tendances naturelles et à *appuyer sur pause*, à s'ancrer dans le présent et à réfléchir aux aspects potentiellement dommageables de ce centre, en essayant d'intégrer les qualités du centre de la Tête *et* de celui du Corps, comme mentionné ci-dessus. Le résultat de cette intégration peut être source d'une grande satisfaction et d'une plus grande affirmation de soi.

Mots-clés : amour, relation, appréciation, affection, lien, image, ressenti, reconnaissance et approbation.
Si nous ne ressentons pas ces qualités, nous pouvons réagir par la tristesse / détresse / hystérie, comme tous les mammifères, avec quelques variations propres aux êtres humains, comme la nostalgie, le manque, la solitude et la honte.

Étude de cas

Rosemary fonctionne avec le centre d'intelligence du Cœur. Elle voulait connaître le ressenti de son compagnon, Richard, qui fonctionne à partir du centre Viscéral-Corporel. Rosemary ne s'intéressait pas vraiment au ressenti corporel de Richard, ni à ses actions. Bien qu'elle apprécie l'énergie franche et vive de Richard, et le fait qu'il se soucie qu'elle *ait ce qu'elle désire*, elle voudrait qu'il exprime ses sentiments. Elle veut être admirée et appréciée, pas seulement qu'on s'occupe d'elle. Rosemary devient émotive, c'est-à-dire expressive, emphatique, véhémente et même larmoyante, lorsque Richard ne semble pas l'apprécier : apprécier son allure, ses sentiments, ses désirs. Il aime la bonne chère, mais se soucie peu de la manière dont elle est présentée, au contraire de Rosemary. Elle apprécierait d'avoir avec lui de longues conversations à propos des relations et de ce qui compte pour elle, ce qui lui permettrait de lui dire : « *Je veux que tu sois à l'écoute de mes sentiments, de mes émotions !* » Mais Richard exprime son amour par une présence énergique et un contact physique, les câlins et la sexualité, que Rosemary adore, mais elle dit : « *Il ne me dit jamais qu'il m'aime, il n'apprécie jamais comment je suis, il ne me dit pas ce qu'il ressent pour moi.* »

Ce schéma s'est répété encore et encore, graduellement, jusqu'à creuser un fossé de plus en plus grand entre eux. Lorsqu'ils ont découvert l'Ennéagramme et ont participé à mon séminaire sur les trois centres de l'intelligence et les relations, ils se sont tous deux rendu compte du déséquilibre. Le point sur lequel leurs attentions respectives avaient tendance à se focaliser ne facilitait pas leur compatibilité. Concernant Rosemary, elle s'est rendu compte que sa façon de vivre une relation amoureuse était simplement différente de celle de Richard.

Après sa prise de conscience, Rosemary a travaillé sur elle pour mieux maîtriser ses besoins émotionnels, leur expression et son besoin de reconnaissance. Elle a fait davantage de pauses pour réfléchir à ce qui comptait vraiment et pour apprécier la façon dont Richard exprimait son attention pour elle. Elle s'est donné du temps pour analyser les situations (un attribut du centre de la Tête) et s'est autorisée à agir davantage (un attribut du centre Viscéral-Corporel).

Richard, après avoir découvert l'Ennéagramme et l'importance vitale des trois centres d'intelligence, s'est entraîné à porter plus d'attention à son centre du Cœur, en se demandant comment il se sentait émotionnellement et en exprimant son amour directement, par des paroles d'admiration et d'encouragement. Résultat, leur amour refleurit.

Fonctionner à partir du centre de la Tête : Profils 5, 6 et 7

Si nous fonctionnons à partir du centre d'intelligence de la Tête, nous avons tendance à filtrer le monde à travers nos facultés mentales. Les objectifs de cette stratégie sont de minimiser la peur, de gérer en amont des situations potentiellement douloureuses, de rechercher un sentiment de certitude en utilisant des processus de pensée tels qu'analyser, envisager, imaginer, anticiper, préparer et planifier.

Si nous pouvons cerner le monde, comprendre et anticiper ses demandes, nous pouvons gagner en sécurité, planifier et préparer, connaître les règles et les respecter, et évaluer les risques. Cela nécessite d'anticiper, les manifestations positives comme celles potentiellement menaçantes, de développer des stratégies prédéfinies selon lesquelles vivre et résoudre les conflits. Tous les profils dépendent de l'intelligence mentale pour développer les qualités du centre de la Tête, comme la préparation, l'état d'alerte, l'anticipation et la prévision, l'analyse, l'intellectualisation, le discernement, la sagesse, la compréhension et la connaissance.

Les effets sur notre vie

Lorsque nous sommes empêtrés dans le centre d'intelligence de la Tête, nous pouvons perdre le contact avec nos instincts vitaux et l'ancrage de notre être (attributs du centre Viscéral-Corporel), ainsi qu'avec les nourritures affectives venant des autres et de nos relations avec eux (attributs du centre du Cœur). Car sans sensations ni sentiments nous sommes incapables de nous sentir véritablement nous-même ou d'aimer pleinement. Certains se figent, se paralysent dans le centre de la Tête, cherchant à comprendre les choses (analyse = paralysie). D'autres peuvent être submergés par les informations et les données, et simplement abandonner. Il peut y avoir trop d'idées et pas assez de passion, de feu et d'expression des émotions pour manifester une connexion et un lien forts avec ce que nous faisons ou ce en quoi nous nous engageons. Nous avons tous besoin d'émotions vivifiantes et de passion provenant des centres du Cœur et du Corps pour nous aimer et aimer les autres, et pour participer pleinement au monde.

Ceux qui fonctionnent avec le centre d'intelligence de la Tête pourraient réfréner leurs penchants naturels et *appuyer sur pause*, s'ancrer dans le présent.

Ils pourraient réfléchir aux aspects potentiellement dommageables de ce centre, en essayant d'intégrer les qualités du centre du Cœur *et* de celui du Corps. Le résultat de cette intégration peut être étonnamment efficace, attendrissant et mobilisateur.

Mots-clés : sécurité, certitude, assurance, prédictibilité, préparation, anticipation et opportunité.
Quand nous ne ressentons pas ces qualités, nous pouvons réagir par l'anxiété, la peur ou la terreur, comme le font tous les mammifères, avec quelques variations propres aux êtres humains, comme l'angoisse, la méfiance, le doute et l'appréhension.

Étude de cas

Béa, qui fonctionne avec le centre d'intelligence de la Tête, est arrivée en thérapie en disant : « *Juan ne s'arrête jamais pour réfléchir. On dirait qu'il suit simplement ce qu'il ressent.* » (Béa ne faisait aucune distinction entre le ressenti émotionnel et le ressenti corporel.) Elle voulait approfondir son analyse, se préparer à ce qui pouvait arriver de pire ou de meilleur et qu'on reconnaisse les efforts qu'elle faisait pour comprendre les choses : « *Cela me rend folle de devoir tout prendre en charge, comprendre les choses et gérer l'emploi du temps.* » Béa n'avait pas conscience d'être centrée sur le centre d'intelligence de la Tête, d'autant plus qu'elle se faisait du souci pour le bien-être de leurs deux jeunes enfants. Juan, qui accompagnait Béa, fonctionne à partir du centre d'intelligence du Cœur.

Cela le frustrait que « *La grande majorité de notre temps ensemble se passe à comprendre les choses, j'ai l'impression que c'est sans fin.* » Et il exprimait cela avec beaucoup d'émotion. Bien qu'ils se soucient clairement l'un de l'autre, ce *conflit d'intelligences* avait créé un fossé dans leur relation, mettant pratiquement fin à la lune de miel. Ici, c'était l'homme qui voulait plus d'expression des sentiments, de conversations plus profondes, et la femme qui voulait plus d'analyse intellectuelle. En découvrant les trois centres d'intelligence, ils ont pu comprendre qu'ils fonctionnaient chacun à partir d'un centre différent. Cela leur fit prendre conscience qu'il était temps d'agir.

Béa a appris à appuyer sur pause lorsque son rythme mental développe de l'anxiété et lorsqu'elle sent de la tension dans son thorax et dans son cou. C'est courant, dit-elle, quand elle succombe à son rythme de réflexion frénétique. Elle se calme par de lentes respirations conscientes et place son attention sur elle-même, se demandant ce qu'elle ressent dans son cœur et dans son corps. Elle a pris conscience qu'elle sur-analysait les choses, croyant que c'était la voie de la sécurité. Juan, pour sa part, s'est entraîné à calmer ses sentiments en repérant leur impact corporel au niveau du ventre et du cœur. Il a fini par apprécier le point de vue de Béa, qui s'appuie sur le centre de la Tête, comme l'expression de l'attention qu'elle lui porte, et Béa a appris à apprécier le point de vue de Juan, qui repose sur les sentiments, comme sa façon de s'occuper de sa famille.

En l'espace de quelques semaines, la flamme fut ravivée tandis que tous deux portèrent plus d'attention à la relation physique, le centre Viscéral-Corporel étant celui dont ils s'occupaient le moins. Ils commencèrent à redécouvrir la proximité dont ils avaient besoin pour renforcer leur couple et rester engagés.

Bien que les trois centres soient essentiels aux relations, c'est le centre du Cœur qui nous en dit le plus sur nos liens. C'est finalement notre lien à l'autre qui est au centre de notre expérience des relations. L'explication neurobiologique de la création du lien valide encore plus l'importance vitale de nos relations, de l'amour que nous recevons, puis cultivons dans notre vie. Notre neurobiologie témoigne de la manière dont nous sommes programmés pour les relations. Nous avons tous besoin de saisir les fondamentaux simples de cette programmation pour saisir combien nos relations sont au cœur de notre développement et de notre sentiment d'appartenance, avec les autres et l'humanité tout entière.

En résumé

Si l'Ennéagramme est nouveau pour vous, commencez à réfléchir au centre d'intelligence qui domine les propensions de votre caractère et au fait que votre partenaire, les membres de votre famille et vos collègues pourraient fonctionner à partir d'un autre centre d'intelligence. Si vous découvrez que c'est le centre de la Tête, celui qui analyse, qui domine chez vous, et que vous avez tendance à réagir par la peur, l'anxiété et les interrogations, la clé sera pour vous d'apprendre à répondre de façon plus consciente aux profils de personnes qui fonctionnent avec le centre du Cœur, celui qui ressent, ou avec le centre Viscéral-Corporel, celui qui perçoit. Si c'est votre centre du Cœur qui domine, et que vous réagissez par la tristesse, la détresse et un désir ardent de relations, et s'il se trouve que vous allez volontiers vers les autres pour créer des liens, la clé pour vous sera d'apprendre à répondre de façon plus consciente aux profils de personnes qui analysent avec la tête ou ressentent avec leur corps. Si c'est votre centre Viscéral-Corporel qui domine et que vous avez tendance à réagir d'abord par la frustration, le ressentiment et la colère, et que vous vous surprenez à tenter de réparer les injustices que vous avez perçues, la clé pour vous sera d'apprendre à réagir de façon plus attentionnée et avec plus de bienveillance aux profils de personnes qui analysent avec la tête ou qui ressentent avec le cœur.

Bien que nous possédions tous ces trois centres de l'intelligence, l'un a tendance à prendre les commandes, les deux autres attendant de pouvoir se développer ultérieurement. Notre centre de prédilection est notamment celui dans lequel nous trouvons une grande partie de nos qualités et de nos talents. C'est aussi là où, nous l'apprendrons, nous avons le plus de handicaps et de faiblesses. Un développement qui se concentre sur notre centre dominant suivi d'un effort conscient pour ramener nos deux autres centres en première ligne nous apporte une compétence équilibrée *dans les trois centres* : une capacité *à trois cylindres qui tournent simultanément*. Et c'est le but recherché !

Chapitre 6

Développement personnel à l'aide de l'Ennéagramme

Si vous découvrez l'Ennéagramme et que vous n'êtes pas sûr de votre profil dominant, merci de prendre un moment pour consulter le livre *Trouver rapidement son profil Ennéagramme et savoir qu'en faire* (de David Daniels et Virginia Price, InterÉditions), qui inclut au début un questionnaire Ennéagramme. Un autre questionnaire en français est disponible sur le site www.enneagramme.net. Ces questionnaires sont une bonne façon de commencer votre investigation. Pour les anglophones, vous pouvez aussi vous rendre sur mon site Internet www.drdaviddaniels.com, où vous trouverez plus d'informations sur l'Ennéagramme ainsi qu'une multitude de renseignements et d'informations qui y sont corrélés. Pour les francophones, le site www.cee-enneagramme.eu est celui qui est le plus proche du travail de David Daniels.

Le système de l'Ennéagramme : comment travailler avec l'Ennéagramme et pourquoi est-il si incroyablement utile ?

Comme nous l'avons mentionné dans le chapitre 4, l'Ennéagramme nous propose d'une part une programmation de propensions neuronales organisée de façon intelligente, *les tempéraments*, et d'autre part un état naturel inné qui y correspond, *les qualités d'être*. Ce sont les qualités originelles du soi qui soulignent ce avec quoi nous devons faire – ce sur quoi nous appuyer – lorsque nous entrons dans le monde et rencontrons pour la première fois nos parents ou ceux qui nous élèvent. L'ensemble des ressources dont nous disposons, dont nous nous servons pour faire face au type d'enfance et de nourritures affectives que nous vivons et recevons (ou non), devient le fondement du développement de notre structure de personnalité.

C'est cette programmation différente qui explique nos différences entre frères et sœurs. Par exemple, nous gérons la colère de maman d'une certaine façon et l'une de nos sœurs va la gérer d'une autre façon, de la façon qui correspond à *son* « tempérament », à *sa* « programmation ». Nous développons chacun notre propre méthode pour faire face, nous construisons des solutions pour gérer l'adversité et pour nous assurer que nous pouvons, d'une façon ou d'une autre, être aimés. Nous piochons dans nos forces intérieures, auxquelles nous faisons appel afin de mieux développer notre moi. C'est le système d'organisation que nous avons en nous qui réagit et s'adapte à nos parents et au monde. En grandissant, nous solidifions tout ce qui a été conditionné ou développé le long du chemin, y compris nos schémas de défense, nos formes d'expression acquises, nos mécanismes d'adaptation, et, progressivement, un certain bien-être prend forme.

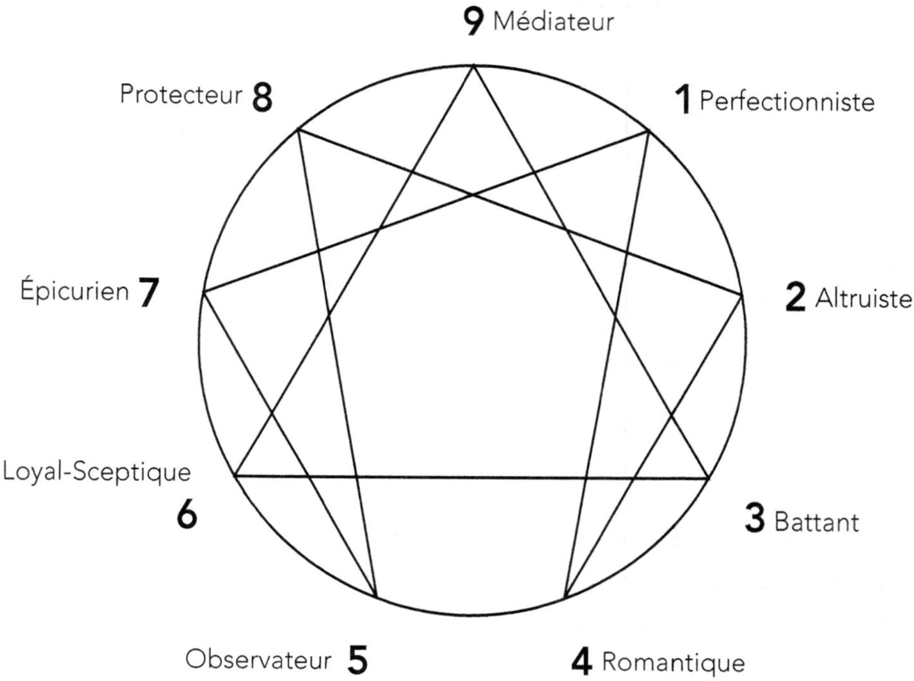

Figure 4 : L'Ennéagramme et les appellations des neuf structures de personnalité

Nous pouvons nous reconnaître dans tous les profils

Chacune des neuf structures de personnalité fait partie d'un grand tout, représenté par le cercle que vous voyez dans la figure ci-dessus. En fait, bien que nous fonctionnions principalement selon l'une de ces structures d'organisation, et nous le ferons toute notre vie, nous pouvons aussi voir en nous un peu des propensions de chaque profil, de certains plus que d'autres. Au fond, nous faisons tous partie de la grande famille de l'espèce humaine. Les points communs que nous partageons les uns avec les autres nous permettent de nous comprendre et d'entrer en relation avec succès. Les profils Ennéagramme de nos parents peuvent aussi nous influencer, comme le font les deux profils Ennéagramme – appelés les **ailes** – qui se situent de chaque côté de notre propre profil sur le diagramme. Les ailes nous fournissent quelques stratégies supplémentaires, que nous utiliserons pour réaliser l'objectif, les croyances et les valeurs de notre profil dominant. Nous aurons tendance à nous servir de l'une de nos ailes plus que de l'autre.

Considérez que l'aile donne à la structure de votre profil un goût particulier, qui ajoutera une autre « qualité d'être » à votre personnalité.

En route sur le chemin du développement personnel

Oubliez un instant les complexités de l'Ennéagramme, car nous n'avons pas besoin de le comprendre entièrement pour démarrer. Regardons-nous d'une façon qui nous est à tous familière : chacun de nous a eu l'occasion de se rendre compte qu'il a un bon côté, et un moins bon côté. Même sans aucune expérience de développement personnel, nous sommes tous plus ou moins conscients de ces deux « moi ». Nous sommes aux anges lorsque nous sommes dans notre meilleur moi, et nous luttons pour saisir la bouée de sauvetage lorsque nous vivons l'autre côté. Dans notre meilleur moi, nous avons tendance à nous sentir confiants, enjoués, pleins d'énergie et optimistes. Nous avons le sentiment de savoir ce que nous faisons et où nous allons. Nous pouvons connaître des sentiments de fierté et de dignité, de satisfaction et de force, et nous sentir accomplis et méritants.

Mais lorsque nous sommes dans notre moins bon moi, le monde peut sembler épuisant. Nous pouvons nous sentir accablés, insécurisés ou indignes, nous lamenter à propos de pratiquement tout, blâmer et accuser, nous demander s'il existe ne serait-ce qu'une personne sur Terre qui nous aime – ou si nous aimons qui que ce soit ! Trop, c'est trop, et, submergés par nos ressentis, nous voudrions nous réfugier au fond d'une grotte !

- Arrêtez-vous un instant et décrivez-vous lorsque vous êtes votre meilleur moi.

- Comment vous sentez-vous lorsque vous êtes votre meilleur moi ?

- À quelle fréquence êtes-vous votre meilleur moi ? Tous les jours ? Toutes les semaines ?

- Arrêtez-vous un instant et décrivez-vous lorsque vous êtes votre moins bon moi.

- Comment vous sentez-vous lorsque vous êtes votre moins bon moi ?

- À quelle fréquence êtes-vous votre moins bon moi ? Tous les jours ? Toutes les semaines ?

C'est là que nous commençons.

Nous commençons avec ce que nous pouvons discerner, en admettant combien notre expérience de nous-même peut fluctuer. Et la question suivante est : « *Pourquoi ?* » Je ne vous connais pas, mais il y a de fortes chances pour que vous soyez comme le reste d'entre nous et que le temps passé à être votre moins bon moi soit détestable. Je voudrais vraiment savoir comment NE PAS m'imposer cela, encore moins l'imposer à mes relations. Mais c'est exactement ce qui se passe lorsque nous ne nous connaissons pas bien. Ces fluctuations entre notre meilleur et notre pire moi n'en font qu'à leur tête et nous transforment en marionnettes, sans que nous ayons grand-chose à dire, sans même que nous en ayons vraiment conscience.

Si nous interagissons avec les autres sans nous connaître ni nous comprendre nous-même, alors le mieux dont nous serons capables, c'est de nous montrer un jour dans notre meilleur moi et le lendemain dans notre moins bon moi. Et nous, comme les personnes avec lesquelles nous sommes en relation, devrons simplement faire avec, point final. Nous ne sommes pas capables de mieux, et dans la plupart des cas nous ne sommes pas non plus réceptifs à l'impact. Le cycle se répète tout au long de notre existence, du début à la fin de toutes nos relations importantes, y compris les relations que nous avons avec nos enfants, vulnérables, qui ont tellement besoin de nous.

En fin de compte, ce cycle devient la seule expérience de nous-même que nous (et ceux qui nous aiment) connaîtrons jamais. Bon nombre de ces schémas négatifs se mettent en travers de notre route et peuvent même nous blesser et heurter les autres, encore et encore. Mais nous continuons à les suivre, car nous ne connaissons pas d'autre moyen de nous en sortir. Essayer de nous en débarrasser par la simple force de la volonté, parce que nous ne les aimons pas, sans rien savoir de leur rôle dans notre *survie émotionnelle*, sans parler de compassion pour nous-même, est un travail difficile et (presque toujours) épuisant.

L'Ennéagramme nous permet de cartographier notre meilleur moi et notre moins bon moi avec précision, mettant en lumière les complexités qui font de nous ce que nous sommes. Quand nous commençons à nous pencher sur l'Ennéagramme, une fois que nous avons repéré notre structure de personnalité dominante, *là où nous attend le plus gros travail de développement mais aussi là où résident nos meilleures aptitudes*, une énorme quantité d'informations se révèle à nous. Cela peut nous éviter de nous perdre en tâtonnements, en lentes découvertes sur notre personnalité, susceptibles ou non de nous éclairer sur nous-même et sur notre développement. L'Ennéagramme est selon moi la seule typologie connue aujourd'hui qui prenne en compte à la fois nos différences et nos points communs, notre chemin d'évolution, et qui soit conçue pour la survie de notre espèce.

Découverte de soi-même – Discerner l'orientation de notre attention

En faisant la lumière sur la façon dont les personnalités sont organisées de l'intérieur vers l'extérieur, l'Ennéagramme nous donne la vision particulière de la réalité qu'a notre profil. Cette découverte attise une curiosité qui pousse à la découverte de soi, à l'observation de soi et à l'investigation de soi, qui sont les clés pour bien nous comprendre. Bien qu'il soit intéressant de nous pencher sur le profil dominant de nos proches, ou de demander à quelqu'un *quel serait notre profil selon lui*, le discernement de notre profil dominant est fondamentalement *un travail intérieur*. Nous devons regarder en nous, dans nos pensées, nos sentiments, nos comportements, et nous devons découvrir *qui déclenche quoi*. Ensuite, nous devrons nous demander : « *Pourquoi ?* »

Notre pertinence, particulièrement lorsque nous nous embarquons dans cette investigation et déterminons notre structure de personnalité dominante, dépendra du degré d'honnêteté dont nous sommes capables *envers nous-même*. Jusqu'où sommes-nous capables de nous observer, et avec quel degré d'objectivité ? « *Suis-je capable d'observer dans quelle direction s'oriente naturellement mon attention ? Suis-je capable de suivre le flux de mes pensées ? Suis-je capable de démêler mes sentiments, tels qu'ils sont ressentis dans mon corps ? Suis-je capable de ne pas les enjoliver afin de mieux les accepter ? Suis-je capable de regarder évoluer mon monde intérieur, fait de réactions et d'errances ? Suis-je au clair sur les mécanismes qui protègent mes besoins non satisfaits et mes blessures, et sur la façon dont ils peuvent me faire réagir au quart de tour ?* » Et enfin, que signifie le *placement de l'attention* et pourquoi est-il si important ?

Découverte de soi et auto-évaluation

Pour répondre à ces nombreuses questions, commençons par quelques investigations personnelles. Nous avons rassemblé ici plusieurs questions qui nous guideront pour savoir « ce » qu'il faut observer en nous-même. Une fois que nous voyons le « ce », poursuivons l'enquête à un autre niveau pour nous interroger sur le « pourquoi ». Attaquons-nous à ces questions sérieusement, car elles sont conçues pour nous aider à discerner notre faculté mentale « de placement de l'attention ». En nous questionnant sur les « pourquoi » suivants, nous pourrons commencer à nous comprendre.

Il n'y a pas de bonne ou de mauvaise réponse à ces questions. Prenez chacune d'elles avec curiosité et bienveillance. Permettez aux réponses que vous pourriez ne pas aimer ou ne pas vouloir entendre de faire surface. Résistez à la tentation d'altérer la moindre réponse qui viendrait en premier. Autorisez-vous à vous sentir en sécurité « avec vous-même ».

- À quoi pensez-vous, le plus souvent ?

- Pourquoi croyez-vous que c'est ce à quoi vous pensez le plus souvent ?

- Qu'est-ce qui vous tracasse, le plus souvent, mais qui ne semble pas tracasser les autres ?

- Pourquoi pensez-vous que cela vous tracasse ?

- Que remarquez-vous sans effort ?

- Sous quelles formes ce que vous tendez à remarquer s'est-il révélé être une bénédiction dans votre vie ?

- Sous quelles formes ce que vous tendez à remarquer a-t-il joué contre vous ?

- Qu'est-ce qui tend à vous obséder, plus souvent que cela n'obsède vos proches ?

- Pourquoi pensez-vous être obsédé par cela ?

- Sur quels types d'informations trouvez-vous le plus intéressant de vous concentrer ? Et le faites-vous sans trop y penser, naturellement ?

- Pourquoi ces informations vous semblent-elles intéressantes ?

- Qu'est-ce qui vous semble évident que les autres semblent avoir du mal à remarquer ou ne remarquent pas du tout ?

- Que ressentez-vous lorsque les autres ne voient pas ou ne comprennent pas ce que vous voyez et comprenez ?

- Lorsque vous entrez dans une pièce pleine de monde, que remarquez-vous en premier ?

- En quoi ce que vous remarquez en premier est-il important pour vous ? Quelle est sa valeur pour vous ?

- Qu'est-ce qui ne semble jamais apparaître sur votre radar ?

- Pourquoi, selon vous, vous ne remarquez pas ces choses ?

- Qu'est-ce qui semble être toujours présent sur votre radar ?

- Pourquoi, selon vous, est-ce si important pour vous ? Qu'est-ce qu'il est important de savoir et pourquoi ?

- Pour vous, qu'est-il important de comprendre à propos de quelqu'un ?

- Pourquoi, selon vous, vous avez besoin de comprendre cela ? Qu'est-ce que cela vous apporte ?

- Qu'avez-vous tendance à remarquer en premier chez les gens ?

- Pourquoi est-ce important pour vous ?

- Qu'avez-vous tendance à voir en vous-même, encore et encore ?

- Que vous fait ressentir cette observation ?

Cela pourrait ne pas sembler si important au premier abord, mais le fait que les neuf structures de personnalité de l'Ennéagramme ne partagent pas les mêmes *placements d'attention* est très important. Nous ne prêtons pas attention aux mêmes choses, et cela est encore plus vrai pour des individus ayant des profils Ennéagramme différents. Chacun des profils Ennéagramme oriente son attention de façon unique. Une manière intéressante d'envisager cela est de comprendre la loi de la spécialisation. Nous empruntons encore à Wikipédia :

« La spécialisation est la séparation des tâches au sein d'un système. Dans une créature multicellulaire, les cellules sont spécialisées dans une fonction, comme la construction osseuse ou le transport de l'oxygène. Dans les sociétés capitalistes, les travailleurs individuels se spécialisent dans des fonctions telles que la construction de bâtiments ou le transport de l'essence. Dans les deux cas, la spécialisation permet la réalisation d'objectifs qui seraient sinon irréalisables. La spécialisation est le fait de se spécialiser dans une chose ou une autre dans laquelle on est bon. »

Nous sommes, en fait, des êtres différenciés, spécialisés dans une vision particulière de la réalité, et en nous concentrant sur cette partie de la réalité nous y apportons une perspective, une aptitude et un talent particuliers. Nous devenons vraiment bons dans notre domaine d'attention et nous en faisons cadeau à nos proches ainsi qu'à l'ensemble de la collectivité. Bien qu'on puisse penser que cela complique les choses pour entrer en relation les uns avec les autres, c'est en réalité un aspect indispensable de notre évolution en tant qu'espèce. Nous sommes « architecturés » non pas au hasard, mais de façon intelligente, pour apporter notre contribution à l'ensemble d'une certaine façon, et nous le faisons de manière spécifique. Nous sommes organisés de telle manière que nos propensions particulières contribuent à un ensemble collectif, qui permet à l'espèce humaine de survivre et de s'épanouir. Imaginez tout ce que nous négligerions et ne comprendrions pas, en tant qu'espèce, si chacun de nous se concentrait sur les mêmes choses, jour après jour ? Si nous étions tous focalisés spécifiquement sur les menus détails de la construction d'abris et du stockage de nourriture, par exemple, qui se concentrerait sur la protection de la tribu contre des ennemis, sur la dynamique de groupe des chasseurs, sur la mise en place de règles de civilité et de justice ?

Nos aptitudes diverses, nos stratégies d'adaptation et nos centres d'attention sont conçus pour « contribuer de façon coordonnée » et apporter une valeur ajoutée au monde. Ces « placements d'attention » bien définis visent à assurer notre existence et à cerner nos possibilités. Chacune des neuf structures de personnalité fait partie d'un organisme plus grand (représenté par le cercle de l'Ennéagramme) qui est plus important que la somme des neuf parties qui y contribuent. Sans le moindre doute, chacune des neuf structures de l'Ennéagramme – propensions neuronales / tempéraments – doit être honorée avec reconnaissance parce que chacune d'elles sert une fonction essentielle à notre expérience collective et à notre survie dans le temps.

Onze points fondamentaux sur l'Ennéagramme

Tandis que nous continuons à présenter les neuf structures de personnalité de l'Ennéagramme, voici des points importants à garder à l'esprit concernant ce système :

1. Il y a trois centres énergétiques dans le corps. En langage Ennéagramme, l'intelligence humaine est catégorisée en trois centres énergétiques d'intelligence constitués de réseaux neuronaux. Ces trois centres sont des zones de traitement en nous qui reçoivent et émettent de l'énergie et de l'information et interagissent avec notre monde intérieur comme avec notre monde extérieur. En langage Ennéagramme, on appelle ces trois centres centre de la Tête, centre du Cœur et centre Viscéral-Corporel.

2. Il y a neuf structures de personnalité dans l'Ennéagramme. Elles sont distinctes et reflètent les qualités de différents tempéraments.

3. Chacune des neuf structures de personnalité a ses propres valeurs ajoutées qui contribuent à la survie de l'humanité, à la survie du collectif.

4. Il est important de prendre le temps de déchiffrer sa propre structure de personnalité. C'est un processus intime, que nous ne pouvons évaluer que nous-même. Le faire aussi honnêtement que possible nous permet d'identifier et de nous approprier plus facilement nos qualités essentielles. Apprendre à connaître notre structure de personnalité nous permet de reconnaître nos particularités naturelles, notre centre d'attention, nos talents, nos mécanismes de défense, nos capacités d'adaptation et nos faiblesses. L'étude de l'Ennéagramme éclaire également la forme de notre réactivité émotionnelle et comment, quand et pourquoi elle se déclenche.

5. Aucun profil Ennéagramme n'est meilleur qu'un autre. Et la numérotation de 1 à 9 des profils Ennéagramme n'est pas hiérarchique.

6. Chaque profil Ennéagramme est représenté par un chiffre. Bien que chaque chiffre soit associé à un nom, nous vous suggérons de ne pas accorder trop d'importance à l'appellation de chaque profil, car elle ne sert que de référence. Pensez plutôt à ces structures de personnalité comme à des énergies dynamiques imprégnées d'aptitudes, de sensibilités et de penchants.

7. Chaque individu fonctionne à partir d'une structure de personnalité principale, même si le système est complexe. Nous possédons effectivement des aspects des neuf structures de personnalité dans notre propre cadre, car nous sommes conçus pour travailler ensemble aussi bien que pour entrer en relation les uns avec les autres. Nous sommes, en fait, partie intégrante d'un tout dans lequel chacun dépend de l'autre : une espèce collaborative.

8. Les profils de l'Ennéagramme ne sont pas spécifiques aux genres masculin ou féminin.

9. Nous ne changeons pas de centre d'intelligence dominant, au long de notre vie. Cependant, ce travail peut nous permettre d'aligner et d'équilibrer les trois centres d'intelligence, en tant que centres de traitement de l'énergie et de l'information pleinement opérationnels.

10. Nous ne changeons pas de structure de personnalité dominante – propensions neuronales / tempérament –, au long de notre vie. Nous sommes nés et nous mourrons avec le même profil Ennéagramme, bien que nous puissions certainement améliorer notre niveau de bien-être. Nous avons effectivement la capacité de changer réellement notre niveau de santé mentale et d'aptitude émotionnelle : notre flexibilité de réaction et nos capacités relationnelles, pour ainsi dire, ce qui inclut notre qualité de présence et notre bien-être cognitivo-émotionnel ainsi que spirituel.

11. Étudier l'Ennéagramme nous fournit une cartographie qui nous permet de développer une meilleure conscience et une meilleure compréhension de nous-même. Cela peut considérablement réduire le temps nécessaire pour comprendre notre personnalité, nos dons et nos faiblesses. Cela peut nous aider à progresser plus facilement dans notre développement personnel, nous donnant les moyens de transformer notre vie et nos relations.

Le niveau de bien-être

Bien qu'il y ait neuf structures de personnalité, il est également nécessaire de calibrer « l'état » de cette structure, son niveau de bien-être. La qualité du « bien-être » que nous développons cognitivement et émotionnellement de l'enfance à l'âge adulte. C'est le développement qui fait suite à l'expérience directe, en particulier à l'expérience relationnelle. Lorsque nous observons notre propre profil Ennéagramme ou celui d'un autre, nous pouvons également nous demander : « *Ma propre structure de personnalité, ou celle d'un autre, est-elle à un haut niveau de bien-être ?* »

Il faut être très honnête pour pouvoir évaluer cela. *Souvenez-vous, une curiosité pleine de compassion est bien autre chose que la critique !* Pour que cette évaluation soit facile, le niveau de bien-être d'un profil ou d'une personne peut être identifié comme suit :

Élevé

Moyen

Bas

D'abord, peut-être vous demandez-vous ce qui détermine notre niveau de bien-être. C'est une question essentielle et, bien que ce livre ne soit pas un livre sur le développement de l'enfant centré sur l'étiologie, il est utile de revenir sur le développement de l'enfant. Il est évident que le début de notre vie et les personnes qui ont pris soin de nous ont un certain poids sur notre niveau de bien-être. Il commence avec nos liens d'attachement et nos expériences précoces, c'est-à-dire la *qualité de l'attachement* que nous développons avec nos parents ou ceux qui nous élèvent. Pour faire court, l'attachement sécurisant engendre un niveau de bien-être plus élevé. Alors qu'un attachement désorganisé, par exemple, pourrait nous laisser souffrant avec un niveau de bien-être bien inférieur, qui aura une incidence sur nous tout au long du chemin, y compris dans notre vie d'adulte.

Le chapitre 3, « La biologie des relations : l'anatomie de l'amour », traite de l'attachement et de ses effets à long terme. Pour ceux d'entre nous qui n'ont pas eu un bon départ dans la vie, concernant les nourritures affectives et la création de liens, nous savons maintenant, grâce à des recherches approfondies, qu'un individu ayant bénéficié d'un attachement sécurisant exprime assez naturellement les mêmes sept à neuf *qualités d'être* qu'un individu qui a mis en place une pratique de la pleine conscience bien disciplinée – avec l'intention, au fil du temps, d'élever son niveau de présence, de développement cognitivo-émotionnel et de conscience. *Ceci a été vu au chapitre 2. Il y a de l'espoir car nous sommes CAPABLES de nous développer !*

En 1995, le CDC (Centre de contrôle et de prévention des maladies), associé à Kaiser Permanente, a étudié sur 17 000 individus l'impact des traumatismes de l'enfance sur le bien-être adulte. L'étude s'appelait « The adverse childhood experiences study (ACE) ». Les résultats furent étonnamment concluants.

Notre niveau de bien-être est indiscutablement influencé par les expériences négatives de l'enfance, et cela inclut toutes les formes d'adversité psychologique, émotionnelle et physique. Les expériences négatives incluent les traumatismes, la négligence, les pertes importantes connues dans l'enfance (comme un divorce, la mort d'un parent ou d'une personne qui élevait l'enfant, l'absence de parents ou un parent incarcéré), ou la souffrance d'un parent (ou d'une personne qui élève l'enfant) atteint d'un ou plusieurs troubles addictifs. L'étude ACE a mis en avant l'impact du traumatisme et de l'adversité vécus dans l'enfance. Elle montre clairement l'impact qu'a l'adversité sur le bien-être des enfants et la souffrance qui peut en résulter à l'âge adulte. Cette étude ACE, qui donne à réfléchir, fait passer la souffrance de l'enfance de l'ombre du déni à la lumière de la conscience. En cela, quelle formidable étude !

Description des niveaux de bien-être

Notre niveau de bien-être est déterminé par la quantité de nourritures affectives qui étaient à notre disposition, tout le temps ou *seulement à certains moments*, combinée à de nombreux autres facteurs complexes qui jouent sur notre développement global. La manière dont nous nous sommes adaptés dépend aussi de la façon dont notre tempérament particulier (notre profil Ennéagramme) s'est adapté face aux difficultés rencontrées. Notre niveau de bien-être nous aide à comprendre à quel point nous sommes sur la défensive, tendu, complexé ou perpétuellement anxieux, combatif ou perpétuellement frustré, accro et / ou défaitiste, lorsque nous sortons de l'enfance.

Comprendre son niveau de bien-être nous aide à identifier les caractéristiques dont nous souffrons à des niveaux inférieurs. De la même façon, la compréhension des différents niveaux de bien-être nous aide à reconnaître combien nous sommes ouvert, expansif, conscient de nous-même, confiant et connecté à notre soi, flexible et capable de nous adapter, motivé et enthousiaste vis-à-vis de la vie. Ces qualités décrivent plus précisément un niveau supérieur de bien-être.

Niveau supérieur de bien-être

Un niveau élevé de bien-être se présente sous la forme d'une présence consciente, d'une conscience de soi active, associée à une bonne intégration des différentes parties du soi. Des niveaux élevés de bien-être ouvrent la voie à un accès plus régulier à l'intimité et à la vulnérabilité à la fois intra- et interpersonnelles. La régulation et la stabilité émotionnelle sont plus courantes que le contraire, et on a une aptitude à s'apaiser et à se relier à soi-même si nécessaire lorsque l'on fait face à des défis et qu'on est bouleversé. Nous sommes attentifs et nous présentons une bonne flexibilité de réaction. Nous sommes intrinsèquement motivés, curieux, empathiques et sincères. Nous sommes attentionnés, affectueux, ouverts, intègres et respectueux, nous faisons preuve de discernement et avons une bonne estime de nous-même.

Niveau inférieur de bien-être

Peut-être nous situons-nous sur le spectre à un niveau de bien-être inférieur. Différents degrés inférieurs de bien-être s'échelonnent sur une « échelle d'intensité » en fonction des difficultés inter- et intrapersonnelles. Il existe une tendance soit à la rigidité cognitivo-émotionnelle soit au chaos, l'un comme l'autre pouvant faire des ravages. Les personnalités qui présentent un niveau de bien-être moyen à inférieur ont tendance à être davantage sur la défensive, plus axées sur le contrôle et moins flexibles, moins honnêtes et plus réactives. Nous sommes ici enclins à connaître comme à exprimer l'agitation, l'impatience, l'envie couplée à des comparaisons douloureuses, des niveaux d'anxiété variables, la dépression et l'apathie, une grande partie du temps. Un contrôle médiocre des émotions, un dérèglement émotionnel difficile à calmer, une attitude de défi ou des troubles du comportement peuvent aussi être fréquents, et une incapacité à se focaliser et à se concentrer – ou à rester assis avec soi-même – peut également nous tourmenter (TDAH de l'enfance induit par le stress). Avec un niveau inférieur de bien-être, nous luttons dans la vie, nous luttons pour nous apaiser émotionnellement sans aide. Il est possible que nous nous tournions vers la toxicomanie ou un autre processus addictif pour soulager la douleur psychologique et émotionnelle.

Niveau moyen de bien-être

Enfin, un niveau moyen de bien-être comprend des manifestations des niveaux de bien-être à la fois supérieur et inférieur. Son évaluation dépend de leur fréquence et de leur intensité, ainsi que de la présence (ou du manque) de capacités à s'apaiser suffisamment constantes. Ces dernières font partie des critères de différenciation les plus importants quand nous évaluons où nous nous situons sur l'échelle du niveau de développement. Dans ce cas-là, les attributs liés au niveau supérieur sont intermittents, bien que parfois vécus. Les attributs du niveau inférieur empoisonnent toujours l'expérience qu'on a du monde – des autres et de soi – et provoquent des dissensions. Il est possible que nous luttions pour rester présent à nous-même, sans parler des autres. Nous sommes loin de comprendre pleinement notre attitude défensive ou notre réactivité, et nous déployons souvent des émotions secondaires, de couverture, pour nous protéger de la vulnérabilité ou de la honte quand elles surviennent. Nous sommes incapables d'interrompre systématiquement ces schémas réactifs : parfois, nous en sommes relativement conscients, parfois, non.

Qu'est-ce qui provoque quoi ?

Il m'apparaît de plus en plus clairement – grâce une nouvelle fois aux recherches de Thomas et Chess (identification des tempéraments des nourrissons) – qu'un traumatisme précoce *ne* détermine *pas* notre tempérament, d'où nous pouvons déduire qu'il ne détermine pas non plus notre structure de personnalité. Cela dit, il est certain qu'il l'*influence*. Les perturbations de l'attachement précoce, le traumatisme et toute notre éducation (le bon et le mauvais) *impactent directement* notre niveau de bien-être. Étant structurés pour la survie, nous compterons inévitablement sur notre architecture d'organisation (également connue sous le nom de « tempérament *inné* »), sur nos propensions neuronales, sur nos talents, pour gérer, *en nous adaptant au mieux*, l'environnement (éducation) dans lequel nous sommes nés, qu'il soit marqué par des traumatismes, des négligences et des préjudices émotionnels, ou par l'amour, des nourritures affectives et un attachement sécurisant et aimant. Notre niveau de bien-être affiche non pas *ce qui va ou ne va pas chez nous*, mais *ce qui a pu nous arriver*, et dans quelle mesure le développement a pu être entravé ou favorisé au long du chemin.

L'histoire que nous nous racontons

Au-delà de *ce qui nous est arrivé*, c'est l'histoire que nous nous racontons, *résultant* de ce qui s'est passé, qui détermine l'étendue des dégâts provoqués à long terme par des expériences négatives : cognitivement, émotionnellement et spirituellement parlant. Moi qui aime reconnaître des schémas et les étudier, je trouve assez intéressant que *l'histoire que nous nous racontons* suite à une souffrance dans l'enfance, quelle qu'elle soit, ait tendance *à se relier à ces profondes propensions mentales et émotionnelles*. Le tout aboutit aux croyances sur soi-même, bien identifiées dans les neuf structures de l'Ennéagramme.

L'histoire que nous nous racontons et le profil Ennéagramme

Par exemple, l'histoire qu'un enfant qui a un tempérament de Profil 4 va se raconter quand quelque chose ne va pas dans sa vie sera très différente de celle qu'un enfant de Profil 8 se racontera quand quelque chose ne va pas dans sa vie, et ainsi de suite. Ce que nous projetons sur une situation, la façon dont nous interprétons des circonstances similaires, en fonction de notre profil, n'est pas du tout la même.

C'est *ça* qui est intéressant. Répondre au « pourquoi » exige non seulement une authentique curiosité, mais aussi une étude plus approfondie.

Tout ceci étant dit, un traumatisme de l'enfance (de n'importe quelle sorte) et les préjudices émotionnels correspondants résultent de *la façon dont cela a été interprété* par l'individu qui souffre, y compris la façon dont cela a été traité (si tant est que ça l'ait été). Les *effets durables* du traumatisme sont, dans une large mesure, ce qui contribue (et peut-être même détermine considérablement) à notre niveau de bien-être au sortir de l'enfance.

Un profil Ennéagramme, trois niveaux possibles de bien-être

En commençant à prendre conscience de notre niveau de bien-être, nous serons capables de percevoir comment trois individus de la même structure de personnalité peuvent fonctionner à trois niveaux différents de bien-être. Ils peuvent nous sembler un peu différents et interagir avec nous de manière un peu différente tout en exprimant la structure identifiable d'un profil Ennéagramme donné.

Prenons le Profil 1, par exemple. L'un de ces Profils 1 peut fonctionner dans un état de bien-être très accompli et très visible. Cette personne sera très vraisemblablement ouverte et abordable, attentionnée, et pourtant sûre d'elle, réceptive et perspicace, mais avec bienveillance. Un autre Profil 1 peut se débattre à un niveau de bien-être inférieur, et nous pourrons observer un certain degré de rigidité, de tension, de critique, ainsi qu'un total manque de présence. Il nous donne l'impression de nous faire **la leçon** plutôt que la conversation. Et le troisième Profil 1 peut fonctionner avec un niveau qui se situe quelque part entre les deux (ce qui sera le cas pour beaucoup d'entre nous, qui avons eu une enfance classique dans un pays occidental), avec des moments de rigidité, puis de présence, des moments de discernement plutôt que de jugement, puis des moments de jugement et de critique, combinés à des moments de gentillesse et d'amitié ou de froideur et d'évitement, dans un va-et-vient permanent.

Notre niveau de bien-être est directement corrélé avec notre niveau de conscience de nous-même, notre capacité à être présent et notre stabilité émotionnelle. Et si, au cours de notre enfance, nos besoins pour nous développer n'ont pas été satisfaits, *ne nous décourageons pas*, nous pouvons nous l'offrir en commençant un processus de développement personnel incluant une pratique de pleine conscience ! Le bien-être est un aspect important de la compréhension de soi-même et des autres. Le bien-être est comme le baromètre de notre état général et de notre stabilité cognitivo-émotionnelle. Le bien-être est un élément crucial lorsque nous regardons chacune des neuf structures de personnalité de l'Ennéagramme et que nous discernons la façon dont ce profil / cette personne se présente dans le monde et à ses propres yeux. Le bien-être se manifeste par le fait que notre structure de personnalité répond bien aux demandes de la vie, par le fait que nous nous sentons bien en nous-même *et avec* nous-même, ainsi que par la façon dont nous interagissons avec les autres. Le bien-être est fondamental pour construire des relations durables et aimantes. Le bien-être montre à quel degré nous sommes capables de développer la vie pour laquelle nous sommes nés et capables de l'apprécier.

Voici quelques questions à vous poser directement à vous-même. Elles nous embarquent dans un voyage au cœur de notre propre intimité. Elles sont conçues pour nous aider à auto-évaluer notre propre niveau de bien-être.

En répondant à ces questions, pensez à la « fréquence » autant qu'à l'occurrence. Nous connaissons tous dans la vie des moments difficiles avec nous-même et avec les autres. Chacun d'entre nous peut passer une mauvaise journée, ou plusieurs, et réagir de façon médiocre à une série d'événements. Mais la question est : à quelle fréquence ? Et avec quelle rapidité réagissons-nous émotionnellement à ce qui se passe et nous emportons-nous ? Comment interagissons-nous avec nous-même ? Quelle est notre expérience intérieure de nous-même ?

Réactivité aux autres

- Est-il facile pour moi (ou difficile) de discerner ce que je pense, ce que je ressens et ce que je fais ?

- À quelle fréquence est-ce que j'observe honnêtement ma relation avec les autres pour évaluer comment améliorer mes interactions dans une situation donnée ?

- Dans quelle mesure suis-je présent à mon expérience intérieure subjective ? Autrement dit, comment cela se passe-t-il en moi ? Quels sont mes sentiments et mes réactions intérieures ?

- Dans quelle mesure suis-je présent aux autres ? Suis-je capable de garder pour moi mon ressenti, y compris mes propres besoins et envies irrépressibles, assez longtemps pour être pleinement avec quelqu'un ? Suis-je capable de donner aux autres toute mon attention, ma bienveillance et mon intérêt quand c'est le moment de le faire ?

- Suis-je capable de me mettre à l'écoute des autres ? Autrement dit, suis-je capable de me mettre à l'écoute de l'expérience subjective (état intérieur) d'une autre personne ? Ai-je la capacité de leur refléter cela sans les juger ou sans avoir besoin de corriger ou modifier leur état d'esprit ?

- Suis-je capable d'avoir de l'empathie pour les autres ? Autrement dit, suis-je capable de ressentir leur état intérieur avec curiosité, compassion et bienveillance ? Ai-je la capacité de comprendre où ils en sont intérieurement et de ressentir quelque chose comme ils peuvent le ressentir ?

- Quel degré de flexibilité ai-je dans ma réaction ? Suis-je capable de faire une pause, de comprendre ma réalité intérieure (la vérité sur ce que je ressens), de la reconnaître et de l'accepter, puis de m'y engager de façon réfléchie afin de choisir le type d'action ou de réaction que je désire ?

- Est-il facile (ou difficile) pour moi de ressentir de la gratitude pour les autres ?

Réactivité lors des interactions avec les autres

- Combien de fois par jour une forte réaction émotionnelle active-t-elle une colère exprimée ? Une colère rentrée ?

- À quelle fréquence ai-je l'impression d'avoir besoin de me défendre ? Suis-je souvent sur la défensive, sans qu'il en faille beaucoup pour me mettre dans cet état ?

- Quel degré d'agitation est-ce que je ressens, quotidiennement, lorsque je dois interagir avec d'autres ? Quel niveau d'angoisse, d'anxiété ou de détresse j'estime inconfortable de ressentir lorsque j'interagis avec d'autres ?

- Si je suis honnête, à quelle fréquence est-ce que j'attaque ou blâme les autres pour quelque chose que j'essaie de dissimuler et dont je suis en fait responsable ?

- À quelle fréquence est-ce que j'interromps les gens lorsqu'ils parlent parce que je sais déjà ce qu'ils vont dire et que je m'impatiente ?

- Comment est-ce que je réagis lorsque je sais que quelqu'un est en train de me mentir ?

- Comment est-ce que je réagis lorsque quelqu'un me dit que j'ai menti ?

Mon expérience de moi-même

- Dans quelle mesure suis-je capable de réguler, contrôler ou réduire mon anxiété, mon inquiétude ou ma peur ?

- Dans quelle mesure suis-je capable de réguler, contrôler ou réduire ma frustration, mon impatience ou ma colère ?

- Dans quelle mesure est-il difficile pour moi d'admettre que j'ai tort ? Que j'ai fait une erreur ?

- Dans quelle mesure suis-je capable de moduler, contrôler ou relâcher ma détresse lorsque les autres ne m'aiment pas ou ne m'acceptent pas (c'est en tout cas ce que je perçois) ?

- À quelle fréquence ai-je l'impression de me contenter d'avancer machinalement et de juste réagir à la vie plutôt que d'y répondre de façon consciente et de m'y engager ?

- À quelle fréquence suis-je submergé par un sentiment de solitude ? Et m'arrive-t-il de me sentir seul lorsque je suis entouré de gens ou même en présence de l'être aimé ?

- Dans quelle mesure est-il important pour moi d'avoir raison ?

- Dans quelle mesure suis-je énervé quand je sens que quelqu'un d'autre est plus compétent que moi ?

- À quelle fréquence est-ce que je remets au lendemain des choses que je pourrais faire ? Quel est le but de cette démarche pour moi ?

- À quelle fréquence est-ce que je me sens désespéré : « Pourquoi me donner du mal, de toute façon je vais échouer » ?

- Ai-je l'impression d'éviter les choses que je n'aime pas, y compris les conflits, ce qui me paraît lourd à porter, ou ce que j'ai l'impression de ne pas pouvoir gérer ?

- Est-ce qu'il m'arrive de ne pas aborder un sujet, alors que j'en ai envie ? Qu'est-ce que cela me fait ressentir ?

- Est-il facile ou difficile pour moi de laisser les autres prendre le contrôle ?

- Comment est-ce que je me comporte lorsque le contrôle que je veux n'est pas possible ?

- Est-ce qu'il m'arrive de réagir de façon excessive et d'en être gêné ou contrarié après coup ? Qu'est-ce que cela veut dire, selon moi ?

- Ai-je déjà été qualifié d'irresponsable, de loufoque ou d'insensible, sans comprendre ce que cela voulait dire et en ayant tendance à considérer que c'est juste leur problème ?

- M'arrive-t-il de ne pas m'engager ou de ne pas participer alors que je le voudrais ? Ou, si je ne le veux vraiment pas, pourquoi est-ce que je ne veux pas participer et m'engager ?

- M'arrive-t-il d'être jaloux des autres lorsque je vois qu'ils ont quelque chose que je n'ai pas ? Ou qu'ils sont quelque chose que je ne suis pas ?

- Ai-je vraiment du mal à faire confiance à quelqu'un ? Pourquoi donc ?

- Suis-je compétitif à l'excès ? Suis-je même capable de tricher pour gagner à quelque chose ?

- M'arrive-t-il de me surprendre à trop donner ou à trop en faire pour plaire, au point de m'en vouloir après, et de pourtant recommencer ? Pourquoi, selon moi ?

- M'arrive-t-il de critiquer excessivement d'autres personnes et / ou moi-même ? Si c'est le cas, pourquoi ?

- Ai-je tendance à dire « oui » alors qu'en réalité je veux dire « non » ? Qu'est-ce qui m'empêche de dire « non » ?

- Combien de fois par jour suis-je complètement submergé et stressé au point de ne pas pouvoir me concentrer sur ce que je suis supposé faire ?

- À quelle fréquence est-ce que j'évite les conversations difficiles sur ce que je ressens, sur mes besoins, désirs, déceptions, même avec mon / ma partenaire ? Qu'est-ce que cela veut dire, selon moi ?

Les idéaux supérieurs et le chemin de développement pour chaque Profil Ennéagramme

Les brèves descriptions qui suivent comprennent un résumé des croyances fondamentales élaborées par chaque structure de personnalité de l'Ennéagramme, avec une insistance particulière sur **l'Idée Sacrée** de chaque profil. Il est ici question du soi supérieur de chaque profil : la qualité spirituelle, les qualités supérieures qu'il a la capacité d'apporter au monde. Ces descriptions expliquent aussi la façon importante dont chaque structure de personnalité est organisée autour de croyances profondes, et la manière dont ces croyances influent sur la vie d'une personne.

Notre structure de personnalité révèle les points positifs et les obstacles dans nos relations. Elles identifient également les qualités originelles de notre nature et l'Idée Sacrée qui se place en arrière-plan, à un degré plus ou moins important, tandis que la structure type de notre personnalité et notre niveau de bien-être se cristallisent au cours de notre développement. Enfin, nous proposons quelques conseils pour chaque profil afin de nous aider à élever notre niveau de bien-être.

Quand vous lirez chacune de ces descriptions des profils Ennéagramme, essayez de vous identifier avec chacun des profils. Autorisez-vous à ressentir chacune de ces perspectives et façons d'être au monde. Appréciez la contribution de chacun des profils. Essayez de repérer avec quel profil vous vous identifiez et à quel profil pourrait correspondre l'un ou l'autre de vos proches.

Le chemin de croissance simple (mais pas facile)

Il se trouve que le *chemin de croissance* pour chacune des neuf structures de personnalité est fondamentalement le même. Pour commencer, il nous demande de développer notre aptitude à nous observer nous-même, à être un témoin neutre de nous-même, et ensuite à reconnaître cognitivement et à accepter ce que nous observons.

Il nous demande de nous entraîner à être physiquement ancré, de façon à pouvoir discerner nos sentiments et notre état sous forme de ressentis sensoriels dans notre corps. Ne pas nier ce que nous ressentons, ni le supprimer : simplement reconnaître ce qui est présent.

Le chemin de croissance nous demande d'activer notre conscience de l'instant présent. Il nous demande de nous ouvrir consciemment à la réceptivité, d'orienter notre attention sur le fait de recevoir de l'énergie et des informations venant de l'extérieur mais aussi de l'intérieur, sans les altérer. Il nous demande d'inciter notre cœur à ne pas juger. Et il nous demande de nous engager dans une pratique d'introspection avec une vraie curiosité qui nous rende capables de discerner ce qui a besoin de reconnaissance, de compassion et d'acceptation.

En tant que Profil 1 | le Perfectionniste

Il y a, chez le Profil 1, une exigence innée et un sens de la PERFECTION, qui renvoie à un état originel unifié où tout semble exactement parfait à chaque instant. C'est l'expérience idéale que l'on trouve dans la relation mère-nourrisson, qui amène la paix, qui nourrit et qui est dans l'acceptation totale. Pour un Profil 1, cet état essentiel de perfection s'efface à l'arrière-plan d'un monde que nous tendons à percevoir comme imparfait et défectueux, un monde qui a besoin d'être amélioré et qui juge, qui punit les mauvais comportements et les impulsions incontrôlées. Nous finissons par considérer que pour vivre dans de bonnes conditions, nous devons être nous-même parfait. Nous devons être bons et droits, ne pas avoir tort ou être en dessous de la norme dans un monde qui, selon notre expérience, punit d'une façon ou d'une autre le mauvais comportement.

En tant que Profils 1, nous développons un esprit qui juge, gouverné par un puissant critique intérieur et alimenté par une colère cachée. Ce critique intérieur met en place des standards élevés selon lesquels nous devons vivre et auxquels nous devons obéir. Notre attention se porte naturellement vers ce qui est incorrect, inachevé, ou en désordre. Nous nous concentrons naturellement sur ce qui a besoin d'être amélioré, corrigé ou modifié.

Il y a, chez le Profil 1, une grande énergie alimentée par de la frustration qui peut catalyser le changement, mettre en place des améliorations indispensables ou structurer le monde, si elle est dirigée efficacement. Par conséquent, dans nos relations, nous allons être consciencieux, responsables, tournés vers l'amélioration et généralement dans le contrôle de nous-même. Nous pouvons cependant entraver nos relations en étant critiques, pleins de ressentiment et enclins à juger, et même en nous réprimandant nous-même et en critiquant les autres (en particulier lorsque nous sommes à un faible niveau de bien-être).

Nous avons tendance à être pratiques et assidus en ce qui concerne les tâches et les responsabilités. Notre colère, souvent exprimée sous forme de tension, d'irritation ou de frustration, est également ce qui nous fait avancer, grâce à une énergie inépuisable et la conviction de bien faire. La colère nous alerte sur ce qui n'est pas conforme à nos standards et sur la manière dont nous sentons que les choses pourraient et devraient être. Cela s'accorde avec notre vision de ce qui est nécessaire dans le monde et avec notre place dans celui-ci. Il se trouve que la colère est la force mobilisatrice de la détermination acharnée, de l'attention et de la conviction des Profils 1.

CONSEILS POUR LA CROISSANCE : En tant que représentants du Profil 1, nous avons besoin de réduire le pouvoir que nous donnons au jugement critique. Il nous faut apprendre, à la place, à plutôt compter sur notre discernement. Nous pouvons être en sécurité sans cette auto-critique qui dirige si durement nos comportements. Observons notre tendance à punir (nous-même et les autres) – juger, gronder ou réprimander – lorsque nous faisons des erreurs. Cette dynamique automatique peut peser lourd sur les relations. Notre relation avec nous-même peut également souffrir de tant d'accusations et cela peut avoir des répercussions sur notre disponibilité à aimer et à recevoir. Apprenons à changer nos manières de traiter les erreurs et à trouver des solutions d'amélioration plus favorables au bien-être.
Nous avons aussi besoin, en tant que Profils 1, d'accepter et d'intégrer dans notre vie nos désirs et plaisirs, à côté de notre caractère consciencieux, de notre obéissance, de nos standards élevés et de notre engagement vis-à-vis de nos responsabilités. Cela améliorera non seulement notre propre vie, mais aussi celle de tous ceux qui nous aiment et interagissent avec nous. Devenir plus tolérant est une vertu qui vaut la peine d'être développée, car elle peut soulager une grande partie de notre tension corporelle. Nous devrons également apprendre à discerner si ce que nous considérons comme des erreurs le sont vraiment, ou si ce sont juste des différences, qui proviennent de nos talents fondamentalement différents. Autorisons-nous à considérer ces différences avec gratitude, plutôt qu'avec condamnation ou frustration.

En tant que Profil 2 | l'Altruiste

Il existe une LIBERTÉ enracinée dans le flux naturel de la décision de donner et de s'ouvrir pour recevoir. C'est la marque de la réciprocité divine. Cette perception est profondément ancrée dans la nature du Profil 2. La liberté nous libère pour donner sans conditions et recevoir avec reconnaissance. Nous sommes libres lorsque nous *ne nous sentons pas obligés de* réagir à chaque désir d'aider, de nous occuper des autres ou de les servir. C'est notre propre humilité qui va nous accorder cette liberté, qui existe à l'arrière-plan d'un monde qui, tel que nous le percevons, nous demande de donner aux autres pour être aimés. Dit autrement, nous vivons dans la croyance que nous devons *donner pour recevoir.*

En tant que Profils 2, nous finissons par considérer que pour vivre dans de bonnes conditions nous devons donner aux autres et ne pas nous trouver inutiles ou égoïstes. Par conséquent, nous consacrons beaucoup d'énergie à faire de notre mieux pour satisfaire les autres : nous prenons leurs besoins en charge. Nous apprécions d'être *celui / celle* qui rend l'autre heureux et d'être reconnus comme des personnes aimantes, bienveillantes et généreuses. Ce schéma peut nous amener à devenir orgueilleux et à vouloir nous rendre indispensables. Ce faisant, notre attention se tourne naturellement vers les besoins des autres, pour résoudre leurs problèmes.

Par conséquent, nous sommes, dans nos relations, bienveillants, serviables, d'un grand soutien et tournés vers la relation. Mais nous pouvons aussi entraver nos relations en étant intrusifs et fiers lorsque nous donnons en demandant quelque chose en retour. Nous pouvons devenir passifs-agressifs, jusqu'à nous mettre franchement en colère lorsque nous ne sommes pas appréciés, ou lorsque la réciprocité que nous attendions n'est pas au rendez-vous (en particulier lorsque nous ne sommes pas à un niveau élevé de bien-être). Notre empathie et notre capacité positive à écouter les autres peuvent se révéler être des obstacles qui nous empêchent de ressentir nos propres besoins jusqu'à ce que nous ayons satisfait ces mêmes besoins chez les autres.

CONSEILS POUR LA CROISSANCE : En tant que Profils 2, nous avons besoin de développer notre individualité – sans nous en sentir coupables –, car nous consacrons peu d'attention à nos propres besoins. Nous pouvons nous autoriser à dépasser notre répulsion à être jugés égoïstes lorsque nous commençons à prendre soin de nous-même.

Nous pouvons travailler à surmonter l'addiction – le fait d'être dans un état de béatitude – que nous ressentons quand nous répondons aux besoins des autres, quand nous ne disons jamais « non » et quand nous nous considérons comme supérieurs aux autres, car plus altruistes et plus attentionnés. Nous pouvons nous entraîner à remarquer comment nous abusons de notre générosité pour être aimés et pour qu'on s'occupe de nous.

Nous pouvons nous permettre d'explorer nos propres sentiments lorsque nous donnons sans conditions, lorsque nous nous donnons sans honte, en apprenant à croire au fait que les autres nous aimeront, sans que nous ayons forcément besoin de les séduire. Nous pouvons croire que l'amour viendra à nous naturellement, comme nous l'avons apporté aux autres. Quand nous ferons confiance au *flux naturel de l'amour*, notre aptitude à donner comme à recevoir s'épanouira librement. Cela offrira aux autres la joie de *nous* donner librement et naturellement, sans rien attendre en retour.

En tant que Profil 3 | le Battant

En tant que Profils 3, nous conjuguons capacités à réussir, autonomie et confiance. Nous avons une attitude du type « *Je vais y arriver* », imprégnée de l'espérance de pouvoir tout obtenir et tout réussir. L'état originel d'ESPÉRANCE – que l'on ressent lorsque toutes les possibilités s'offrent à nous et sont à portée de main – est celui que nous connaissons lorsque la vie que nous désirons est accessible. L'ESPÉRANCE est là où la manifestation se déploie naturellement en accord avec les lois de l'univers : c'est ce qui se passe quand les choses se font par elles-mêmes. Pour un Profil 3, l'ESPÉRANCE s'estompe à l'arrière-plan d'un monde qui, tel que nous le percevons, récompense le *faire* et non l'*être*.

Par conséquent, nous sommes portés à croire que nous devons gagner l'amour et la reconnaissance par la performance et la réalisation *d'un succès que l'on peut afficher*. Nous sommes définis par ce que nous faisons, ce pour quoi nous sommes reconnus et les statuts respectifs auxquels nous sommes parvenus. Simultanément, nous développons une énergie enthousiaste du type « *Nous allons y arriver* » afin de nous aligner sur l'image qui nous présente comme ayant réussi, donc dignes d'admiration et d'approbation. Nous percevons donc que nous devons faire quelque chose, *devenir quelqu'un*, et que nous ne devons pas *échouer*.

En tant que Profils 3, nous développons une orientation du type « *Je t'aime donc je te le prouve par l'action* » qui impacte tout ce que nous faisons et la façon dont nous entrons en relation. Par là même, nous dévions de la véracité de nos propres sentiments. À la place, notre attention se concentre sur les objectifs à atteindre, sur la ligne d'arrivée identifiée que nous devons franchir. Par conséquent, dans nos relations, nous sommes rapides, concentrés sur notre objectif et tournés vers l'efficacité.

Mais nous pouvons aussi entraver nos relations en n'étant pas assez attentifs aux sentiments : tant les nôtres que ceux des autres. Nous pouvons devenir trop centrés sur nos objectifs et devenir impatients, trop rechercher les applaudissements et trop penser à notre image (en particulier lorsque nous ne sommes pas à un niveau élevé de bien-être). Plutôt que de ressentir nos émotions, nous avons tendance à canaliser notre énergie dans la performance, la productivité et les résultats. Étant donné notre haut niveau d'énergie, il peut nous être difficile de rester assis sans bouger et de ne rien faire. Nous pouvons aussi trop foncer pour réussir et sauter des étapes que d'autres pourraient considérer comme importantes.

CONSEILS POUR LA CROISSANCE : En tant que représentants du Profil 3, nous avons besoin de ralentir notre rythme et de nous autoriser à être plus réceptifs, ce qui permettra à nos sentiments d'émerger doucement. En fin de compte, c'est l'accès à nos sentiments qui finit par guider les véritables désirs de notre cœur et notre aptitude à nous relier à notre mission dans le monde. Nous avons besoin d'intégrer nos sentiments authentiques en nous demandant comment et où nous pourrions trouver notre place dans le monde afin de mener une vie véritablement épanouissante.
Cette vérification est importante car nous, Profils 3, pouvons devenir à peu près n'importe quoi si nous croyons que nous le devons, comme nous pouvons devenir ce que les autres veulent que nous soyons. Nous pouvons perdre cette relation vraie avec nous-même en devenant quelque chose pour les autres sans nous rendre compte de ce que nous avons fait. C'est une relation à nous-même honnête et authentique qui nous permettra de déterminer quel doit être notre chemin, peut-être différent de ce que les autres (la société, la culture, les parents, les proches) peuvent avoir défini ou vouloir pour nous. Apprenons donc à apprécier nos propres sentiments, et ensuite

ceux des autres, et observons notre tendance à croire que les sentiments ne peuvent être que des obstacles à notre progression si nous les autorisons à apparaître consciemment. Acceptons que l'amour est un état « d'être » et que c'est quelque chose à cultiver de l'intérieur. En tant que Profils 3, nous avons besoin de réaliser que l'amour ne provient pas nécessairement de ce que nous « faisons », mais de quelque chose qui a bien plus à voir avec le bien-être et la qualité de chaque vécu émotionnel. Notre défi est de comprendre que notre valeur existe dans notre qualité de présence et dans le fait d'avoir cultivé une bonne connaissance de nous-même et de notre vraie nature, et non dans notre statut social, dans notre compte en banque, dans ce que les gens attendent de nous, ou dans l'admiration du monde en général.

En tant que Profil 4 | le Romantique

Il y a, chez le Profil 4, une résonance innée avec la beauté profonde de la RELATION, qui se retrouve dans l'état originel d'unité et d'acceptation. C'est l'expérience idéale de l'amour, vécue dans la relation la plus profonde avec notre être authentique et dans la beauté de chaque aspect de nous-même. C'est l'acceptation fondamentale de nous-même, des autres et de l'univers.

Grâce à cette relation profonde avec notre nature authentique, nous avons la capacité d'émouvoir fortement. Nous sommes naturellement en lien avec notre vraie nature ainsi qu'avec celle des autres.

L'état originel d'une relation idéale et profonde à toutes choses – où rien ne manque –, appelé ORIGINE, s'estompe à l'arrière-plan d'un monde qui, selon nous, nous abandonne en raison d'une sorte de déficience. Ce monde idéal se déconnecte de nous, nous laissant dépourvus et en manque de quelque chose d'important.

Par conséquent, nous finissons par considérer que pour vivre dans de bonnes conditions nous devons être *spéciaux* : dépasser l'ordinaire. Nous devons devenir une sorte de personne idéale, une personne sans déficience, dans un monde qui, selon nous, ne nous aimerait pas pour qui nous sommes, avec nos qualités et nos défauts. Ce faisant, notre attention s'oriente sur ce qui est décevant, sur ce qui manque à l'image idéale qui rendrait une personne digne d'être aimée. Dans cette conception, nous sommes guidés par le désir de devenir cet idéal intériorisé.

Cela nous éloigne de l'équilibre émotionnel qui accompagnerait le fait de nous apprécier comme nous sommes, plutôt que de nous identifier à ce que nous ne sommes pas. Cela engendre souvent un complexe de supériorité ou d'infériorité, avec des va-et-vient, et cela perdure jusqu'à ce que nous découvrions que nous n'arrivons pas à nous accepter sereinement comme nous sommes. Ce même principe s'applique à notre expérience des autres.

Par conséquent, dans nos relations, nous sommes idéalistes, profondément émotifs et aussi authentiques que possible, parce qu'idéalement c'est ce que nous voulons être. Mais nous pouvons également entraver nos relations en étant excessivement dramatique et trop centré sur nous-même (en particulier lorsque nous ne sommes pas à un niveau élevé de bien-être). Nous nous tracassons à propos de ce qui manque dans notre vie et dans nos relations. Nous pouvons basculer de très expressif et émotionnel à très calme et replié sur nous-même. Passer d'un extrême à l'autre est difficile sur le plan intrapersonnel et peut aussi peser sur nos relations intimes.

CONSEILS POUR LA CROISSANCE : En tant que représentants du Profil 4, nous avons besoin de surmonter ce désir pour ce quelque chose que nous percevons comme n'étant « pas là », décevant, ou manquant, tout en sachant que *ce quelque chose* se trouve aussi être *ce* dont nous avons décidé que c'était important.

Pour nous, Profils 4, un attachement à la déception et à l'énergie qui en résulte devient une sorte d'addiction, nous amenant à savourer la mélancolie, que nous connaissons si bien et que nous recherchons parfois. C'est un état qui semble faire naître en nous des sentiments profonds, vifs et intenses, qui nous empêchent d'apprécier le côté banal de la vie ordinaire, de ce qui est là.

Il est important d'apprendre à apprécier ce qui est positif dans notre vie ici et maintenant, et de développer de la gratitude pour ce qui est bien à ce sujet et pour ce qui est réel. Ce faisant, nous avons besoin de nous donner la permission d'accepter qu'on puisse nous aimer « comme nous sommes ». Nous pouvons alors recevoir notre propre *aptitude à aimer* avec humilité et avec le sentiment que « c'est suffisant ».

Il est important *que nous nous permettions* de nous rendre compte que l'acceptation de soi-même et des autres ne dépend pas du fait d'« être spécial », idéal, supérieur ou original.

C'est simplement ainsi parce que nous sommes comme nous sommes, et les choses sont comme elles sont.

En tant que Profil 5 | l'Observateur

Les Profils 5 sont naturellement sensibles. Tout est *ressenti*. Dans ce système extrêmement sensible, toutes les subtilités sont perçues et nous impactent. Des stimuli de toutes sortes abondent et peuvent nous submerger. Une tendre fragilité nous permet de nous émouvoir de la nuance, de la finesse de la pensée, du contenu d'une bonne conversation, de l'acquisition du savoir et de l'expertise. Il y a, chez le Profil 5, une compréhension innée de la capacité de chacun à la CONNAISSANCE DIRECTE, celle qui se retrouve dans le fait que l'information dont nous avons besoin pour survivre et nous épanouir fait déjà partie de nous. Nous sommes suffisants à chaque instant, nous sommes assez puissants et nous avons assez de connaissances pour exister et poursuivre notre vie.

Nous sommes reliés à notre propre sagesse universelle et nous pouvons y accéder quand nous le voulons. L'état originel de connaissance directe, ou OMNISCIENCE universelle, s'estompe à l'arrière-plan d'un monde que nous percevons comme demandant trop et donnant trop peu, et nous nous trouvons mis au défi de le connaître et de le comprendre. Nous perdons le sentiment que l'univers répondra à nos besoins, que nous irons bien, et que nous finirons par traverser la vie sans être submergés par les vicissitudes de la vie.

Par conséquent, nous finissons par considérer que pour vivre dans de bonnes conditions nous devons être auto-suffisants et acquérir d'énormes quantités de connaissances afin de ne pas devenir dépendants des autres et d'y perdre toute notre énergie. L'acquisition de connaissances nous donne le pouvoir dont nous croyons avoir besoin pour survivre dans le monde. Ce faisant, notre attention s'oriente naturellement vers les intrusions émotionnelles et physiques, les réclamations et les demandes, qui risquent de dévorer notre temps, nos émotions et notre énergie vitale. Les nourrissons illustrent l'abondant flux d'énergie de la nature qui entre et sort de nous, car un nourrisson existe dans l'instant présent, sans connaissances ni besoin de conserver son énergie ou ses ressources. Du point de vue énergétique, nous croyons ne pas pouvoir vivre sans suffisamment de temps pour nous-même, sans une vie privée, un endroit où nous retirer et le temps nécessaire à l'acquisition de connaissances.

Dans nos relations, nous sommes en demande d'indépendance, peu exigeants, analytiques, discrets, mais nous pouvons aussi entraver nos relations en étant détachés, trop secrets et renfermés (en particulier lorsque nous ne sommes pas à un niveau élevé de bien-être). Comme nous pouvons également être extrêmement sensibles au toucher physique, à l'intrusion personnelle et à la surstimulation, nous nous sommes adaptés en nous éloignant du désordre de nos sentiments afin de nous éviter d'être désagréablement court-circuités, submergés ou dépassés par les sentiments et les besoins émotionnels des autres.

CONSEILS POUR LA CROISSANCE : En tant que Profils 5, nous avons besoin d'apprendre à apprécier le flux abondant d'énergie vitale qui est à la disposition de chacun d'entre nous, car elle se trouve et elle est disponible en nous. Nous avons besoin de nous rendre compte que le repli – loin des autres, de la vie, de nos désirs – accroît la perte émotionnelle ainsi que le risque d'intrusion. Cela peut aussi faire du tort à nos relations, au fil du temps, car nous refusons de nous engager lorsque quelqu'un a besoin de nous.

Il est important de faire l'expérience de nos sentiments, et celle du moment présent. Autorisons-nous la perturbation que cela implique et laissons-nous le temps de nous engager dans nos sentiments, de les accepter et de les traiter. Nos sentiments nous relient à notre humanité, à notre âme. Passons du temps à apprendre à accéder à ces sentiments, à les chérir, et à les exprimer clairement aux autres, ce qui est une étape importante de notre développement. En tant que Profils 5, osons expérimenter davantage les possibilités désordonnées de la vie. Nous avons besoin de nous engager auprès des autres et de leur exprimer davantage ce que nous ressentons. Autorisons-nous à acquérir une connaissance intérieure, qui ne vient pas des apprentissages académiques sortis de nos livres, mais provient des expériences de la vie elle-même. Acceptons de participer à la vie, ce qui va nous stimuler, nous revitaliser et nous nourrir, plutôt que nous épuiser et nous appauvrir, comme nous pourrions le croire. Le fait de permettre les sentiments renverse les peurs des Profils 5 qui peuvent causer leur isolement et leur souffrance.

En tant que Profil 6 | le Loyal-Sceptique

Les Profils 6 sont dotés d'un système vigilant, alerte, et pourvus d'une capacité de concentration soutenue. Nous scannons naturellement l'environnement, c'est un talent inné qui nous rend conscients de ce qui se passe autour de nous. Dans notre état originel, nous faisons confiance aux informations que nous avons besoin de rassembler. Le fait de *savoir* et d'*être sûr* fait partie de nous, de même que nous savons faire partie d'un univers en apparence bienveillant. Nos observations et nos déductions suffisent. Nous sommes suffisamment en sécurité et nous en savons assez pour exister et nous épanouir à chaque instant, sans essayer d'anticiper. C'est l'expérience idéale que nous retrouvons quand nous avons foi en notre sagesse, en notre savoir-faire et en nos perceptions sensorielles.

Lors de notre développement, l'état originel de la FOI en soi, dans les autres et dans l'univers passe à l'arrière-plan d'un monde que nous percevons comme dangereux, imprévisible et potentiellement indigne de confiance. Par conséquent, nous finissons par considérer que pour vivre dans de bonnes conditions nous devons gagner en certitude, rechercher la sécurité, ne pas nous retrouver sans défense et dépendants des autres. En fait, nous considérons que le monde est imprévisible jusqu'à être terrorisant et indigne de confiance.

Nous sommes naturellement sur le qui-vive, et nous avons tendance à ne rien manquer de ce qui se passe autour de nous. Ce faisant, notre attention s'oriente plutôt vers ce qui pourrait être dangereux, ce qui n'est pas dit ou ce qu'il faut lire entre les lignes, ainsi que sur tout ce qui pourrait potentiellement mener à la trahison ou au danger. Tous les scénarios possibles sont instantanément examinés. Nous sommes très doués pour essayer d'empêcher ce qui pourrait causer une souffrance : des soucis existentiels jusqu'à la douleur émotionnelle.

Nous préparons, examinons, observons et calculons, remettons en question, évaluons et doutons, et tout cela nous maintient en état d'alerte, pleins d'adrénaline. Ce faisant, nous nous déconnectons de notre confiance en nous et en les autres. Par conséquent, dans nos relations, nous sommes dignes de confiance et loyaux (parfois trop) dans l'espoir que les autres le seront aussi. Curieux et sérieux, nous sommes doués pour résoudre les problèmes. Nous pouvons nous transformer en avocats du diable ou en dépanneurs.

Mais nous pouvons aussi entraver nos relations en posant trop de questions jusqu'à paraître accusateurs, glisser trop rapidement dans l'opposition tout blanc / tout noir, et nous pouvons exprimer nos inquiétudes de manière sarcastique. Nous pouvons soit devenir excessivement provocateurs (attitude contre-phobique), soit éviter les situations inquiétantes (attitude phobique). Notre système nerveux peut être extrêmement réactif et explosif, avec des mécanismes de fuite, de combat ou de paralysie qui se déclenchent facilement et sont toujours prêts à être activés.

CONSEILS POUR LA CROISSANCE : En tant que Profils 6, nous avons besoin de réaliser que nous sommes trop préoccupés par ce qui pourrait mal se passer, ce qui est dangereux, et que nous amplifions les mésaventures, les dangers potentiels ou les trahisons. Nous sommes sensibles à ce qui pourrait nous vaincre et nous dépasser, ce qui nous rendrait sans défense et hors de contrôle, et à ce qu'il pourrait arriver si nous devenions dépendants de personnes ou de circonstances imprévisibles.
Nous débusquons facilement les contradictions, les incohérences et les non-dits. Cette sensibilité nous donne un sixième sens formidable pour déceler les arnaques, le mensonge ou la manipulation intellectuelle. Il est crucial que nous apprenions à discerner intelligemment ce qui est réellement dangereux et ce que nous pouvons laisser de côté en toute bonne foi.
Un esprit qui bourdonne sans cesse peut être épuisant tandis qu'il prépare et répète, vérifie et revérifie, doute et revoit, encore et toujours. Nous pouvons nous donner la permission de relâcher ces processus, et lorsque nous le faisons nous construisons une nouvelle conception de la solution, une croyance que rien de mauvais ne va nous arriver si nous mettons au repos nos processus mentaux exagérés.
Autorisons-nous à nous rendre compte que ce bourdonnement nous donne un sentiment de sécurité qui allège l'angoisse que nous ressentons en nous, même si cela dure peu. Essayons de lâcher prise et, ce faisant, sentons notre propre puissance augmenter, tandis que nous retrouvons notre état de foi originel. Il est important de prêter attention à ce qui va bien, à ce qui s'est bien déroulé dans le passé, et de développer le courage d'avoir davantage confiance en nous-même et en les autres.

En tant que Profil 7 | l'Épicurien

Il y a une spontanéité innée, un enthousiasme pour la vie et le champ des possibles, une attraction vers la nouveauté, inhérente à la structure du Profil 7. La joie de vivre est naturelle : croquer la vie à pleines dents, explorer, vivre des aventures. La curiosité nous mène à de nouvelles expériences, dans de nouvelles directions, nous donnant constamment de nouveaux aperçus.

Nous nous rebellons contre la stagnation : rester coincés trop longtemps au même endroit nous pousse à poursuivre notre quête de nouvelles expériences. Nous avons du mal à maintenir notre attention longtemps sur la même chose. Pour nous, Profils 7, notre état originel de joie est libre et utile puisqu'il sert l'adaptabilité, le désir et l'inventivité. C'est l'état idéal, car nous nous émerveillons devant la vie elle-même et tout ce que nous pourrions en expérimenter. Pour un Profil 7, cet état d'être fondamental s'estompe à l'arrière-plan d'un monde que nous percevons comme limitatif et restrictif.

L'état originel qui consiste à rechercher la joie et le ravissement, à la fois focalisé sur cet objectif et exploratoire, appelé CONSTANCE, s'associe à l'aptitude à vivre pleinement, librement et sans résistance. Cet aspect fondamental s'estompe à l'arrière-plan d'un monde que nous ressentons comme frustrant ou inhibiteur, et dont nous craignons qu'il nous cause douleur et souffrance si nous le laissons faire ; nous craignons d'y rester coincés. Par conséquent, nous possédons une forte vivacité pour l'éviter.

De ce fait, nous finissons par croire que pour garantir une vie bonne et satisfaisante nous devons garder la vie stimulante et libre, entraînante et diversifiée. Nous ne voulons pas être retenus ou piégés, ce qui risquerait d'amener la douleur, la détresse induite par l'ennui ou d'effrayantes restrictions. Nous nous échappons volontiers. Nous nous détournons de la tâche d'être présents dans l'instant – à tout ce qui est vraiment dans l'ici et maintenant – pour nous concentrer sur l'avenir et savourer d'éventuelles options. Ce faisant, notre attention se tourne naturellement vers les projets stimulants et les opportunités afin de ne pas stagner dans l'ennui, la douleur ou la souffrance.

Nous devenons facilement des boulimiques avides de nouvelles expériences, de nouvelles idées, et d'une variété d'aventures excitantes. Nous sommes adaptables et voyons une opportunité à chaque coin de rue. De ce fait, dans nos relations, nous sommes optimistes, ouverts à de multiples options, en quête de fascination et aventureux.

Dans nos esquives pour éviter contraintes et souffrance, nous pouvons aussi entraver nos relations en évitant la douleur, en ne nous engageant pas, en étant irresponsables et intéressés (en particulier lorsque nous ne sommes pas à un niveau élevé de bien-être). Nous avons tendance à rester stimulés par des idées, par l'anticipation, par des activités, et à éviter délibérément les sentiments tristes ou douloureux, même lorsqu'ils semblent logiques dans une situation donnée. Notre énergie a tendance à « déborder » de nous-même et de notre réalité actuelle, ce qui complique inévitablement nos défis, nous empêche de faire preuve d'une constance ajustée, crée des difficultés relationnelles et nous déconnecte de la réalité.

CONSEILS POUR LA CROISSANCE : En tant que Profils 7, nous avons besoin de reconnaître notre tendance à trop vouloir planifier et multiplier les options, ce qui nous empêche de vivre le moment présent. Notre désir de nouvelles expériences stimulantes est une merveilleuse qualité, mais cela peut laisser peu de place aux aspects plus terre à terre de la vie et à certaines obligations incontournables.
Apprenons à prendre des engagements durables, tout en nous faisant confiance : ces responsabilités ne vont pas nous enfermer ni nous réduire en esclavage. En tant que Profils 7, nous pouvons apprendre à ancrer notre corps dans le moment présent et à relâcher l'emprise de la chasse aux stimulations, aux projets de voyages et aux rêves éveillés.
Donnons-nous la permission d'accepter tout ce que la vie a à offrir, parce que cela a du sens. Autorisons-nous à ressentir de la souffrance, de la peur, de l'ennui et des limitations, sans craindre d'être piégés à jamais. Cela ne nous empêchera en rien de continuer à profiter des plaisirs, des joies et du vaste éventail d'options de la vie.
Nous ne devons pas craindre de perdre ces aptitudes en nous autorisant à assumer la totalité de la vie, toutes nos relations, tous nos sentiments et la totalité de ce que nous sommes.

En tant que Profil 8 | le Protecteur

Il y a, chez les Profils 8, une intensité dans la réaction, une exubérance et un côté « force de la nature » innés. Un sentiment de pouvoir et de force imprègne notre corps et notre être. Nous protégeons et nous gardons. Nous sommes là pour être pris en compte. Nous n'hésitons pas à frapper, impactons volontiers lorsque c'est nécessaire. Nous gardons l'espace. Nous recherchons la justice. Nous défendons la VÉRITÉ. Ce sont les qualités de notre être.

Le monde doit être contrôlé, justice doit être rendue, et la vie doit être vécue pleinement. Nos instincts territoriaux sont forts et nous comprenons naturellement le pouvoir et son déploiement. Qui commande et que font-ils de ce pouvoir ? Où se trouve l'autorité et que dit-elle ? L'état originel de l'innocence a vu la VÉRITÉ en tout. La vérité nous protège, nous garde et nous rend dignes.

En tant que Profil 8, notre état d'être essentiel, notre INNOCENCE, s'estompe à l'arrière-plan d'un monde que nous finissons par percevoir comme cruel et injuste, un monde où le puissant profite des plus faibles ou des plus vulnérables. Nous voyons facilement comment la vérité, lorsqu'elle est déformée, mène à la trahison, à l'injustice et à un monde chaotique et accablant

Par conséquent, nous finissons par croire que pour garantir une vie bonne et satisfaisante nous devons être forts et invulnérables. Nous ne pouvons pas être innocents, encore moins faibles ou impuissants. Ce faisant, notre attention s'oriente naturellement vers le pouvoir, le contrôle, notre perception subjective de la vérité et vers les injustices. Nous nous appuyons sur une réserve infinie d'énergie débordante souvent ressentie par les autres comme de la colère, de la domination et une passion déchaînée pour assurer notre pouvoir, notre présence et notre position. Nous pouvons même exploser pour un rien afin de reprendre le contrôle d'une situation, ce qui peut être extrêmement intimidant ou même terrifiant pour les autres. « *Pourquoi es-tu si fortement en colère ?* » pourrait nous demander un proche, qui risquerait de s'entendre dire : « *Je ne suis pas en colère, je suis juste frustré. Tu ne m'as jamais vu en colère !* »

Comme il nous arrive de ne pas savoir calibrer notre niveau d'intensité, il nous est d'autant plus difficile de gérer notre impact sur les autres. Notre capacité à appréhender chaque situation avec un regard neuf, avec un esprit ouvert, s'atrophie tandis que domine notre insistance à contrôler les situations avec nos convictions. En conséquence, dans nos relations, nous recherchons la justice, nous sommes directs, forts, parfois tendres et pleins d'espoir, et très protecteurs. Nous irradions souvent l'intensité et l'autorité et on nous recherche pour notre aptitude à diriger et à ouvrir la voie.

Mais nous pouvons aussi entraver nos relations par trop d'impact, en rejetant les autres, en étant excessifs et impulsifs. Nous sommes très réactifs et un rien peut suffire à déclencher notre colère (en particulier lorsque nous ne sommes pas à un niveau élevé de bien-être). Cela peut mettre une certaine pression sur nos proches, en particulier dans notre relation avec notre partenaire, ainsi qu'avec les gens avec qui nous travaillons ou interagissons de façon quotidienne.

CONSEILS POUR LA CROISSANCE : En tant que Profils 8, nous avons besoin de prendre conscience de notre intensité, de notre exubérance, de nos convictions excessives et de notre aptitude à intimider les autres. Nous pouvons nous permettre de réduire notre impulsivité, en sachant que cela n'émoussera en rien notre soif de la vie ni le plaisir que nous en retirerons. Notre tâche est d'apprendre à apprécier la vulnérabilité, la tendresse et la réceptivité comme des forces et non comme des faiblesses.

En tant que Profils 8, autorisons-nous à réduire notre impact sur les autres, notre aptitude à les écarter, à les maîtriser, et autorisons-nous plutôt à rester présents, en temps réel, aux réactions des autres et à leurs réponses. Sommes-nous capables de nous ajuster en étant plus à l'écoute et plus attentifs ? Sommes-nous capables de prendre le temps d'être avec les autres et d'écouter leurs points de vue ? Sommes-nous capables d'accueillir l'autre tel qu'il est ? Être réceptif ne veut pas dire être perdu ou ramolli.

Mettons-nous au défi d'arriver dans chaque situation avec un regard neuf, comme notre innocence innée sait le faire, et autorisons cette innocence à se développer en nous. Ce faisant, nous pouvons nous permettre d'apprécier le sens de la vérité, de la justice et de la loyauté des autres. Nous pouvons permettre aux autres d'éprouver leur besoin de pouvoir, ainsi que d'exprimer leur propre pouvoir en notre présence.

En tant que Profil 9 | le Médiateur

Il existe une capacité innée d'être purement et inconditionnellement présent, et un sens des autres qui n'est pas séparé du sens de soi-même. Nous sommes un. En tant que Profils 9, nous nous sentons inséparables de l'environnement en général et des autres. La vie d'un autre, son programme, ses besoins et ses envies deviennent volontiers et facilement les nôtres. Notre vitalité grandit pour le plus grand bien de l'autre, pour les besoins de notre environnement, et pour répondre à l'appel de notre monde. Nous sommes infatigables, ouverts et attachés à ce avec quoi nous fusionnons et qui nous est cher. Nos frontières sont poreuses et ouvertes. Nous sommes ici et nous sommes disponibles. Vivre et laisser vivre nous amène à des états d'AMOUR INCONDITIONNEL pour toutes choses, telles qu'elles sont, telles qu'elles doivent être.

L'état originel, profondément serein, de l'amour inconditionnel auquel chacun appartient de façon égale s'estompe à l'arrière-plan d'un monde qui nous fait nous sentir peu importants. Un monde dans lequel nous avons tendance à nous sentir invisibles, négligés, voire insignifiants. Par conséquent, nous recherchons l'importance à l'extérieur en nous fondant dans les autres, en nous affichant comme un être non différencié, qui ne fait pas grand cas de lui-même et cause le moins de problèmes possibles. Ce faisant, notre attention s'oriente naturellement vers la synchronisation et l'ajustement avec les autres, créant ainsi une présence non conflictuelle, agréable, presque sans frontière.

Nous avons également une capacité à nous fondre et à fusionner avec notre environnement d'une manière qui assure l'harmonie ; cependant, il s'agit le plus souvent d'une harmonie peu naturelle. C'est un état du type « *Je m'efface pour ne pas déranger* », confortable et paisible, et néanmoins un état artificiel prétendument de bien-être. En conséquence, nous sommes enclins à développer une inertie énergétique qui, de façon subversive, ne tient aucun compte de ce qui est vraiment important pour nous, en particulier lorsque cela entre en conflit avec quelque chose ou quelqu'un avec qui nous essayons de nous synchroniser.

En outre, pour parvenir à prendre notre place dans notre vie, jour après jour, nous devons nous aimer et nous respecter nous-même autant que nous aimons et respectons les autres. Par conséquent, dans nos relations, nous suivons les autres pour bien nous entendre avec eux, nous cherchons à créer des énergies et des conforts harmonieux et nous le faisons avec beaucoup de succès. Mais nous le faisons même lorsque l'harmonie n'est pas ce qui est demandé, et il est possible que nous fournissions aux autres une attention régulière et constante qui ne nous inclue pas nous-même.

Nous pouvons entraver nos relations en nous négligeant et en nous oubliant, en évitant les conflits, en étant indirectement provocateurs et particulièrement têtus (en particulier lorsque nous ne sommes pas à un niveau élevé de bien-être). Il faudra nous autoriser à exprimer une colère constructive et à communiquer honnêtement, en assumant nos propres préférences et en prenant le risque de prendre notre place.

Puisque nous « fusionnons » aussi bien avec les autres qu'avec notre environnement, nous avons du mal à mettre en place des limites personnelles et à nous y tenir. Nous sommes extrêmement sensibles aux tonalités, aux humeurs et aux rythmes autour de nous, qui nous amènent à changer et à nous ajuster, et à nous perdre complètement pour mieux nous adapter.

CONSEILS POUR LA CROISSANCE : En tant que Profils 9, nous avons besoin de prêter attention à nos propres besoins et à notre liberté d'agir. Il est important de déterminer nos priorités et d'agir en conséquence en nous respectant. Nous avons besoin d'apprendre à accueillir l'inconfort dans nos interactions avec les autres. Oser nous incarner pleinement permet aux autres de déployer leur potentiel.

Nous avons besoin d'influencer notre monde autant que notre monde nous influence. Lorsque nous activons la puissance qui est en nous – cette colère familière mais volontiers refoulée, bien souvent engourdie et longtemps réprimée –, nous pouvons l'utiliser pour faire face aux conflits et aux défis qui vont de pair avec les relations humaines.

En apprivoisant notre colère respectueuse de nous-même, nous pouvons naviguer entre différents objectifs complexes, et nous pouvons nous concentrer sur ce que nous voulons plutôt que sur ce que nous ne voulons pas. Cela développe une meilleure intimité avec soi-même, qui engendre ensuite une intimité plus authentique avec les autres. L'intimité avec nous-même nous permet d'exprimer et de faire entendre notre voix.

En apprenant à nous aimer et à nous respecter nous-même autant que nous aimons et respectons les autres, nous retrouvons notre aptitude à ressentir et à recevoir l'amour inconditionnel de notre vraie nature, de notre moi essentiel : « *Je compte aussi.* »

En résumé

Apprendre à connaître chacune de ces neuf structures de personnalité de l'Ennéagramme nous amène à une meilleure compréhension, à davantage de compassion et de clarté, non seulement envers nous-même, mais aussi envers les autres. Cela nous permet de moins redouter les pensées, les sentiments et les actions des autres lorsqu'ils diffèrent des nôtres.

En nous engageant dans un chemin de développement, nous pouvons nous épargner des années de sabotage, de souffrance et de problèmes, provoqués par la répétition des mêmes schémas malsains et autres interprétations subjectives. Acceptez de commencer lentement et progressivement, car nous avons besoin de temps, de constance et d'attention pour construire de nouvelles façons d'être.

Commençons par identifier notre meilleur moi et notre moins bon moi. Apprenons à connaître intimement chacun d'eux et lions-nous d'amitié avec ce que nous voyons et comprenons. Ensuite, prenons en considération notre centre d'attention et commençons à le surveiller quotidiennement. Cette simple pratique devrait engendrer de grandes révélations, nous montrant qui nous sommes vraiment et les façons dont nous utilisons et dirigeons nos talents et nos aptitudes.

L'Ennéagramme nous aide à comprendre que nous avons tous des préjugés préexistants, des filtres, et des perspectives qui affectent la façon dont nous voyons le monde et interagissons avec lui. L'empiriste anglais John Locke, dans *Essai sur l'entendement humain* (1689), a affirmé que le modèle initial de l'esprit humain était semblable à celui d'une « *feuille blanche, vide de tout caractère* », « *les matériaux de la raison et de la connaissance* » dérivant uniquement de l'expérience. Connue dans les cercles de psychologie sous le nom de *tabula rasa*, « la page blanche », cette théorie s'est révélée fausse.

Nous savons maintenant que *ce qui fait de nous qui nous sommes* n'est pas uniquement le résultat de la manière dont nous avons vécu l'environnement dans lequel nous sommes nés. D'une façon plus complexe, nous arrivons avec un système nerveux central, un système cérébral qui est « programmé », avec des propensions neuronales particulières – un tempérament inné –, qui gouverne jusqu'à un certain degré la manière dont nous faisons face aux informations, à l'énergie et aux interactions que nous avons avec l'environnement. Ajoutons à cela les possibles répercussions survenues à notre insu, le mystère de ce que l'âme tout comme notre dimension spirituelle pourraient bien apporter à notre individualité… Tout ceci étant dit, nous sommes des créatures mystiques fascinantes, purement et simplement extraordinaires, dotées d'un immense potentiel et capables d'amour.

À ceux d'entre nous qui ont souffert plus que nécessaire au commencement de leur vie, qui ont peut-être quitté l'enfance avec un faible niveau de bien-être, l'Ennéagramme, couplé à une méthode telle que la pleine conscience, apporte l'espoir. Il nous donne les moyens de nous reconnaître, puis de nous comprendre avec compassion, nous-même comme les autres. Il nous ouvre une voie vers la révélation de nous-même, la libération personnelle, et le changement de notre vie par le développement.

Lorsqu'on lui a demandé pourquoi et comment l'Ennéagramme avait fait une telle différence dans sa vie, l'ancien « criminel professionnel » Victor Soto – qui, lorsqu'il était au centre pénitentiaire Elmwood, dans le comté de Santa Clara, a rencontré l'Ennéagramme après vingt ans de détention, grâce à l'Enneagram Prison Project (EPP) – s'est exprimé ainsi :

« D'aussi loin que je me souvienne, on m'a toujours dit que je n'étais qu'une merde. L'Ennéagramme m'a aidé à accepter le fait que je n'étais pas qu'une merde et un déchet mais que, tout au fond de moi, j'étais aussi un homme bon. L'Ennéagramme m'a appris que je pouvais me reconquérir, reconquérir ma dignité. Que j'avais dans ma personnalité de la bonté et des qualités sur lesquelles je pouvais compter, en lesquelles je pouvais croire. Ce simple changement de perspective a changé ma vie pour toujours. »

Aujourd'hui, Victor est libre. Libre de l'incarcération, et se libérant lui-même chaque jour de la haine de lui-même induite par son enfance et de la léthargie de son Profil 9, faite de laisser-aller, d'inertie et d'auto-sabotage. Il se libère maintenant de tout ce qui, y compris ses habitudes d'esprit limitantes, lui a presque coûté l'espoir de s'aimer lui-même, sans parler d'un avenir qu'il pourrait appeler le sien.

L'Enneagram Prison Project (EPP)

L'EPP enseigne l'Ennéagramme dans les centres pénitentiaires et les prisons aux États-Unis et en Europe, bien souvent à des condamnés à perpétuité qui ne seront jamais relâchés, mais qui peuvent cultiver une forme de liberté intrapersonnelle, de l'intérieur vers l'extérieur. En apprenant à se connaître, ils peuvent se libérer de l'emprise d'un conditionnement nuisible ainsi que des faiblesses de leur structure de personnalité, celles dont ils ont longtemps souffert sans possibilité de s'en sortir.

Ce fut un honneur, à la fois pour Suzanne et pour moi-même, de soutenir les efforts de l'EPP autant de l'intérieur comme enseignants qu'au niveau de l'organisation. L'EPP apporte ce précieux système de développement personnel à ceux qui sont marginalisés et incarcérés, à des populations qui ont souvent peu accès et pas de ressources pour entreprendre une thérapie ou fréquenter un centre de traitement pour un développement continu et une guérison.

C'est grâce aux efforts infatigables de tant de gens, y compris ceux qui font partie de l'EPP, que nous sommes capables d'apporter ce système de personnalité extraordinairement pertinent à ceux qui ont tant besoin non pas qu'on leur fasse l'aumône, mais qu'on leur tende la main pour améliorer leur vie.

Le potentiel de l'Ennéagramme

Je connais depuis longtemps le potentiel de l'Ennéagramme pour un développement et un accomplissement puissants et effectifs. La mission de ma vie a été de contribuer à son expansion et de l'amener à intégrer l'enseignement psychologique, le coaching et le travail thérapeutique.

Notre relation avec les autres est inévitablement liée à notre relation avec nous-même. L'amour de soi, qui est en partie notre connexion à notre part divine, à notre essence, peut être développé par des exercices de conscience de soi et d'acceptation de soi. C'est ce qui, au bout du compte, détermine notre capacité à aimer les autres et à construire des relations solides, vivifiantes, profondément satisfaisantes. Un amour de soi sain nous aide à accomplir la vie pour laquelle nous sommes nés, dans un monde pour lequel nous avons été conçus, à travers un soi que nous avons appris à explorer et à exprimer.

Laissons l'Ennéagramme nous aider à cultiver une relation plus profonde avec nous-même, avec les autres et avec la vie que nous étions destinés à vivre. Mettons toute notre énergie au service de la connaissance de nous-même et de la chance que nous avons de nous développer dans notre intégralité. Je ne peux imaginer meilleure façon d'utiliser le temps que nous avons ici, sur Terre.

Chapitre 7

Trois comportements instinctifs (sous-types de l'Ennéagramme) et leurs répercussions sur les relations

Du point de vue de l'Ennéagramme, nous avons appris que notre famille humaine comporte neuf structures de personnalité organisées de façon intelligente, appelées profils Ennéagramme. Chaque profil s'exprime de façon unique, avec sa propre perspective et ses talents, dirigés par un centre d'attention lié à des habitudes d'esprit et à des interprétations émotionnelles. Chaque profil a également ses faiblesses, profondément enracinées et fonctionnant en deçà de notre niveau de conscience habituel, *en mode automatique*. Tous ces processus sont en place tout le temps : ils sont ce qui fait de nous « nous ». La plupart du temps, ils fonctionnent sans que nous en ayons conscience.

Ce chapitre nous emmène à un autre niveau de compréhension de la personnalité : l'étude de trois instincts, et la manière dont ces instincts s'expriment au travers de chacune des neuf structures de personnalité de l'Ennéagramme. Ces instincts jouent un rôle dans l'expression énergique de notre personnalité. On les appelle aussi sous-types de l'Ennéagramme.

Qu'est-ce qu'un « sous-type » ? Commençons par définir ce qu'est un instinct :

« Les instincts sont des comportements programmés qui améliorent notre aptitude à faire face à des imprévus qui mettent notre vie en danger. Les instincts sont des schémas comportementaux innés, des habitudes enracinées, spontanément réactifs en cas d'exposition à des stimuli spécifiques. »

Nos instincts dirigent la plupart de nos choix inconscients, qui définissent ce qui est important dans notre vie. Ils influent sur notre réflexion, sur la mobilisation de notre énergie et sont bien souvent au centre de nos préoccupations.

Tous les animaux naissent avec certains instincts. Ces instincts nous aident à survivre, d'une façon ou d'une autre. Nous pensons peut-être que les êtres humains ont évolué au-delà des instincts de survie « préprogrammés », mais ce n'est pas le cas. Par exemple, un nouveau-né va instinctivement retenir sa respiration s'il est immergé dans l'eau, et il tétera pour avoir du lait s'il est mis au sein. Aucun de ces comportements n'a été enseigné au nourrisson avant qu'il ne réagisse de façon spontanée pour survivre ou se développer.

Parce que ces comportements sont des comportements spontanés tournés vers la survie, nous ne pouvons les ignorer lorsqu'il s'agit de comprendre les particularités de notre personnalité. Ces particularités concentrent nos priorités de survie : elles dirigent notre temps et notre énergie, et elles tendent à avoir des répercussions significatives sur notre vie et sur les personnes avec lesquelles nous sommes en relation, que ce soit dans notre vie personnelle ou professionnelle.

> *« Dans sa meilleure version, notre activité instinctive est notre manière d'exprimer notre force vitale et de prendre part au monde. Chaque instinct a une aptitude intuitive spécifique et le potentiel d'exceller dans un domaine particulier de la vie instinctive. »*
>
> – Peter O'Hanrahan, The Narrative Enneagram (TNE) | EnneagramWorks

Il existe trois comportements instinctifs, trois sous-types, qui sont essentiels à l'enseignement de l'Ennéagramme :

1. L'instinct de conservation
2. L'instinct sexuel, également appelé « instinct en tête-à-tête »
3. L'instinct social

Ces instincts de survie – ces impératifs existentiels – font partie de notre centre d'intelligence corporel. Ils dirigent l'action, une action délibérée et pourvue d'un objectif final. Ils nous conduisent à *faire quelque chose*. Ils sont câblés en nous pour s'assurer que *nous survivrons*. Ces instincts ne sont pas passifs, ils lancent des appels. Leur nature même nous donne un aperçu des trois impératifs nécessaires à la survie qui mobilisent notre énergie : non seulement pour la survie physique, mais aussi pour la survie de notre système personnel, de notre sens du soi.

Même si chacun de ces trois instincts s'active en fonction de nos besoins, le plus souvent, nous déployons l'un d'eux plus fortement que les deux autres. L'instinct dominant naît probablement de différentes expériences de développement combinées à des propensions de tempérament. Cela dit, lorsque les divers facteurs de stress et les défis de la vie surviennent, et que notre système de survie est confronté à de nouveaux paradigmes, la mobilisation de l'un des instincts les moins utilisés peut passer en tête de nos priorités, modifiant pour un temps notre tendance instinctive dominante.

Par exemple, si notre mariage est soudainement menacé par une liaison, nous pouvons voir notre instinct sexuel se mettre à fonctionner à plein régime, alors que notre instinct dominant est habituellement l'instinct social. Ou si nous sommes licenciés de notre entreprise, l'instinct de conservation peut soudainement prendre la direction de notre attention et de notre énergie, même si ce n'est habituellement pas notre préoccupation principale.

Descriptions des trois instincts

Avant de développer les caractéristiques des trois instincts, commençons par comprendre leur contribution particulière à nos stratégies de survie. À partir de là, nous pourrons déterminer lequel nous mobilise le plus. Voici de brèves descriptions des comportements instinctifs et de leurs attributs les plus significatifs.

L'instinct de conservation

Focus énergétique : L'instinct de conservation est enraciné dans et se mobilise autour des besoins existentiels, comme l'intégrité corporelle et le confort, les problèmes de sécurité, dont les finances, la nourriture, la chaleur, l'abri.

Comportements identifiables : L'instinct de conservation concentre l'énergie sur les nécessités pratiques de la vie, comme se procurer un foyer, payer les factures, gérer les tâches matérielles et investir dans l'avenir. Ceux dont la dominante est l'instinct de conservation s'efforcent d'être autonomes, peuvent être disciplinés, attentifs aux problèmes de sécurité, ont le sens pratique, et sont souvent soucieux de satisfaire les besoins physiques, tels que la faim, la régulation de la température corporelle ou la santé. Cet instinct de survie nous mobilise pour s'assurer que nous ne manquons de rien dans le monde matériel et que nous bénéficions d'un confort suffisant.

Défis : La domination de l'instinct de conservation peut amener à se préoccuper de problèmes de sécurité, d'argent, de logistique et de détails pratiques de la vie, ce qui peut gêner la spontanéité et entraver la prise de risques.

L'instinct sexuel | Instinct en tête-à-tête

Focus énergétique : L'instinct sexuel est enraciné dans et se mobilise autour de la vitalité personnelle, la sexualité, l'accouplement, les relations intimes, l'enthousiasme et l'intensité interpersonnels.

Comportements identifiables : L'instinct sexuel se concentre sur l'expression de la passion et de l'intensité, souvent dirigées vers des activités personnelles et la communication du désir de s'engager. Cet instinct développe une sensibilité particulière à la résonance mutuelle, au sex-appeal et à l'attraction. Il recherche des connexions profondes, porteuses de sens, pouvant aller jusqu'à l'union spirituelle.

Défis : La domination de cet instinct peut amener à vouloir poursuivre une relation dans un but précis ou pour l'intensité qu'elle procure. Au point que d'autres responsabilités et d'autres besoins peuvent être oubliés. La pression de devoir être attirant et désirable peut aussi devenir dévorante, voire pénible.

L'instinct social

Focus énergétique : L'instinct social est enraciné dans et se mobilise autour de ce qui dirige notre nature tribale et notre besoin de structure sociale. Il est en phase avec l'appartenance, le fait de s'intégrer dans un groupe, l'acceptation sociale et l'adaptation aux autres.

Comportements identifiables : L'instinct social se concentre sur les alliances qui favorisent la survie de la tribu. On cherche à être membre d'un groupe ou d'une communauté et à y participer. L'important est la recherche d'un rôle ou d'un statut, la participation aux côtés d'autres personnes, la camaraderie et la solidarité, le fait d'apporter sa contribution à une équipe.

Défis : La domination de cet instinct peut amener à des préoccupations d'appartenance et d'adaptation pour y parvenir. Nous pouvons ici perdre notre autonomie et notre individualité au profit des besoins et des coutumes d'un groupe donné dont nous faisons partie.

Développement de notre instinct dominant

Alors que ces trois instincts, dans leur forme rudimentaire, sont câblés dès la naissance à un certain degré, il a été établi que notre instinct prédominant dépend majoritairement de la période de notre petite enfance qui a été la plus difficile et / ou la plus gâtée. Trop d'adversité, ou trop de protection, provoque contraction ou résistance, fixation ou préoccupation. Au lieu de soutenir la personnalité et ses besoins correspondants afin de grandir sainement et naturellement, nous postulons qu'il existe une sorte d'atteinte au développement, qui nous amène à nous appuyer principalement sur l'un des trois instincts.

Il a également été théorisé que ces trois instincts – de conservation, sexuel et social – sont corrélés avec les trois premiers chakras du système des chakras, né en Inde entre 1 500 et 500 avant J.-C. Le mot « chakra » vient du terme sanscrit qui signifie « roue ». Les chakras sont définis comme des centres d'énergie qui courent le long de notre colonne vertébrale, par lesquels l'énergie s'écoule dans notre corps. Il existe sept chakras principaux : le chakra racine (coordonné avec l'instinct de conservation), le chakra sacré (associé à l'instinct sexuel), le chakra du plexus solaire (associé à l'instinct social), ainsi que les chakras du cœur, de la gorge, frontal et coronal. Tandis que l'énergie soit est piégée, soit coule librement dans ces « roues d'énergie », nous sommes poussés à sur-exprimer, sous-exprimer, ou à nous tracasser et hésiter à propos du fait qu'un ou plusieurs aspects de nos besoins fondamentaux sont satisfaits ou non. De ce fait, les comportements coordonnés avec chacun de ces centres d'énergie peuvent être exagérés, insuffisants ou utilisés à mauvais escient.

Les propriétés des trois instincts de survie de l'Ennéagramme existent donc de façon similaire dans une autre tradition, dans une autre partie du monde, dans une autre culture avec ses propres contributions. Ces concordances nous permettent de valider les nombreux systèmes de compréhension que les êtres humains ont eu l'inspiration d'exprimer et de partager au cours des siècles. Il est étonnant d'accéder à ces diverses sagesses du monde entier et de les comparer à nos propres études actuelles. C'est totalement fascinant et cela peut apporter une forme de confirmation.

Découvrir notre instinct dominant nous aide à mieux comprendre certaines des raisons pour lesquelles nous faisons ce que nous faisons. Les instincts clarifient, par exemple, ce qui nous pousse à nous occuper de *certaines choses*, qui pourraient nous frustrer de façon disproportionnée si nous ne les traitions pas, et ce que nous avons tendance à négliger complètement, qui pourrait rendre fous les gens qui partagent notre vie. La compréhension des moteurs instinctifs nous explique comment nous nous sentons plus à l'aise (en sécurité), plus déterminés (résolus) et plus engagés (accomplis) dans le monde qui nous entoure. Développer une connaissance pratique de notre instinct le moins dominant peut aussi nous aider à devenir plus équilibrés, plus indépendants et moins frustrés, car cela désigne généralement un domaine négligé de notre vie, un domaine qui a probablement besoin de plus d'attention et de bienveillance.

Quelles répercussions ces instincts ont-ils sur nos relations ?

Si nous nous préoccupons trop de l'un de ces moteurs instinctifs et trop peu d'un autre, voire si nous sommes obsédés par l'un et que nous négligeons complètement un autre, nous allons nous retrouver en déséquilibre. Et même totalement en déséquilibre, avec des répercussions sur notre vie et nos relations. Pour ne rien arranger, lorsque ces comportements deviennent compulsifs, nous avons tendance à ne pas nous en rendre compte. Nous n'avons donc pas conscience de leur impact sur notre entourage.

Sans prise de conscience, nous ne pouvons pas prendre acte des déséquilibres que nous créons dans notre vie. Comprendre où va notre énergie, *comment* nous incarnons notre énergie, ainsi que les répercussions qu'elle pourrait avoir sur les autres, est essentiel, parce que ces instincts, lorsqu'ils se manifestent, peuvent fortement influencer nos relations les plus intimes. À notre insu et avant que nous n'en « prenions conscience », les comportements instinctifs peuvent soit apporter de la stabilité à une relation, soit la déstabiliser.

Prenons, par exemple, un jeune couple qui décide d'emménager ensemble et de se marier après trois ans de relation. Tous les deux ont l'instinct social dominant. Se mettre ensemble a été une réussite, car ils passaient la majorité de leur temps à retrouver des amis, à organiser des fêtes dans leur appartement, et à faire du bénévolat le week-end dans le centre bouddhiste où ils s'étaient rencontrés.

Malheureusement, une fois qu'ils furent mariés, aucun des deux ne sut se connecter à l'instinct de conservation. Il leur fallut des mois pour meubler leur nouveau logement, ils ouvraient souvent le réfrigérateur pour le trouver vide, et ils découvrirent qu'ils avaient dépensé des sommes pharamineuses en sorties au restaurant avec des amis, au lieu d'économiser pour une nouvelle voiture, dont ils avaient besoin.

Ces instincts ont également tendance à avoir une grande incidence sur notre manière d'exprimer notre amour l'un pour l'autre. Prenez par exemple Robert, dont l'instinct de conservation est dominant, marié à Susie, qui fonctionne surtout avec l'instinct sexuel. Robert travaille dur pour ramener à la maison un salaire suffisant, qui leur permet d'avoir une belle maison, une femme de ménage et un cuisinier. Grâce aux efforts de Robert, Susie n'a pas à subvenir à ses propres besoins et est soulagée des corvées ménagères, ce qui la laisse libre de s'adonner à ses centres d'intérêt.

Susie, d'un autre côté, ne voit jamais Robert parce qu'il travaille énormément, parfois plus de douze heures par jour, et qu'il voyage fréquemment pour décrocher de nouveaux contrats. Pour Susie, Robert semble indisponible. Susie est souvent seule et se sent en manque de soirées romantiques, elle voudrait davantage de temps en tête-à-tête avec Robert. Robert se sent frustré, car il croit qu'il donne à Susie *tout* ce qu'un homme est supposé donner à sa femme. Mais, à son grand désarroi, Susie semble en vouloir toujours plus.

Des conflits surviennent lorsque deux personnes ont des motivations, des besoins et des désirs différents : des instincts différents qui dirigent la pulsion énergétique de leur vie, déterminant ce à quoi ils consacrent leur temps et comment ils expriment leur amour et leur attention. Dans notre exemple, Robert, préoccupé par le fait de subvenir aux besoins du foyer, exprime son amour à Susie par le devoir : en lui fournissant confort et sécurité. Il mobilise son énergie d'amour et d'attention par l'intermédiaire de son instinct de conservation. Susie, d'un autre côté, ne conçoit pas les priorités de Robert comme de l'amour, mais se sent, au contraire, négligée. Plus Robert insiste sur ses priorités de conservation, moins Susie se sent aimée, et plus Robert se sent exaspéré. Ce couple s'aime peut-être de tout son cœur, mais ils ont absolument tout faux l'un avec l'autre. Cela pourrait même les amener à rompre pour de bon.

Quant à notre couple qui fonctionne avec l'instinct social, ils étaient heureux lorsqu'ils sortaient ensemble, partageant les mêmes comportements sociaux, mais quand il a fallu bâtir une vie ensemble ils se sont retrouvés avec trop d'énergie dans un champ instinctif et pas assez dans les deux autres. Ce déséquilibre les a empêchés de s'occuper des autres aspects nécessaires de leur vie ensemble, comme aménager leur foyer. Robert et Susie, notre autre couple, avec deux instincts dominants différents, ne pouvaient pas comprendre les besoins et les doléances de l'autre, ce qui entraînait discorde et déception.

Ces cas n'ont rien d'exceptionnel. C'est ce que nous allons voir en étudiant comment ces trois instincts peuvent influencer les relations, et notamment nos relations amoureuses. Si nous ne comprenons pas ces différences entre nous, on peut légitimement se demander si nos relations seront durables.

En outre, nous nous reposons *encore plus* sur notre instinct dominant lorsqu'un conflit survient dans nos relations intimes. Vous savez, ces moments où nous nous sentons menacés ou le plus vulnérable. Le conflit émotionnel va certainement nous faire réagir et, pour faire face, nous allons découvrir qu'en fait nous intensifions notre instinct dominant, même si c'est l'une des causes du conflit, plutôt que de le rééquilibrer ! Robert, avec sa dominante en conservation, va peut-être essayer de travailler *encore plus dur*. Ce sera sa manière de se revaloriser aux yeux de Susie et d'essayer d'atténuer son mécontentement vis-à-vis de lui-même.

Et notre couple social va peut-être ajouter *encore plus* de sorties pour se soulager du stress induit par le défi de leur vie domestique ! Il arrive souvent que nous amplifiions encore plus nos travers pour « arranger » nos travers ! La réponse, ici encore, s'appelle : « prise de conscience ». Il s'agit d'amener plus haut dans notre niveau de conscience ce qui se trouve en deçà de ce niveau, de façon à pouvoir effectivement travailler dessus. Alors, nous pourrons vraiment essayer d'agir *différemment*.
Nous pensons aussi que les personnes qui partagent le même instinct dominant sont davantage susceptibles de résoudre ce genre de différend, parce que leurs priorités sont similaires. Ils se comprennent plus facilement et sans beaucoup d'explications, car ils ont tendance à accepter plus facilement la manière dont chacun d'eux dépense son temps et son énergie.

Cependant, lorsque *notre* instinct dominant est l'instinct le moins utilisé chez notre partenaire, il peut en résulter une grande irritation, car les priorités de notre partenaire peuvent nous sembler peu importantes au point d'en être ridicules, et vice versa. Une grande souffrance peut s'accumuler – et beaucoup de disputes, s'ensuivre – lorsque les observations désobligeantes et le ressentiment s'accumulent. Cela est souvent dû au fait que l'on ne comprend pas ces trois comportements instinctifs et la manière dont ils jouent sur les choix de l'autre. Des priorités mal assorties peuvent mener à des combats de pouvoir et se révéler polarisantes. *Se comprendre* l'un l'autre avant que le conflit ne survienne est un point clé pour notre santé et notre bien-être relationnels : pour bien s'entendre et coopérer correctement.

Penser qu'il y a quelque chose « qui ne va pas » chez notre partenaire lorsqu'il / elle a des priorités différentes des nôtres est une tendance trop courante et destructrice ! Il est important d'envisager que nous pouvons en réalité *tirer profit* d'un partenariat avec quelqu'un qui fonctionne avec un comportement instinctif prédominant différent du nôtre. Ensemble, nous avons plus de points d'appui. Ensemble, nous pouvons gérer davantage, sécuriser davantage, et même couvrir plus de *domaines* : l'un peut apporter une lucidité que l'autre n'a peut-être pas. Comprendre cela nous donne de bien meilleures chances de créer un équilibre et un respect mutuel. Par la même occasion, le conflit, la frustration et les malentendus seront atténués.

Arriver à comprendre non seulement notre propre *hiérarchie* instinctive, mais aussi celle de notre partenaire, peut engendrer plus de travail d'équipe et moins de débats. Comprendre les instincts de l'autre et *leur ordre d'importance* est, à notre avis, crucial pour la réussite des relations à long terme. La compassion est plus apte à se développer lorsque nous nous comprenons et nous respectons l'un l'autre. La compréhension et le respect mutuel découlent du respect de chacune de nos aptitudes et singularités propres. Comprendre comment et pourquoi nous sommes différents peut nous éloigner du conflit et nous amener à mieux nous accepter, voire à mieux nous apprécier.

Notre profil Ennéagramme et nos instincts

Pour résumer, les trois instincts fonctionnent en chacun de nous, mais l'un a tendance à prendre les rênes, *piratant* davantage notre attention et notre énergie que les deux autres. Il existe une hiérarchie dans l'expression des trois. Il existe un instinct dominant, un instinct secondaire et un instinct tertiaire (le moins important). Pour déterminer notre instinct dominant, nous avons besoin de prêter attention à la fois à ses expressions spécifiques au profil et à ses manifestations génériques.

Nous sommes en résonance, *avec une familiarité réconfortante*, avec toute personne qui s'identifie au même instinct dominant que nous (manifestation générique). Même si elle n'est pas du même profil Ennéagramme que nous, le fait de partager le même instinct dominant signifie que nous aurons quand même beaucoup en commun.

Par exemple, un Profil 1 de conservation observera chez un Profil 5 de conservation des préoccupations comportementales similaires aux siennes, même si tous deux exprimeront ces points communs par le biais de leur propre profil Ennéagramme.

Aussi important qu'il soit pour nous de déterminer notre profil Ennéagramme, il est également important de prendre le temps de découvrir notre comportement instinctif dominant. Rappelons que chacun des trois instincts a sa propre valeur et sert à notre survie, donc aucun n'est meilleur que l'autre.

Comment l'instinct de conservation influence les relations

L'instinct de conservation oriente notre attention et notre énergie vers tout ce qui assure une survie physique confortable. Nous privilégions le fait de prendre soin de nous-même et nous avons tendance à apporter à nos relations chaleur, subsistance, protection et anticipation.

Questions pour déterminer si notre instinct de conservation est dominant :

- De quoi ai-je besoin pour me sentir en sécurité ?

- Mon environnement est-il comme il devrait être ? Comment doit-il être pour me convenir ?

- Est-ce que j'ai ce dont j'ai besoin ? Quels sont les deux ou trois besoins concrets sans lesquels je ne peux pas vivre ?

- Est-ce que ma famille s'entend bien ? De quoi ai-je besoin de la part de ma famille et de mes amis ?

- Est-ce que j'ai une « bonne » vie ? Comment décrirais-je ce qu'est pour moi une « bonne vie » ?

- Est-ce que je me sens protégé ? De quoi ai-je besoin pour me sentir protégé ?

- Est-ce que je dispose de ressources suffisantes de nourriture, d'abri et de chaleur pour maintenant et pour le futur ? Dans quelle mesure est-ce important pour moi ?

Chacune de ces questions peut nous amener à voir si certains besoins occupent une place prépondérante dans nos préoccupations. Cela pourrait inclure des soucis d'argent, des problèmes concernant nos économies et nos dépenses. Avons-nous assez ? Notre travail nous permet-il de vivre convenablement ? Ai-je organisé ma retraite correctement ? L'avenir de nos enfants ? Obtiendront-ils, en grandissant, un travail qui leur permettra de vivre convenablement ? Seront-ils en sécurité ? La famille et les amis sont également des ressources. Vivons-nous dans un quartier sûr où les gens se soutiennent ? Serai-je en sécurité si je fais ce voyage ? Ai-je assez de réserves pour survivre : médicaments, nourriture, affaires de toilette, vêtements… ?

Notre instinct de conservation plonge ses racines dans la longue histoire de notre évolution – des quantités de désastres naturels, comme les sécheresses, les inondations, les famines, ou encore les horreurs de la guerre, la maladie et les épidémies ne lui sont certainement pas étrangers ! Il est probable que cette avidité, ce sentiment de n'avoir jamais assez ou de ne pas savoir quand on en a assez, découle des répercussions de ces défis historiques. Ce comportement instinctif tendant vers notre survie la plus cruciale, la détresse, la peur et la colère peuvent facilement éclater face à notre partenaire et à nos proches si les besoins de conservation ne sont pas satisfaits ou sont ignorés. « *Tu ne me soutiens pas* », « *Tu ne t'occupes pas de nous* », « *Tu ne fais pas assez* », « *Tu ne travailles pas assez dur* », « *Ah, et si nous ne nous en sortons pas !* ».

Les grandes décisions – les décisions cruciales pour la vie – donnent la priorité à ce qui est fondamental pour la conservation, et cela peut très bien favoriser une bonne assise et une vie meilleure. *C'est vrai.* Mais parfois, l'attention portée à la survie individuelle peut *déborder* et déclencher une réaction contraire du genre : « *Va au diable !* » Ou l'accent peut être tellement mis sur un aspect de la survie individuelle que d'autres aspects sont négligés. Par exemple, si quelqu'un travaille beaucoup, l'entretien de la maison peut laisser à désirer. Des risques financiers excessifs peuvent être vus soit comme un investissement, soit comme le signe que l'on vit au-dessus de ses moyens. Les deux facettes de cette préoccupation, la survie (prudence) et la contre-survie (prise de risques), peuvent finir par accabler et envahir notre vie, et indirectement ceux qui en font partie !

Comme la préoccupation de notre conservation peut tendre vers l'instinct de survie, une concentration obsessionnelle sur la conservation peut mener à la mort émotionnelle et relationnelle. Lorsqu'on accorde trop d'attention à la conservation et à la subsistance, nos besoins émotionnels et relationnels peuvent être négligés. Toute préoccupation déséquilibrée, obsessionnelle, *à propos de quoi que ce soit*, peut détourner notre attention des autres choses qui nourrissent véritablement les relations vitales – comme notre propre développement spirituel, ou l'intérêt authentique que nous portons aux autres. Nous avons, en fait, besoin de plus d'un centre d'attention pour favoriser une vie complète, plus pleine, plus heureuse.

Comment l'instinct sexuel, en tête-à-tête, influence les relations

Pour l'instinct sexuel, l'attention et l'énergie se portent plus souvent sur une personne à la fois, et sont fondées sur l'attraction, l'échange énergétique et *la qualité* de la relation. Cette attention centrée sur l'autre crée une intensité énergétique ou une chaleur. Les motivations principales des personnes qui fonctionnent avec cet instinct sont la création de liens, la proximité, l'intimité et une connexion spéciale avec les autres. Les relations sont imprégnées de la vitalité et de la passion de cet instinct, en particulier celles qui mènent à une intimité émotionnelle ou physique profonde.

Cette même intensité est d'abord ressentie et désirée dans le lien vital que devient la relation entre la mère et l'enfant à la naissance, qui constitue en lui-même une véritable union et une première empreinte. L'intimité sexuelle – l'accouplement – a lieu dans la plupart des relations primaires, mais peut inclure ou non une forte relation émotionnelle. Les relations sexuelles peuvent avoir lieu dans des circonstances diverses. Et, bien sûr, un lien profond peut en réalité être l'objectif fondamental d'une relation sexuelle. Si tel est le cas, elle inclura une charge énergétique et un désir d'union spirituelle qui peut mener à une relation chargée d'une énergie sexuelle intense ayant pour but de refléter ce premier lien vital d'union totale que nous avons un jour connu dans notre petite enfance.

Les questions à nous poser pour déterminer si notre instinct dominant est l'instinct sexuel :

- Suis-je en lien ? Dans quelle mesure est-ce important pour moi d'avoir un lien fort avec quelqu'un ?

- M'arrive-t-il de créer un lien avec quelqu'un pour me connecter émotionnellement ? À quelle fréquence ?

- Avec mon / ma partenaire, ressentons-nous de la passion l'un pour l'autre ? Dans quelle mesure est-ce important pour moi ?

- Quelle influence ai-je sur mon / ma partenaire ? Dans quelle mesure est-ce important pour moi ?

- Quelle influence mon / ma partenaire a-t-il / a-t-elle sur moi ? De quelle(s) manière(s) ? Qu'est-ce que cela me fait ressentir ?

- Est-ce que je désire partager intimement ma vie avec quelqu'un d'autre ? Est-ce important pour moi ?

- Dans quelle mesure l'attraction mutuelle est-elle importante pour moi ? Dans quelle mesure vais-je mettre l'accent là-dessus ? Puis-je être dans une relation intime sans cela ?

- Quelle importance a pour moi l'intensité (émotionnelle ou physique), et si elle est importante, comment est-ce que je la crée, ou l'attise ?

Comme nous le savons par l'étude de l'attachement, les liens en tête-à-tête qui sont formés dès le début entre les nourrissons (puis les enfants) et les personnes qui s'occupent d'eux sont des points centraux du niveau de bien-être. Les êtres humains sont dépendants de ceux qui s'occupent d'eux pendant une longue période. Notre impuissance précoce nous prépare à des expériences d'attachement intenses, notre survie dépendant du fait que ces échanges se passent bien. Ceux qui fonctionnent avec l'instinct sexuel peuvent être très sensibles aux perturbations du lien d'attachement précoce. Cela peut laisser l'impression que ce lien est l'aspect le plus important de notre existence – et que le rechercher à nouveau *est tout.*

L'expression sexuelle en elle-même est un impératif biologique. Les mœurs culturelles et religieuses inhérentes à chaque société tendent à réguler l'expression sexuelle et, bien souvent, encouragent la sublimation de l'instinct sexuel. Les liens de couple soutiennent les relations en tête-à-tête, comme la réceptivité sexuelle de la femme tout le long du mois. Ce n'est pas le cas chez la plupart des mammifères, chez qui la réceptivité sexuelle est limitée à un nombre d'heures ou de jours au cours d'un cycle.

En outre, si nous nous intéressons à l'histoire du mariage, nous constaterons des normes et des attitudes générationnelles diverses quant au désir et à l'expression sexuelle, ainsi qu'à la manière et à la raison pour laquelle nous nous marions. Colère et détresse surgissent dès que le lien de couple entre en conflit avec les normes sociétales acceptables, et lorsque les mœurs culturelles sont menacées. Cela est vrai dans le monde entier, et pas seulement pour ceux qui fonctionnent avec l'instinct sexuel dominant.

L'inconvénient de focaliser son attention sur l'intensité de la relation est que cela rend difficile le plein développement d'un soi séparé, individualisé. Le désir de se connecter profondément et intensément avec un autre peut prendre le pas sur le désir de se connecter profondément avec soi-même. Cette préoccupation peut devenir dévorante et peut, par la suite, mener à des fantasmes romantiques destinés à générer des sentiments lorsque l'autre est absent, lorsqu'il nous déçoit, ou en l'absence de toute relation. Pour l'autre (si on est dans une relation), cette préoccupation peut ressembler à de la domination et à de l'étouffement plutôt qu'à de l'amour.

Une telle préoccupation dévorante peut mener à la contre-expression de l'instinct, auquel cas nous insistons sur l'indépendance, contrecarrons nos vulnérabilités relationnelles, et repoussons l'intimité des relations en tête-à-tête. Au bout du compte, la préoccupation de l'instinct sexuel, ou sa contre-expression, peut nous amener à négliger le champ du confort physique, notre rôle social ou ce qui est nécessaire à notre carrière. Cette situation insatisfaisante va alors créer conflits et détresse dans notre vie, ce qui, ironiquement, nous impacte et perturbe notre relation avec notre partenaire principal, ainsi que celles que nous espérons avoir à l'avenir.

Comment l'instinct social influence les relations

Ici, l'attention et l'énergie se dispersent dans des groupes, dans l'adaptation et l'appartenance, parce que notre *nature tribale* – notre besoin instinctif d'appartenir – est essentielle à notre survie. Nous ne sommes pas des créatures conçues pour être *seules*. Notre survie même dépend de l'appartenance, de l'existence d'un « nous » et des dynamiques du groupe. Il y a ici une diffusion de l'énergie, qui peut favoriser un peu de fraîcheur énergétique dans les relations, et une fraîcheur lors de la connexion avec les autres, contrairement à la qualité énergétique plus intense de l'instinct sexuel.

Le talent de l'instinct social est de posséder une forte propension à s'adapter et à se conformer. Afin d'appartenir, nous avons besoin d'être jugés acceptables par chacun des autres et par l'ensemble du groupe en question. Savoir nous conformer aux attentes du groupe garantit notre réussite dans une communauté, si tant est que cela soit possible.

Les questions à nous poser pour savoir si notre comportement instinctif dominant est le social :

- À quel(s) groupe(s) ai-je le sentiment d'appartenir ?

- Comment vais-je m'assurer d'être inclus(e) ?

- Dans quelle mesure mes affiliations sont-elles importantes pour moi ? Quelle quantité d'énergie est-ce que je dépense dans mes affiliations et associations ?

- Quel est mon rôle, ma position ou ma contribution, dans un groupe donné ? Que signifie ce rôle pour moi ?

- Quelle part de moi-même vais-je adapter afin de m'intégrer ?

- Dans quelle mesure est-ce important pour moi que mes efforts et mes intérêts soient partagés par un groupe ? Quelle quantité d'énergie est-ce que j'investis dans ces groupes par rapport à d'autres aspects de ma vie ou à mes relations intimes ?

- Dans quelle mesure est-ce important pour moi de réussir dans mon groupe en étant reconnu ?

- Comment, selon moi, les autres membres du groupe me considèrent-ils ou me perçoivent-ils ?

- Ai-je assez à partager avec les autres ? Cela m'inquiète-t-il ?

- Est-ce que le fait que les membres du groupe se serrent les coudes pour atteindre leur objectif est important pour moi ? Pourquoi ?

- Est-ce que je défends une cause importante avec d'autres ? Pourquoi est-ce important pour moi ? Pourquoi est-ce que j'investis mon énergie ici ? Quel est l'avantage pour moi ?

Il est vital de faire partie d'un groupe, de contribuer et de s'adapter. Ce comportement instinctif se soucie de la cohésion, du fonctionnement et de l'efficacité du groupe. Ceux qui fonctionnent avec l'instinct social dominant consacrent plus d'énergie à *trouver leur tribu* – que ce soit à travers la religion, des groupes partageant les mêmes idées, des causes communautaires, la politique et la société – qu'à poursuivre des intérêts personnels et individuels. Ceux qui fonctionnent avec l'instinct social ont tendance à rassembler les gens pour des repas, pour des conversations et pour des événements. Ils excellent dans l'organisation d'activités qui renforcent le groupe, dans le partage d'objectifs et dans l'organisation de rencontres qui permettent de partager des expériences avec d'autres personnes ayant des idées similaires. « *Plus on est de fous, plus on rit !* »

Nous sommes une espèce qui vit en groupe – tribale. Notre survie collective au cours des millénaires a dépendu du regroupement de différents talents dans un organisme fonctionnel. Du point de vue de l'évolution, pour survivre, nous avons eu besoin de membres du village dotés de perspectives et de talents variables : un système unifié constitué d'individus contributeurs. Nous avons eu besoin de personnes qui pouvaient diriger et de personnes qui pouvaient suivre – exécuter des ordres ; de personnes qui poursuivaient des quêtes individuelles et de personnes qui se souciaient des autres ; de personnes qui comprenaient les choses et de personnes qui pouvaient anticiper ; de personnes qui se concentraient sur la chasse et d'autres sur la récolte…

La colère est un défi pour ceux dont la dominante est l'instinct social. Elle survient lorsque des membres du groupe ne participent pas de la manière dont, *selon eux*, ils devraient participer. La colère survient également lorsque trop d'énergie est dépensée pour les causes sociales, les organisations ou à la lutte pour des initiatives qui, paradoxalement, amènent à négliger la cellule familiale. Le programme du groupe peut dévorer ceux dont l'instinct social est dominant, qui peuvent aller jusqu'à oublier complètement les besoins de conservation ou les besoins relationnels. Les partenaires de ceux qui fonctionnent avec l'instinct social, avec un centre d'intérêt extériorisé, peuvent avoir l'impression qu'ils les oublient et ne s'occupent pas d'eux, parce que, c'est triste à dire, le dominant social peut ne pas trouver sa relation intime aussi fascinante que le groupe et ses besoins… Et son partenaire peut en souffrir. Les individus qui fonctionnent avec l'instinct social dominant peuvent même ne pas remarquer que, tout à leur ambition orientée vers le groupe, ils ont oublié ceux qu'ils aimaient.

Nous verrons bien souvent que ceux qui fonctionnent avec un instinct social dominant veulent que leurs proches les rejoignent et soutiennent eux aussi leur cause et leur activité. Ils veulent partager leur centre d'intérêt extériorisé. Cela peut mener au conflit et à l'accusation, comme : « *Pourquoi ne participes-tu pas, tu pourrais être avec moi et t'occuper de cela avec moi ?* » Et à une contre-accusation, comme : « *Pourquoi ne peux-tu pas te contenter d'être heureux ici, à la maison ?* » Vous pouvez voir dans quelle impasse se trouvent les couples qui n'ont pas étudié leurs comportements instinctifs !

Exemple de contre-expression du sous-type social

Comme mentionné précédemment, il y a des contre-expressions – des contre-tendances – pour chacun des trois instincts. Cela signifie que nous faisons en fait le contraire – nous nous opposons à l'intelligence de cet instinct – pour un certain nombre de raisons. Nous pouvons trouver la source des contre-tendances dans nos problèmes personnels non résolus, nos frustrations, et même dans notre part d'ombre non guérie. Nous pouvons par exemple être *préoccupés* par l'idée de nous joindre à un groupe particulier, mais ne pas le faire en raison de sentiments d'infériorité inconscients qui nous sabotent. Le terme essentiel ici est « *préoccupation* ».

La préoccupation est ce qui nomme réellement notre instinct dominant, que nous agissions selon lui ou pas, que nous l'exprimions ou pas. Par exemple, nous pouvons dépasser nos limites, nous exténuer, et finir par quitter un groupe parce que nous sommes simplement épuisés. Mais nous y pensons quand même tout le temps ! Bien que le fait d'avoir quitté le groupe puisse nous donner le temps nécessaire pour récupérer, cela ne signifie pas nécessairement que notre instinct dominant a changé. Encore une fois, le mot essentiel, ici, est « *préoccupation* ». Si nous n'y prêtons pas suffisamment attention, l'instinct dominant comme sa contre-expression peuvent diriger notre vie de façon excessive dans une seule direction. Être vigilant sur la prégnance de notre instinct dominant ou de sa contre-expression est très important pour travailler avec nos énergies vitales de manière plus consciente. En fin de compte, pour prétendre à une vie pleinement satisfaisante, nous devrions essayer d'équilibrer le temps et l'énergie consacrés aux trois champs de notre vie : nos responsabilités matérielles, la satisfaction de nos besoins en tête-à-tête et nos devoirs sociaux.

L'expression des trois comportements instinctifs à travers les neuf profils Ennéagramme

Bien que nous exprimions tous ces trois instincts à un moment ou à un autre, chacun d'entre eux peut prendre une couleur différente selon qu'il s'exprime au travers de l'un ou l'autre des profils Ennéagramme. 159

La façon dont ils se manifestent est influencée, dans une grande mesure, par le centre d'attention particulier de chaque profil, et par la manière dont il interprète la réalité. Ces moteurs instinctifs sont forts : stimulés par la dopamine et favorisant la dopamine, ils sont essentiels à notre système de survie ainsi qu'à celui du collectif. Au bout du compte, nos instincts déterminent la manière dont nous nous y prenons pour satisfaire nos besoins prioritaires, pour interagir avec les autres et mener notre vie, au quotidien.

Regardons comment les propensions de chaque profil Ennéagramme affectent la manière dont le représentant d'un profil *se sent* et *se présente* d'un point de vue énergétique, quel que soit son instinct dominant. Après des années d'étude de l'Ennéagramme, cela devient de plus en plus évident. Le « profil » n'est pas seulement une construction mentale. Notre profil Ennéagramme se manifeste dans notre langage corporel, dans notre discours, dans nos expressions faciales et dans notre gestuelle. En fait, neuf placements de l'attention nous organisent de telle façon que nous pouvons parler de neuf expériences énergétiques différentes en fonction des types. Et l'architecture de ces neuf profils comporte des talents et aptitudes identifiables – qui sont en apparence naturels pour certains profils, et qui, pour d'autres, demandent des efforts.

Donc, pour résumer, nous avons neuf placements d'attention qui donnent neuf structures de personnalité, chacune dotée de ses propres qualités énergétiques. Et nous avons trois moteurs instinctifs, trois comportements qui nous dirigent. Cela nous donne neuf profils Ennéagramme exprimant, chacun à sa manière, chacun des trois moteurs instinctifs. Par exemple, pour un Profil 9, nous aurons trois expressions, selon l'instinct dominant qui est aux commandes. Par conséquent, nous aurons un Profil 9 dirigé par l'instinct de conservation, un Profil 9 dirigé par l'instinct social, et un Profil 9 dirigé par l'instinct sexuel. Nous avons donc trois expressions du Profil 9 dans le système de l'Ennéagramme. Nous aurons également trois expressions du Profil 2, en fonction de l'instinct dominant, trois expressions du Profil 1, et du Profil 8, et ainsi de suite. Nous obtenons neuf profils Ennéagramme multipliés par trois instincts. Cela nous donne un total de 27 énergies humaines, chacune contribuant à notre survie collective ainsi qu'à notre capacité à nous construire une vie satisfaisante.

Les instincts rencontrent les passions

Une fois qu'un moteur instinctif mène la danse, il rencontre le schéma émotionnel d'un profil Ennéagramme donné : *la passion* de chacun des profils. C'est là qu'un instinct de survie extrêmement efficace peut devenir une faiblesse. Tout ce que nous pourrons faire de façon modérée servira son objectif. Tout ce que nous accomplirons de façon excessive nous mettra en difficulté. Les passions de chaque profil Ennéagramme, avec leur instabilité et leur système de défense, peuvent pousser nos comportements instinctifs jusqu'à leur extrémité. La clé est la *reconnaissance*. Vous souvenez-vous de cet aspect de la conscience qui nous invite, une fois conscients de quelque chose, à le nommer ? Reconnaître nos compulsions, cher lecteur, est incontournable lorsqu'il s'agit de les garder sous contrôle !

En effectuant notre travail de développement, nous pouvons *reconnaître* que nous sommes en déséquilibre lorsque nous sommes en déséquilibre, et ne pas ignorer les gens que nous aimons lorsqu'ils commencent à se plaindre *que nous en avons encore trop fait* – là où nous estimons n'avoir mis que de la ferveur ! Lorsque nous avons des ennuis – que nous devenons plus obsessionnels ou plus impulsifs –, il est temps d'identifier si l'un de ces instincts, fonctionnant en surrégime, n'est pas la source de cette forte réactivité.

Faites l'inventaire. Parmi les signes qui indiquent que nous avons dépassé les limites de l'expression saine d'une conduite instinctive, on trouve : l'épuisement, l'aliénation de la famille et des amis, l'accumulation d'erreurs, l'impatience lorsque les autres nous font des commentaires indésirables, et le fait de ne pas admettre que nous négligeons ceux que nous aimons ou d'autres personnes importantes de notre vie. Lorsque nos instincts sont déséquilibrés, une partie de notre vie pourrait bien ne pas fonctionner du tout. Un autre signe : des crises régulières de frustration et de colère – parce que nos efforts n'ont pas le résultat escompté – *sans que nous puissions lâcher prise.* Pouvons-nous appuyer sur pause, respirer, et voir ce qui nous arrive ?

Voici un exemple : un homme de Profil 3 à l'instinct de conservation, appelons-le Frank, travaille 80 heures par semaine pour prouver à sa femme qu'elle a le meilleur mari de la ville et qu'elle aura tout ce qui se fait de mieux. Frank pourrait être très surpris d'apprendre que sa femme se sent tellement négligée qu'elle songe à demander le divorce. Ou : une mère de Profil 7 qui fonctionne avec l'instinct social, appelons-la Élisabeth, est si passionnément dévouée à la prochaine campagne présidentielle qu'elle choisit, pour la troisième fois, de manquer la pièce de théâtre de l'école de sa fille, car chaque mois cela tombe le même soir que le meeting de son parti. Le manque de conscience d'Élisabeth ne lui permet pas de se rendre compte que sa fille réprime le sentiment profond de ne pas être importante.

Les profils Ennéagramme : différenciations grâce aux instincts

Il faut garder à l'esprit quelques éléments de différenciation, lorsque nous évaluons tout cela. Neuf profils de l'Ennéagramme et trois moteurs instinctifs dirigent la manière dont chacun de nous mobilise une large partie de son énergie. Cela influence la façon dont chaque profil utilise son temps ou ce qui le préoccupe. Bien que plusieurs personnes d'un même profil aient beaucoup de choses en commun, leur instinct dominant peut les faire se comporter différemment les unes des autres. Et bien que des individus puissent partager le même instinct dominant, ce qui signifie qu'ils mobiliseront leurs priorités de la même manière, la façon dont ces priorités s'expriment dépend du style structurel de chaque profil Ennéagramme.

Les profils Ennéagramme : deux critères supplémentaires

Un autre critère essentiel pour évaluer la personnalité est le niveau de bien-être de chaque personne (chapitre 6). Le niveau de bien-être peut interférer avec notre aptitude à reconnaître notre propre structure de personnalité, et peut même nous embrouiller à propos de celle de notre partenaire. Chaque profil Ennéagramme crée ses propres solutions pour faire face aux problèmes de développement, qui incluent les manières dont il répond aux troubles de l'attachement et aux traumatismes de l'enfance. Il a aussi sa propre façon d'exprimer son niveau de bien-être supérieur, en particulier par le fait que les *qualités d'être* de son moi supérieur et l'expression de sa nature divine sont plus fréquemment et plus visiblement incarnées. Il est très important d'étudier chaque profil Ennéagramme à des niveaux variables de bien-être afin d'identifier clairement le *niveau de santé mentale* pour chacun des profils, ce qui peut limiter certaines des erreurs courantes de détermination du profil lorsque cet élément n'est pas pris en compte.

Et enfin, il y a un dernier critère que nous aimerions mentionner, mais il est assez complexe à comprendre. Dans tout ce qui contribue à qui nous sommes, la possibilité de l'impact de « l'âme » mérite d'être mentionnée. Envisagez un instant les qualités de l'esprit divin de chaque individu, et la manière dont cela peut influencer notre véritable nature. Cela joue-t-il aussi un rôle dans notre développement biologique et psychologique ? Comment pourrait-il s'exprimer par les énergies instinctives qui nous dirigent et la structure fondamentale de notre personnalité ? Lorsque nous parlons d'« essence » ou de notre moi essentiel, désignons-nous l'esprit à l'intérieur ? Notre profil Ennéagramme est-il, en fait, une sorte de reflet d'une organisation divine ? S'efforcer de comprendre notre dimension spirituelle, l'un des grands mystères de la vie humaine et l'objet de postulats religieux et philosophiques depuis des siècles, est une entreprise qui m'emplit de respect. Alors que ce livre tente de répondre à des réflexions mystiques si profondes, il ne fait aucun doute qu'il s'agit de quelque chose de fascinant à explorer et à envisager, quelque chose qui nous emmène dans le domaine spirituel.

Au cours de nos panels de la tradition orale, j'ai souvent été émerveillé par la pluralité de la nature humaine. Par exemple, lors d'un panel de Huit où les trois sous-types étaient représentés, j'ai été ému de trouver les participants tellement similaires et pourtant si différents. Il était clair, À CHAQUE FOIS, que même s'ils étaient tous des Profils 8, *ils étaient uniques* et *emplis chacun d'une lumière différente*, d'un immense mystère qui leur était propre.

Bien qu'elle soit encore hors de notre portée, nous ne pouvons exclure la dimension mystique lorsque nous examinons chaque être que nous rencontrons. Cela inclut le fait que nous sommes venus au monde avec une structure de personnalité prête à être développée – bâtie sur des propensions et des inclinations neuronales – et que nous en sommes venus à avoir les qualités essentielles que nous avons : celles que nous trouvons si admirables dans chaque profil et que nous trouvons si belles dans le meilleur de nous-même. L'intelligence à la source de tout cela mérite d'être méditée.

Descriptions des 27 sous-types de l'Ennéagramme

Présentations des 27 expressions comportementales créées par trois conduites instinctives qui affectent chacun des neuf profils.

Profil 1 | le Perfectionniste

Résumé – En tant que représentants de ce profil, nous avons un sens inné de la bonne manière de nous comporter dans la vie. Nous sommes vigilants à repérer les normes qui soit n'ont jamais été mises en place, soit ont besoin d'être rétablies. La colère, qui peut se manifester camouflée en esprit critique, en agitation ou en irritabilité, ainsi que sous un sentiment de culpabilité, signale que certains de nos standards ont été transgressés. La colère, le ressentiment et la culpabilité nous mobilisent pour redresser les torts, corriger, améliorer quelque chose ou chercher à atteindre *une sorte de* standard de perfection. C'est une quête vers une forme d'excellence supérieure. Nous exprimons et neutralisons la colère, le ressentiment ou la culpabilité en essayant d'arranger ce qui est considéré comme « cassé », de remettre les choses au clair, de réparer nos torts, d'être irréprochables, de rectifier ce qui doit l'être et, en fin de compte, de nous efforcer de nous améliorer.

Conservation : Tension et anxiété – En tant que Perfectionnistes, nous croyons que notre survie dépend du fait de faire les choses correctement. Nous transformons la colère en une anxiété qui nous conduit à faire la bonne chose et à ne pas commettre d'erreurs. Il nous faut être irréprochables car c'est ce qui nous mettra en sécurité et au-dessus du jugement. Cette position s'étend à nos relations. Lorsque quelqu'un compte pour nous, il / elle doit aussi respecter certains standards – en fait, ***nos*** standards. Nous nous occupons en effectuant des tâches dictées par l'instinct de conservation qui réduisent anxiété et frustration, comme nettoyer, ranger, et stocker des provisions. Nous voulons et nous nous attendons à ce que notre partenaire / notre famille fasse de même.

Nous tentons de contrôler et de mettre de l'ordre dans le monde naturel en ce qui concerne l'abri, la sécurité et la survie individuelle. Le mieux que nous puissions espérer est un peu de répit et de soulagement dans ces moments où nous nous autorisons un plaisir limité, si tant est que tout le reste soit fait. C'est seulement à ce moment-là que nous finissons par nous arrêter et rejoindre les autres. Dans le pire des cas, ce besoin incessant peut devenir limitatif. L'instinct peut créer une grande tension intérieure, de la rigidité, un manque de spontanéité et le sentiment que les autres sont trop indulgents, ce qui amène du ressentiment. Des sentiments de cette nature, associés au ressentiment qui se construit au fil du temps, peuvent fortement affecter nos relations.

Social : Inadaptabilité / Inflexibilité – Dans le domaine social, nous canalisons notre désir de droiture et les tensions / colères / frustrations qui en découlent en corrigeant ce que nous voyons dans le monde. Nous pouvons endosser certains rôles pour faire la différence, en rejoignant des groupes ou des organisations qui ont de l'influence. Nous nous efforçons de rendre le système meilleur, de mettre en avant plus d'intégrité, plus de légitimité, tout ce qui est jugé nécessaire selon nos standards. Nous devenons des réformateurs sociaux et des militants.

Nous devenons inadaptables et inflexibles, insistant sur nos propres points de vue. Nous pouvons ignorer les preuves qui sont contraires à la position que nous défendons avec ferveur. Nous cherchons non seulement à repérer ce qui ne va pas dans les autres organisations, dans les causes et les convictions, mais nous voyons aussi ce qui ne va pas dans notre propre groupe ou dans les convictions de l'autre. Nos collègues, nos associés, notre partenaire et notre famille doivent adhérer à nos standards. Il y a une façon correcte de faire les choses et ils doivent la soutenir.

Dans le pire des cas, nous pouvons nous sentir possédés par une colère juste et dominés par un système de pensée en noir et blanc, caractérisé par une inaptitude à voir différents points de vue. Tout ceci s'étend à nos relations familiales, communautaires et sociales.

Sexuel / En tête-à-tête : Jalousie / Zèle – Nous surveillons nos relations intimes et devenons vigilants et zélés concernant notre conduite, la conduite de notre partenaire et celle de ceux qui comptent pour nous. Personne ne doit violer notre droit à jouir de nos passions ou de nos désirs, une fois que nous les avons enfin obtenus ! Nous exprimons notre colère par un zèle féroce en cas de transgression présumée des standards que nous avons mis en place. Personne ne devrait prendre ce qui nous revient de droit. « *Elle ne devrait pas faire ce qu'elle fait.* » Les autres doivent adhérer à la vision que nous avons du comportement correct et des protocoles acceptables : « *Tu ne devrais pas… Tu as tort* », « *Tu ne peux pas te conduire comme ça* », « *Il n'est pas possible que tu te comportes* ***comme ça*** *!* ». Ce zèle se focalise sur la transgression de tout ce que nous jugeons important dans la relation, comme le fait de savoir garder des confidences pour soi, passer du temps ensemble en se concentrant l'un sur l'autre, ainsi que des attendus autour de l'honnêteté, de l'intégrité et de la fidélité.
Dans le pire des cas, nous devenons explosifs et possessifs, intolérants et moralisateurs, surveillant de près les situations et les proches, au point de les traquer. Parfois, nous pouvons exploser de rage, en adoptant un ton acerbe et accusateur, afin d'avoir un impact sur une situation dont nous sentons qu'elle échappe à notre contrôle.

Profil 2 | l'Altruiste

Résumé – En tant qu'Altruistes, la fierté de satisfaire les besoins des autres est une stratégie ayant pour but de nous apporter amour et approbation. Cette stratégie se manifeste dans les trois conduites instinctives, afin de compenser la perte de l'état originel dans lequel nous donnons et recevons sans conditions. Nous croyons que nous savons mieux que les autres ce dont ils ont besoin avant même qu'ils ne le sachent eux-mêmes. Il est rassurant de créer le sentiment d'être indispensable, bien qu'au bout du compte il finisse par être ressenti comme une charge qui amène du ressentiment.

Conservation : Privilège – Nous assurons indirectement notre survie en gagnant des privilèges. Cela se fait en répondant aux besoins des autres, notamment de ceux que nous considérons comme importants. Prendre soin et soutenir les autres donne le sentiment diffus d'une certaine autorité. L'orgueil se manifeste alors comme le sentiment que nous méritons que nos besoins soient satisfaits aussi, après tout ce que nous avons donné : « *J'ai tant donné. À quand mon tour ?* » Nous pouvons être contrariés, voire bouleversés, lorsque nos relations ne nous accordent pas le traitement de faveur que nous croyions avoir mérité. Cela peut être pénible pour ceux qui veulent simplement nous rendre la pareille. Nous faisons tout pour défendre notre position « d'altruiste désintéressé », tout en espérant que nos propres besoins fondamentaux seront satisfaits en retour.
Dans le pire des cas, nous exigeons ce dont nous croyons avoir besoin et ce que nous croyons mériter de la part des autres. Cela inclut les manières dont nous voulons être nourris, choyés, aimés et appréciés, pour notre propre survie. Nous

exigeons la réciprocité, que l'on nous serve, que l'on nous élève à une position privilégiée, que l'on nous fasse passer d'abord.

Social : Ambition – Notre fierté se manifeste dans le champ social en donnant à notre partenaire, à notre famille, et à ceux qui occupent une position de pouvoir, nous assurant ainsi un rôle indispensable dans le groupe, la famille ou l'organisation. Notre orgueil se manifeste sous forme d'ambition par la recherche d'une image publique positive grâce à nos alliances et à notre alignement sur notre partenaire, notre mentor, les autorités et les dirigeants. Nous obtenons une place de premier plan grâce à l'aide que nous apportons à des groupes sociaux ou à des causes visibles. Là, nous devenons le personnage central, le pivot de l'équipe, la personne vers qui se tourner dans notre cercle d'amis. Dans ces contextes, nous nous occupons du bien-être du groupe, ce qui renforce notre sentiment d'être quelqu'un qu'on peut aimer et qui a donc de la valeur.
Dans le pire des cas, nous pouvons dénigrer, rejeter ou minimiser les contributions et les apports des autres, croyant que nous sommes les seuls à savoir ce qui est essentiel. Nous pouvons aussi perdre de vue les besoins de nos relations interpersonnelles tandis que nous répondons aux exigences du groupe auquel nous sommes dévoués. Par conséquent, nous ne nous rendons pas compte que nous négligeons un domaine en en faisant trop dans un autre.

Sexuel / En tête-à-tête : Séduction / Agressivité – Ici, nous cultivons notre orgueil personnel en étant à l'écoute de l'autre et en faisant preuve d'empathie. Nous avons l'impression que nous pouvons satisfaire les besoins et désirs de l'autre mieux que quiconque, et donc nous nous débrouillons pour nous faire apprécier et devenir incontournables. Pour un partenaire, c'est assez grisant. Nous séduisons l'autre en étant à l'écoute de ses sentiments, en sentant ses besoins et ses envies, et en nous changeant de manière subtile pour correspondre à l'état émotionnel de cet autre que nous désirons.
Nous recherchons l'attention et l'affection en donnant d'abord ce qui est nécessaire, en usant de flatteries, d'attention et de bienveillance, en nous rendant indispensables. En utilisant notre énergie avec assurance ou de manière agressive, nous captivons et capturons l'autre en revêtant ses intérêts, en le / la faisant se sentir bien, et en nous identifiant à ce qui est demandé pour « conquérir l'autre ». Lorsque ce Profil 2 est notre partenaire, l'expérience peut être particulièrement intense.
Dans le pire des cas, nous pouvons paradoxalement devenir possessifs et exigeants, soit ouvertement, soit secrètement (dans une forme passive-agressive). Cela arrive lorsque nous sommes bouleversés ou que nous nous plaignons de nos désirs non satisfaits au point que cela peut potentiellement amener notre partenaire à nous rejeter. Lorsque la dynamique « donner pour recevoir » est révélée, c'est accablant : la relation en souffre, car cela peut être particulièrement pénible pour le partenaire. Cette révélation peut faire ressortir nos défenses les plus protectrices afin de la nier et de tenter de récupérer l'image d'altruiste que nous avons de nous-même.

Profil 3 | le Battant

Résumé – En tant que Battants, nous croyons que l'amour et l'estime de soi sont fondés sur les perceptions que les autres ont de nous. Il va donc falloir travailler notre « image extérieure ». Notre valeur est déterminée par notre apparence et la manière dont nous apparaissons aux autres, par ce que les autres pensent de nous et par la manière dont ils approuvent ce que nous faisons. Ce qui est inné à cette structure de personnalité, c'est notre capacité à nous adapter instantanément à ce qui est voulu et admiré. Nous sommes capables de modifier notre image, notre énergie et nos actions pour susciter la réponse désirée, celle de l'approbation.
Lorsque cette modification inconsciente se produit, nous nous mettons alors à jouer un rôle, modifiant ainsi la façon dont nous nous présentons afin d'être aimés et acceptés. Ce faisant, il est possible non seulement que nous ayons dupé les autres, mais aussi, par inadvertance, que nous nous soyons trompés nous-même, ayant perdu en même temps notre moi authentique, schéma classique dans ce genre d'adaptation. Ce talent nous conduit à nous perdre nous-même dans nos rôles. C'est l'énergie dynamique de la tromperie, qui joue notamment sur les comportements instinctifs et sur les choix dictés par l'image.

Conservation : Sécurité matérielle – Avec l'instinct de conservation de la sécurité matérielle, l'énergie que nous utilisons pour créer notre image est canalisée vers l'acquisition d'objets matériels et de positions dans la société. Cela peut signifier que nous travaillons sans cesse pour gagner de l'argent pour la famille, et ce, bien au-delà de nos besoins réels.
Nous nous dupons nous-même inconsciemment en identifiant notre survie personnelle à des réalités extérieures, telles que la richesse, les biens, notre métier et même simplement le fait d'être toujours dans l'action, ce qui donne l'image d'une personne productive, capable de faire aboutir un projet.
Nous obtenons un niveau matériel qui, nous le croyons, nous assurera, à nous et à nos proches, survie et satisfaction. La diversité de cette dynamique provient de la manière dont nous définissons le succès. Chaque représentant de ce Profil 3 se dépeint différemment selon une large variété de critères de réussite. C'est ce qui explique les différentes manières dont chacun de ces instincts est exprimé.
Par exemple, si la réussite – qui va valoir l'admiration dans la communauté ou la famille d'un Profil 3 – est celle de la frugalité et du caractère pratique, alors on sélectionnera une voiture d'occasion, peu coûteuse et fonctionnelle, parce que c'est le « bon » genre d'automobile pour cette image. Si le succès se définit par des noms de marques, alors une Porsche pourrait mieux convenir à cette définition et à l'image qui lui correspond.
Dans le pire des cas, cette activité permanente pour acquérir des biens matériels et réaliser des projets est sans fin. Nous croyons pourtant que c'est ce qui nous apportera la sécurité, l'amour et le sentiment de notre valeur. Les autres peuvent devenir des obstacles qui provoquent notre impatience et notre frustration si nous avons l'impression qu'ils nous barrent la route. Nous pouvons aussi sentir que, peu

importe notre réussite, nos relations essentielles attendent plus de nous, c'est-à-dire notre temps et notre attention. Ce sont des demandes auxquelles il peut nous être difficile de répondre, parce qu'elles semblent nous ralentir.

Social : Prestige – Avec l'instinct social du prestige, notre énergie *tournée vers le succès* est liée à notre besoin de reconnaissance publique. Nous nous efforçons de recevoir des honneurs et des titres, d'établir des relations influentes, d'être appréciés pour ce que nous accomplissons, tout en nous sentant obligés d'avoir l'air heureux. Nous pensons qu'il faut être « quelqu'un » aux yeux des autres, sinon nous avons la sensation de n'être « personne » à l'intérieur de nous-même.
Happés par l'énergie de l'auto-tromperie, nous projetons le personnage approprié au moment, au groupe ou à la circonstance, et nous adoptons les sentiments les plus appropriés à la situation du groupe, plutôt que d'écouter notre vérité intérieure. Qu'il soit authentique ou uniquement intéressé, notre besoin de reconnaissance vise à gagner l'approbation sociale et à atteindre un statut particulier, que ce soit dans le gouvernement, les organisations religieuses, les entreprises ou autres groupes. Nous sommes dotés de qualités politiques dont nous nous servons pour atteindre nos objectifs. Nous croyons que notre entourage nous aimera et nous respectera si, et seulement si, nous atteignons un certain niveau social.
Dans le pire des cas, notre besoin de reconnaissance peut être impitoyable. Il peut s'accompagner de malhonnêteté, de manipulation et d'une féroce compétitivité. À ce niveau, nous n'avons pas conscience de notre impact sur les autres et de notre réputation de personne avide de reconnaissance. Notre aptitude à nous mentir sur nos sentiments et à tromper les autres finit par créer une aliénation assez perturbante pour nos relations : tant vis-à-vis de nous-même que dans les nombreuses relations que nous essayons de cultiver avec des personnes importantes pour nous.

Sexuel / En tête-à-tête : Image masculine / féminine – Dans les relations en tête-à-tête, en tant que Battants, nous créons une « persona archétypale » : une image masculine ou féminine dotée du sex-appeal d'une star. La tromperie consiste à arborer le look approprié pour faire impression, irradier la compétence et enthousiasmer le monde par notre charisme. Dans nos relations, nous jouons naturellement le rôle que nous avons identifié comme celui qui nous procurera les résultats que nous désirons. Notre vie dépend du fait de gagner le respect des autres dans des entretiens professionnels ou des relations amoureuses. Cela se mesure par l'approbation et l'attention que nous obtenons pour notre image, nos efforts et nos accomplissements.
Nous obtenons du prestige dans une relation en jouant un rôle précis et en adoptant les qualités que nous croyons attirantes pour notre partenaire. Cela peut engendrer une certaine incertitude quant à nos propres sentiments, nos propres désirs et même notre propre expression sexuelle. Dans le pire des cas, les personnes importantes pour nous finiront par penser que nous sommes peu sincères, déconnectés et que nous nous soucions davantage de notre image que de la vulnérabilité de leurs sentiments et besoins.

Profil 4 | le Romantique

Résumé – En tant que Romantiques, notre « mission » est de retrouver l'amour absolu ou l'événement idéal que nous avons perdu en venant au monde. Au niveau le plus fondamental, il s'agit de nous reconnecter avec notre essence originelle elle-même : notre véritable et unique identité propre. À cause du sentiment endémique d'une perte fondamentale, nous luttons avec un manque intérieur, la nostalgie profonde d'un épanouissement non abouti. Notre estime de nous-même et notre bien-être dépendent de la manière dont nous compensons ces « pertes » et ce « manque intérieur » par l'expérience émotionnelle de l'envie, nous comparant désespérément aux autres, jusqu'à l'insatisfaction. Nous compensons en affichant une forte intensité émotionnelle, ce qui est un moyen d'exprimer un soi unique et admirable aux yeux du monde, afin de dépasser notre sentiment de déficience intérieure.

Conservation : Téméraire / Intrépide – Comment le fait d'être téméraire peut-il servir l'instinct de conservation ? Pour le Romantique, être ordinaire, banal ou médiocre est semblable à la mort. Sortir du rang est le salut. Nous devons être « quelqu'un de spécial », ou accomplir « quelque chose de spécial » pour survivre. Nous nous créons donc une identité différente des autres, en recherchant les sentiments et les formes d'expression les plus forts, riches et formidables et en donnant de la valeur à l'authenticité (ce qui est réel, ce qui est authentique) chez les autres et chez nous. Notre contribution au monde est étroitement liée à ce qui a du sens pour nous et à la manière dont nous vivons notre vie en fonction de cela.

Nous assouvissons notre envie en jouant avec le feu et en oubliant toute prudence, ou en nous jetant dans des situations nouvelles : n'importe quoi qui donne ce sentiment d'authenticité, d'intensité et de sens. Paradoxalement, nous pouvons négliger nos besoins de survie fondamentaux. Ainsi, nous nous sentons vivants et spéciaux. Nous « sommes fidèles à nous-même » et nous refusons de nous soumettre à quoi que ce soit d'autre. Nous ressentons un besoin irrépressible de vivre ces expériences extrêmes et grandioses, puissantes en émotions, qui nous font nous sentir vivants et qui apaisent notre désir.

Nous sommes déterminés à éviter le statu quo et même les événements en apparence ordinaires de notre vie sont imprégnés d'une touche de gaieté ou d'un flamboiement dramatique. Nous pouvons provoquer une mini-crise avec de grands sentiments et juste ce qu'il faut de dramatique en menaçant de rejeter ou d'enfreindre les règles. Nos proches peuvent se sentir perturbés par cette imprévisibilité, par cet excès de théâtralisation et parfois par notre négligence de nos besoins fondamentaux, qui incombent alors aux autres. D'autres peuvent se sentir attirés, animés même, par notre esprit d'aventure.

Dans le pire des cas, notre égocentrisme peut nous mener à l'imprudence, ce qui conduit paradoxalement à des résultats désastreux, entre autres la réémergence de ce sentiment persistant de manque intérieur et d'insuffisance, qui peut nous saisir de manière encore plus forte, et cette spirale de déception, ou de mélancolie, qui peut à nouveau nous envahir.

Social : Honte / Contre-honte – Un Profil 4 avec un instinct social dominant ressentira plus facilement de la honte lorsqu'il ne correspond pas aux attentes du groupe, et se sentira alors comme « un raté ». Ce type de honte sociale nous amène à croire que notre couverture protectrice, notre masque, est retirée et que nos insuffisances et nos défauts, jusqu'à notre médiocrité si indésirable, sont exposés publiquement. Nous modérons notre envie par une honte inconsciemment retenue. Nous nous efforçons de cacher nos déficiences et nos défauts, d'empêcher que nos failles ne soient détectées, et d'éviter le déshonneur public.
Toutefois, notre honte est ce qui nous aide *à concevoir une approche viable* lorsque nous sollicitons une relation avec d'autres : « *Je suis différent, parce que…* » ; « *Je ne vais pas pouvoir m'intégrer à votre groupe, mais je vous aime bien* » ; « *Désolé, je suis différent, c'est comme ça !* ». Cela peut devenir pesant, voire égocentrique, pour nos relations, qui nous apprécient comme nous sommes et qui se sentent piégés dans l'alternative de devoir soit nous rassurer, soit faire face à notre défiance interpersonnelle. La honte, en particulier la honte toxique, catalyse une énorme souffrance personnelle, qui impacte nos relations.
La honte, toutefois, lorsqu'elle est plus saine, est conçue pour nous motiver à changer de vitesse lorsque c'est nécessaire afin de mieux nous intégrer. Dans le cas du Profil 4, cela peut générer ce qu'on appelle une « contre-honte », qui peut le pousser à créer une nouvelle image, à renforcer son sentiment de fierté en créant une forme d'élitisme ou à trouver des moyens d'exprimer son individualité. En résumé, la contre-honte peut mettre au jour un sentiment d'orgueil et d'arrogance pour ce que nous apportons ou faisons pour le groupe. Malheureusement, cela peut mener notre groupe et ses membres à avoir l'impression qu'ils ne sont pas à la hauteur, à cause de nos propres projections de ce manque intérieur sur les autres ou sur le groupe en général.
Dans le pire des cas, toute forme de honte peut mener à un retrait dans l'égocentrisme, dans la rumination mélancolique et dans la dépression. Ces sortes d'humeurs sont fatigantes et perturbantes pour nos proches, pour nos groupes et pour nos relations de travail.

Sexuel / En tête-à-tête : Compétition / Haine – Dans les relations en tête-à-tête, l'envie et le désir nous poussent à entrer en compétition pour cet emploi, ce partenaire ou ce mentor. Cela peut amener les personnes concernées à se sentir spéciales et désirées. Cette forme de compétition crée une énergie revigorante : « *Je vais montrer au monde que je peux obtenir ce lien particulier que je mérite.* » Nous nous servons de la compétition avec les autres pour surmonter des sentiments souvent inconscients d'insuffisance intérieure. Nous nous battons pour ce qui est notable, raffiné, aristocratique et élégant. Nous identifier à des choses jugées supérieures nous élève, nous rendant dignes et méritants. Nous voulons être traités comme *quelqu'un de très spécial* par notre partenaire ou cet autre que nous désirons. Si nécessaire, nous écrasons nos adversaires imaginaires ou réels : un côté odieux peut apparaître. Nous ne rivalisons pas tant pour gagner que pour ne pas perdre. Notre estime de nous-même a tendance à monter et à descendre lorsque nous nous

comparons aux autres, tandis que nous fluctuons entre les sommets de la supériorité et les tréfonds de l'infériorité. Pour les proches, cela peut ressembler à des montagnes russes. Plutôt que de renoncer à cette douloureuse « compétition » par la comparaison, ce qui pourrait nous faire tomber dans une spirale de manque et d'insuffisance, nous pouvons rejeter quelqu'un ou quelque chose d'abord, avant d'être rejeté nous-même. Nous abandonnons en premier. Il vaut mieux quitter qu'être quitté. De cette manière, nous combattons l'envie dont nous souffrons et l'abandon que nous craignons en nous sabotant. Ce cycle est difficile pour notre partenaire. C'est bien souvent interprété comme un *sentiment d'insuffisance*, le partenaire se demandant s'il nous a déçus, ou s'il doit se résigner à subir notre insatisfaction.
Dans le pire des cas, paradoxalement, nous pouvons finir par détruire les relations vitales. En essayant d'obtenir la relation suprême, nous la détruisons en n'acceptant pas ce qui est déjà là. Nous échouons en ne mettant pas notre énergie au service de ce qui est véritablement précieux dans la relation, et en ne nourrissant pas ce que nous désirons profondément.

Profil 5 | l'Observateur

Résumé – En tant que représentants de ce profil, nous croyons qu'avoir besoin de quelque chose nous met en péril, en nous rendant dépendants. Nous nous efforçons d'être autonomes, afin de nous protéger de l'intrusion. Redoutant d'être épuisés, nous conservons avec avarice notre réserve d'énergie en nous retirant dans le sanctuaire de notre esprit. Là, nous pouvons nous adonner à ce sans quoi nous ne pourrions pas vivre : du temps pour nous, un espace personnel *privé*, l'acquisition de connaissances, ainsi que du temps et de l'énergie pour nous y consacrer. Cette avarice, cette préservation de nous-même, se manifeste par différents comportements exprimés par les trois moteurs instinctifs.

Conservation : Maison / Château fort – Quel meilleur endroit pour protéger nos frontières et notre identité que notre espace privé ? Grâce au sanctuaire de notre esprit et de notre univers privé, nous pouvons maintenir les autres à distance et contrôler leur accès jusqu'à nous. Nous protégeons notre territoire, que ce soit notre esprit, notre chambre ou notre bureau à la maison. Nous pouvons ainsi préserver notre temps et notre énergie, acquérir davantage de connaissances, bâtir un entrepôt de vivres et assurer notre survie.
En tant qu'Observateurs, nous conservons notre indépendance en n'ayant que peu de besoins, et en engrangeant le maximum de ce dont nous avons le plus besoin. Nous n'avons pas l'intention d'exclure nos relations ou nos proches, nous protégeons simplement nos frontières. Nous ressentons une forme de satisfaction à faire avec moins, en dédaignant le plus souvent la possession et le luxe.
Nous nous accrochons à tout ce qui nous garantit une vie satisfaisante et de bonnes relations, entre autres faire des économies, accéder à l'information, conserver notre énergie, avoir du temps pour nos passe-temps et nos collections, des endroits où obtenir ce dont nous avons besoin et du temps pour poursuivre nos objectifs. Le

point positif pour les autres est notre autonomie et notre volonté de partager nos connaissances et nos savoir-faire avec ceux qui sont véritablement intéressés.
Dans le pire des cas, nous pouvons nous mettre tellement en retrait que nous délaissons nos relations importantes. Nous finissons bien souvent isolés et solitaires, négligeant nos propres besoins émotionnels et ne participant pas assez à la vie sociale pour établir le minimum de relations nécessaires. Celles-là mêmes qui nous soutiendraient, nous nourriraient et nous apporteraient de l'attention dans notre vie.

Social : Totems – Nous avons tous besoin d'un minimum de contacts avec les autres. Mais, en tant qu'Observateurs, notre intérêt pour la connaissance, notre besoin de temps pour nous et notre souci de conserver notre énergie font que nous lier aux autres n'est pas nécessairement une priorité. Notre avarice se manifeste par le fait que nous nous cramponnons à des totems. Cela signifie que nous adhérons à la vision qu'un groupe partage, tout en demeurant un peu en retrait pour préserver notre sécurité. Nous sommes attirés par les gens et les groupes qui influencent la culture, les événements et recherchent une plus grande connaissance par le pouvoir de l'esprit. De cette manière, nous servons les autres et nous pouvons être généreux avec notre temps et nos connaissances. Nous nous alignons, dans le domaine mental, sur les dirigeants, les mouvements et les systèmes dans lesquels la connaissance est reconnue et partagée, tels que les chercheurs en histoire ou les groupes philosophiques, les progrès scientifiques et techniques, l'expertise sportive ou les études littéraires ou artistiques. Là, nous nous sentons à notre place, utiles et appréciés. Nous tentons d'être à la hauteur en acquérant et en partageant la connaissance bénéfique pour le groupe.
Dans le pire des cas, nous nous servons des totems, quels qu'ils soient, comme de substituts à un contact humain sincère, nous isolant paradoxalement des autres et perdant notre capacité à entretenir le lien, au grand désarroi de nos relations.

Sexuel / En tête-à-tête : Confidence – Nous nous lions à ceux qui nous sont chers en partageant des informations confidentielles, des connaissances précieusement gardées, en sacrifiant une partie de notre énergie, et en évoquant nos sentiments. Dans ce type de relation essentielle sacrée, nous n'avons pas besoin de nos frontières habituelles, et pourtant notre avarice perce encore. Nous nous retirons à nouveau en nous-même lorsque nous ressentons le besoin de nous recharger, que nous avons besoin de temps pour évaluer une situation, pour apprécier les sentiments que nous venons de vivre au cours d'une rencontre, ou pour élaborer des hypothèses mentales, comme nous aimons le faire.
En nous ouvrant à un espace de confidences personnelles, nous sommes en mesure de relâcher l'emprise des frontières qui sécurisent notre vie privée, en autorisant des rencontres intenses, aussi bien mentales que physiques, avec notre partenaire ou un interlocuteur qui nous touche. Les révélations sont faites et gardées « à vie », lorsqu'elles sont recréées et méditées dans notre imagination. Ces confidences partagées compensent la solitude engendrée par notre habitude de nous détacher

de nos sentiments souvent embrouillés et de nos interactions humaines pas si faciles à contrôler. Ces confidences ne nous empêchent pas de conserver notre autonomie et notre besoin de vie privée.
Dans le pire des cas, ce partage intense en tête-à-tête peut fonctionner à la manière d'un interrupteur marche-arrêt imprévisible, au désarroi de l'autre qui finit par souffrir d'un sentiment de rejet quand le Profil 5 sent le besoin de se retirer.

Profil 6 | le Loyal-Sceptique

Résumé – En tant que représentants de ce profil, nous croyons que le monde est dangereux et imprévisible. La peur est ressentie énergétiquement comme de l'appréhension et se transforme simultanément en hypervigilance et en scepticisme. C'est également vrai pour ceux d'entre nous qui sont contre-phobiques, c'est-à-dire qui ont le plus souvent tendance à affronter la peur, plutôt que de lui permettre de les envahir. Les 6 contre-phobiques affirment même souvent qu'ils n'ont peur de rien.
Nous avons tendance à douter des autres, à lire entre les lignes et à scruter l'environnement à la recherche de ce qui pourrait être problématique. Nous rassemblons les indices, cherchons les preuves et recherchons la sécurité. Cet esprit qui scrute et doute, qu'il soit conscient ou non d'être guidé par la peur, se manifeste dans les comportements instinctifs. Parce que, d'une certaine façon, c'est une réaction qui vise à compenser la perte de confiance dans les autres, dans l'univers, et en un soi innocent et sans défense.

Conservation : Chaleur / Attitude amicale – Quand nous fonctionnons avec l'instinct de conservation, nous désarmons les autres par notre attitude amicale. En agissant avec bonté, prévenance et déférence, la stratégie est de nous faire aimer des autres au point qu'il leur sera difficile d'être en colère contre nous ou de nous faire du mal. Nous nous ferons des amis et nous amènerons nos relations à nous aimer en leur faisant plaisir, en les soutenant et en nous alignant sur eux : en réalité, en créant une zone sécurisée peuplée d'alliés. Cela nous permet de nous sentir hors de danger. Nous sommes loyaux et nous soutenons notre famille et nos voisins. Cela s'applique même aux plus contre-phobiques des Loyaux-Sceptiques. Éviter les risques et rester dans des limites bien connues peut apaiser les peurs du Profil 6 plus phobique. Défier et affronter ce qui le ronge jusqu'à l'exaspération est la manière dont le contre-phobique utilise la peur pour déclencher l'action et la mobilisation, ce qui apaise son agitation.
Dans le pire des cas, nous renonçons à notre autorité et à notre pouvoir personnel, nous rendant, paradoxalement, plus vulnérables, en renonçant à nous attaquer à ce qui mériterait une confrontation. Ou alors nous pouvons tout remettre en question pour sortir de notre angoisse, pour finalement nous rendre compte que nous en avons, sans le savoir, créé davantage.

Social : Devoir – Dans le domaine social, nous assouvissons notre peur par notre devoir loyal vis-à-vis d'un groupe ou d'une cause. Nous nous sentons plus en sécurité lorsque nous sommes liés à d'autres autour d'une cause commune, dans un groupe où nous comprenons les besoins des membres et avons la garantie que des codes sociaux sont respectés. Nous choisissons des groupes auxquels nous pouvons faire confiance et avec lesquels nous partageons des obligations mutuelles et la notion de sacrifice : « *L'union fait la force.* » Nous trouvons le pouvoir et donc la sécurité dans l'autorité du groupe. Connaître les règles et créer des accords clairs avec nos amis et collègues est nécessaire pour surmonter notre peur existentielle.
En tant que représentants de ce profil, nous avons tendance à croire qu'une force négative règne sur le monde, ce qui rend attrayantes les causes des opprimés. Nous nous joignons aux indigents, aux victimes et aux persécutés. Nous travaillons avec dévouement pour la cause. L'appel du devoir nous mobilise, mais pas pour notre profit personnel, ce qui nous exposerait trop.
Dans le pire des cas, nous délaissons notre propre autorité et notre pouvoir. Dans nos groupes et organisations, cela peut nous conduire à une foi aveugle en ce qui, nous le croyons, nous dépasse, et à rejeter tous ceux qui ne sont pas d'accord ou veulent remettre notre loyauté en question.

Sexuel / En tête-à-tête : Force / Beauté – Avoir du pouvoir et de l'influence sur l'autre contrebalance la peur de la solitude et la peur de la dépendance. C'est très bon pour la confiance en soi de savoir créer du lien et influencer par sa force et sa beauté. Ce sont des qualités grisantes, moins susceptibles de provoquer des réactions hostiles que des mouvements d'adhésion puissants et manifestes. Au lieu de désirer et de rechercher le réconfort, il vient à nous à travers l'expression de notre force et notre beauté.
Sachant que nous pouvons influencer nos relations par nos idées, nos prouesses mentales et notre physique – notre force et notre beauté –, nous gagnons en confiance. Les qualités esthétiques (créer la beauté dans notre environnement) et l'attractivité suscitent le désir et l'allégeance des autres, comme le fait la force intellectuelle. Cela s'incarne notamment dans des positions idéologiques férocement défendues, la force de la volonté et la bravoure.
Notre peur s'évapore lorsque nous obtenons le respect d'un interlocuteur. Même si la préoccupation de la force et de la beauté dans une relation en tête-à-tête est plus courante chez les Profils 6 contre-phobiques (parce qu'elle est plus en accord avec leur propension intrinsèque), elle se présente chez les Profils 6 phobiques sous la forme d'une expression plus subtile, plus humble, de la force, et d'une beauté minimisée, jusqu'à une hésitation dans l'assurance ainsi qu'une confiance en soi contenue.
Dans le pire des cas, nous pouvons devenir obsédés par le besoin de convaincre les autres pour les avoir à nos côtés. Alors nous devenons provocateurs en contredisant et en remettant en question jusqu'à ce que nous soyons satisfaits.

Profil 7 | l'Épicurien

Résumé – En tant que représentants de ce profil, nous ne supportons pas les limites. Nous prenons la vie du bon côté, en assurant notre survie par une *boulimie* d'idées intéressantes, de possibilités futures, de nouveautés fascinantes et d'aventures brillantes.

Nous exprimons un optimisme enjoué, orienté vers l'extérieur, et nous rationalisons *ce que nous préférons faire* pour échapper aux contraintes. Cette boulimie se manifeste dans les trois conduites instinctives de manière à compenser les aspects plus difficiles de notre vie, ceux que nous devons vivre, d'une façon ou d'une autre, car ils font partie du spectre complet de l'existence. Ce « spectre complet » inclut la capacité à s'occuper honnêtement des aléas et des contraintes – sans déni ni résistance – en dépassant la peur d'être piégé.

Conservation : Défenseurs partageant les mêmes idées / Famille – En tant qu'Épicuriens, nous nous sentons en sécurité lorsque nous nous identifions à d'autres personnes qui partagent les mêmes idées, notre spontanéité, et notre volonté de garder la vie *en mouvement et légère* à chaque instant. Nous nous rapprochons d'autres personnes *qui le méritent*, qui reflètent nos idéaux, mènent une vie agréable. Parfois, elles peuvent aussi n'exister que dans notre imagination en tant que possibilités. Ou bien elles peuvent être des membres réels de notre famille, des amis et associés qui s'intègrent dans une partie de notre rêve ou de notre projet grandiose. Afin de ne pas être rejetés, ces individus soutiennent notre façon d'être particulière. Notre boulimie est satisfaite par ces défenseurs aux vues similaires qui nous évitent de nous retrouver piégés dans ce qui serait autrement une vie ennuyeuse, limitée et pénible.

Nous garantissons la gaieté lors des réunions de style familial, en veillant à avoir beaucoup d'options et à profiter de la vie. Ces individus, notre « clan », sont comme une famille pour nous, bien que nous n'ayons, le plus souvent, pas de liens biologiques. Nous partageons des plaisirs tels que les repas gourmets, le bon côté des choses, les voyages à travers le monde, l'aventure, les projets pour gagner de l'argent et les passe-temps enrichissants. Camarades de voyage unis par une confiance mutuelle, nous explorons ensemble pour fortifier la vision d'un avenir positif.

Dans le pire des cas, nous pouvons devenir égocentriques et irréfléchis, exigeant des autres qu'ils soutiennent notre point de vue ou nos désirs. Nous pouvons finir par fuir nos responsabilités et nous échapper de toute situation qui nous donnerait le sentiment de nous limiter.

Social : Sacrifice – En tant que Profils 7 fonctionnant avec l'instinct social, nous devons refréner notre boulimie d'expériences stimulantes ou de projets intéressants. Pour fonctionner dans un groupe, nous devons sacrifier certains de nos propres désirs pour la cause sociale. Nous pouvons reporter notre propre satisfaction et accepter certaines contraintes pour le bien des idéaux du groupe ou pour des efforts auxquels nous nous identifions. Nous nous associons avec ceux qui

reflètent notre philosophie et notre vision d'un monde meilleur. S'ils ne suivent pas, nous pouvons les ignorer ou les dénoncer.
Bien souvent, la part la plus difficile de notre adhésion aux normes du groupe est la relation à l'autorité. Nous ne voulons pas qu'on nous dise ce que nous devons faire, ni perdre notre temps précieux à exécuter des tâches routinières. Sur ce point, le sacrifice prend un goût de martyre. Nous acceptons alors de souffrir pour le bien d'une cause plus large, ce qui n'est pas du tout naturel au « Profil 7 », tout en imaginant un avenir idéalisé qui mettra à égalité l'autorité et notre défi. Nous pouvons ressentir une sorte d'extase du fait des sacrifices que nous faisons pour notre famille et pour les choix qui sont importants pour nous.
Dans le pire des cas, nous surchargeons notre emploi du temps de passe-temps et d'activités en société, ce qui rend difficile le fait de s'engager ou de participer pleinement à quoi que ce soit. Nous pouvons aussi fuir la situation si elle devient encombrante, si elle ne prend pas la direction voulue ou si elle entrave notre besoin de stimulation et de liberté.

Sexuel / En tête-à-tête : Fascination / Suggestion – Lorsque notre énergie optimiste et notre imagination débordante se manifestent dans la relation en tête-à-tête, nous entrons en relation en nous focalisant sur ce qui nous fascine et nous intéresse. Notre attention va vers ce qui éveille notre intérêt et notre imagination chez cet « autre spécial », vers ce qui servira de canal à notre boulimie chargée d'énergie. Nous nous sentons magnétiquement attirés vers cette personne et l'idéalisons. Nous sommes aimables, charmants et désarmants : de super commerciaux avec un argumentaire stimulant. L'autre baigne dans notre énergie et nous l'entraînons dans la spirale de nos idées, de nos plans et de nos projets.
Lorsque la flamme commence à s'éteindre, quelqu'un d'autre peut facilement attirer notre attention. Nous trouvons alors un moyen de nous en sortir, sans nous rendre compte que nous rompons des promesses, qui, de notre point de vue, n'avaient jamais été faites ou qui n'étaient pas si sérieuses que ça à long terme. Ou alors nous nous y tenons, trouvant le moyen de nous convaincre de nous accrocher à cette vision partagée d'un avenir positif, même lorsque la situation est devenue désastreuse et plus du tout conforme à cette vision.
Notre optimisme inné qui nous fait toujours voir le verre à moitié plein peut nous empêcher de regarder une situation triste avec sincérité. Nous ne voyons tout simplement pas (nous ne voulons pas voir) les côtés négatifs. Dans le pire des cas, nous nous dissipons et nous dispersons notre énergie. Nous pouvons rendre rationnelle notre rupture avec des personnes, des responsabilités et des obligations dans lesquelles nous paraissions engagés lorsqu'elles ne nous exaltent plus, semblent contraignantes ou cessent de servir notre cause.

Profil 8 | le Protecteur

Résumé – En tant que représentants de ce profil, nous passons vite de l'impulsion à l'action, nous mobilisant rapidement face à l'opposition, ou lorsque notre sens de la justice est mis à mal. Notre cœur est plein d'innocence et de tendresse, et protéger cette innocence est une priorité constante. Notre énergie assurée, lascive et excessive nous conduit à une croyance inlassable en notre vérité, notre force et notre pouvoir. Simultanément, nous évitons la faiblesse et la vulnérabilité en nous-même. En outre, nous les acceptons difficilement chez les autres. Notre « soif de vivre » exubérante, notre faible tolérance pour les faiblesses des autres et notre position tranchée se manifestent à travers les trois moteurs instinctifs d'une manière telle que nous ne nous rendons même pas compte que nous sommes excessifs, intimidants ou abrupts.

Conservation : Survie satisfaisante – Nous avons besoin de quantité de provisions et d'un environnement sécurisé pour garantir une survie satisfaisante à nous-même et à nos proches. Si nous organisons une fête, par exemple, il est possible que nous servions au moins deux fois plus de nourriture et de boissons que ce que nos invités pourraient consommer. Nous avons besoin de contrôler aussi les besoins de survie de ceux que nous sommes chargés de protéger. Bien que nous soyons généreux avec ceux que nous aimons et dont nous nous occupons, ils peuvent bien souvent se sentir contrôlés, avoir l'impression qu'on ne les comprend pas et qu'on ne les entend pas. Notre tendance à l'excès se manifeste partout. Nous pouvons ne pas nécessairement stocker les choses, mais nous voulons nous assurer que tout ce dont nous avons « besoin » est facilement disponible, et en quantité ; nous ne voulons pas être privés de quelque chose, ni dépendants.

Nous exerçons un contrôle sur notre confort matériel et notre environnement physique. Notre devise pour une survie satisfaisante est : « Être prêt et avoir assez. » Prendre en charge notre environnement matériel nous donne l'illusion d'être invulnérables et d'avoir les choses sous contrôle.

Dans le pire des cas, nous sommes obsédés par la sécurité et la volonté de contrôler, voire dominer notre environnement physique et ceux qui en font partie, ceux que nous avons besoin de protéger, ou que nous avons besoin de défier pour nous assurer que nos propres besoins soient satisfaits.

Social : Causes sociales et amitié durable – Dans le domaine de l'instinct social, notre forte énergie, extrêmement assurée, exigeante ou attachante (appelée luxure ou force vitale) de Profil 8 bâtit de véritables amitiés avec des personnes qui partagent nos valeurs, notre sens de la justice et nos causes sociales. Nous développons une amitié après avoir testé les limites et constaté que les autres peuvent nous satisfaire pleinement – « nous défendre » – et qu'ils égaleront notre endurance et notre force morale. Il est vital que les autres communiquent avec un style direct et honnête. Nous nous joignons à des activités, à des événements et à des causes sociales qui passent avant nos besoins personnels. Nous sommes fidèles, engagés

et dévoués au groupe et nous l'influençons selon notre propre sens de la justice – en donnant notre énergie vitale sans hésitation.
Le rôle de meneur semble nous incomber. Ensemble, nous luttons pour la justice et les victoires. Nous sommes comme des frères et sœurs d'armes, partageant un respect mutuel autour du concept « J'assure tes arrières » et un objectif commun. Ces affiliations surpassent même notre tendance à la solitude qui est en apparence notre destinée.
Dans le pire des cas, notre investissement dans des causes sociales, dans la construction d'une communauté et dans des projets qui en valent la peine peut mener à une exubérance excessive et à des interactions conflictuelles. Cela se ressent davantage lorsque les autres membres du groupe ne se conforment pas à notre vision de l'objectif. En outre, ces affiliations peuvent dominer notre vie et compromettre nos relations avec nos proches.

Sexuel / En tête-à-tête : Possession / Reddition – Notre exubérance passionnée veut posséder nos relations intimes, c'est-à-dire que nous voulons tout savoir et tout contrôler chez l'autre – esprit, corps et âme. Nous voulons le protéger et être consultés pour toutes les choses significatives. Nous n'avons pas tendance à considérer notre contrôle comme quelque chose de négatif, ni à voir qu'il a des répercussions et qu'il est dominateur. Nous prenons simplement les choses en main, et procurons notre attention et notre amour aux proches qui dépendent de nous.
Notre vitalité infuse chaque molécule de nos proches, ou en tout cas nous l'espérons. Dans les affaires, cela prend la forme d'une présence très imposante, d'une compétitivité implacable et d'une faculté à combattre, si nécessaire. Les luttes pour le contrôle nous permettent de savoir sur qui nous pouvons compter.
La possession dans notre vie personnelle et notre force sur les autres nous permettent de vérifier notre pouvoir, notre force et notre efficacité. Après avoir testé l'engagement d'un proche, nous pouvons brusquement changer de comportement, conformément à notre style d'interaction « tout ou rien ». Nous pouvons, à certains moments, baisser la garde et alors nous partageons un peu de nos cœurs tendres, mais seulement quand nous avons confiance et savons que nous ne serons *pas* trahis.
Dans le pire des cas, notre domination énergique peut mener à une emprise sur l'autre, avec une approche des relations selon le principe du « tout ou rien » – une position qui mène inévitablement à la séparation, au rejet et à une souffrance réciproque.

Profil 9 | le Médiateur

Résumé – En tant que représentants de ce profil, nous avons une propension naturelle à nous fondre dans l'autre. C'est une manière d'engendrer une « non-différenciation » entre nous et les autres. « Nous », nous-même, devenons un non-problème. Nous recherchons alors des réconforts personnels à l'extérieur, pour compenser la perte de notre valeur personnelle, engendrée par notre soumission aux autres.

Nous nous « oublions » ou, devrions-nous dire, nous « disparaissons » à nos yeux lorsqu'il s'agit de reconnaître notre unicité, nos envies, notre indépendance, notre importance. Pour gérer cette dynamique interne, nous remplaçons notre identité autonome par des substituts non essentiels, comme nous engourdir devant des écrans, nous perdre dans des livres et dans des badinages sans importance, interminables et non personnels.

Nous consacrons notre énergie à « ne plus faire qu'un » avec les autres et leurs perspectives, adoptant une position accommodante qui ne cause ni problèmes ni efforts, qui met les autres à l'aise et leur laisse les commandes. Cela a pour résultat ce qu'on appelle l'inertie énergétique ou la « paresse », en langage Ennéagramme traditionnel (une paresse envers soi-même), qui se manifeste de manière spécifique dans les trois moteurs instinctifs.

Conservation : Appétit – Dans le domaine de l'instinct de conservation, l'inertie énergétique de notre Profil 9 se répand en appétits et désirs. Nous recherchons le confort dans les rythmes quotidiens et en nous concentrant sur les petites choses, sans nous rendre compte que notre appétit ou notre avidité est un substitut aux besoins plus authentiques qui nous appellent, ceux qui ont été engourdis, longtemps réprimés ou reniés.

Ces petites activités, ces passe-temps dans le monde extérieur qui épuisent notre énergie et nous apaisent prennent en fait sur le temps et l'énergie qui pourraient être dépensés intérieurement, pour nous-même, et extérieurement, pour nos relations. Ces petits désirs, ces goûts pour la distraction réconfortante peuvent sembler vitaux, bons pour nous, et peuvent même être utilisés comme un substitut satisfaisant de la véritable intimité.

Nous avons tendance à apprécier une organisation éprouvée et une routine quotidienne sur laquelle nous pouvons compter, qui soutiennent notre vie et celle de nos proches. Nous pouvons nous perdre dans les tâches ménagères et les courses, « végéter » devant la télévision ou commencer à nettoyer un placard qui n'était pas sur notre liste de choses à faire. Autant de moyens pour rester à distance du soi et de ses besoins autonomes. À la place, nous nous concentrons sur quelque chose d'agréable qui ne génère pas de conflit. Nous nous retrouvons absorbés par nos rythmes familiaux, par les programmes et les points de vue des autres, ou par certains passe-temps qui nous apaisent sur le plan émotionnel.

Ayant perdu le contact avec notre moi le plus intime, nous tentons de nous reconnecter par l'intermédiaire de ces substituts, parce que cela nous permet d'apaiser temporairement notre inconfort. Dans le pire des cas, nous pouvons devenir préoccupés (de façon obstinée) par une myriade de choses non essentielles – par exemple, le bavardage, les ruminations à propos de ce que nous voulions dire mais n'avons jamais dit, les petites courses et les corvées, et même les dilemmes des autres. Tous ces moyens de nous engourdir finissent par ne plus nous laisser de temps pour faire face à nos priorités, envies et désirs, sans parler de notre élan et de notre objectif. Par conséquent, notre capacité à montrer pleinement qui nous sommes et à être honnêtement en relation avec nos proches est réprimée.

Social : Participation – Dans le domaine de l'instinct social, nous rejoignons un groupe ou une organisation et nous canalisons notre inertie dans des activités de groupe plaisantes et réconfortantes. Par notre participation, nous nous sentons intégrés et habités par un sentiment d'appartenance, voire par le sentiment d'être aimés. Nous pouvons, sans effort, négliger notre propre emploi du temps tandis que nous nous emplissons d'interactions, de tâches, de fonctions sociales et d'une variété d'activités au service du groupe. Dans le rôle de dirigeant, nous pouvons être assez désintéressés. Nous dispersons notre énergie dans des emplois du temps, des procédures, des rôles et des objectifs. Nous promouvons le bien-être du groupe ou de la communauté par notre participation désintéressée, notre approche conciliante des défis et notre aptitude à servir d'intermédiaire dans les conflits entre les autres. Nous trouvons dans ces relations une place confortable et un sentiment d'appartenance. Nous sommes souvent occupés et efficaces. En résumé, notre participation à des groupes et à leurs activités spécifiques nous empêche de ressentir l'inertie qui se développe *envers* nous-même.

Dans le pire des cas, nous pouvons être submergés par les détails des activités du groupe et préoccupés par le fait de nous adapter et de bien nous entendre, à tout prix. Nous ne disons pas toujours ce que nous pensons lorsque nous croyons avoir une solution ou que nous voyons quelque chose qui ne va pas. Il est en effet plus facile d'acquiescer et de suivre, pour ne pas faire de vagues et s'en occuper plus tard, si tant est qu'on s'en occupera. Cela peut être pénible pour ceux qui ont besoin que nous montrions le chemin, et très pénible pour nos proches, qui peuvent avoir besoin que nous prenions notre place, que nous assumions notre position, ou que nous appelions un chat, un chat.

Sexuel / En tête-à-tête : Union – Dans les relations en tête-à-tête, nous recherchons le confort et la fusion avec nos proches. Notre inertie pour nous-même se manifeste par le fait que nous absorbons l'autre, et que nous absorbons son point de vue, son emploi du temps, ses réactions aux choses et ses sentiments. Nous nous sentons protégés du rejet et en apparence accomplis dans cette union, comme nous le sommes lorsque nous sommes seuls dans la nature ou que nous ressentons le divin.

Notre sentiment douloureux, silencieusement réprimé, d'être négligés ou ignorés s'évapore tandis que notre identité se fond en quelque chose d'autre que nous-même. Nous sommes emportés par ce que nous ressentons : « J'acquiers une

appartenance, de l'importance et une existence lorsque je fusionne avec quelqu'un ou quelque chose d'autre. »
Dans le pire des cas, puisque nous avons une conscience forte qu'*il existe* un « nous-même » en nous – alors que nous nous sommes perdus dans l'autre –, nous pouvons devenir résistants ou passifs-agressifs lorsque notre colère de nous être perdus grandit – alors que l'autre ne le remarque pas ou ne semble pas s'en préoccuper. Dans ce cas-là, nous ne sommes présent ni à nous-même ni à l'autre. Cela peut être déconcertant pour notre entourage qui ignorait qu'au départ il y avait eu substitution de notre moi authentique.

En résumé

L'étude des trois moteurs instinctifs, tels qu'ils sont exprimés par les représentants de chacun des neuf profils Ennéagramme, nous offre une ressource considérable. La compréhension de « pourquoi nous faisons ce que nous avons tendance à faire » ne doit pas être sous-estimée car elle est directement liée au discernement que l'on a sur nous-même et sur l'autre. Pourquoi mon/ma partenaire fait-il/elle cela ? Pourquoi « cela » est-il si important pour lui/elle ? Pourquoi ce qui est si important pour moi ne l'est-il pas pour lui/elle ?

Ces questions peuvent mener à la dissolution d'une relation parce que, sans cette compréhension, nous n'avons généralement pas de bonnes réponses. Nos relations souffrent lorsque nous ne nous comprenons pas nous-même, ou que nous ne nous comprenons pas l'un l'autre.

Analyser qui nous sommes et qui sont nos proches est un effort louable. Cela nous permet de bien nous entendre, de remplacer le jugement critique et la peur par la compassion. Les énergies de jugement et de peur qui divisent sont bien loin de celles de l'amour. Les répercussions de ces modifications énergétiques sont incalculables pour tous ceux qui sont impliqués.

Ces conduites instinctives gouvernent la manière dont nous avons tendance à nous mobiliser pour agir. C'est « ce que nous faisons et ce sur quoi nous nous concentrons » habituellement. C'est la manière dont nous impliquons, ou non, ces autres qui comptent pour nous. Il s'agit de la quantité d'attention dont nous disposons, pour la donner aux autres ou non. Plus nous agissons de manière inconsciente en suivant ces instincts, plus nous créons des problèmes et des déchirures dans nos relations.

Bien qu'on me demande souvent : « *Quel profil Ennéagramme me conviendrait le mieux affectivement ?* », ma réponse est toujours : « *Peu importe le profil, choisissez quelqu'un qui a un niveau élevé de bien-être, car c'est une clé essentielle pour le succès d'une relation.* » Cependant, deux individus sains sur le plan du développement peuvent quand même se faire du mal lorsque leurs moteurs instinctifs entrent en conflit. Voir notre partenaire *ne pas donner la priorité* à des choses qui sont importantes pour nous peut nous faire souffrir, engendrer de l'incompréhension, et le ressentiment peut s'accumuler rapidement.

La réponse à ce dilemme est, en premier lieu, la formation. Apprendre des choses sur nous-même et sur les autres – notre profil et notre sous-type Ennéagramme, par exemple – promeut la compréhension. Ajoutez à cela une communication franche, dans les deux sens. Ce qui aurait pu autrefois déclencher une grosse bagarre peut se transformer, désormais, en une bonne rigolade sur nos comportements instinctifs. Cette compréhension peut nous libérer, permettre d'éviter les éventuelles blessures involontaires et donner à toutes les personnes impliquées le sentiment d'être comprises, rejointes et acceptées. Ce niveau de compréhension nous rend capables de nous respecter mutuellement et sans conditions. Cela nous permet de respecter nos motivations fondamentales respectives.

Dans nos relations, nous pouvons commencer par nous évaluer nous-même, en commençant par nous interroger sur notre centre d'intelligence dominant : « *Suis-je gouverné plutôt par le centre Mental ? Le centre du Cœur ? Ou le centre Corporel ?* » Ensuite, prenons le temps d'identifier notre profil Ennéagramme, et de discuter ensemble de nos profils Ennéagramme respectifs. Enfin – à ne pas négliger, en particulier parce que les répercussions sur le couple sont très importantes –, apprenons à identifier notre instinct dominant et parlons-en. Discutons de la manière dont les deux autres instincts existent pour chacun de nous, et prêtons attention aux répercussions qu'ils ont sur l'expérience que nous faisons l'un de l'autre.

Ces trois identifications – le centre d'intelligence, le profil Ennéagramme et l'instinct dominant – nous fournissent quantité d'informations qui modifient la manière dont nous nous comprenons nous-même et l'un l'autre. Cet apprentissage nous fournit une cartographie, un moyen de naviguer dans une relation, car il offre aux interactions quotidiennes et à toutes les façons d'interagir une « pleine conscience des relations ».

J'ai découvert au fil des années qu'il n'y a rien de plus puissant que de voir un couple appréhender sa relation « de manière consciente », et c'est particulièrement puissant lorsqu'ils le font ensemble. Si seulement l'un des deux partenaires entreprend cela et que l'autre n'est pas intéressé (ou n'est pas prêt), les chances de survie de ce lien, sans parler de son épanouissement, sont pauvres. Lorsque l'un grandit et l'autre non, ce n'est généralement qu'une question de temps avant que la relation ne se complique sérieusement. Lorsque chacun s'implique dans le développement personnel et s'intéresse au développement de l'autre, la réussite du couple n'est pas loin.

S'engager à se faire grandir mutuellement et se soutenir est la meilleure recette pour le succès d'une relation. C'est le secret pour maintenir des liens enrichissants, et pour mener, d'une manière générale, une vie profondément satisfaisante.

Laissons le voyage du développement personnel nous séduire et nous appeler à davantage de bien-être. Essayons de nous intéresser autant à celui de notre partenaire. Puisse ce chemin nous mener, nous et nos relations, vers davantage de bonheur et d'épanouissement.

Chapitre 8

Le genre, les énergies masculine et féminine et l'Ennéagramme

Au cours de toutes ces années à utiliser et à développer le système de l'Ennéagramme, j'ai pris note des réactions des nouveaux venus face à l'Ennéagramme quand ils le rencontrent pour la première fois. C'est certainement un condensé de sagesse qui demande un peu de temps si on veut l'intégrer correctement. Déterminer, avec un bon niveau de certitude, à laquelle des neuf structures de personnalité nous pourrions appartenir demande du temps et requiert énormément d'observation de soi.

Ce qui revient souvent, c'est la réaction des gens aux appellations des différents profils de l'Ennéagramme : le Profil 1 étant, par exemple, appelé le Perfectionniste ; le Profil 2, l'Altruiste ; le Profil 3, le Battant ; et ainsi de suite.

Au cours d'un séminaire que j'ai animé pour les dirigeants de Fortune 500, l'un des participants a eu du mal à accepter son profil, parce qu'il ne pouvait pas accepter le mot « Altruiste ». Il sentait bien qu'il était un Profil 2 et mon recoupement me prouva qu'il s'était évalué correctement. Mais il ne se sentait pas à l'aise. Il était le PDG d'une entreprise florissante de distribution de matériaux de plomberie et trouvait qu'un nom comme « Altruiste » ne convenait pas à son image de chef d'entreprise compétent et entreprenant. Cela faisait « trop féminin, trop gentil », disait-il, bien qu'il admette être « le gars » qui « s'occupe de l'entreprise et de son personnel ».

En travaillant avec l'Enneagram Prison Project (EPP) dans les prisons, l'appellation du Profil 4 de l'Ennéagramme, appelé le « Romantique », n'était pas mieux acceptée par les détenus. Certains anciens membres de gangs, en particulier, rechignaient à s'identifier à un profil dont l'appellation mettait en avant leur émotivité et leur sensibilité nostalgiques.

Bien que des appellations telles que « le Romantique », « le Chef » ou « l'Épicurien » aient été attribuées aux profils par différentes écoles de l'Ennéagramme, nous aimerions insister davantage sur la *qualité énergétique* du profil – l'essence et les caractéristiques qui sont exprimées grâce à la programmation neuronale spécifique et aux croyances fondamentales, aux façons d'envisager la vie –, plutôt que de nous attacher aux nombreux noms des profils donnés.

Partout dans le monde, les mêmes questions à propos du système reviennent, dont la suivante : « Quelles structures de personnalité entrent dans la catégorie masculine et lesquelles entrent dans la catégorie féminine ? » Comme si nous retrouver dans un profil qui, selon notre perception, *n'est pas conforme* aux stéréotypes de notre genre était gênant ou embarrassant.

Nous mentionnons au chapitre 6 que les profils Ennéagramme ne sont pas spécifiques aux genres. Ce qui signifie que nous pouvons avoir un Profil 2 de l'Ennéagramme homme, ou un Profil 2 femme. S'ils ne sont pas spécifiques aux genres, ils correspondent aux « qualités et propensions énergétiques », ce qui nous ramène à notre PDG masculin qui appréhendait de se placer lui-même dans un profil qui possède et embrasse les qualités d'être que notre culture américaine a féminisées.

En 1955, le sexologue John Money nous a fait découvrir une terminologie distinctive, qui différenciait le sexe biologique du genre. Il identifiait plutôt le genre comme un rôle cultivé, une construction sociale dérivée des normes culturelles. Ces normes nous dictent quelles caractéristiques de notre humanité sont féminines et lesquelles sont masculines. Voici donc une question : quelles qualités d'être notre société féminise-t-elle ? Quelles qualités d'être ont été masculinisées ? Et laquelle de ces catégories convient à chacun de nous ? *C'est visiblement devenu un sujet important ces derniers temps, à tel point que nous voyons actuellement la société remettre les normes en question – sur toute la ligne et en reprenant pratiquement tout depuis le début !*

En 1992, John Gray a écrit le best-seller *Les hommes viennent de Mars, les femmes viennent de Vénus : connaître nos différences pour mieux nous comprendre*. Ce livre a été écrit dans l'espoir de mettre en lumière certaines des différences clés entre les hommes et les femmes. Il mettait en relation nos différences et les différences de genre, ainsi que les répercussions que ces différences avaient sur les relations. Bien qu'elle partage en deux notre espèce, ce qui s'accorde avec la science binaire du sexe biologique, cette séparation en deux genres, utilisée par le Dr Gray, autorise des compréhensions certes opposées, mais peut-être aussi utiles, qui peuvent nous aider à gagner en compassion pour les membres du sexe opposé, ainsi que pour nous-même. En outre, sans nous autoriser à comprendre que **« les hommes et les femmes sont censés être différents »**, dit John Gray, **« il est tellement tentant de penser que les hommes ne devraient pas être *comme cela* ou que les femmes ne devraient pas réagir *comme ceci ou comme cela* »**. Ce qu'il veut dire, c'est que si on ne comprend pas les différences biologiques fondamentales et la façon dont nous avons, en tant que société, défini le genre et programmé nos réponses à ces définitions, nous croyons en toute innocence que notre partenaire devrait être « plus comme nous » ou « juste correspondre aux stéréotypes ». Le nombre de disputes au sein d'un couple à cause d'un manque de compréhension de nos différences est astronomique – qu'il s'agisse de différences entre les sexes, de différences dans la façon dont nous comprenons le genre ou d'autre chose. Que se passe-t-il lorsque nous voulons que notre partenaire soit différent de ce qu'il est naturellement ? La réponse est la suivante : nous déclenchons chez l'autre le sentiment d'être rejeté, de ne pas être assez ou de ne pas être accepté. Et nous savons tous où mène cette spirale !

Respectons nos différences, célébrons nos points communs

Que pourrions-nous dire de plus aujourd'hui, trente ans après que le Dr Gray a expliqué les différences relationnelles entre des hommes et des femmes biologiquement différents ? Y a-t-il autre chose à prendre en compte lorsque nous nous efforçons de faire grandir la compassion et la compréhension mutuelles, en plus des différences de sexe et de genre ? Grâce à l'Ennéagramme et à ce qu'il nous enseigne, nous pensons effectivement que nous pouvons approfondir ces considérations.

Voici ce que nous aimerions : au lieu de séparer notre espèce en deux sexes biologiques avec deux genres spécifiques (rôles et identités), jetons un œil sur nous-même et nos qualités d'être d'un point de vue plus large, d'un point de vue qui peut avoir neuf angles différents. Une bonne dose de compassion est nécessaire pour regarder à la fois nos différences et nos points communs, mais sous l'angle des neuf points de vue de l'Ennéagramme, il va s'agir de neuf propensions neuronales, de neuf tempéraments remarquablement organisés. Chacun d'eux prend en compte, une par une, ces qualités d'être que notre société a féminisées – telles que, par exemple, la gentillesse, la bonté, la douceur, la tendresse, l'émotivité, la réceptivité, la patience et la sensualité. Et ces autres qualités que notre société (américaine) a masculinisées – comme la force, l'assurance, l'attitude protectrice, le commandement, l'instinct de territoire, l'autorité et l'agressivité.

Qu'apporte l'Ennéagramme dans la discussion sur le genre ?

L'Ennéagramme est un système complexe qui nous emmène bien au-delà d'une typologie simplifiée de catégorisation de la personnalité. Son étude comporte un certain nombre d'enseignements autour des schémas énergétiques humains, y compris la façon dont chaque structure de personnalité s'affiche dans le monde pour construire sa vie et entrer en relation avec son environnement. Ces différences dans la manière d'exprimer l'énergie à l'intérieur de chaque structure de personnalité nous aident à comprendre que certains hommes puissent être sincèrement doux et tendrement introvertis et certaines femmes plutôt agressives et d'une autorité impressionnante.

Regarder le comportement du seul point de vue du genre, en n'utilisant que les traits délimités par le genre d'une société donnée, laisse souvent perplexe. Considérer ce comportement d'un point de vue énergétique, recueilli grâce à l'étude de l'Ennéagramme, expliquera mieux pourquoi tant d'hommes et de femmes se sont battus pendant des décennies contre des descriptions stéréotypées des genres, mais trouvent confort et sentiment d'appartenance lorsqu'ils découvrent leur profil Ennéagramme.

Les triades de profils

Lorsqu'on pousse plus loin l'étude du système de l'Ennéagramme, il est question de la façon dont un style de personnalité donné « obtient ce qu'il veut » dans le monde, ce qui est reflété par les **Trois Grandes Forces de Vie** des énergies Active, Réceptive ou d'Équilibrage (3-7-8, 4-5-9 et 1-2-6) ; ou de la façon dont chaque profil se comporte lorsqu'il n'obtient pas ce qu'il veut, ce qui correspond aux **Styles de Régulation Émotionnelle** : contenir, exprimer ou recadrer les émotions (4-6-8, 1-3-5 et 2-7-9) ; et de la façon dont une structure de personnalité gouverne son identification personnelle et se relie au monde, ce qui correspond aux Pragmatiques, aux Relationnels et aux Idéalistes (3-6-9, 2-5-8 et 1-4-7).

Nous n'allons pas traiter dans ce livre toutes ces complexités d'identification – celles de la force de vie, de la régulation émotionnelle et de la relation à l'objet –, mais nous vous recommandons de vous y intéresser, à un moment ou à un autre. Il existe divers livres pour vous aider, ainsi que les informations données à propos de ces groupes sur mon site Internet. Ce sont des distinctions importantes, chacune d'elles expliquant pourquoi certains hommes sont plus doux et plus calmes, voire repliés sur eux-mêmes, et certaines femmes plus autoritaires, plus directes et plus tournées vers la confrontation, par exemple.

Comment chaque profil exprime-t-il les normes occidentales traditionnelles de genre ?

De façon assez intéressante, les propensions neuronales innées de chaque structure de personnalité de l'Ennéagramme correspondent effectivement à certaines de nos descriptions plus catégoriques, de sexe comme de genre. Gardez à l'esprit que les énergies des différents archétypes, celles qui ont été incluses, au cours des siècles, dans le folklore et dans le mysticisme ainsi que dans les études psychologiques, encouragent une compréhension des schémas d'énergie répétitifs, ceux qui gouvernent également la société humaine et les individus qui en font partie. Les idéologies et les qualités féminines et masculines forment et catalysent les polarités énergétiques de la nature, dont nous avons besoin, qui sont en grande partie ce qui guide, et ce qui a guidé, les structures de notre société et sa survie évolutionniste depuis le début.

Pourquoi, alors, prendre en considération la notion de genre lorsque l'on se penche sur les profils Ennéagramme ? Comment cela peut-il nous aider à avoir des relations plus satisfaisantes ? Avant toute chose, l'étude de l'Ennéagramme nous apporte une compréhension plus profonde des propensions de la personnalité. Par conséquent, cela nous permet de dépasser la singularité des identifications traditionnelles définies par le genre, et d'aller au-delà, vers quelque chose de plus expansif ; cela nous permet d'observer, de comprendre et d'apprécier nos propres schémas énergétiques, tout comme ceux de notre partenaire. Par la compréhension vient le développement de la compassion et du respect de soi-même et des autres. Une « étude énergétique », si vous voulez, développe également notre capacité à travailler plus en profondeur et de manière plus concise avec nos propres structures énergétiques innées ainsi que celles des autres, plutôt que de rejeter ou de ne pas aimer les qualités d'être que nous – ou les autres – pouvons posséder, et qui ne correspondent pas nécessairement aux attentes stéréotypées définies par le genre – pour une culture donnée. Alors, c'est parti !

Profil 1 | le Perfectionniste

Le Profil 1 est neutre en ce qui concerne le genre, avec un penchant vers le masculin. Les Profils 1 ont tendance à avoir une pensée linéaire, à être organisés, structurés et extrêmement raisonnables. Les émotions sont régulées et censurées afin de se conformer à ce qui est attendu. Les Profils 1 ont tendance à suivre les règles élaborées par les autres, s'ils ne les ont pas élaborées eux-mêmes. Ils suivent les règles à la lettre, tant qu'elles sont correctes et justes *à leurs yeux*. Leurs standards sont élevés, et ils peuvent devenir écrasants lorsqu'ils les mettent à exécution et insistent pour que les autres fassent de même. Avec un critique intérieur puissant et une propension à porter des jugements, les Profils 1 recherchent la correction, l'amélioration, un bien supérieur, montrant le chemin vers l'excellence éthique et morale. Les influences du genre peuvent être modérées ou augmentées en fonction du contenu des standards internes du Perfectionniste. Les Profils 1 ont tendance à faire passer le devoir et le travail avant le plaisir et le jeu, ce qui peut sembler patriarcal et autoritaire. Grâce à leur aptitude à diriger les autres et à répondre aux attentes, les Profils 1 sont souvent élevés à des fonctions de direction. Dans une relation Profil 1-Profil 1, les différences polarisantes quant aux standards qui ont été mis en place (par l'un ou l'autre) peuvent interférer avec l'expression sexuelle et la vulnérabilité.

De façon générale, se détacher des impulsions – qui poussent vers le plaisir et le désir – en faveur de ce qui est correct ou responsable peut bloquer la spontanéité ainsi que le désir sexuel et son expression, à la fois chez l'homme et chez la femme. Revenons un instant aux stéréotypes de genre : on n'attend pas nécessairement d'un homme qu'il réprime sa colère, alors qu'il peut être moins acceptable pour une femme d'exprimer la sienne. De façon typique, les Profils 1 suppriment ou censurent l'expression directe de la colère et l'expriment plutôt sous la forme d'une rigueur et d'une tension, d'une rigidité et d'un ressentiment, qui, lorsqu'ils sont finalement exprimés, peuvent, pour le partenaire, sembler être une sorte d'accusation. Il en résulte un être froid, la plupart du temps mesuré, calculateur et méthodique, qui peut ressembler davantage à une machine qu'à un être émotionnel, vulnérable et présent. Il est possible, en fin de compte, que les énergies du Profil 1 soient plus typiquement « mâles » que « femelles ».

Profil 2 | l'Altruiste

Le Profil 2 a tendance à aller vers les stéréotypes du genre féminin. Les Profils 2 sont attentifs aux envies, aux souhaits, aux besoins et aux désirs des autres (en particulier de ceux qui leur sont proches). Ils ont tendance à être généreux, pleins d'abnégation, aimants, bienveillants et d'un grand soutien. Ils font passer les autres avant eux, sont attentifs et tournés vers la relation. Pour la femme de Profil 2, ces caractéristiques sont orientées vers les relations et sont reconnues comme les missions virtuelles des femmes dans de nombreuses cultures. Il existe peu de contraintes culturelles qui empêcheraient les femmes de Profil 2 d'agir selon leurs propensions naturelles, qui sont corrélées avec les caractéristiques féminines typiques du genre. Avec l'arrivée aux États-Unis de l'égalité des droits, les femmes de Profil 2 ont pu commencer à afficher plus ouvertement leur assurance souvent cachée, à prendre en compte leur indépendance, et à exercer des activités moins stéréotypées, si elles le souhaitaient.

En ce qui concerne l'homme de Profil 2, les traits naturels du Profil 2, tels qu'identifiés, ont tendance à entrer en conflit avec le stéréotype masculin. Les Profils 2 ont déjà un style d'énergie assuré (bien que souvent exprimé de manière discrète). Mais s'il est exprimé, il est dirigé vers le fait de donner et de prendre soin des gens, plutôt que d'être orienté vers un but, d'être compétitif ou de mettre en place un objectif. Les hommes de Profil 2 s'identifient souvent à tort comme des personnes de Profil 3, car leur façon de donner et de prendre soin des gens, de ne pas dire « non » et de développer « des relations à tout prix », s'exprime par l'argent, le fait de procurer un confort et une forme d'abondance matérielle, et de gâter de façon démonstrative, sur le plan matériel, les personnes qui sont l'objet de leur désir. Donner, prendre soin des gens et nourrir sont davantage reconnus comme des traits féminins ; et les hommes de Profil 2 ne parviennent pas à reconnaître ouvertement ces traits chez eux à cause de *la manière* dont ils expriment ce genre d'impulsions, de tendances et d'aptitudes.

Tant les hommes que les femmes de Profil 2 ont besoin d'apprendre à répondre à leurs propres besoins au lieu de satisfaire leurs besoins à travers les autres, qui se retrouvent, par inadvertance, à devoir rendre la pareille, d'une façon ou d'une autre. Ils ont besoin d'apprendre à avoir confiance dans le fait que l'on peut *donner de façon proactive et inconditionnelle*, et *recevoir de façon proactive et sans résistance.* C'est la loi de la réciprocité naturelle et divine, et c'est neutre du point de vue du genre.

Profil 3 | le Battant

Le Profil 3 a tendance à aller vers les stéréotypes du genre masculin. Les Profils 3 sont reconnus pour leur assurance, voire leur agressivité, leur concentration, leur approche linéaire, leur orientation vers l'action, leur capacité à être tournés vers un objectif, leur compétitivité et leurs capacités à « éviter les sentiments tout en étant sensibles à la relation ». Aux États-Unis, le Battant représente également les slogans culturels et rhétoriques « *Fais-le* » et « *Sois le meilleur* ». L'archétype du Profil 3 est celui du héros, du gagnant et du champion. L'inconvénient de cet archétype est qu'il n'existe pas d'influence modératrice qui survienne naturellement. L'homme de Profil 3 a souvent besoin de prendre conscience de ce besoin inné de performance lorsque ses relations importantes, notamment, ne fonctionnent pas. Cela pourrait-il être un problème ? Ceux qui sont en relation avec des hommes ou des femmes de Profil 3 disent vouloir davantage de sentiments, d'authenticité, de réceptivité, un rythme plus lent lorsque c'est possible, et veulent que leur partenaire s'oriente davantage sur leur relation et passe plus de temps avec eux.

Une femme de Profil 3 peut se trouver dans une situation ambivalente, les traits typiques de son genre entrant en conflit avec certaines normes culturelles et des inclinations universelles de genre féminin. Pour s'adapter, il est possible qu'elle modifie ou supprime son assurance innée de Profil 3, tournée vers un objectif, afin de vivre plus en accord avec une image plus typiquement féminine, l'image qu'on attend d'elle, à laquelle elle peut se conformer sans se rendre compte qu'elle s'est perdue elle-même. Cette forte capacité d'adaptation du Profil 3 renforce volontiers sa propension naturelle à se mentir à lui-même, ce dont il souffre souvent.

Les hommes comme les femmes de Profil 3 ont besoin d'apprendre à devenir plus réceptifs ; une façon de le faire est d'apprendre à prendre le temps d'écouter véritablement quelqu'un d'autre. D'apprendre à adopter un rythme *qui convient à tous* en ralentissant et en retrouvant les autres et leur rythme propre, lorsque c'est nécessaire. Et de s'autoriser à être plus présents, y compris sur le plan émotionnel, avec eux-mêmes, avec leurs collègues et amis, avec leur partenaire et leurs enfants.

Profil 4 | le Romantique

Le Profil 4 tend vers les stéréotypes du genre féminin. Le Profil 4 est majoritairement en phase avec les qualités stéréotypées féminines orientées sur les sentiments, les relations, le drame émotionnel, le côté ostentatoire, la gloire et la beauté, la sensibilité et la profondeur, le fait de donner du sens aux choses et une orientation symbolique à la vie. Le désir profond, romantique, de relation des Profils 4 correspond également à un préjugé du genre féminin. Bien qu'extrêmement empathiques, les femmes de Profil 4 peuvent également avoir une tendance à l'égocentrisme, du fait qu'elles portent une grande attention à leur propre monde intérieur, qui peut parfois leur valoir le surnom de « drama queen », offensant pour le genre féminin. Bien que ce ne soit pas un préjugé sur le genre féminin aussi fort que la générosité et la maternité qui sont typiques, cela reste dans les normes comportementales de ce que la société juge acceptable et admissible de la part des femmes, voire sarcastiquement attendu.

Pour l'homme de Profil 4, cependant, la recherche de sentiments intenses, le désir de relation, le fait de vouloir donner du sens aux choses, l'humeur changeante, la nostalgie et la mélancolie, voire la paralysie, parfois, au moment d'agir, associée à un soi centré sur l'intériorité, transgressent le stéréotype de la figure masculine orientée vers l'action, linéaire et logique, sensible au temps, déterminée et tendue vers un objectif. Les hommes de ce type sont souvent des Profils 4 introvertis, car ils tentent de cacher leur sensibilité, leurs sentiments forts et pleins d'émotions, leur désir d'attirer l'attention, et leur besoin irrépressible de relations. Les propensions naturelles des Profils 4 correspondent certainement mieux aux préjugés sur le genre féminin pour les femmes se déclarant Profil 4 que pour les hommes.

Les femmes comme les hommes de Profil 4 ont besoin de travailler sur leur tendance à se focaliser sur ce qui n'est pas là, sur ce qui manque et sur ce qui est décevant. Lorsqu'ils prennent conscience de leur immersion dans les sentiments et de la façon dont ils s'occupent plus naturellement d'eux en premier lieu – plutôt que d'un autre –, leurs expériences relationnelles peuvent commencer à se transformer.

Les deux sexes ont besoin d'apprendre à cultiver une gratitude authentique pour ce qui est présent dans leur vie, plutôt que de se lamenter sur ce qui n'est pas là, pas assez bien ou qui ne marche pas. C'est en partie ce qui explique que les partenaires des Profils 4, hommes ou femmes, peuvent avoir le sentiment de ne pas être à la hauteur, de ne pas être satisfaisants – et, en fin de compte, de ne pas être aimés.

Profil 5 | l'Observateur

Le Profil 5 tend vers les stéréotypes du genre masculin. Les Profils 5 représentent le parfait profil d'un « cerveau gauche », analytique, rationnel, objectif, à la recherche de la connaissance. Comme les Profils 5 se détachent volontiers de leurs sentiments, leur comportement est conforme au stéréotype masculin qui veut que les hommes répriment leurs sentiments afin de les garder pour eux. « Les hommes ne pleurent pas. » Conformément à ce qui caractérise souvent les hommes, les Profils 5 entrent et sortent du contact interpersonnel et de la connexion émotionnelle sans faire trop d'histoires.

Un Profil 5 manifeste souvent son attention par l'analyse, le partage d'informations et des conseils factuels. Les hommes et les femmes de Profil 5 sont également capables de donner généreusement, mais c'est généralement lorsqu'ils/elles savent d'avance ce qui va leur être demandé, et en particulier lorsqu'il s'agit d'interactions non chargées en émotions, comme de participer à la résolution d'un problème, de gérer des finances et de réparer des objets. Toutefois, pour les Profils 5, la réflexion et l'analyse peuvent remplacer l'action. Les Profils 5 ne sont généralement pas très compétitifs, ni agressifs, ni occupés à dominer ou à la recherche d'un statut. Les Profils 5 sont connus pour être un type plus « réservé », qui se retire dans son esprit pour être en paix, élaborer des constructions mentales et réfléchir. Ils peuvent avoir un comportement doux, attentionné, non intrusif, ce qui, dans certains milieux, peut renvoyer à des traits de genre plutôt féminin.

Une femme de Profil 5 peut entrer en conflit avec les normes culturelles du genre féminin. Il est possible qu'elle soit vue comme inaccessible, distante et pas suffisamment expressive ou orientée vers les sentiments. Elle ne correspond pas au paradigme féminin d'une connexion émotionnelle soutenue, d'une orientation vers la relation, de la femme qui s'occupe des autres et les materne. Elle peut également être vue comme quelqu'un qui analyse et mentalise trop les choses. Bien qu'elle puisse ressentir un conflit entre ses propensions naturelles et ce qu'on attend d'elle d'un point de vue culturel, ses penchants vers le genre féminin et son acculturation la pousseront – en quelque sorte, attendront d'elle – à développer des qualités d'empathie, de compassion et d'orientation vers les autres, en particulier lorsqu'elle devient mère.

À la fois pour l'homme et la femme de Profil 5, le développement permet de devenir plus sensible aux sentiments, de prendre l'habitude d'entretenir des liens affectifs durables et d'avoir davantage d'interactions physiques et émotionnelles avec les autres. Apprendre à exprimer plus ouvertement et plus fréquemment son attention, son amour et sa proximité fait partie du chemin de croissance des hommes comme des femmes de Profil 5.

Profil 6 | le Loyal-Sceptique

Le Profil 6 est neutre du point de vue du genre. En raison des caractéristiques de son spectre qui va de phobique (éviter la peur) à contre-phobique (foncer tête baissée vers la peur), le Loyal-Sceptique peut se présenter comme compétitif et coopératif, centré sur l'objectif et le moyen d'y parvenir, ou provocateur et accommodant. Les différenciations de genre ne concernent pas l'homme de Profil 6 phobique, mais l'homme contre-phobique, le style contre-phobique correspondant mieux aux traits masculins typiques du genre. Un Profil 6 contre-phobique confrontera la peur et avancera avant même de la ressentir. Les orientations du Profil 6 contre-phobique, agressives, centrées sur la domination, le contrôle et une force assurée, ont une orientation typiquement masculine.

Les expressions affectueuses, sentimentales et émotionnelles, qui se retrouvent toutes chez le Profil 6 et sont plus volontiers exprimées chez les Profils 6 phobiques, sont considérées comme des caractéristiques plus féminines – et sont plus souvent associées à l'expression féminine typique du genre. Les différences de genre typiques de la structure du Profil 6 prévalent également, car les femmes sont enclines à exprimer la beauté et les hommes la force, en particulier avec le sous-type en tête-à-tête. Ce sont indiscutablement les techniques de séduction principales que la société encourage entre les hommes et les femmes.

Il est intéressant de constater que les tendances contre-phobiques sont plus souvent modérées, voire contenues par les femmes de Profil 6, tandis que les tendances phobiques sont exacerbées. Pour les hommes de Profil 6, c'est l'inverse. Puisque la plupart des Loyaux-Sceptiques possèdent une variété de caractéristiques allant d'un bout à l'autre du spectre phobique / contre-phobique, on trouve également des Profils 6, hommes ou femmes, qui manifestent les deux extrêmes. L'expression du genre dans la structure du Profil 6 a pourtant tendance à être davantage influencée par le spectre phobique / contre-phobique que par ce que dicteraient les attentes typiques du genre.

Pour les deux, le chemin du développement implique de construire sa confiance en soi et dans les autres tout en adoucissant sa tendance à amplifier les aspects négatifs. Les Profils 6 ont besoin de relâcher leur tendance à voir le mauvais côté des choses. Ils doivent plutôt s'autoriser à devenir de façon consciente plus optimistes, en dépit de ce qu'ils peuvent prévoir. Bien qu'inclusif, le chemin de développement des Profils 6 nécessite de comprendre quel est le style dominant. Pour leur développement, les hommes contre-phobiques de Profil 6 auraient avantage à adoucir leur bouclier mental de protection pour accepter et exprimer leurs sentiments plus tendres, plus émotifs. Cela entre en conflit avec l'archétype masculin comme avec les orientations contre-phobiques. En s'autorisant davantage à accéder à ses sentiments et à s'orienter vers les relations, la femme contre-phobique de Profil 6 rencontrera peut-être, à cet égard, moins d'obstacles sur le chemin de son développement, car cela n'entrera pas en conflit avec l'archétype féminin.

Cependant, à la fois l'homme et la femme phobiques de Profil 6 doivent apprendre à affronter plus efficacement leurs peurs, et à surmonter le fait d'abandonner leur pouvoir aux autres. Bien que ces tendances soient troublantes pour les hommes comme pour les femmes de Profil 6, la société semble mieux accepter les femmes qui se battent pour faire face à leurs peurs que les hommes qui le font. Dans notre société, nous semblons également mieux accepter les femmes qui abandonnent leur pouvoir aux autres – ou à quelque autorité extérieure – que les hommes qui abandonnent le leur.

Profil 7 | l'Épicurien

Le Profil 7 est neutre du point de vue du genre, avec un penchant vers le masculin. Il est extrêmement occupé par l'imagination, les activités et options stimulantes et la planification. Les Profils 7 ont un large éventail de possibilités et ils s'arrangent pour éviter les contraintes de façon originale. Ils expriment de façon dynamique les caractéristiques du genre masculin comme du genre féminin. Ni les hommes ni les femmes de Profil 7 n'apprécient les sentiments douloureux qu'on rencontre dans la vie et ils ne souhaitent pas être plombés par la souffrance ou limités par les autres. Les deux s'expriment de façon active et avec assurance. Le Profil 7 étant un profil qui n'a d'autre référence que lui-même, les hommes et les femmes de Profil 7 se focalisent sur leurs propres besoins et désirs, sans grande culpabilité, ce qui a tendance à faire partie des traits que notre société a masculinisés.

Les Profils 7 ont tendance à pencher vers une orientation de genre masculin, car ils s'expriment librement, poursuivent activement leur vie et esquivent les contraintes. Le style auto-référentiel du Profil 7 est encore plus orienté vers le masculin lorsque les Profils 7 penchent vers l'excitation et l'aventure, la compétitivité et leur propre conception du succès. Ils peuvent aussi être directs et savent entrer en contact avec assurance, traits qui sont plus connotés comme étant du genre masculin.

Le fait de compartimenter et d'*aller de l'avant* sont des traits typiques du Profil 7, qu'on trouve à la fois chez les hommes et chez les femmes. En outre, l'homme de Profil 7 est susceptible de se lancer davantage dans l'aventure et d'exprimer plus encore sa force active que la femme de Profil 7, qui est elle-même aventureuse et le genre de personne qui suivra ses intérêts plus librement que certains des autres profils. Cela dit, pour ce qui est des préjugés de genre, on peut dire qu'il est plus difficile pour un homme de Profil 7 de créer et d'accepter un équilibre entre les énergies assertives et réceptives que pour une femme de Profil 7.

Encore une fois, l'évitement des contraintes donne un large éventail d'expressions masculines et féminines, ce qui donne un profil généralement neutre sur le plan du genre. Pour leur développement, les hommes comme les femmes de Profil 7 ont besoin de modérer leur énergie active, assertive, fonceuse et de déployer une plus large gamme de sentiments en accroissant leur présence, leur attention et leur réceptivité aux autres.

Profil 8 | le Protecteur

Le Profil 8 est un stéréotype de genre masculin. Les Profils 8 peuvent être agressifs, recherchent l'affrontement, sont associés au pouvoir et au contrôle, et sont tournés vers l'action. Quoique les Profils 8 considèrent qu'« agir c'est prendre soin », l'action qu'ils choisissent pour exprimer leur attention n'est pas nécessairement bien réfléchie. Les Profils 8 sont du genre « Partez – prêts – à vos marques » et ont tendance à faire les choses dans cet ordre : l'impulsivité d'abord.

Les Profils 8 sont connus pour être directs et interagir facilement avec les autres, directement ou indirectement. Les Profils 8, avec leur énergie forte, exubérante et leur style direct et combatif sont bien en phase avec l'archétype masculin, la norme stéréotypée du genre masculin. Cela ne pose pas de problème d'être un macho quand on est un homme, c'est même bien vu dans la plupart des cultures, tandis que dans de nombreux cercles et cultures, cela n'est pas du tout bien vu d'être une femme macho. Il y a peu d'antagonisme pour l'homme de Profil 8, que ce soit avec son habitude d'esprit ou avec ce que la société attend de lui. Étant d'un profil corporel, les personnes de Profil 8 fonctionnent davantage à partir de leurs impressions et de leur instinct viscéral qu'en analysant les choses. Ce faisant, les hommes de Profil 8 prennent l'habitude d'être agressifs et dominants. Parfois, même, ils sont connus pour être explosifs, maladroits sur le plan émotionnel, voire contre-productifs. L'école des « coups durs » et la notion « d'amour vache » ont tendance à correspondre à la dynamique des Profils 8. La culture occidentale, pour sa part, a tendance à récompenser et à accepter en grande partie les propensions agressives des Profils 8, en particulier pour les hommes.

Alors que l'archétype féminin est imprégné de qualités relationnelles, de sentiments, d'un intérêt pour la relation, ce sont des caractéristiques qui auront tendance à modérer, parfois à frustrer, une femme de Profil 8. Le style énergétique exubérant, doté d'une force de vie intense, de la femme de Profil 8 n'a pas forcément de contrepoids, ce qui peut lui rendre la vie difficile. Les femmes de Profil 8 se débattent certainement dans une société qui essaie de les forcer à se réfréner afin de se conformer plus facilement aux normes stéréotypées du genre féminin. Cette exigence de conformité sociale qui pousse les Profils 8 à « se modérer » est bien plus attendue chez les femmes de Profil 8 que chez les hommes de Profil 8. J'ai également remarqué que les femmes de Profil 8 ont du mal à assumer ouvertement la pleine expression des tendances innées de leur Profil 8 jusqu'à 40 ou 50 ans, parce qu'on le leur reproche souvent. Bien qu'elles puissent souffrir d'un point de vue sociétal, j'ai observé que les femmes de Profil 8 réussissent très bien lorsqu'elles ont un rôle de direction dans le monde en général, un monde qui est encore, à ce jour, dominé par les hommes.

Il est important, pour les hommes comme pour les femmes de Profil 8, de réguler leur énergie exubérante, tournée vers la domination, de façon à avoir sur les autres une influence appropriée. Le style agressif « tout ou rien » a ses limites. La croissance vient du fait d'accepter la tendresse, autant pour soi-même que pour les autres. C'est un point de vue nouveau pour les Profils 8 que de voir que la vulnérabilité est puissante et que la faiblesse est parfois réelle et demande à être prise en compte. Les autres ont besoin de se sentir en sécurité et écoutés en présence d'un Profil 8. Ce qu'un Profil 8 voit comme la vérité peut ne pas être la seule vérité. Autorisez la tendresse. Autorisez les autres à exprimer leur tendresse et leur vulnérabilité, et à se sentir respectés, en toutes circonstances.

Profil 9 | le Médiateur

Le Profil 9 est neutre du point de vue du genre, avec une inclination vers le féminin. Les Profils 9 possèdent des caractéristiques qui incluent la conscience des autres, la prévenance, le calme, et le fait d'être facilement abordables. Ils possèdent également des caractéristiques typiquement attendues chez les femmes, dont la bonté et l'attention, la sensibilité aux autres, l'adaptation aux besoins des autres, la douceur, le soutien, le fait d'éviter les conflits et l'orientation sur le côté relationnel. Aussi bien les hommes que les femmes de Profil 9 répondent volontiers aux besoins et envies des autres, et ils le font en réponse à un instinct viscéral, qui « suit » immédiatement sans grande hésitation.

Les Profils 9 sont sensibles aux autres, obligeants, pondérés et adaptables. Les Profils 9 sont connus pour leur qualité énergétique d'accompagnement alliée à une grande flexibilité. Les Profils 9 des deux sexes peuvent être têtus et camper sur leurs positions quand ils le veulent vraiment, souvent de façon inconsciente. C'est inné et c'est leur façon subtile, sans affrontement, de dire « non ». C'est leur façon de protéger leur souveraineté.

Ils sont généralement à l'aise pour entrer en relation avec les deux sexes et sont énergétiquement neutres. Les femmes de Profil 9 sont attentives aux envies, aux besoins et aux désirs des autres. Elles sont capables de donner volontiers, souvent sans avoir conscience de leurs propres besoins en matière de limites. Les femmes de Profil 9, en particulier, *et les hommes de Profil 9 aussi, dans une grande mesure*, ont des difficultés à dire « non », à tel point que la femme de Profil 9 est souvent identifiée de façon erronée comme une Profil 2, l'Altruiste, qui est, en quelque sorte, le parfait stéréotype féminin focalisé sur les relations. Les femmes de Profil 9 sont généralement à l'aise avec les tâches de genre féminin caractéristiques de la société.

Les hommes de Profil 9 ont la capacité d'être assurés, orientés vers l'action, et font d'excellents dirigeants, mais ils se montrent d'autant plus à la hauteur que ces qualités d'assertivité sont exigées, qu'on le leur demande, ou lorsqu'on leur donne la permission d'intensifier leurs efforts. Les hommes de Profil 9 qui occupent des postes de pouvoir s'entourent avec à-propos du talent nécessaire pour faire ce qu'il y a à faire, et sont étonnamment doués pour la simplification et la délégation.

Les hommes de Profil 9 se considèrent souvent, et sont vus, comme passifs, longs à la détente, peu décidés et conciliants, attributs qui ne correspondent pas au stéréotype de genre masculin – en particulier lorsqu'une action immédiate est exigée. Le fait de ne pas répondre au stéréotype du genre masculin peut souvent être stressant pour les hommes de Profil 9, comme c'est le cas pour tous les hommes dotés d'un tempérament dont les qualités innées incluent des traits de caractère féminisés par la société. Gagner en assurance, faire face au conflit, aller de l'avant, et prendre la direction des opérations sont des qualités que les hommes de Profil 9 doivent développer, en dépit de leur réticence à le faire.

Cela dit, j'ai découvert que les hommes comme les femmes de Profil 9 sont relativement à l'aise avec leur capacité d'adaptation naturelle, leur douceur lente à la colère et leur aptitude à compatir sans porter de jugement avec à peu près n'importe qui, sans distinction de sexe ; leur prise de contact est individualisée, quel que soit le genre.

En ce qui concerne le développement, bien que les Profils 9 aient un profil Ennéagramme neutre au niveau du genre, les hommes et les femmes de Profil 9 ont besoin de travailler leur assurance et de donner aux autres l'occasion d'expérimenter leur vérité, leurs opinions, leurs besoins et leurs envies. Faire l'effort de s'exprimer de façon différenciée dans une relation est nécessaire. Au bout du compte, c'est ce qui offrira aux autres et à eux-mêmes l'authenticité que mérite chaque relation.

En résumé

Sans aucun doute, de nombreux facteurs contribuent à façonner la vision que nous avons de nous-même en tant qu'individu, partenaire amoureux, genre dans la société, et en tant qu'être humain s'efforçant de vivre la meilleure vie possible. Comment *nous définissons-nous*, en fait ?

Au cours des sept années de la rédaction de ce livre, nous avons été témoins de changements considérables dans la société, tandis que les caractéristiques typiques des genres étaient réévaluées. On ne peut pas non plus négliger la biologie, car c'est le fondement de nos systèmes hormonaux ainsi que de notre façon de procréer, et ce système est, pour la plupart, binaire. Notre biologie physique est un bon point de départ lorsque nous avons besoin de définir rôles et identités, mais nous, êtres humains, avons d'énormes capacités dans toutes sortes de domaines et sommes complexes. Que nous soyons biologiquement nés homme ou femme, nous partageons beaucoup sur le plan des intelligences mentales, émotionnelles et corporelles, et dans la façon dont tout cela est intégré – grâce à notre esprit et au développement cohérent de la conscience.

Pour ceux d'entre nous qui ont plus naturellement atterri dans la gamme des constructions sociales (d'une société donnée) définies par le genre, la formation d'une identité cohérente avec ces normes est facilement acceptée par la société. *Ceux-là sont chanceux*, car l'acceptation de soi sera probablement plus facile. Pour ceux qui ne correspondent pas naturellement aux normes spécifiques des genres de la société, il peut y avoir un peu plus de difficultés ; la non-acceptation par la société peut alors exacerber la non-acceptation de soi, ce qui peut entraîner différents degrés d'altération du moi, de suppression du moi, voire de la honte, qui peut aller jusqu'à la confusion des genres.

À chaque fois qu'il y a un manque d'acceptation de soi, il y a un risque plus élevé d'appréhension, de désaccord et d'inconfort dans la relation. Comme il nous est difficile de nous accepter nous-même, il nous est difficile de nous *montrer*, et par conséquent nous avons tendance à protéger ce qui en nous veut rester caché. Nous pouvons déformer les intentions ou les interprétations de l'autre. Nous pouvons à notre tour inconsciemment frémir et nous éloigner des vulnérabilités de l'intimité, ce qui ne fera que nous priver de la plus belle des expériences que nous puissions jamais connaître avec un autre.

Nous autoriser à voir la totalité du spectre de qui nous sommes – notre biologie naturelle, combinée à nos aptitudes et à nos talents, à notre féminité et à notre masculinité, à notre cœur expansif et à la façon dont il désire s'exprimer dans le monde – est essentiel. Il devient possible de voir *la totalité de ce que nous sommes*, si nous nous engageons sur le chemin du développement personnel, qui est le chemin vers l'acceptation de soi. C'est le chemin pour atteindre une plus grande intimité avec soi-même et avec les autres. C'est le chemin vers des relations plus profondément satisfaisantes. Et cela est ensuite le chemin pour vivre la plus complète des expériences de l'amour, celle qui réside en nous, qui désire être vécue, et qui se languit d'être exprimée.

Peut-être le monde aurait-il intérêt à adopter, dans une logique d'amour et d'acceptation, une vision davantage fondée sur l'Ennéagramme pour nous permettre de nous comprendre nous-même, de comprendre notre identité, et de comprendre notre personnalité – une vision dans laquelle la personnalité n'est pas fondée uniquement *sur le genre*. Les caractéristiques de genre définies de façon si définitive selon deux sexes naturels et des normes culturelles attribuées et considérées comme acceptables pourraient nous empêcher de voir les choses dans leur totalité. Jusqu'à présent, les rôles et les attentes spécifiques du genre ont mené de façon inquiétante à des stéréotypes limitatifs et à la propension aux préjugés, voire au rejet pur et simple des divergences comportementales et émotionnelles. Cela a également, et de manière inquiétante, mené au rejet pur et simple de son propre sexe naturel, de son corps et du genre qui lui est lui-même corrélé.

Dans une perspective plus large, nous sommes tous membres d'une même espèce et nous méritons reconnaissance, compassion et respect, que nous soyons de l'un ou l'autre sexe ou de l'un ou l'autre des neuf profils. L'Ennéagramme nous enseigne les propensions énergétiques et la programmation neuronale, les qualités essentielles de l'être, les systèmes émotionnels et les instincts qui nous dirigent. Tout cela nous permet d'avoir une compréhension plus complète, plus compatissante de nous-même et des autres, grâce au point de vue selon lequel il existe neuf possibilités énergétiques distinctes avec des contributions uniques. La totalité de « qui nous sommes » a des frontières extraordinairement larges ; le territoire qui reste à découvrir ne peut pas être laissé inexploré, encore moins sous-estimé ou limité.

Autorisons-nous à adopter une vision plus large – une vision énergétique – de nos qualités humaines et de nos caractéristiques. Il y aurait beaucoup à dire sur ce point. Une vision des choses plus large nous permet de respecter notre nature biologique, en conjonction avec notre tempérament – nos propres propensions énergétiques naturelles. Bien qu'il y ait plus de deux *énergies* spécifiques lorsqu'on en vient à définir ce que c'est que d'être humain, cela ne signifie pas nécessairement qu'il y ait une faille dans la vérité physiologique d'être né physiquement homme ou femme.

Tandis que nous réfléchissons aux *définitions*, dans la société, des genres masculin et féminin, et aux répercussions que ces définitions ont eues sur nous, l'Ennéagramme nous offre une chance de ne pas prendre en compte uniquement les « descriptions liées au genre » mais aussi les descriptions des « schémas énergétiques de l'être ». Ces schémas énergétiques de l'être forment le fondement de nos personnalités et de la manière dont elles se développent ; ils s'expriment en chacun de nous à travers neuf profils Ennéagramme différents, qui comprennent indépendamment des mâles et des femelles sur le plan biologique. Que cette application de l'Ennéagramme nous aide à augmenter la compréhension de soi, l'acceptation de soi, et mène ensuite à l'expression sans restriction de soi et des autres. En nous comprenant de mieux en mieux, puissions-nous éviter de plus en plus le rejet de soi et diminuer les intolérances qui causent une souffrance inutile en nous-même, dans nos relations et dans le monde.

Chapitre 9

Développer la conscience demande un processus méthodique

Le Procédé de Croissance Universel (UGP[1]) plus en détail, et comment nous résistons

Revenons au chapitre 1, car c'est là que nous avons introduit un principe de base : la pratique. C'est très joli d'étudier la théorie et de rechercher la connaissance, mais il est important de comprendre que cela n'est que le point de départ. La connaissance ne suffit pas. Faire un travail de développement personnel ne suffit pas. Bien sûr, commencer avec les concepts et gagner en compréhension représente un premier pas crucial. Mais nous avons besoin de mettre tout cela en pratique. Pour ce faire, nous avons besoin d'un procédé. Nous avons besoin d'une méthode pratique, répétitive, qui développe les compétences, qui prenne ces concepts et les concrétise en voies neuronales intrapersonnelles, plus intégrées, des voies qui nous mènent vers de meilleures capacités.

Chose importante, nous avons besoin de pratiques qui développent notre « cohérence ». La cohérence personnelle est la capacité acquise d'unifier les nombreuses parties disparates qui nous composent les unes avec les autres. La cohérence est comme une colle. Elle nous permet de nous relier honnêtement à nous-même tout en restant authentiquement ouverts et réceptifs, tout en étant capables de faire une pause et de contenir nos impulsions. L'objectif étant d'être capable de faire des choix proactifs – des choix imprégnés de compassion, de clarté, et d'action juste. La cohérence nous permet de nous développer au-delà de cette réactivité semblable à un réflexe tendineux qui peut à la fois nous blesser nous-même et blesser les autres, et elle gouverne notre aptitude à aligner nos pensées et nos sentiments avec nos mots et nos actions. La cohérence personnelle favorise la présence, le fait d'être présents à ce qui est réel en nous, présents à ce qui se passe autour de nous, ainsi que présents à ce que nous percevons chez les autres de façon subjective.

Et ensuite, nous avons besoin de *méthode* afin de développer notre capacité et notre niveau de bien-être. Le développement personnel qui élève notre niveau de bien-être n'est rien de moins que le fait de nous ouvrir à

1. *Universal Growth Process* en anglais (NDLT).

la totalité de nous-même, à nos capacités et talents uniques et très personnels, à nos espoirs et à nos désirs, à nos immenses facultés et à tout ce qui est l'amour en nous. Le développement personnel qui mène aux états de bien-être les plus élevés nous connecte également, pour nous y unifier ensuite, à notre côté sombre, aux parties de nous-même que nous avons peut-être refoulées car nous n'en voulions pas, qui étaient « à rejeter », honteuses – toutes les parties que nous pouvons avoir estimées impossibles à aimer.

Il se trouve que ces parties du moi représentent des aspects des croyances fondamentales de notre profil Ennéagramme, celles qui nous rendent obsessionnels, parce que nous craignons qu'il n'y ait pas d'amour pour nous si nous ne nous conformons pas à ces missions et à ce qui nous dirige. Ces missions sont très souvent ressenties comme des impératifs imposés par la compulsion, et elles font partie de notre humanité. Alors que nous aimerions que nos pensées, nos sentiments et nos comportements soient conduits par nos immenses talents et aptitudes, ils sont malheureusement trop souvent dictés par nos peurs les plus profondément enfouies – en particulier celles qui bataillent avec notre honte ou cachent nos blessures. Le développement personnel nous permet de conduire notre vie plus consciemment, à partir d'un état et d'un chemin de développement plus élevés, plutôt qu'avec un matériau émotionnel qui ne nous est pas visible, qui nous protège et / ou nous limite, et qui nous sort de notre présence à nous-même pour nous mettre en mode *réaction automatique*. C'est tout cela qui contrôle les choses, jusqu'à ce que nous « fassions le travail ». Ce travail.

Comme le dit notre très respecté collègue Russ Hudson, expert reconnu et auteur de *La sagesse de l'Ennéagramme*, **« la part de nous que nous ne pouvons pas voir** [dont nous n'avons pas conscience] **dirige tout le spectacle »**. Est-ce ce que souhaite chacun de nous ? Probablement pas, mais c'est ainsi que nous sommes structurés, jusqu'à ce que nous fassions quelque chose à ce sujet, jusqu'à ce que nous décidions que nous voulons nous éveiller à autre chose.

Jusqu'à ce que nous décidions de devenir plus conscients, plus consciemment, plus sincèrement conscients, et avec plus de compassion – pleinement conscients –, nous pouvons en fait vivre toute notre vie en nous contentant de réagir aux impulsions en nous. Il est possible que nous n'arrivions jamais à nous comprendre – encore moins à en saisir les conséquences, qui sont parfois des sabotages ! C'est une situation dans laquelle nous ne saurons pratiquement rien si nous ne cherchons pas. « Je suis simplement comme je suis », et c'est tout ce que nous savons lorsque, jeunes adultes, nous essayons de nous bâtir une vie suffisamment bonne. Nous commençons par faire de notre mieux avec « ce que nous avons à notre disposition », avec un profil Ennéagramme et un niveau de bien-être qui s'est façonné pour nous tout au long de notre enfance, dont une grande partie bien avant que nous ayons notre mot à dire sur le sujet. Nous sommes devenus ce que nous devions devenir.

Une vie vécue avec une conscience plus élevée est une vie de liberté proactive, d'amour de soi et de maîtrise de soi, qui accroît l'aptitude à entrer en relation, à être avec les autres et à les aimer. C'est ce qui nous amène à aimer mieux et à vivre plus pleinement. Une vie nourrie par une conscience dont nous avons conscience nous permet de piloter nos espoirs et nos désirs, nos rêves et nos objectifs, consciemment, courageusement et avec persévérance. Le développement personnel n'est pas une chose qu'il faut craindre ou à laquelle il faut résister, il faut plutôt l'accueillir et le rechercher de tout son cœur, puisqu'il mène à un bien-être personnel élevé et accompli par soi-même. Il mène à une vie vécue de façon bien plus épanouie. Et il mène à des gens, de tous horizons et de partout dans le monde, qui sont capables d'aimer et d'être aimés. **Le développement personnel est notre vision et notre espoir suprêmes – pour chacun d'entre nous et pour toute l'humanité.**

Le procédé nécessaire : la mise en pratique de l'UGP pour la Maîtrise de Soi

Le Procédé de Croissance Universel (UGP) pour la Maîtrise de Soi, brièvement présenté dans le chapitre 1, est la méthode que j'ai développée avec ma collègue Terry Saracino il y a de nombreuses années pour commencer à construire une prise de conscience consciente, celle qui mène à la maîtrise de soi définitive. L'UGP est un procédé pratique, puissant, fonctionnant par étapes, et facile à suivre. Il nous donne une formule, un véritable moyen de faire ce travail de développement personnel et d'élever notre niveau de bien-être. Il décompose ce qu'il faut faire en premier, ce sur quoi nous concentrer et ce qu'il faut rechercher, ce qu'il faut faire avec la conscience une fois que nous l'avons recueillie, et comment continuer à travailler avec elle, encore et toujours.

Lire des choses au sujet de la « pleine conscience » pique la curiosité, n'est-ce pas ? Cela semble formidable et fait envie ! Mais comment aborder réellement un procédé efficace de « prise de conscience de soi » ? Pour ce faire, nous avons besoin d'un plan, et les cinq étapes clés de l'UGP sont là pour nous guider et nous aider à démarrer. Que sommes-nous supposés rechercher et remarquer pour devenir une personne « consciente » ? Si, alors que nous abordons ce livre, nous n'avons jamais rien recherché de tel, il est possible que nous n'ayons pas l'habitude de fréquenter notre monde intérieur subjectif avec un certain niveau d'engagement dépourvu de jugement. En fait, nous pourrions très bien ne pas aimer du tout ce que nous trouvons *là-dedans*.

Lançons-nous donc ensemble dans cette exploration. Combien sommes-nous, en lisant ce livre, à ressentir comme une culpabilité, à entendre une petite voix négative en nous, et à nous sentir en guerre contre nous-même – ou à ressentir une forme d'anxiété à l'idée de ce que *nous ne sommes pas* ? Et si c'était « ce » que nous découvrons lorsque nous osons passer du temps seul dans notre esprit, à l'intérieur de notre monde intérieur subjectif ?

Les normes de notre société ont tendance à nous désigner l'*extérieur* de nous-même lorsque nous cherchons des réponses, à nous faire rechercher extérieurement notre valeur et la poursuite du bonheur. Nous sommes endoctrinés à penser que la vie se trouve dans nos activités, dans le travail que nous exerçons, et avec les gens avec lesquels nous nous trouvons, ou ceux que nous recherchons. Bien que ce qui se passe autour de nous soit une partie importante de notre vie, c'est la façon dont nous sommes connectés, à l'*intérieur* de nous-même en réponse à toutes les expériences que nous connaissons, qui est la vérité et la substance de notre vie – l'expérience de notre monde intérieur est en fait *tout*.

Le niveau auquel nous sommes si nombreux à abaisser notre vie intérieure subjective est stupéfiant. L'expérience subjective de nous-même est ce dont, bien souvent, nous nous détournons. Et pourtant, C'EST notre vie ! Pour dire les choses clairement : notre vie est faite de *l'expérience personnelle* que nous faisons de tout ; c'est ce qui lui donne du sens pour nous. C'est la relation que nous avons avec nous-même, jour après jour, qui est ce que nous prenons finalement avec nous (dans notre cœur). Mais malheureusement, nous pouvons la manquer. Pour être tout à fait honnête : la façon dont nous avons vécu et ressenti tout cela – en nous-même – est ce à quoi nous ferons face et que nous devrons accepter à la fin de notre vie. Notre bagage émotionnel est ce qui reste dans notre cœur et dans notre âme, après que tout est terminé.

Être le témoin de soi, de l'intérieur vers l'extérieur, n'est pas quelque chose qu'on enseigne régulièrement dans les foyers américains moyens où nous vivons avec nos parents ou les personnes qui nous élèvent, et ce n'est pas non plus enseigné dans la plupart des écoles. Mais c'est cette capacité à être le « témoin de nous-même » qui relâche nos défenses, déclenche notre développement et promeut l'unification de nos qualités spirituelles avec les propensions de notre personnalité – et avec notre part d'ombre. Être attentif à soi, ce qui fait partie d'une pratique de pleine conscience, est ce qui fait émerger nos qualités supérieures d'être dans notre vie. C'est ce qui nourrit notre bien-être, notre sentiment de plénitude et notre constitution fondamentale – qui est fondamentalement l'amour.

C'est une capacité d'observation qui nous amène à développer notre conscience de soi. Si l'UGP est si utile, c'est parce qu'il fournit *une véritable méthode* pour observer et nous y engage. Il repose sur les 5 A suivants :

1. Conscience (**A**wareness)
2. **A**cceptation
3. **A**ppréciation
4. **A**ction
5. **A**dhésion

Ces 5 A sont cinq étapes faciles à mémoriser qui peuvent être appliquées facilement, à n'importe quel moment, dans nos activités quotidiennes. J'ai enseigné ces étapes pendant des années, mais je ne les ai organisées de cette façon qu'aux alentours de 2007, après des années passées à rechercher « plus de méthode » à transmettre à nos étudiants. Chacun de ces 5 A, plus profitables si vous les prenez dans l'ordre, est conçu pour le développement de la prise de conscience de soi et de la maîtrise de soi. Ils favorisent l'élaboration de notre capacité à être présents et à le rester, à nous révéler à nous-même et à faire les différents choix nécessaires, ainsi que l'acquisition de la capacité dont nous avons besoin pour réagir moins dans l'instant qu'« après réflexion », plus régulièrement.

La contribution unique de l'UGP

La Conscience (Awareness), l'Acceptation, l'Appréciation et l'Adhésion (A1, A2, A3 et A5) sont des principes universels qu'on trouve dans la plupart des grandes traditions du monde. Vous trouverez ces concepts, par exemple, dans la prière pour se recentrer de la tradition chrétienne et dans la méditation de pleine conscience de la tradition bouddhiste. Cela dit, l'apport unique et puissant de l'Ennéagramme pour le chemin du développement humain se trouve, je crois, dans l'étape Action (A4) de l'UGP, qui repose sur la pause pour réfléchir, reconnaître et prendre conscience. L'étape Action emmène la conscience au niveau supérieur. À ce stade, nous sommes prêts à mener une investigation douce et honnête, qui nous permettra de discerner ce qui est, puis de choisir de façon proactive la forme de conduite consciente la plus lucide, la plus constructive pour nous-même et pour la situation.

Lorsqu'elles sont associées, une prise de conscience consciente, réceptive, et la reconnaissance de ce qui vient de se passer à l'intérieur, couplées à une acceptation dénuée de jugement puis à l'appréciation (la gratitude), constituent le grand stabilisateur. Appelons cet ensemble « grand stabilisateur émotionnel ». Une fois que nous avons le contrôle sur nos émotions, nous sommes capables de « voir » de façon cohérente ce qui est nécessaire pour nous-même ET dans cette situation, et nous pouvons le faire avec grâce, humilité et efficacité. Ce sont ces étapes qui permettent ensuite une forme d'action appropriée. L'étape Action boucle la boucle. L'étape Action est l'expression extérieure de notre conscience, l'acceptation autorisée, la pause, puis le choix de la réponse décidée et proactive. L'étape Action met en marche la capacité de présence de notre personnalité, ce qui l'amène à rencontrer et à agir sur ses qualités d'être essentielles (spirituelles) supérieures.

La bonne nouvelle, rappelons-nous, c'est que nous possédons effectivement l'aptitude à former de nouvelles voies neuronales, ce qui signifie de nouvelles façons d'être : la neuroplasticité existe ! Nous pouvons apprendre pendant toute notre vie, ce qui signifie que nous pouvons grandir. Et parce que nous pouvons grandir, nous pouvons changer. Nous pouvons grandir et changer. Cela arrive lorsque nous combinons une observation consciente de soi avec de la pratique et encore de la pratique. La pratique est ce qui nous permet d'expérimenter une nouvelle façon de faire les choses, une nouvelle façon d'être. L'acquisition à long terme, la possession, d'une nouvelle façon de faire ou d'être suppose d'abord qu'on la vive, puis qu'on s'en souvienne, et que « cette nouveauté » soit fermement intégrée par la répétition. C'est la pratique qui permet cette répétition.

Quelques points importants au sujet de la pratique

Et maintenant, quelques mots essentiels au sujet de la pratique, parce que c'est le point crucial de notre travail de développement personnel, et nous aimerions lui apporter toute l'attention qu'elle mérite. Bien sûr, c'est mieux de pratiquer aussi souvent que possible. Cela dit, quel est le meilleur moment ? Et comment nous y prendre ? Pratiquer lorsque nous sommes stressés et menacés est certainement noble, et bon, alors faisons de notre mieux chaque fois que l'occasion se présente. La vie telle que nous la connaissons ne manquera pas de nous donner de nombreuses opportunités. Mais assurez-vous de pratiquer aussi lorsque vous n'êtes ni stressé ni menacé.

Par exemple, il vaut mieux apprendre à nager et travailler ses mouvements pour être capable de sauver sa vie AVANT de monter dans un bateau et de s'apercevoir qu'il coule. Il est probable que nos mouvements imparfaits ne nous seraient pas d'un grand secours si nous ne les avions pas mis en application avant, à la piscine. Il est difficile de bien faire quelque chose, et plus encore quelque chose de nouveau, quand le stress – et une réactivité massive ! – prend le contrôle à un moment où l'on se sent totalement menacé !

Une pratique qui construit la maîtrise de soi est nécessaire chaque jour, et il est mieux de le faire lorsque nous sommes détendus, quand nous sommes capables, avec patience et douceur, de nous observer nous-même, de reconnaître et de prendre conscience. Il est mieux de faire cela à un moment où nous sommes capables d'avancer dans nos processus d'action de façon consciente et proactive.

C'est lorsque nous sommes au mieux de notre stabilité émotionnelle qu'il faut nous discipliner pour répéter de nouvelles manières de réagir, plus saines sur le plan du développement. C'est ce genre de pratique consciente, faite lorsque nous ne sommes pas stressés, qui nous permet de construire une familiarité avec les sensations, les compétences et les savoir-faire de la pleine conscience. Au fil du temps, la familiarité de ces nouvelles voies est ancrée et intégrée. Assez vite, nous serons capables d'y parvenir facilement et sur commande.

Alors, quand nous serons de nouveau en difficulté – dans les moments où nous nous trouverons assiégés –, les nouveaux apprentissages intégrés seront là pour nous aider. C'est ce que nous voulons. C'est différent que d'être assiégé et de se retrouver à lutter pour se défendre ENCORE contre de vieux schémas enracinés et une réactivité trop familière, qui n'ont pas bien fonctionné dans le passé et ne risquent pas de fonctionner dans le futur.

L'exercice qui consiste à nous ancrer et à focaliser notre attention sur notre respiration – et par conséquent sur notre expérience corporelle – EST le moyen de nous entraîner à accéder et à identifier nos sentiments les plus profonds, et donc notre réactivité automatique. Il est mieux de faire ce genre de pratique de développement lorsque nous ne sommes pas non plus préoccupés par la vie quotidienne, et surtout pas lorsque nous sommes menacés ou stressés. C'est une pratique concertée, qui nous permet de construire de nouvelles voies neuronales et, au fil du temps, de changer nos schémas de conditionnement enracinés qui étaient auparavant limités au niveau de la flexibilité dans la réaction et qui ne nous laissaient que peu de choix.

La contribution de l'UGP à l'intimité de soi

L'un des cadeaux fondamentaux et indiscutables de l'UGP est le développement de l'intimité de soi. C'est important, car **l'intimité de soi est la porte d'entrée vers l'intimité avec les autres**. Cela signifie que le degré d'intimité que nous développons avec nous-même *est la base* de l'intimité que nous serons capables d'encourager dans toutes nos relations, et en particulier dans nos relations amoureuses. Bien que l'UGP soit sans nul doute un outil pour le développement de la conscience de soi, qui mène à la pleine conscience, c'est également un outil extraordinaire pour développer une relation de travail plus intime avec nous-même, une relation qui développe l'engagement de soi et une compréhension de soi authentique. Je parle d'une relation « de travail » parce que c'est un procédé qui nous emmène pas à pas et au fil du temps dans notre territoire intérieur, et d'une façon qui développe notre vie intérieure – et notre vulnérabilité de soi. L'UGP nous aide à nous engager avec nous-même *de façon neutre, vulnérable* et *répétée.*

Ces étapes commencent à construire, à l'intérieur, un système dédié à la relation à soi. C'est une façon pour le soi de s'inscrire dans le soi et de découvrir – avec compassion, bienveillance et réceptivité – ce qui se passe. Les étapes de l'UGP nous entraînent à faire cette expérience personnalisée de notre monde intérieur subjectif, puisqu'elles favorisent notre capacité à être plus profondément, et avec plus de prévenance, sensibles à notre « moi intérieur », à notre vérité pleine de vulnérabilité. Une fois que nous sommes arrivés à ce point, notre aptitude à être sensibles à notre monde extérieur, et aux personnes qui s'y trouvent, augmente et s'approfondit.

Les étapes vers l'intimité de soi avec l'aide de ce livre

L'intimité de soi commence en développant l'aptitude à être aimant et pourtant honnête avec soi-même. L'intimité de soi est la pratique de rencontres intrapersonnelles vraies, chacune d'elles nécessitant d'être nourrie de compassion pour soi et d'acceptation de soi pour être tolérable, ainsi que pour être respectée avec neutralité et conscience. En utilisant l'Ennéagramme comme une cartographie pour la découverte de soi, qui ne juge pas et qui supprime la honte, nous pouvons commencer à développer une compréhension de nous-même, qui favorise le développement de la vulnérabilité de soi (toutes ces choses sensibles et douloureuses que nous préférerions cacher !), qui est la pierre angulaire de l'intimité de soi.

Commençons par les choses les plus faciles, comme la connaissance de soi, commençons par déchiffrer notre centre d'intelligence principal : « *Suis-je un profil de la Tête ? Un profil du Cœur ? Ou un profil du Corps ?* » Prenons ensuite le temps nécessaire pour déterminer notre véritable structure de personnalité de l'Ennéagramme : « *Quel est mon profil dominant ?* » La connaissance de soi passe aussi par la découverte de notre comportement instinctif principal, puis de l'ordre dans lequel nous exprimons les deux autres. Comprendre notre centre d'intelligence, notre profil Ennéagramme et notre comportement instinctif (sous-type) nous donne les moyens de nous voir plus objectivement, avec moins de honte et plus d'amour. C'est nécessaire, car le travail de développement qui met en lumière nos sensibilités et nos vulnérabilités peut nous mettre à l'épreuve au-delà de ce que nous voulons, si nous ne construisons pas d'abord de bonnes fondations pour nous soutenir au cours des découvertes les plus dures et des défis qui peuvent surgir au cours de notre développement. *Merci à l'Ennéagramme !*

Ensuite, l'intimité de soi peut être développée en regardant de plus près la manière dont notre identité de genre est en corrélation avec notre profil. L'Ennéagramme, qui explique la manière dont nous sommes organisés depuis l'intérieur, nous donne une compréhension perspicace de nos qualités d'être énergétiques, des caractéristiques prétendument « féminines et masculines » d'une personnalité, et de la façon dont elles sont naturellement exprimées à travers neuf profils Ennéagramme particuliers. En nous tournant vers les définitions sociétales de qui nous sommes et de « comment nous sommes supposés être », selon les normes culturelles de genre, nous pouvons découvrir que nous « correspondons » aux normes, ou pas. L'Ennéagramme nous permet de réfléchir et de comprendre pourquoi tel est ou non le cas. Alors que correspondre aux normes ne cause en soi que peu d'ennuis, le fait de ne pas y correspondre peut être problématique, voire induire de la honte. Ce que révèle l'Ennéagramme nous donne à chacun une occasion de voir en nous-même au-delà des constructions potentiellement limitatives d'un système binaire d'identification de soi, un système qui repose sur seulement deux sexes biologiques et les qualités stéréotypées qui sont culturellement associées à chacun d'eux.

Globalement, l'intimité de soi peut être favorisée et encouragée par une bonne investigation de soi, et, à ce propos, elle peut être catalysée en répondant à chacune des questions posées tout au long de ce livre. C'est notre manière d'aider chacun d'entre nous à démarrer un processus vers l'intimité de soi. Nous avons appelé ces questions des « questions-guides ». Ces questions-guides sont conçues pour un examen de soi clément, et il est nécessaire de les accueillir avec curiosité. La curiosité favorise une sorte d'émerveillement dépourvu de jugement, qui ouvre la porte à une connaissance de nous-même meilleure et plus profonde. C'est cela, l'intimité de soi.

L'intimité de soi n'est pas nécessairement donnée. Pour beaucoup, elle peut être un nouveau territoire. Il est donc important d'ajouter une méthode concrète qui nous engage dans le développement de l'intimité de soi. On peut trouver une telle méthode dans l'UGP. Le fait d'utiliser les cinq étapes de l'UGP chaque jour met en pratique un protocole tangible, proactif, sur lequel on peut compter, pour localiser l'honnêteté et la vulnérabilité en nous – en temps réel, dans l'ici et maintenant. L'UGP est « une méthode » pour devenir intime avec nous-même, une séquence des 5 A à la fois.

Le voyage que l'on entreprend et dans lequel on progresse chaque jour, avec un soi accepté, aimé et honoré, c'est-à-dire qu'on écoute, est un voyage qui vaut la peine d'être fait. Le voyage qui va de l'observation à la reconnaissance, puis à l'acceptation et à l'appréciation, suivie de la prise de décisions appropriées – celles qui sont conscientes, réfléchies et favorables au plus grand bien de tous –, est le voyage du développement personnel et, finalement, le voyage vers la maîtrise de soi.

L'intimité de soi est ce qui approfondit l'attention personnelle puis le dévouement personnel, puisque c'est ce qui nourrit l'émergence sécurisée du soi authentique. Prendre soin de soi fournit la base d'un dévouement personnel, motivé par la relation authentique de chacun avec lui-même. Le principe du soi est ensuite honoré par la mise en œuvre du 5e A, celui de l'Adhésion. L'étape de l'Adhésion est un grand pas vers l'expression de l'attention continue à soi-même, *de l'amour de soi.* Elle dit : « *Je m'engage pour moi.* » L'Adhésion est un acte d'estime de soi, un acte qui nous demande beaucoup au fil du temps, car il requiert de la discipline et du dévouement. C'est « le travail » de la maîtrise personnelle, parce que c'est l'une des étapes du procédé qui doit s'aligner avec tous les concepts compris. Avec cette étape vient un modèle fonctionnel pratique, un modèle construit autour du mot « adhésion ». L'étape de l'Adhésion est une expression extérieure identifiable de l'amour de soi.

Présentation du Procédé de Croissance Universel (UGP) pour la Maîtrise de Soi

Voici à nouveau les 5 A. Plus ces étapes nous deviennent familières, plus elles deviennent pour nous des secondes natures, et plus nous pourrons y accéder facilement dans la vie quotidienne.

Conscience (Awareness) – A1

La conscience est une forme de reconnaissance : c'est le fait de devenir présent. C'est un état où l'on a connaissance, c'est l'acquisition d'une perception. La conscience est un état d'être à soi-même intentionnel. C'est le fait de regarder les informations et l'énergie en nous et d'observer ce qui s'éveille à l'intérieur en réponse. La conscience est neutre. Elle n'a pas d'opinion ni de programme, elle se contente d'observer « ce qui est ». C'est une forme focalisée d'observation qui ne censure rien. C'est une capacité qui nous permet de séparer notre expérience interne en deux parties : une partie qui regarde, et une autre qui est regardée.

La conscience se cultive par la pratique. Le genre de pratique qui développe notre aptitude à nous ancrer, c'est-à-dire à nous mettre dans notre corps dans l'instant présent. La conscience nous aide à développer la réceptivité (le fait d'autoriser les diverses énergies et informations à entrer et à être reçues par nous) et est conçue pour développer les compétences d'observation de soi que nous avons besoin de cultiver afin de nous *observer* nous-même *réagir*. Pour cela, il est fondamental d'être capable d'inspirer profondément et d'expirer profondément, de nous ancrer dans notre corps et de reconnaître sans porter de jugement ce qui se passe à l'intérieur.

Acceptation – A2

L'acceptation, c'est autoriser. Autoriser, sans porter de jugement, tout ce qui survient à l'intérieur de nous et aussi à l'intérieur des autres. L'acceptation est la validation. La validation de « ce qui est ». Ce que nous voulons et avons besoin « d'accepter » inclut la vérité de nos sentiments et ce qui se cache derrière notre réactivité, derrière notre manière défensive de blâmer les autres, derrière notre douleur, notre peur et nos vulnérabilités – comme notre honte, ou notre tristesse. L'acceptation rejoint également les expressions plus positives du soi, comme notre excitation, notre bonheur, notre sérénité, notre animation ou notre joie. L'acceptation, c'est la non-résistance. C'est une sobriété neutre qui permet au matériau subjectif en nous d'être vu pour ce qu'il est, et elle nous permet *de recevoir* avec acceptation l'expérience subjective d'un autre, comme nous la percevons. L'acceptation est neutre par nature. C'est l'art d'être « avec » une chose et de lui permettre d'être comme elle est. L'acceptation n'implique pas nécessairement que nous « aimions » quelque chose ou que nous fermions les yeux dessus. Elle reconnaît. Puis, tandis que nous nommons « ce qui est », nous marchons à ses côtés – nous *sommes avec*, et nous allons bien. L'acceptation n'a aucune condition ni interprétation.

Appréciation – A3

L'appréciation, c'est déplacer consciemment notre attention vers ce qui est bon et positif, en nous, chez les autres et dans le monde. L'appréciation est en accord avec la qualité énergique de la gratitude. C'est l'acte de rendre grâce pour *quelque chose*, d'honorer l'énergie de cette chose et d'être content qu'elle soit là, en face de nous. L'appréciation nous permet de considérer les cadeaux qui sont présents en toute chose (*il y a toujours quelque chose !*), même dans ce qui peut nous paraître provocateur, intimidant et déchirant. L'appréciation a une vibration énergétique qui met de bonne humeur et elle est pleine de grâce.

Action – A4

L'action telle qu'elle est décrite et appliquée dans l'UGP est l'étape où nous affrontons, en quelque sorte, ce que nous avons « vu » en nous ou chez les autres – ce que nous avons découvert et dont nous sommes devenus conscients – et avec quoi nous sommes, maintenant, en relation directe. Qu'y a-t-il maintenant que nous voulons « diriger », dont nous voulons nous libérer, ou pour quoi nous avons de la compassion ? L'action est « ce que nous faisons » maintenant que nous avons conscience, maintenant que nous avons collecté et accueilli, mais pas supprimé, ce qui a émergé. L'action est l'étape suivante, lorsque nous sommes prêts à exprimer ce que notre conscience a cultivé et ce que *nous avons consciemment* décidé de faire à ce propos. L'action, l'action consciente, prend place lorsque nous nous trouvons en possession d'un soi efficace, prêt, et capable de répondre plutôt que de réagir. C'est là notre chance de répondre plutôt que de passer par défaut en mode automatique de la personnalité. L'étape action requiert une petite investigation de soi « immédiate » afin que le bon discernement survienne. C'est une compétence que nous développons par ce travail. À ce stade, nous sommes invités à donner sens à tout contenu, ainsi qu'aux « impulsions », aux « sentiments » et aux « réactions » qui ont surgi à un moment donné, dans le moment présent.

Tandis que nous formulons l'action demandée, les identifications clés de notre structure de personnalité, les croyances fondamentales et les inquiétudes, ainsi que les sentiments les plus profonds qui y sont associés vont certainement apparaître. C'est là que soit notre pratique s'évapore, soit elle nous apporte l'ancrage dont nous avons besoin pour filtrer les informations et l'énergie qui nous inondent, y compris la charge émotionnelle (le cas échéant) qui s'éveille en nous. Notre *ancrage dans le présent*, bien exercé, peut-il nous retenir suffisamment longtemps pour « répondre » de manière lucide et proactive ? Pour que nous puissions agir de façon consciente plutôt que réactive ? Cela demande de l'entraînement.

Certainement, au tout début, le fait de nous retenir et de faire une pause peut nous paraître déstabilisant, voire inconfortable. Nous pouvons même nous sentir comme « un lapin pris dans la lumière des phares » tandis que nous passons par ces cinq étapes de façon réfléchie et méthodique. « *Attendez ! Je passe par mes 5 A !* » Ce n'est pas si facile, surtout au début. Le but est de nous sortir de là par une action consciente et appropriée. Mais ce n'est pas toujours un coup franc et net. *Patience !* Pratiquer encore et encore est le seul moyen de parvenir à un niveau de compétence qui nous permette d'interrompre nos schémas habituels, en particulier ceux qui engendrent notre attitude défensive et notre réactivité. Pourtant, avec calme et application, ce procédé peut se dérouler en quelques secondes, et avec de moins en moins d'inconfort et de difficultés. Au fil du temps, vous passerez par les cinq étapes en quelques nanosecondes, car vous les aurez tant pratiquées qu'elles seront devenues une seconde nature.

Conduite consciente recevable

Nous gérer nous-même est une étape ultérieure, une étape rendue possible grâce au fait que nous ayons notre propre « coach intérieur » pour nous aider. Cette ressource intérieure de guidage peut nous fournir le soutien dont nous avons besoin pour parvenir à une liberté d'agir intégrale, et à une conduite consciente plus gratifiante. La conduite consciente inclut deux étapes en rapport étroit :

1. La mise en application de l'acceptation, celle qui est alimentée par l'énergie réceptive. Et ensuite :

2. Le déploiement d'une action déterminée, qui nous respecte et nous honore, nous, les autres et la situation. L'acceptation est ce qui dégage la voie pour que la conduite consciente – l'action consciente – se produise. Lorsque l'acceptation décroît, faites le point. Très probablement, nous découvrirons que nous résistons à quelque aspect indésirable de la réalité, telle qu'elle est, et cela nous ramène au comportement automatique. Avec la résistance, nous pouvons avoir du mal à agir sur ce qui est véritablement nécessaire, car il est possible que nous fassions la sourde oreille à ce qui est le mieux pour tous ceux que cela concerne. Un manque d'acceptation désigne presque toujours une forme de résistance, qui déclenche volontiers notre réactivité et notre attitude défensive, qui interfèrent avec les bons choix et la conduite consciente.

Adhésion – A5

L'adhésion est un engagement dévoué à soi. C'est l'engagement que nous prenons pour pratiquer notre processus de développement chaque jour. C'est un engagement à l'autodiscipline et un engagement à la croissance personnelle. Pour insister encore, comme le dit mon fils J. D. Daniels, **« nous avons tous ces schémas et beaucoup d'entre eux se mettent en travers de notre route ; cela demande un**

procédé actif, qui demande du temps, pour les changer ». C'est ce qu'exige l'étape de l'Adhésion, s'engager à pratiquer « un acte de présence », un procédé de pleine conscience, dans notre vie quotidienne, jour après jour. L'adhésion est un procédé actif qui renforce le « muscle de la neuroplasticité », qui est la manière dont nous amenons le(s) changement(s) que nous pouvons désirer. Il est important de savoir que cela doit être un procédé qui nous permette de nous adresser profondément et sans honte à notre attitude défensive, à notre réactivité, et aux nombreuses façons, petites et grandes, que nous avons d'être « contrariés », irrités, agités, frustrés et impatients au cours de notre existence quotidienne, ainsi qu'aux hauts et aux bas de nos relations. Ce sont nos « états d'être » réactifs qui, lorsqu'on les laisse se déchaîner, détruisent notre expérience de nous-même, blessent ceux que nous aimons, et nous privent de la joie, de l'accomplissement relationnel et de ce qui est volontiers disponible pour nous. Si nous voulions seulement sortir de notre propre mode « automatique » ! Essayons d'y parvenir – pour le *nous sans défense* essentiel, à l'intérieur. Ce faisant, nous trouverons ces mêmes qualités essentielles et encore plus reflétées dans l'ensemble de notre monde extérieur.

Passer d'un être humain en mode automatique à un être humain élevé à un soi intérieur unifié, profondément satisfaisant, demande un désir consciencieux et la volonté de nous éveiller à nos qualités et dons essentiels. Cela requiert également que nous soyons honnêtes à propos des faiblesses de notre personnalité et de nos souffrances intérieures. Pour ce faire, nous commençons par nous éduquer de façon cognitive et par pratiquer avec nous-même de façon assidue. C'est le processus qui intègre notre propre développement de soi, celui auquel nous aspirons. C'est ainsi que nous intégrons la croissance que nous désirons tant pour nous-même, et que chacun mérite. C'est à cela que se rapporte chaque mot de ce livre, du début à la fin ; c'est, en vérité, notre mission sacrée.

Le Procédé de Croissance Universel (UGP) à l'œuvre | Débloquer et pratiquer

Ce que j'ai trouvé intéressant au fil des années n'est pas la capacité que nous avons à acquérir de nouveaux savoirs afin de nous développer. Ce que j'ai observé, avec une grande compassion, c'est notre combat continu pour adopter de nouveaux schémas et façons d'être, alors même que c'est ce que nous désirons. Qu'est-ce qui nous empêche de mettre en application de nouveaux apprentissages, d'abandonner ce qui ne fonctionne pas, même lorsque nous savons combien cela nous serait profitable ?

J'ai tendance à voir moins de résistance pour accepter un nouvel enseignement que pour le mettre en œuvre. « Pourquoi donc ? » me suis-je demandé. Au fil du temps, ma réponse a toujours tourné autour du mot « bénéfice ». Tout organisme vivant fait ce qu'il doit faire, d'abord et surtout, pour survivre. Ensuite, il espère avoir une vie satisfaisante. Tout ce que nous faisons, ce que nous pensons, ce que nous ressentons et manifestons a un objectif – a un bénéfice. Toutes nos activités contribuent, d'une façon ou d'une autre, à notre survie et s'évertuent à satisfaire nos besoins.

Même si certaines de nos activités sont parfois devenues des faiblesses – se sont transformées en compulsions qui sont à présent extrêmement préjudiciables –, subsiste une sorte de bénéfice pour quelque raison cruciale. Et cela nécessite d'être compris cognitivement, émotionnellement et spirituellement ; cela doit être compris pour que nous puissions faire différemment. Nos défenses sont considérables. Construites pour protéger la façon dont nous nous sentons, ou pour nous assurer d'avoir tout ce dont nous avons besoin aux niveaux les plus profonds, elles sont perçues comme cruciales pour notre survie émotionnelle ou physique. Elles sont puissantes et profondément enracinées. Ces défenses forment les blocages sur lesquels nous butons lorsque nous sommes sur le chemin du développement personnel. Ils nous empêchent de grandir, ou de changer.

La majeure partie de nos attitudes défensives ou de nos résistances a été conditionnée très tôt et pendant toute notre enfance. Les adaptations qui furent un jour nécessaires ont été soit apprises, soit copiées, soit attendues de nous. Les aspects fondamentaux de la structure de notre personnalité étaient avec nous depuis le début, et étaient conduits par notre disposition naturelle : nos propensions neuronales et la programmation de notre système nerveux central. Notre programmation innée et nos adaptations sont les clés pour comprendre comment nous nous montrons aujourd'hui dans le monde, comment nous nous sentons vis-à-vis de nous-même et comment nous sommes devenus qui nous sommes. Notre profil Ennéagramme (désignant le tempérament) combiné à la manière dont nous avons été élevés (nourris et conditionnés) fait de nous qui nous sommes devenus et gouverne comment et pourquoi nous réagissons à la vie, ce que nous ressentons à propos de la vie et comment et pourquoi nous vivons notre vie de la manière dont nous la vivons.

Décider de grandir, entreprendre les 5 A

Quel que soit le niveau de bien-être où nous nous trouvons, nous pouvons démarrer notre entraînement vers le développement personnel. Cela pourra être long, cela pourra être désordonné ou se révéler être un défi. Mais commençons. Les 5 A sont un procédé puissant, et ils sont là pour guider chacun d'entre nous à travers cinq étapes séquentielles, qui encouragent la conscience de soi, la liberté de soi et la maîtrise de soi. Pour les entreprendre, nous devons prendre ces trois initiatives :

1. Étudier et comprendre chacune des cinq étapes et ce qu'elles requièrent de nous.

2. Reconnaître l'avantage de chaque étape et en faire l'expérience, avec patience, bonté et compassion envers soi-même.

3. Reconnaître, avec curiosité et honnêteté, ce qui nous empêche de réussir l'une ou l'autre des étapes.

Je trouve moins difficile de relire les 5 A et de voir leur avantage que d'être honnête et clair à propos de ce qui bloque leur mise en œuvre. Désirer les avantages est un bon point de départ, mais ce n'est que la première partie de ce procédé, et la plus sympathique. Le plus gros du travail se produira lorsque nous rencontrerons des résistances, et au moment où notre potentiel de changement s'éveillera, ou déraillera.

Qu'est-ce qui nous bloque ?

Même si nos intentions sont élevées et notre compréhension en place, nous nous rendrons souvent compte que nous nous heurtons à un mur quelconque. Un bloc. Ce « bloc » fait exactement cela : il nous empêche de réaliser une ou toutes les étapes pour une raison que nous ne comprenons pas bien. Bien qu'ils paraissent nous bloquer le passage, ces blocs – ces résistances – sont *plus probablement* là pour une bonne raison, consciente ou inconsciente. Ils sont organisés pour nous protéger de quelque chose. Par exemple, pour nous éviter d'être dépassés, ou d'être vus comme trop tendres, ou pour nous empêcher de perdre du temps, de perdre la bataille, ou pour nous protéger du fait de ne *pas* être entendus ou d'être ignorés… Ou bien nous avons créé cette résistance afin de gagner quelque chose, comme du pouvoir, de la domination, de l'affirmation de soi, de la droiture, de l'équité, de l'estime, de la valeur, de l'autonomie ou du respect.

Avec chacun des 5 A, regardons comment chacune des cinq étapes est profitable, ainsi que ce que chacune nous coûtera si nous la suivons jusqu'au bout.

- Que pensez-vous que nous perdrons, si nous suivons chacun des 5 A ?

- Quelles pourraient être nos résistances, maintenant, rien qu'en lisant leur contenu ?

Qu'est-ce qui entrave notre processus ? Qu'est-ce qui nous empêche d'accéder à la conscience ?

Le fait est qu'avant de démarrer une pratique de prise de conscience, quelle qu'elle soit, nos pensées et nos actions sont plutôt sur pilote automatique. Notre vie se vit principalement en « mode automatique », exécutant (sans que nous le sachions) des schémas de pensées, de sentiments et de comportements. Cela continue jusqu'à ce que nous décidions d'arrêter et de jeter un coup d'œil à notre « *machinerie intérieure* ». Nos habitudes d'esprit, la direction de l'attention et les routines de notre structure de personnalité, nos impulsions et nos réactions, nos compulsions et même nos attitudes défensives nous soutiennent, jour après jour. Le fait d'exécuter des schémas, en même temps, pour rendre justice à la nature, nous évite de devoir nous arrêter et réfléchir à la moindre petite chose, comme si nous la rencontrions pour la première fois. Imaginez combien ce serait épuisant, et le peu de choses que nous parviendrions à accomplir !

Le problème, lorsque nous sommes en mode automatique, c'est que nous ne le savons pas, car nous ne connaissons que cela. Nous ne connaissons rien d'autre, parce que nous ne sommes pas conscients. Nous ne savons pas que nos habitudes, nos routines, nos impulsions et nos réactions s'exécutent selon des schémas prévisibles ; et qu'ils construisent également nos formes d'expression habituelles. En fait, nous ne les contrôlons pas, ce sont eux qui nous contrôlent. En revanche, quand nous aurons développé par des exercices une conscience de soi, nous entrerons en contact avec ces schémas et nous découvrirons leur fonctionnement. Grâce à l'Ennéagramme, nous avons lu des choses sur bon nombre de ces schémas, ce qui aide à les repérer. Grâce à une pratique de la pleine conscience, nous pourrons les observer clairement. C'est à ce moment-là que nous prendrons un virage décisif, qui peut littéralement changer notre vie. C'est à ce moment-là que nous commencerons à « devenir conscients », et à avoir notre mot à dire.

Nous ne savons pas ce que nous ne savons pas

Comment parvenir à savoir *ce que nous ne savons pas* ? Pourquoi ne nous efforçons-nous pas tous de prendre conscience de nous-même ? La « prise de conscience de soi » est aujourd'hui hautement conseillée. Souvent présentée comme un point de départ clé du développement personnel, elle est le fondement d'innombrables études sur la « pleine conscience » qui réduit le stress. Il est vrai que tout le monde ne s'engage pas dans ce travail, et je me demande bien pourquoi. Peut-être est-ce dû à un manque d'intérêt, ou parce que c'est inconfortable. Ou peut-être est-ce parce que nous nous débattons avec une sorte de déficit de capacité. Et si c'était parce que lorsque nous ne sommes pas conscients, nous pensons en fait que nous sommes déjà conscients ? Si c'est le cas, alors commencer à pratiquer *de façon proactive* pour « prendre conscience » ne sera pas en haut de notre liste de priorités.

Jusqu'à ce que nous entreprenions ce travail, nos schémas habituels « sont tout simplement nous », et ils resteront en place jusqu'à ce que nous décidions de nous développer. Nous avons depuis longtemps normalisé nos schémas et c'est tout. C'est tout ce que nous connaissons, et nous pouvons être facilement dupés et croire que nous sommes déjà conscients (d'eux) de toute façon. Ces schémas sont familiers et confortables. Ils sont *le nous* auquel nous sommes habitués, *le nous* que nous avons fini par connaître et aimer. Jusqu'à ce que nous commencions à nous éveiller – à nous éveiller *à l'immensité du soi* qui se trouve derrière le soi familier, auquel nous sommes habitués, alors *la* « conscience » commence à remettre les choses en question.

Si nous n'avons pas encore démarré *quelque* processus de prise de conscience, il y a de grandes chances que nous ne soyons pas encore très « conscients », ce qui fait que nous ne sommes pas encore présents à notre vie intérieure. Il y a de fortes chances que nous soyons plutôt en train d'exécuter les schémas habituels qui vont dans le sens de notre structure de personnalité de l'Ennéagramme – qui fait de son mieux avec son niveau de bien-être – avec fort peu de conscience de ce qui nous fait réellement fonctionner. C'est plus souvent le cas que l'inverse. Une conscience de soi naïve, un état très humain, est l'un des obstacles principaux qui empêchent que la pratique de la conscience de soi ne fasse partie de notre vie.

L'impact de l'inconfort – Un bon signe

Il existe un autre défi lorsque nous développons notre niveau de présence par une pratique de la conscience de soi, c'est l'inconfort de la conscience de soi elle-même. Nous avons souvent entendu **Russ Hudson**, auteur de livres sur l'Ennéagramme, dire : « ***Quel degré de présence à nous-même pouvons-nous supporter ?*** » Devenir présent demande du courage et de l'entraînement, et nous amène à devenir plus conscients de choses que nous pourrions ne pas vouloir reconnaître, encore moins ressentir.

Supposons par exemple que nous soyons un Profil 9 de l'Ennéagramme (le Médiateur). La conscience pourrait nous exposer au fait que, souvent, lorsque notre partenaire nous demande de faire quelque chose, nous ressentons une résistance, et nous la ressentons dans notre corps. C'est un sentiment de résistance lourd, entêté. Avec davantage de pratique de la conscience, nous finissons par nous rendre compte que nous ne sommes pas du tout contents, et même « irrités », qu'on nous demande de faire *tout de suite* quelque chose que nous pourrions ne pas vouloir faire *tout de suite.* Avec une pratique de la conscience plus avancée, nous nous rendons compte que nous nous sentons accablés par ce genre de requêtes, et qu'elles nous fatiguent, tout simplement.

Après plus de pratique, nous arrivons à voir que c'est *notre incapacité à dire « non »* qui pèse en réalité le plus lourd. Bien que ce soit là que se situe notre pouvoir, nous ne l'utilisons pas. Nous voulons dire « non » ou « pas maintenant », mais notre schéma, « nager confortablement dans le sens du courant », prend le contrôle. À cette étape de notre pratique de conscience, nous pouvons commencer à nous sentir frustré par nous-même, nous disant : « *Pourquoi suis-je comme cela ? Qu'est-ce qui ne va pas chez moi ? Les autres disent "non" tout le temps !* » C'est à ce stade que beaucoup d'entre nous arrêtent leur pratique. Qui a envie de se lancer dans une pratique qui amène à se sentir mal ou à s'attaquer soi-même ? Prendre conscience sans avoir de remède, voir en soi-même seulement pour déclencher une sorte de dégoût de soi-même – comme cela arrive souvent au tout début du voyage de développement personnel – peut être pénible et très désagréable.

Mais si nous décidons de ne pas abandonner, nous demeurons sur le chemin. Donc, nous pratiquons encore. Et encore. Lentement, nous commençons à ressentir la frustration que nous avons dirigée contre nous-même, mais cette fois nous nous autorisons à faire un pas de plus. Restant *immobiles* en nous-même, notre pratique suivante nous apporte un nouveau degré de conscience, alors que nous commençons avec davantage de curiosité. « *POURQUOI ai-je tant de mal à dire "non" ?* » nous demandons-nous maintenant, tandis que notre partenaire nous demande à nouveau de sortir les poubelles *immédiatement*, alors que nous voulons simplement finir de lire notre livre. Nous observons maintenant avec acceptation que notre résistance bien cachée (du moins, c'est ce que nous avons toujours pensé !) s'enclenche de nouveau. Puis, avec douceur, nous finissons par nous rendre compte que si nous disons « non » notre partenaire pourrait ne plus nous aimer, ou ne plus vouloir de nous, ou du moins, c'est ce que nous croyons profondément. Et là, c'est atroce, ce ressenti domine la situation. Il nous contrôle. Aussi, tandis que nous nous observons à nouveau, nous nous voyons ne rien dire et obtempérer. Nous sommes d'accord, et nous faisons ce qui nous est demandé. Nous posons notre livre et nous sortons les poubelles.

Mais notre corps, de façon surprenante, *ne suit pas vraiment* le mouvement. Il garde cette *lourdeur* qui, nous finissons par le comprendre, est l'expérience intérieure de notre colère supprimée. Elle s'affiche comme une résistance que nous ressentons, et se manifeste sous la forme d'un entêtement croissant. Cela ne peut être ni bon ni sain pour nous. Nous sommes maintenant à l'écoute de cette résistance et de cette lourdeur ; c'est un sentiment relativement normal pour nous ; mais nous ne l'avions jamais remis en question avant. C'était « juste moi » et la manière dont je ressentais le fait d'être « juste moi ». C'est ce genre de prise de conscience que nous pouvons faire quand nous nous engageons à développer une présence à nous-même sincère et à répéter ce type d'exercice régulièrement.

La conscience nous rend plus honnêtes. C'est aussi le catalyseur qui nous fait agir avec justesse. Cela nous permet de faire face différemment, si nous le voulons, avec ce que nous avons découvert au fond de nous, dans l'instant présent. La conscience nous donne le choix. Le schéma habituel de l'exemple précédent qui consiste à renoncer au « non » a maintenant une chance d'être traité. Nous pouvons nous entraîner à parfois dire « non » de façon plus assurée, sans succomber à ce *sentiment atroce* que nous ne serons plus aimés si nous le faisons. Voulons-nous vivre notre vie avec un corps et une psyché pleins d'une colère refoulée, que nous ressentons comme une résistance et une lourdeur ? C'est une question importante à se poser. Ce poids est une forme de « douleur somatique émotionnelle » du Profil 9, la douleur qui lui dit que s'il ne fait pas ceci ou cela il ne sera pas aimé.

Chaque profil Ennéagramme souffre de manière spécifique selon l'histoire spécifique qu'il se raconte, qui induit à son tour des comportements spécifiques qui lui assurent d'être aimé. Ce genre de souffrance dirige notre vie et s'exprime ensuite par incidence dans notre corps. Le schéma habituel de notre Profil 9 aurait certainement continué à nous faire subir cela – enfouir notre « non » salutaire et nous inonder de résistance inconsciente, encore et encore – sans nous demander notre avis ! Mais est-ce tout ce à quoi nous pouvons prétendre, nous, Profils 9 ? Ou avons-nous notre mot à dire sur la manière dont nous pourrions apprendre à entrer en relation avec nous-même ?

Grâce à la conscience, nous avons maintenant une chance de nous développer au-delà de ce schéma verrouillé. Nous pouvons en apprendre davantage au sujet de nos peurs de ne pas être aimés, si parfois nous nous levons et disons : « *Je n'ai vraiment pas envie de…* » Et, du même coup, éviter à notre corps physique une vie de refoulement émotionnel, qui, au bout du compte, pourrait devenir préjudiciable à notre santé et à notre bien-être. Cela vaut pour le Profil 9 autant que pour les autres profils Ennéagramme connus pour refouler le mécontentement émotionnel.

Les sentiments d'inconfort, le doute cognitivo-émotionnel avec lequel nous luttons tandis que nous prenons de nouvelles initiatives issues de la conscience de soi sont des signes qu'en fait nous grandissons. Exactement comme les « douleurs de croissance » que connaissent les enfants et les adolescents lorsqu'ils grandissent physiquement, nous connaissons l'inconfort lorsque nous grandissons sur le plan du développement. Ce genre d'inconfort est pourtant une bonne chose. Ne le laissons pas nous dissuader !

La distraction a un objectif bénéfique ou destructeur

La marque spécifique de douleur cognitivo-émotionnelle de chaque profil Ennéagramme est en grande partie ce que nous préférons éviter, et de ce fait nous mettons en place des obstacles à la prise de conscience de soi. Les données que recueille la conscience de soi peuvent être difficiles à digérer au début. Ce que nous pouvons rencontrer, lorsque nous commençons à « nous écouter », peut se révéler bouleversant. Toutefois, en renonçant à ce travail de conscience de soi, nous évitons de faire face à cela, ce qui signifie que nous évitons de nous connaître nous-même. Nous évitons les nombreuses opportunités de nous développer, et nous laissons passer la chance de remédier à notre réactivité, à notre attitude défensive ou à nos limitations adaptatives. En évitant tout cela, nous évitons proactivement notre douleur. En contournant la prise de conscience, nous nous contournons nous-même et nous restons à distance de toute douleur émotionnelle non désirée. Et *comment* faisons-nous cela ? En évitant le travail de développement personnel, bien sûr ! Mais une autre technique formidable est le mécanisme que nous appellerons la « distraction organisée ».

Il est incroyable de voir combien nous sommes doués pour transporter notre esprit à un autre moment, à un autre endroit ou dans un autre monde lorsque nous n'aimons pas l'endroit où nous sommes ou ce que nous ressentons. Nous nous transportons dans des endroits (soit dans notre esprit, soit physiquement) où nous sommes en sécurité d'un point de vue émotionnel et protégés de la douleur – la douleur de l'agitation, de la frustration, de l'impatience, de la haine de soi, du fait de ne pas être désiré, ou d'anxiétés diverses. Nous avons des moyens d'échapper à l'inconfort émotionnel de la vie quotidienne et à la façon dont nous essayons d'y faire face.

Nous regardons notre téléphone, nous sommes obsédés par le passé ou nous rêvons à un avenir passionnant. Nous surchargeons notre emploi du temps, nous fantasmons sur une prochaine aventure, nous nous oublions en regardant la télévision, nous nous ensevelissons dans le travail, nous faisons des projets que nous ne réaliserons peut-être jamais, ou tout simplement nous nous ignorons – nous nous engourdissons. Peut-être que nous rêvons. Ou peut-être que nous mangeons, buvons et poursuivons des gens et des choses pour atténuer la réalité de notre angoisse intérieure. Nous utilisons les livres ou les films, les jeux ou la musique, le sexe ou le shopping pour nous transporter dans un autre monde où les découvertes dues à la conscience de soi et la douleur cognitivo-émotionnelle n'existent pas – même si c'est seulement pour un court moment. Nous semblons volontiers fabriquer soit la tranquillité d'esprit soit les effets des neurotransmetteurs, le tout en nous évadant mentalement ou physiquement par l'intermédiaire d'une activité bien rationalisée, apaisante, qui vise à nous protéger.

Bien que nous distraire puisse, *à certains moments*, être utile et nécessaire, le développement de la conscience nous permet de choisir plus consciemment nos distractions et quand nous y adonner, et nous aide à reconnaître si nos distractions nous emprisonnent ou nous libèrent. Nous avons besoin de savoir quand nous quittons la partie et pourquoi. Nous avons besoin de savoir ce qui nous éloigne des autres, de nos relations, et ce qui nous empêche de nous montrer, et d'être présents réellement et avec authenticité. Nous avons besoin de savoir si et quand nous avons perdu le contact avec nous-même. Nous avons besoin de connaître les sentiments que nous ne voulons pas ressentir, et l'appel à l'action que nous pouvons par inadvertance être en train d'éviter.

- Comment vous éloignez-vous de vous-même ?

- Par quoi êtes-vous distrait ?

- À quelle fréquence vous échappez-vous dans votre esprit plutôt que de rester présent ?

La pratique de la conscience de soi, la pratique de la présence, la pratique de la pleine conscience sont autant de moyens de parvenir à la même chose : reconnaître simplement, honnêtement, ce sur quoi se porte notre esprit, ce qui touche notre cœur et ce que ressent notre corps – quand et pourquoi. Il s'agit aussi de développer le muscle mental dont nous avons besoin pour nous ramener à l'état de présence et le tolérer. De nous entraîner à le faire avec intention et détermination. La conscience de soi consiste à placer *intentionnellement* notre attention sur ce qui se passe réellement, à n'importe quel moment. La conscience de soi, après tout, est la quête du bien-être. C'est la quête d'une vie plus profondément satisfaisante, avec nous-même et avec les autres.

Exercice de prise de conscience >>

Voici un exercice de respiration pour développer notre conscience et exercer notre observateur intérieur, curieux et neutre. Cette pratique passe par plusieurs étapes pour diriger l'attention vers l'intérieur, pour calmer l'esprit et pour focaliser notre attention. Asseyez-vous confortablement dans un fauteuil, les yeux fermés, ou sur le sol dans la position du lotus ou du demi-lotus. Faites le nécessaire pour réduire les stimuli extérieurs et vous sentir détendu.

- Asseyez-vous bien droit, confortablement. Posez les pieds sur le sol et fermez les yeux ou détendez-les de façon à réduire la distraction due aux stimuli extérieurs.

- Placez votre attention sur votre respiration et suivez son rythme. Observez l'inspiration tandis que vous aspirez l'air profondément par vos narines. Observez l'expiration tandis que vous relâchez l'air de vos poumons et qu'il sort par votre bouche. Laissez-vous respirer. Demandez à votre esprit de lâcher prise et à votre corps de se relâcher. Entrez dans un état réceptif tandis que vous vous concentrez sur votre respiration, inspiration et expiration. Inspiration et expiration.

- Tout en continuant à suivre votre respiration, laissez-la s'approfondir et remarquez qu'elle disparaît à 2-3 largeurs de doigt sous le nombril, au niveau du centre de gravité de votre corps.

- Vous pouvez également améliorer ce procédé en commençant par une contraction du périnée dans le bas du bassin tandis que vous inspirez, puis en le relâchant complètement à l'expiration. Répétez ceci pendant plusieurs respirations. Ensuite, revenez simplement à l'inspiration et l'expiration naturelles de votre respiration.

- Prenez conscience de l'endroit où va votre attention. Même si vous êtes focalisé sur votre respiration, votre attention peut encore s'égarer vers une pensée, un sentiment ou une sensation (et elle le fera, maintes et maintes fois). Contentez-vous de l'observer, d'en prendre note, puis ramenez consciemment votre attention sur votre respiration, l'inspiration et l'expiration toujours présentes. Continuez à suivre votre respiration, tout en pistant votre attention pendant tout ce temps.

- Un autre moyen de vous concentrer de nouveau sur la respiration est de vous autoriser à être présent à ce qui survient, quoi que ce soit, pensées, sentiments et / ou sensations. Reconnaissez-les, c'est-à-dire *remarquez-les* de façon consciente, mais ne vous y engagez pas. Cela signifie qu'il ne faut ni les suivre, ni leur donner de l'énergie, ni leur donner de réponse émotionnelle : contentez-vous de les remarquer. Cette partie d'un exercice de prise de conscience consiste à laisser aller, à ramener votre esprit à une grande ouverture, vous tournant vers le silence en vous, qui est un état *non focalisé* sur le contenu de vos pensées, de vos sentiments ou de vos sensations. Ou bien vous pouvez choisir un mot qui a du sens pour vous, afin de faciliter, dans votre esprit, cet espace. Vous pouvez par exemple choisir les mots « paix », « calme », « présence » ou « acceptation ».

- Lorsque vous êtes prêt, ramenez lentement votre attention vers le monde extérieur. Remarquez que vous êtes assis dans le fauteuil (ou sur le sol), entendez les sons autour de vous, et ouvrez les yeux.

- Comptez 5 à 20 minutes pour cet exercice. Si un temps de 5 minutes vous semble trop long, commencez par une durée plus courte. Une fois entraînés à cet exercice, nous découvrirons que nous sommes capables d'atteindre des états de calme ancrés dans la présence, en quelques respirations.

Exercice de prise de conscience avec un partenaire >>

- Asseyez-vous confortablement ensemble, face à face dans un fauteuil ou sur le sol, les jambes croisées (position du demi-lotus). Démarrez un chronomètre ou choisissez l'un de vous pour vous ramener tous les deux à la fin de l'exercice après 5 à 10 minutes.

- Regardez-vous avec douceur, afin d'éviter que vos attentions respectives n'aillent vers des stimuli extérieurs. Ensuite, fermez tous les deux les yeux et placez votre attention sur votre respiration, l'inspiration et l'expiration, et contentez-vous de la suivre. Autorisez votre respiration à vous respirer. Autorisez votre corps à se ramollir dans un état relâché et cependant engagé. Autorisez-vous à vous sentir, en toute sécurité, sincère et réceptif tandis que vous vous concentrez sur l'inspiration et sur l'expiration de votre respiration.

- Avec un état d'esprit calme et paisible, laissez votre attention accéder à la bonté, et dirigez cela l'un vers l'autre, et aussi vers vous-même.

- Lorsque vous atteignez le temps imparti, ramenez lentement votre attention vers le monde extérieur. Remarquez que vous êtes assis dans le fauteuil ou sur le sol, entendez les sons autour de vous, et ouvrez les yeux.

- Prenez quelques minutes pour partager ensemble vos expériences, sans préjugés, avant de reprendre le cours de vos vies, intégrant ce que vous venez juste de découvrir et de partager.

Qu'est-ce qui nous empêche de parvenir à l'Acceptation ?

L'acceptation ne signifie pas que nous sommes d'accord, que nous fermons les yeux ou que nous capitulons. L'acceptation n'est pas la résignation. Ce n'est pas pardonner, et ce n'est pas non plus donner la permission. L'acceptation, en langage Ennéagramme, signifie voir clairement « ce qui est ». Nous pouvons ne pas aimer ce que nous voyons et avons reconnu, mais au moins nous ne sommes plus aveugles. L'acceptation nous permet d'avoir un point de vue « honnête à ce sujet ». C'est seulement quand nous en sommes *là* que nous pouvons agir de manière appropriée.

L'acceptation nous permet de plonger, sans honte, plus profondément, afin de reconnaître et de guérir cette part de nous-même qui souffre. L'acceptation brise le silence de l'âme. Nous ne pouvons guérir si nous n'acceptons pas que nous souffrons. Nous ne pouvons dire notre vérité, lorsque nous en avons vraiment besoin, si nous n'avons pas accepté notre voix. Nous ne pouvons nous défendre si nous n'avons pas accepté que nous craignons d'être ignorés. Lorsque nous résistons à l'acceptation, nous sommes perdus, sans bouée de sauvetage, et la souffrance devient incommensurable. La non-acceptation ne fait que retarder notre développement, mettre des obstacles en travers de notre route, et entraver notre accès à une action légitime.

La partie de l'acceptation semble être, pour la plupart d'entre nous, le principe le plus difficile à saisir. Il est difficile de croire que l'« acceptation » en elle-même ne va pas nous faire dérailler. C'est presque ressenti comme un oxymore, comme contre-intuitif. L'acceptation peut être ressentie comme un accord. Être *contre* quelque chose que nous n'aimons pas ou dont nous ne voulons pas a tendance à être plus confortable. C'est comme si aller à l'encontre de cela, y résister, *ne pas l'accepter*, était la meilleure solution pour le faire disparaître. Mais, ici, l'acceptation signifie *voir* les choses d'un point de vue réceptif et sans porter de jugement, et de telle façon que cela invite à la vérité et autorise la validation. Ce n'est qu'à partir de la vérité que nous finissons par rendre possible un changement constructif. Ce n'est qu'à partir de la vérité que nous rendons possible la résolution de la honte enfouie, des griefs et des difficultés.

Il est dur d'être honnête avec les autres si nous ne sommes pas d'abord honnêtes avec nous-même, et nous ne pouvons pas être honnêtes avec nous-même si nous en sommes à *un point où nous n'acceptons pas* la vérité de ce qui est. L'acceptation nous invite à être honnêtes, et l'acceptation déconstruit le déni. Le déni nous laisse suspendus *dans une forme* de résistance, dans laquelle nous ne savons même pas que nous avons fui « ce qui est ». La résistance et le déni – la non-acceptation et le déni –, l'un comme l'autre nous laissent égarés ou très vulnérables, avec pour seule échappatoire le mensonge à nous-même.

Être honnête avec soi-même peut faire émerger certaines informations difficiles. Par exemple : « *Je suis jaloux* » ; « *J'ai peur* » ; « *Je me sens inférieur* » ; « *Je suis impuissant* » ; « *On ne peut pas m'aimer* » ; « *On m'a manqué de respect ou blessé sur le plan émotionnel et je ne veux pas le reconnaître !* » ; « *Je suis profondément malheureux, même si je prétends depuis longtemps que ce n'est pas le cas* ». Ce sont des découvertes et des sentiments vulnérables. Pour d'innombrables raisons, nous n'aimons pas faire face à des éléments personnels si délicats. Se les approprier et les nommer, c'est le point de départ, car agir *sur n'importe laquelle de ces choses* requiert de valider la simple vérité de son existence. C'est l'Acceptation.

Être honnête avec nous-même requiert de la discipline et la volonté d'exercer une curiosité dépourvue de jugement, parce que la curiosité encourage la découverte émotionnelle et la reconnaissance. La curiosité est authentique et c'est ce dont nous avons besoin pour une évaluation honnête, qui ne craint pas ce qui pourrait faire surface. L'acceptation est difficile lorsque nous succombons à la tentation de ne pas aimer ce que nous trouvons et que nous *le jugeons durement*. Lorsque nous portons un jugement sur quelqu'un, par exemple sur notre partenaire, nous constatons que, souvent, il se met sur la défensive. Il est même possible qu'il élabore des raisonnements sur ce qu'il ressent, afin de *surmonter* le fait d'être jugé, comme nous pouvons aussi le faire. Lorsque nous portons un jugement sur nous-même, notre réaction naturelle est aussi de nous justifier et de nous défendre. Mais dans ce cas-là, nous le faisons *en nous-même*, parce que nous sommes là, à nous attaquer nous-même, et cela est douloureux. L'attitude défensive provoquée par un jugement bloque la présence, entrave la franchise et rend plus difficile le fait d'accepter la vérité, sur nous-même ou un autre. Aucune de ces répercussions ne favorise l'intimité. Sans acceptation, la prise de conscience peut en fait créer de la souffrance, ce que montre l'histoire de notre Profil 9, comme nous l'avons dit plus haut. Sans acceptation, il est possible que nous bloquions la pratique de la prise de conscience de soi, si cette pratique nous amène à nous sentir honteux, en colère contre nous-même ou agités intérieurement. Sans oublier combien la non-acceptation nous gêne pour agir de manière juste. Par conséquent, il ne faut pas aller trop loin avant d'avoir autorisé une acceptation dépourvue de jugement. L'acceptation doit inclure le fait d'ouvrir notre cœur, pour que nous puissions « ACCEPTER » ce que la conscience met en avant afin de le découvrir, d'en tirer des leçons et d'y travailler. La conscience est curative, certes, mais c'est un chemin beaucoup plus difficile sans acceptation.

L'instant présent

Finalement, tout ce qui compte, c'est l'instant présent Je sais, nous avons entendu cela un million de fois. Mais – c'est vrai. Notre vie est un long « instant présent », une myriade d'instants présents qui se succèdent les uns à la suite des autres. Au bon du compte, chacun de nous n'a que l'instant présent avec lequel travailler – à jamais. Dans cet instant présent, nous ne pouvons travailler qu'avec *ce que nous sommes* vraiment – cognitivement, émotionnellement et sur le plan du développement – et qu'avec *la vérité* que nous osons courageusement regarder en face.

Nous en sommes tous à un point différent de notre développement, et c'est très bien comme ça. Parmi ceux qui abordent ce travail, certains ont peut-être déjà adopté un procédé de présence, et leur bien-être se développe déjà depuis quelque temps. D'autres pourraient commencer avec un manque de bien-être, à un stade où la souffrance psychologique est quotidienne. Peut-être que nous souffrons tellement à l'intérieur que nous avons recours à une substance comme l'alcool, une drogue ou un médicament sur ordonnance pour nous aider à traverser cela et à y faire face. Et, bien qu'ils soient nuisibles, il est crucial que nous voyions ces choix pour ce qu'ils sont. Il y a une raison *pour que* nous ayons besoin d'aide pour faire face, et nous aurons l'occasion de le découvrir rapidement une fois que nous aurons entamé un processus de prise de conscience. Ce qui est important, c'est de commencer, le fait de nous engager dans un processus de prise de conscience de soi est « le départ ». Nous pouvons commencer aujourd'hui, à cet instant même. Et si nous manquons cet instant ? Devinez quoi, il y en a un autre juste après, parce que c'est toujours l'instant présent.

Accepter l'instant présent, c'est accepter le pouvoir que nous avons véritablement chaque seconde de posséder, de diriger et de nous manifester pleinement dans la totalité de notre si précieuse, si extraordinaire vie humaine.

Exercice individuel pour autoriser l'Acceptation >>

- Asseyez-vous confortablement, bien droit, la tête à peu près alignée avec les épaules. Placez vos pieds sur le sol et laissez vos yeux se fermer pour empêcher votre attention de partir vers des stimuli extérieurs.

- D'abord, allez vers un moment où vous avez ressenti une acceptation sincère, comme celle que vous ressentiriez en regardant longuement un petit enfant. Ressentez votre bonté, votre chaleur, et localisez, dans votre corps, le sentiment de calme, autorisez-vous, même, à enrichir l'expérience. Sachez que ce moment ressenti dans le temps est une ressource vitale, que vous pouvez mobiliser et vers laquelle vous pouvez revenir à n'importe quel moment dans le futur.

Ou...

- Entraînez-vous à aller à un moment de votre vie où vous avez été pleinement présent, émerveillé à propos de quelque chose. Un moment empli de souvenirs inscrits dans chacun de vos sens. Le souvenir d'un moment où vous avez ressenti une sorte d'unicité ou un sentiment de respect mêlé d'admiration. Comment votre ressenti s'était-il manifesté dans le monde extérieur ? Pour dire les choses simplement, il s'agit de revenir à un moment où vous étiez véritablement présent et au meilleur de vous-même, et vous le saviez ! C'est une expérience que vous avez ressentie et dans laquelle vous vous êtes pleinement révélé dans votre corps, votre cœur, votre esprit et votre âme.

Exercice individuel pour gérer la réactivité et les bouleversements >>

- Retournez maintenant à une expérience récente de réactivité et de bouleversement que vous avez connue avec un partenaire ou avec un ami. Remarquez, si vous pouvez vous en souvenir, *où*, dans votre corps, était localisée votre réactivité. Faites une pause de 5 à 10 secondes pour entrer dans ce ressenti.

- Ensuite, respirez profondément, inspirez et expirez, et accédez à l'une des expériences ressources auxquelles vous venez de vous connecter, par l'exercice. Autorisez-vous à entendre réellement cette autre personne dans votre vie depuis cette nouvelle position sincère. Sachez que, bien que vous soyez totalement à l'écoute, cela ne signifie pas que vous capitulez ou que vous êtes d'accord soit avec l'autre, soit avec vous-même.

- Ensuite, avant de revenir, rappelez-vous que depuis ce lieu de ressources, qui est un lieu détendu, dépourvu de stress mental, émotionnel et biochimico-physique, il est fort probable que vous puissiez résoudre la plupart des situations difficiles. C'est à partir de cet état d'être que nous pouvons le mieux pratiquer pleinement et nous engager dans les 5 A de l'UGP.

Exercice en duo pour autoriser l'Acceptation dans les relations >>

- Asseyez-vous confortablement ensemble, face à face dans des fauteuils ou sur le sol, les jambes croisées. Démarrez un chronomètre ou choisissez l'un de vous pour vous ramener tous les deux à la fin, après 5 à 10 minutes.

- Regardez-vous avec douceur, les yeux tendres, essayez de ne pas vous laisser distraire par des stimuli extérieurs. Ensuite, chacun de vous, fermez les yeux et placez votre attention sur votre respiration. Contentez-vous de la suivre, laissant votre respiration vous respirer et votre corps se relâcher. Donnez-vous la permission, tandis que vous vous concentrez sur votre respiration, d'être sincère et réceptif.

- En silence, que chacun de vous se rappelle un moment où vous avez ressenti de la bonté et de l'amour l'un pour l'autre. Dans un état d'esprit calme et apaisé, laissez votre attention aller à ce moment de bonté. Restez simplement avec ce souvenir, qui inclut les pensées, les sentiments et les sensations de l'expérience globale.

- Lorsque vous arrivez à la fin du temps imparti, ramenez lentement votre attention vers le monde extérieur autour de vous. Remarquez que vous êtes assis sur le fauteuil ou sur le sol, entendez les sons autour de vous, et ouvrez les yeux.

- Prenez quelques minutes pour partager l'un avec l'autre cette expérience de bonté avant de reprendre le cours de vos vies, intégrant ce que vous venez juste de vivre et de vous rappeler. Sachez que vous pouvez retourner à cette expérience, à volonté.

Exercice en couple pour permettre l'Acceptation dans les relations >>

- Asseyez-vous confortablement ensemble, face à face dans des fauteuils, ou sur le sol, ou un petit canapé. Vous pouvez choisir de vous tenir les mains. Si vous êtes sur le sol, asseyez-vous jambes croisées. Démarrez un chronomètre ou choisissez l'un de vous pour vous ramener tous les deux à la fin de l'exercice, après 5 à 10 minutes.

- Regardez-vous avec douceur, afin de vous aider à détacher votre attention des stimuli extérieurs. Ensuite, chacun de vous, fermez les yeux et placez votre attention sur votre respiration, et contentez-vous de la suivre, laissant votre respiration vous respirer et votre corps se relâcher. Donnez-vous la permission d'être sincère et réceptif tandis que vous suivez votre respiration, en inspirant et expirant.

- En silence, que chacun de vous aille à un moment où vous avez véritablement ressenti la présence, la réceptivité, l'amour et l'union l'un avec l'autre dans une relation physique ou sexuelle.

- Dans un état d'esprit calme et apaisé, laissez votre attention aller à ce moment de connexion profonde et d'union. Restez simplement avec ce souvenir que vous vous êtes rappelé pendant quelques minutes, disons 3 à 5 minutes. Rappelez-vous particulièrement les sentiments, les sensations et l'expérience somatique de votre union l'un avec l'autre.

- Lorsque vous atteignez le temps imparti, ramenez lentement votre attention vers le monde extérieur. Revenez à vous-même, et remarquez l'endroit où vous êtes assis, entendez les sons autour de vous et ouvrez les yeux.

- Prenez quelques minutes pour partager cette expérience d'intimité amoureuse et d'union l'un avec l'autre avant de reprendre le cours de vos vies, intégrant ce que vous venez juste de vivre. Sachez que, dans les moments d'intimité, vous pouvez retourner à cette expérience pour vous ressourcer, à volonté.

- Si vous avez du mal à vous rappeler une telle expérience, parlez-en avec délicatesse et avec sincérité ; partagez ce qui vient pour l'un comme pour l'autre avec bienveillance et sensibilité, curiosité et réceptivité.

Qu'est-ce qui nous empêche de parvenir à l'Appréciation ?

Avoir une appréciation authentique pour quelque chose que nous *n'avons peut-être pas* voulu est un art véritable. En fait, c'est un savoir-faire habile. Heureusement, c'est un savoir-faire qui peut être cultivé. L'appréciation est étroitement liée à la gratitude, toutes deux sont puissantes sur le plan des vibrations et sont la clé de la façon dont nous nous stimulons, ou dé-stimulons, nous-même. Selon Robert Emmons, professeur de psychologie à UC Davis et auteur de *Merci ! Quand la gratitude change la vie*, l'appréciation – la gratitude sincère – peut nous faire nous sentir si bien que notre tension artérielle diminue et que nos hormones de stress baissent. Et lorsque la gratitude fait *constamment partie de notre vie*, elle nous aide à développer un système immunitaire plus fort.

L'appréciation fait généralement de nous des êtres plus heureux et en meilleure santé. Les employés appréciés donnent un peu plus. Les partenaires et les amoureux appréciés se sentent bien plus aimés. Et une appréciation de ce que nous voyons en nous, quel qu'en soit le contenu, peut nous amener à un niveau d'acceptation de soi qui, à son tour, alimente en nous la volonté de ne *pas* rester coincés, mais plutôt de grandir et de changer – de développer notre meilleur moi. Un manque d'appréciation et de gratitude, au contraire, peut nous enfermer dans un cycle infini d'insatisfaction et de culpabilité – jusqu'à des sentiments de résignation et d'échec.

Donc, où nous trouvons-nous bloqués lorsque nous arrivons à A3, l'étape de l'Appréciation de l'UGP ? Peut-être craignons-nous, si nous apprécions quelque chose que nous *n'aimons pas* en nous-même, ou que nous *ne voulons pas* reconnaître, que l'appréciation nous y maintienne prisonniers. Ou bien craignons-nous que l'appréciation ne nous rende paresseux, nous incite à nous reposer sur nos lauriers, à nous croire tout permis ? Ou bien avons-nous du mal à apprécier quelque chose lorsque nous sommes épuisés, bougons ou simplement agacés ? Que pouvons-nous apprécier lorsque nous sommes dans cet état d'esprit ?

J'ai demandé à un de mes collègues quand il était le plus susceptible de refuser l'étape de l'Appréciation et sa réponse a été la suivante : « *J'ai du mal à apprécier ce que je remarque en moi, si ce que je remarque est que je suis faible, pour quelque raison que ce soit.* » Intéressant ! C'est là que réside ce qui pourrait être le dilemme décisif de l'étape de l'Appréciation : le jugement de soi, couplé au refus d'accepter et d'aimer certains aspects de notre moi authentique, vulnérable.

La faiblesse ou la force sont simplement la faiblesse ou la force. Elles sont juste ce qu'elles sont. Nous pouvons voir de la faiblesse en nous-même à un certain point, et à d'autres moments nous pouvons certainement y voir de la force. CE QUE nous voyons compte-t-il vraiment ? Ou est-ce simplement le FAIT de « VOIR » qui compte ? Si la vérité est que je m'affiche comme « faible », alors l'habileté que cela demande pour le voir est digne d'être appréciée. Parce que si c'est bien moi à ce moment-là, la vérité est que *j'ai une raison* pour m'afficher comme soi-disant « faible ». Et si j'étais effrayé ? Et si je me sentais submergé ? Et si j'étais en fait en train de résister à ce que je ne veux vraiment pas faire, mais que j'ai besoin de faire ? Et si je voulais dire « non », mais que je savais que cela ferait des histoires si je le faisais ? Si je *ne m'autorise pas* à reconnaître que je suis témoin d'une « faiblesse perçue », alors comment vais-je aborder l'étape suivante, qui consiste à me renseigner avec douceur au sujet de cette faiblesse ? Et si cette faiblesse perçue était en fait un avantage ? En prenant un moment pour honorer cette partie de moi-même, je peux me demander : « *Comment est-ce que cela – cette faiblesse perçue – m'est en fait utile, dans l'immédiat ?* » Puis-je accepter le fait que je vois une faiblesse et qu'elle est là *pour une raison* ? Et, une fois que j'ai accepté sa présence, *puis-je apprécier* le fait que je suis maintenant honnête et engagé à ce sujet ?

Il est également possible que, parce que j'ai admis la faiblesse que j'avais perçue, je sois à présent capable de développer une nouvelle force. En prenant un moment pour honorer cette partie de moi-même, je peux me demander : « *Comment cette faiblesse ne m'aide-t-elle PAS dans l'immédiat ?* » En même temps que je développe et autorise une gratitude et que j'apprécie *ce que* j'ai découvert en moi, quoi que ce soit – grâce à mes processus de prise de conscience de soi naissants, cette découverte est imprégnée d'énergie –, avec mon attention, ma bienveillance et ma curiosité, j'ai maintenant, consciemment, une occasion et la permission d'examiner et de vérifier, de comprendre et de développer. C'est certainement quelque chose à apprécier !

Si l'on prend en compte la façon dont l'UGP est structuré, l'Appréciation (A3) et l'Acceptation (A2) travaillent en étroite collaboration. Pour connaître l'appréciation, nous avons besoin d'autoriser, puis d'encourager l'acceptation d'abord. Cela nécessite de mettre fin à tout type de jugement, parce que le fait de porter un jugement ne nous autorise pas à accepter, encore moins à faire suivre l'appréciation.

Exercices d'Appréciation pour un individu impliqué dans une relation intime >>

- Le matin, ou à un autre moment de la journée, asseyez-vous confortablement, bien droit, dans un endroit calme, en laissant votre corps se détendre, et en respirant profondément par le ventre, plusieurs fois. Pour faire cet exercice, sélectionnez une de vos relations vitales, même si c'est une relation intime problématique ou conflictuelle.

- Avant de commencer, sélectionnez un des quatre exercices ci-dessous, puis fermez les yeux afin d'être physiquement ancré, réceptif, sincère et présent. *Ces instructions de départ ressemblent beaucoup à celles de tous les autres exercices de respiration de base de la pleine conscience.*

- Du mieux que vous pouvez, autorisez-vous à être sincère et réceptif tandis que vous vous concentrez sur votre respiration. Rappelez-vous, puis revivez, un moment de sincérité de votre vie. Cela peut vous aider à ouvrir votre cœur avec bonté. Allez ensuite à l'un des choix ci-dessous :

  – #1 – Laissez votre attention se porter vers ce que vous appréciez chez la personne à laquelle vous avez choisi de penser. Restez avec les sentiments, les sensations et l'expérience corporelle pendant 3 minutes ou plus. Donnez-vous du temps pour réellement absorber et enrichir l'expérience que vous vivez avec les souvenirs, les sentiments que vous vous rappelez, et les pensées.

Ou…

  – #2 – Laissez votre attention se porter sur ce qui a créé votre relation. Quels étaient vos sentiments, vos pensées et vos expériences corporelles ? Réfléchissez tendrement pendant environ trois minutes afin d'absorber et de vous rappeler cette expérience, et de l'absorber dans votre être.

Ou…

  – #3 – Laissez votre attention se porter vers une époque où vous étiez au mieux dans une relation intime, et où vous ressentiez réellement une connexion de cœur à cœur. Décrivez intérieurement quelles étaient les circonstances et allez vers ce que vous pouvez maintenant ressentir dans votre corps tandis que vous vous souvenez de vous lorsque vous étiez au mieux avec cet autre qui comptait. Prenez trois minutes ou plus pour y réfléchir afin d'absorber et d'intégrer l'expérience dont vous vous êtes souvenu.

  Ou…

  – #4 – Laissez votre attention se porter vers une époque où vous étiez présent, où votre cœur était ouvert à l'appréciation d'un autre qui était important pour vous, vers une époque où l'attention et la bonté coulaient en vous. Placez même une main sur la région de votre cœur. Comptez environ 3 minutes pour absorber l'expérience que vous avez invoquée.

- Ensuite, ramenez lentement votre attention vers le monde extérieur. Remarquez où vous êtes assis, entendez les sons autour de vous et ouvrez les yeux.

- Prenez quelques minutes pendant la journée pour retourner à l'expérience que vous vous êtes remémorée, et ramenez-la dans la relation au fil du temps. Si l'occasion se présente, partagez avec l'autre l'expérience que vous avez choisie. Sachez que vous pouvez revenir à cette expérience pour vous ressourcer, quand vous le souhaitez et à volonté, n'importe quand.

Exercice d'Appréciation pour deux personnes en relation étroite ou intime >>

- Asseyez-vous confortablement ensemble, face à face dans un fauteuil ou sur le sol, les jambes croisées. Tenez-vous les mains si vous le désirez. Choisissez l'une des quatre réflexions ci-dessous avant de commencer. Puis démarrez un chronomètre ou choisissez l'un de vous pour vous ramener tous les deux à la fin de l'exercice, après environ 3 minutes.

- Regardez-vous avec douceur, afin d'empêcher vos attentions de partir vers des stimuli extérieurs. Puis, que chacun ferme les yeux et place son attention sur sa respiration. Inspiration, expiration. Contentez-vous de la suivre, en laissant votre respiration vous respirer et votre corps se relâcher. Donnez-vous la permission d'être sincère et réceptif tandis que vous vous concentrez sur votre respiration.

  - #1 – Laissez votre attention se porter sur ce que vous appréciez chez l'autre. Restez avec cette expérience et prenez note des sentiments, des sensations et de l'expérience corporelle ressentie. Donnez-vous le temps d'absorber ce que vous ressentez et intégrez-le.

Ou…

  - #2 – Laissez votre attention se porter sur ce qui vous a rapprochés. Quels étaient vos sentiments, vos pensées et vos ressentis corporels ? Restez avec cette expérience, en particulier avec les sentiments, les sensations et le ressenti corporel. Donnez-vous du temps pour vous la rappeler, l'absorber et l'intégrer.

Ou…

  - #3 – Laissez votre attention se porter sur une époque où vous étiez au mieux dans cette relation intime et où vous vous sentiez réellement liés.

Décrivez intérieurement quelles étaient les circonstances, puis focalisez-vous sur ce que vous vivez. Quels sont vos sentiments ? Que se passe-t-il dans votre corps ? Quand êtes-vous au meilleur de vous-même avec cet autre qui compte pour vous ? Restez avec cette expérience tandis qu'elle se déroule, en particulier les sentiments, les sensations et l'expérience corporelle ; donnez-vous suffisamment de temps pour l'absorber et l'intégrer.

Ou…

- #4 – Laissez votre attention se porter vers une époque où vous étiez présent et aviez le cœur ouvert, vers une époque où vous appréciiez cette autre personne importante. Une époque où l'attention et la bonté coulaient en vous. Restez avec cette expérience, en particulier les sentiments, les sensations et l'expérience somatique, corporelle, ressentie. Donnez-vous suffisamment de temps pour vous en souvenir, pour l'absorber et pour l'intégrer.

- Lorsque vous atteignez le temps imparti, ramenez lentement votre attention vers le monde extérieur. Remarquez votre présence physique, entendez les sons autour de vous et ouvrez les yeux.

- Avant de reprendre le cours de vos vies, prenez quelques minutes, chacun à votre tour, pour partager ensemble l'expérience que chacun a choisie. Intégrez ce que vous venez juste de vivre. Sachez que vous pouvez retourner à cette expérience à volonté et si vous avez besoin de vous ressourcer, n'importe quand à l'avenir.

- Et enfin, comme pratique quotidienne, prenez le temps chaque jour d'écrire ou de réfléchir à ce pour quoi vous êtes reconnaissant dans cette relation.

Exercice d'expérience sexuelle intime pour les couples >>

- Asseyez-vous confortablement ensemble, dans un fauteuil ou à l'endroit où vous faites l'amour. Tenez-vous les mains si vous le désirez. Puis choisissez l'un de vous pour vous ramener tous les deux à la fin de l'exercice. Donnez-vous environ 5 minutes.

- Regardez-vous avec douceur, tendresse, afin d'aider vos attentions à ne pas partir vers des stimuli extérieurs. Puis, chacun de vous, fermez les yeux et placez votre attention sur votre respiration, l'inspiration et l'expiration, et contentez-vous de la suivre. Laissez votre respiration vous respirer, et votre corps se relâcher. Donnez-vous la permission d'être sincère et réceptif tandis que vous vous concentrez sur votre respiration.

- Puis rappelez-vous un moment avec votre partenaire pendant que vous faisiez l'amour où vous étiez pleinement présent, où vous utilisiez à la fois l'énergie active et l'énergie réceptive tandis qu'elles coulaient en vous et qu'elles étaient toutes deux en équilibre. La présence que vous cultiviez était à la fois pour vous-même et pour votre partenaire, et, ainsi, une union pleine de joie était très probablement présente et cultivée.

- Tout en respirant de façon consciente, en inspirant et en expirant, restez centré en vous-même et restez présent ; prenez le temps dont vous avez besoin pour être dans cette expérience tandis que vous vous la rappelez. Restez consciemment conscient de ce que vous ressentez dans votre cœur et dans votre soma, dans les sensations de votre corps.

- Revoyez ce que cela vous faisait de toucher et d'être touché, en particulier dans les régions érotiques de votre corps. Connectez-vous à l'expérience d'être la personne qui donne, puis comment c'était pour vous lorsque vous étiez la personne qui recevait. Comment avez-vous ressenti chacun des deux rôles ? Quand vous donnez, pouvez-vous inclure vous-même *et* l'autre ? Quand vous recevez, pouvez-vous inclure vous-même *et* l'autre ? Et, selon vous, qu'est-ce qui crée une ardeur sexuelle entre vous deux ? Décrivez votre joie, votre plaisir, et même l'union que vous avez expérimentée, tandis que vous ne faisiez plus qu'un seul.

- Lorsque vous revenez après quelques minutes, chacun à votre tour, partagez l'un avec l'autre l'expérience, intégrant ce que vous venez juste de vous rappeler. Sachez que vous pouvez retourner à cette expérience à volonté. Sachez que, dans ce partage, il est vital d'être présent aux désirs de l'autre et à son rappel de l'expérience, qui peut être exprimé différemment du vôtre ; soyez sensible aux vulnérabilités de l'autre.

- Sachez que vous pouvez créer cette expérience d'être pleinement sincère et présent pendant que vous faites l'amour, chaque fois que vous le désirez tous les deux. Cette expérience que vous vous êtes rappelée est comme une ressource qui vous permet de vous sentir connecté, une ressource à laquelle vous pouvez revenir n'importe quand. Vous pouvez choisir de le faire à chaque fois que vous faites l'amour, si vous le voulez. Sachez que chacun de vous peut initier cet état d'être et que cet exercice renforce votre capacité à créer une intimité joyeuse et réciproque entre vous.

Qu'est-ce qui nous empêche d'agir de façon consciente ?

Vous m'avez peut-être entendu dire : « ***La prise de conscience sans action n'est pas une prise de conscience du tout.*** » À quoi cela sert-il de prendre conscience – en particulier d'un schéma qui nous a saisis, qui inhibe notre expression de soi, qui nuit à notre relation aux autres ou nous fait souffrir – et de ne rien faire de cette prise de conscience ? La perspicacité est formidable, accepter et apprécier ce que nous trouvons en nous est formidable. Mais si nous ne transformons pas nos découvertes en un résultat concret, nous manquons une opportunité qui pourrait contribuer à changer notre vie.

La prise de conscience a besoin d'être suivie de ce 4e A, qui est l'étape Action. Passer de la cognition à une forme d'action consciente. Enchaîner le fait de voir, d'accepter, d'apprécier, puis de faire, chaque étape nous rendant plus autonomes et efficaces. C'est là où le « caoutchouc de la conscience » rencontre « la route de la réalité », et où nous pouvons avoir un impact conscient sur cette réalité. C'est là où nous vivons nos propres changements intérieurs. Ces changements ont ensuite des répercussions sur notre engagement et notre détermination. À partir de là, nous commençons à voir le changement se déployer dans notre vie, dans nos rapports avec les autres et avec le monde qui nous entoure.

Qu'est-ce qui bloque notre aptitude à agir de manière lucide, pleinement consciente ? Qu'est-ce qui se met en travers de notre route lors de la quatrième étape du procédé de l'UGP ? Nous sentons-nous submergés ? Est-ce la peur de l'échec ? Une crise soudaine d'anxiété ? Une sorte de monologue intérieur négatif ou de doute de soi ? Est-ce que cela semble un effort trop important ? Ou bien sommes-nous soudainement paralysés, car nous sommes coincés entre la manière dont nous aurions habituellement agi dans le passé et le désir d'agir différemment maintenant ? Et si la nouvelle manière d'agir nous semblait un peu incertaine et maladroite ? Et si nous avions peur de ne pas agir « assez bien » ? Ou de ne pas faire le bon choix ? Ou bien que cela se retourne complètement contre nous ?

Pour agir, il faut commencer par se réconcilier avec l'imperfection. L'étape Action est celle où nous faisons de notre mieux pour adopter la bonne action de façon consciente, mais nous nous donnons la permission de tâtonner. Sachez que ça ne sera pas parfait – cela pourrait même ne vraiment pas être beau à voir. Mais nous nous autorisons à l'accepter, et à accepter que d'autres le voient, si c'est ce qui doit arriver. Avancer dans ces étapes de développement personnel, par l'intermédiaire des 5 A, sera sûrement une voie semée d'embûches, de contretemps et de faux pas – nous les prendrons dans le désordre, nous en oublierons une ou plus, et ainsi de suite. C'est à cela que ça ressemble quand nous commençons et c'est tout à fait bien. C'est l'entraînement, jour après jour – à travers les essais et les erreurs, les difficultés et la répétition –, qui finira par transformer beaucoup de pratiques grossières en une maîtrise de soi homogène. La prise de conscience et la reconnaissance, pratiquées encore et encore, nous amènent à la confiance dont nous avons besoin pour Accepter, puis Apprécier, ce qui amène ensuite à Agir de manière appropriée, à être aptes à nous conduire consciemment – avec amour et compassion – dans toute situation donnée. C'est le but ultime des « 4 premiers A » de l'UGP.

- Comment vous débrouillez-vous avec le fait d'agir ?

- Comment réagissez-vous lorsqu'on vous demande d'agir au nom des autres ?

- Êtes-vous capable de remettre en question de façon constructive le schéma habituel de pensées et de sentiments qui fait obstacle à l'action dont vous avez besoin ou que vous voulez ?

- Lorsqu'un changement de comportement est exigé, pouvez-vous vous y conformer ?

L'anatomie de l'action consciente

La pause – Nous avons besoin de faire le tri

Tandis que nous nous observons et que nous reconnaissons, que nous acceptons et apprécions – quoi qu'il puisse se manifester en nous, y compris notre réactivité –, nous sommes en mode « pause ». Nous sommes en position de, volontairement, **observer**, collecter notre énergie et la contenir. Pas pour la supprimer ou la renier, mais pour la contenir consciemment, tout en la reconnaissant avec respect.

Faire une pause, nous ancrer dans notre corps et être présents au « maintenant » nous permet de « retarder la réponse », pour retarder « une » action qui pourrait ne pas être consciente. Cette pause d'une fraction de seconde (cela devient plus facile avec de l'entraînement !) nous donne le temps d'évaluer, de décider et de récupérer émotionnellement, de façon à pouvoir envisager, puis mobiliser une action réfléchie de manière consciente. Cette pause, qui commence à l'étape de la prise de conscience – le 1er A de l'UGP –, laisse la place pour qu'une « connaissance » à plus de 360° parvienne à la conscience. La pause nous empêche d'agir sans réfléchir selon nos schémas habituels, en particulier ces comportements dysfonctionnels, réactifs, qui nous causent des problèmes. C'est fondamental ! Cela signifie que nous avons la chance de pouvoir répondre à notre vie – et à tout ce qui s'y passe – de manière consciente. Une des clés pour réussir l'étape Action est tout ce que nous devons faire avant, c'est-à-dire prendre conscience de soi, remarquer, reconnaître, accepter et apprécier. Cela inclut la reconnaissance honnête de nos réactions, de nos bouleversements et de notre détresse, et en particulier la reconnaissance de l'expérience émotionnelle, du ressenti de notre corps « dans l'instant ».

En étant à l'écoute, ce que nous apprend la pratique, nous pouvons littéralement « sentir » notre réactivité arriver, car elle nous saisit à chaque fois, d'une manière familière, quelque part dans notre corps. C'est viscéral. Pister d'abord la sensation, puis l'endroit où elle se situe est une étape essentielle de notre processus de développement. Ressentons-nous comme une boule dans la gorge ? Des papillons dans l'estomac ? Comme un coup de couteau dans le plexus solaire ? Une contraction qui nous saisit le cœur ? Un étourdissement ou un malaise ? Que nous arrive-t-il physiquement lorsque nous nous sentons menacés (émotionnellement ou physiquement) ? Le ressenti de notre corps est important, parce que le système nerveux autonome réagit toujours automatiquement, quelques nanosecondes avant qu'une cognition consciente ne survienne. Nos réponses physiques reflètent la manière dont nous *nous sentons en* nous-même. Notre corps est plein de données précieuses qui nous disent qui nous sommes et comment nous allons. Nous avons besoin de ces données pour nous comprendre intimement, profondément et de manière authentique.

La pause, une fois encore

Le sablier de Chronos peut ne pas enregistrer cette nanoseconde de décalage entre notre réactivité et notre cognition, mais nous avons pourtant besoin de nous y faufiler. En utilisant notre respiration, inspirons profondément, et faisons entrer et descendre l'air dans le centre de gravité de notre corps. Il suffit d'une respiration emplie d'oxygène pour nous y amener. Vous souvenez-vous de l'effet qu'a l'oxygène sur le cortisol, cette hormone du stress ? Il le disperse. Une étape Action consciemment déterminée ne peut arriver que si nous faisons une pause, attendons (inspirons), évaluons (expirons), puis décidons. Brider, avec compassion, notre réactivité, grâce à une pause pleinement consciente, est l'une des aptitudes les plus importantes que nous puissions perfectionner sur le chemin de notre croissance personnelle, sur le chemin de notre propre paix et de notre propre bonheur. Alors que nous ne sommes bien souvent *pas présents à nous-même* lorsque la réactivité décolle à toute vitesse, parce que la réactivité est ce qui nous stimule à *faire quelque chose*, à faire telle action, nous avons besoin d'être synchronisés avec elle – avec *tout* « le bazar » de la réactivité. La réactivité est ce qui déclenche des impulsions très intenses (hormones de stress), et ces impulsions peuvent nous faire réagir d'une façon qui nous est utile, ou pas. *Répondons* au lieu de réagir. Apprenons à manifester une action ou une résolution que nous voulons *consciemment*, plutôt qu'une autre que nous ne voulons pas et pourrions regretter – comme celles qui viennent de ces adaptations préprogrammées ou d'une attitude défensive.

Décider quoi faire – Une investigation douce qui montre le chemin

Une fois que nous sommes capables de déceler consciemment notre réactivité quand elle s'enclenche, et que nous avons identifié où, dans le corps, elle nous empoigne, nous sommes prêts à enquêter. Bien que parler de la réactivité nous aide à commencer la déconstruction de la honte que nous ressentons, le « pistage de la réactivité » n'est pas une mince affaire ! C'est un travail intense qui implique *l'ensemble* de nos facultés et de nos ressources émotionnelles, et le fait qu'elles travaillent en coopération avec nous. Alors, bravo à ceux d'entre vous qui lisez cette section avec la boussole de la réactivité à la main et les chaussures de marche aux pieds, prêts à « vous faufiler dans cette pause » !

Revenons maintenant à l'investigation, qui est l'étape suivante dans le processus de découverte : maintenant que nous avons appelé notre réactivité, demandons-nous : « *Donc, qu'est-ce qui* dirige *cette réactivité ?* » La réactivité ne se montre pas *sans raison*. Donc, dans cet état de présence ancrée, qui nous a donné la force de contenir la charge des impulsions et des sentiments, nous pouvons maintenant nous entraîner à une investigation douce et réfléchie. C'est là que nous nous aventurons à découvrir, discerner et travailler avec la vérité de la réactivité, quelle qu'elle puisse être. Première question : « *Ai-je "été déclenché" de l'intérieur (choses anciennes) ? Ou suis-je, d'une certaine façon, violé par quelqu'un ou quelque chose d'extérieur, qui nécessite mon attention sincère ?* »

Quelle est l'émotion ressentie (tristesse ou détresse, frustration ou colère, anxiété ou peur) et quel semble être le thème sous-jacent ? Quel est le contenu qui nous bouleverse, qui nous remue émotionnellement ? Quels sont les facteurs externes ? « *Est-ce qu'on me crie dessus ?* » « *Est-il possible que j'interprète mal quelque chose, comme les intentions ou le bouleversement d'un autre ?* » Et ici, une fois encore, nous pouvons revenir à la sagesse de l'Ennéagramme, parce qu'il nous donne une cartographie. *Il se trouve* que chacune des neuf structures de personnalité est bouleversée par des problèmes et des provocations spécifiques. En étudiant l'Ennéagramme, il nous est plus facile de reconnaître nos facteurs déclenchants et de les comprendre qu'en luttant tout seul pour leur donner un sens. Voici des exemples parmi d'autres de ce qui peut déclencher les sensibilités et la réactivité de chacune des neuf structures de personnalité de l'Ennéagramme :

- Les Profils 1 peuvent devenir réactifs lorsque quelqu'un a fait une erreur et qu'ils se retrouvent, injustement, à en porter la responsabilité.
- Les Profils 2 peuvent devenir réactifs lorsqu'ils donnent et donnent et finissent par ne pas se sentir appréciés.
- Les Profils 3 peuvent devenir réactifs lorsqu'ils ont travaillé d'arrache-pied et que leur collègue reçoit toute la reconnaissance à leur place.
- Les Profils 4 peuvent devenir réactifs lorsque quelque chose n'est pas à la hauteur de leurs attentes, à la hauteur de l'idéal qu'ils avaient imaginé ou sur lequel ils avaient fantasmé.
- Les Profils 5 peuvent devenir réactifs lorsque quelqu'un ne s'intéresse pas à l'information qu'ils sont sur le point de partager et veut plutôt parler de quelque chose qu'ils considèrent comme inutile, trop personnel ou envahissant.
- Les Profils 6 peuvent devenir réactifs lorsqu'ils pensent que quelqu'un n'est pas digne de confiance et / ou cherche peut-être à tirer profit de leur bonté et de leur loyauté.
- Les Profils 7 peuvent devenir réactifs lorsqu'ils ne peuvent pas aller faire ce qu'ils veulent, et qu'ils se sentent piégés, par quelque chose ou par quelqu'un.
- Les Profils 8 peuvent devenir réactifs lorsqu'ils se sentent ignorés ou lorsqu'ils voient quelqu'un se faire vaincre ou malmener en étant incapable de se protéger.
- Les Profils 9 peuvent devenir réactifs lorsqu'on les pousse à faire quelque chose qu'ils ne veulent pas faire, mais qu'ils ne veulent pas dire « non », ou ne savent pas comment le dire.

En dehors de ces divers déclencheurs spécifiques à chaque profil Ennéagramme, il existe également des déclencheurs universels, qui demandent de la compassion. Ces déclencheurs qui suscitent une réaction de stress sont partagés par tous les profils Ennéagramme, et sont de nature existentielle. Ils peuvent inclure les expériences et les peurs de catastrophes naturelles, ce qui menace notre sécurité physique, ce qui menace la sécurité d'un être cher, les atteintes à notre dignité, à notre personnalité ou à nos normes culturelles, et les menaces qui se soldent par une grande perte, comme la mort, ou la mort imminente (due à la maladie ou au grand âge) d'un être cher ou de soi-même.

La curiosité – L'une de nos plus grandes ressources

La curiosité est notre alliée. La curiosité est innée. Elle s'apparente à l'instinct de Recherche. Nous en sommes équipés et elle nous donne de l'énergie. La curiosité conduit l'exploration, et l'exploration est la façon qu'a notre cerveau d'appréhender le monde – pour l'évaluer et le traiter – afin de pouvoir grandir et se développer, chercher et apprendre. La curiosité est neutre et espiègle. C'est le ticket sans jugement pour le plus grand spectacle du monde. Ce « spectacle » est ce qui nous pousse à explorer le monde et la beauté, l'émerveillement et la vérité de tout ce que nous rencontrons. La curiosité n'est pas puérile, bien qu'elle semble l'être lorsqu'elle nous emplit de fascination, d'esprit d'ouverture et de possibilités. La curiosité est une évaluation, une qualité qui se ressource volontiers dans les états supérieurs de bien-être ; c'est aussi une qualité avec laquelle nous pouvons perdre contact lorsque nous laissons l'enfance derrière nous, et que nous sommes domestiqués par les rigueurs et les responsabilités de l'âge adulte.

Aller au fond des choses – La rencontre de la curiosité et de l'investigation douce

L'investigation douce est un outil qui bouleverse la vie, qui change la donne. C'est un formidable mentor intérieur. C'est un mécanisme de coaching qui va nous guider dans les défis d'investigation les plus importants qui soient : une investigation du soi. L'investigation douce est suffisamment bienveillante pour ne pas supposer, mais questionner. L'investigation douce nécessite de se montrer plein de tendresse et d'attention pour ce qui fait mal, ce qui perturbe, ce qui est provoqué et ce qui a été menacé. La curiosité va de pair avec l'investigation douce, car la curiosité s'assure que notre investigation n'est pas une chasse aux sorcières, mais une découverte plaisante.

Gardez à l'esprit que la curiosité ne recherche pas la logique ; elle recherche bien plus ce qui est là, ce qui est vraiment là. La curiosité n'est pas difficile non plus – on ne peut pas dire qu'elle aime ou n'aime pas ce qui est là. Elle est véritablement intéressée et elle est neutre. Elle ne s'attache pas aux résultats. Elle approche tout comme si elle ne connaissait pas encore. La curiosité est ouverte. Elle n'a pas de programme ni d'attentes, et ne connaît pas le langage de la critique. La curiosité est ce qui permet à une investigation personnelle douce et attentionnée d'avoir lieu. Autorisez-la, et soyez tranquille. Écoutez tendrement, avec un intérêt authentique pour la vulnérabilité qui peut émerger. L'investigation douce permet de prendre conscience que l'on ressent de l'embarras, de la déception ou même du désarroi. Elle permet également à la honte de se révéler. Notre investigation peut aussi exposer la fierté, la vertu, l'arrogance, l'illusion ou la rationalisation. Si nous en profitons pleinement, la curiosité peut être révélatrice. Permettons à un processus d'Investigation Douce doté d'une curiosité consciente de nous travailler ; laissons la magie de cette dernière opérer et travailler pour nous !

La prise de conscience qui mène à une action dont résulte une conduite consciente

En chacun de nous se trouve un « mentor intérieur », qui attend, prêt à prendre notre parti et à travailler pour notre plus grand bien. Avec sa propre marque d'autodiscipline, de motivation, d'amour, d'attention profonde pour nous-même et d'un désir de grandir, notre mentor du soi intervient pour nous soutenir lorsque nous passons du mode automatique à une conduite consciente.

Notre mentor du soi est cette voix de la vérité pleine d'attention, qui soutient et ne juge pas, qui encourage et conseille. Le coaching du soi pour la maîtrise du soi est une forme de bienveillance envers soi-même. Avec chacune des neuf croyances fondamentales des neuf profils Ennéagramme vient l'opportunité unique de remettre en question la manière dont elles dirigent automatiquement notre vie et, indirectement, chacune de nos interactions *avec soi* et avec les autres.

C'est ici que nous finissons par comprendre, avec un grand respect pour chacune de ces croyances, leurs intentions les plus élevées. Souvenons-nous que chacune de ces croyances fondamentales est essentiellement conçue pour garantir que nous puissions être aimés. Elles sont aussi liées à notre centre d'attention, qui apporte quelque chose de nécessaire pour notre survie en tant qu'espèce. Aussi, avant de commencer à nous battre avec nos croyances fondamentales, en pensant qu'elles sont en cause, entraînons-nous plutôt à leur trouver de nouvelles applications.

Coacher demande de la discipline. La maîtrise de soi demande de la discipline – la discipline de pratiquer, et de dépasser chaque tentative ratée. Rester curieux demande de la discipline. Inspirer et se faufiler dans cette nanoseconde de pause demande de la discipline ! Essayer de nouveau après que notre dernière pratique nous a laissés frustrés demande de la discipline. C'est notre discipline qui doit le vouloir pour nous et qui ne nous abandonnera pas. Nous pouvons le faire, parce que nous le méritons, parce que pouvoir vivre notre vie et nous aimer nous-même plus pleinement en vaut la peine.

Prenons par exemple un Profil 1. Les Profils 1 apportent au monde une aptitude et une sagesse particulières. Le Profil 1 espère inspirer notre bonté et notre capacité à « faire ce qui est bien », pour le plus grand bien de tous ceux qui sont impliqués. Les Profils 1 nous apprennent à renforcer notre intégrité, à rester dans le rang, à répondre de nos actes et à être responsables. Lorsque ces qualités d'être supérieures sont piratées par une croyance profonde qui dit au Profil 1 qu'IL NE SERA PAS AIMÉ À MOINS qu'il ne soit bon, responsable, intègre, qu'on puisse compter sur lui et qu'il ne fasse pas d'erreur, alors nous passons de la maîtrise de soi à la punition de soi, de l'expansivité à la contraction. Une fois piratés de cette manière, nous sommes passés de l'amour à un amour conditionnel, et l'amour conditionnel déclenche la peur. Nous sommes passés de la libre expression de notre nature à sa contraction dans sa forme la plus indésirable.

Lorsqu'un Profil 1 exprime par la réactivité ses qualités contribuant à l'évolution, l'intention la meilleure de cette structure de personnalité peut ne pas s'exprimer pleinement, voire pas du tout. Le fait de s'honorer et de se maîtriser est bénéfique et nous emplit d'énergie et de force vitale. La culpabilité et le dénigrement de soi qui viennent de la peur ne font pas de bien et court-circuitent notre source d'énergie. Les réprimandes ne sont pas inspirantes. La correction, le plus souvent, ne motive pas. Pointer les défauts n'engendre pas la grandeur. C'est là que nous avons besoin de notre mentor intérieur pour faire la différence : « *Sur quel versant de mes meilleures qualités suis-je ?* » ; « *Est-ce que je les exprime de façon vibrante et expansive ?* » ; « *Est-ce que je les exprime avec mépris et étroitesse ?* » ; « *Est-ce que je me sens, ou est-ce que les autres se sentent, bien et digne(s) ?* » ; « *Est-ce que je me sens, ou est-ce que les autres se sentent, mal ou inférieur(s) ?* ».

Nous coacher vers la maîtrise de soi développe le respect de soi. Cela nous permet de travailler avec nous-même au-delà de l'emprise des habitudes détournées en compulsions issues des croyances fondamentales qui nous dirigent, et de notre besoin de les jeter à la face du monde, avec amertume ou suffisance. La question que nous voulons poser est la suivante : « ***Comment pouvons-nous apporter au monde les talents et aptitudes que nous avons, pour qu'ils soient offerts et exprimés comme ils ont été conçus pour le faire ?*** *D'une façon qui contribue à notre bien-être, au bien-être des autres, et au bien-être de l'humanité dans son ensemble ?* »

- Lorsque je me laisse aller à la réactivité automatique de mon profil, est-ce que je me fais du mal ? Et aux autres ?

- Est-ce que j'honore les talents supérieurs de ma croyance fondamentale d'une façon encourageante, qui fait du bien au monde ?

- Comment est-ce que j'exprime mon meilleur moi, les qualités essentielles de mon moi supérieur ?

Le coaching de soi pour la maîtrise de soi nous permet de discerner la façon dont nous nous *utilisons*, dont nous nous exprimons, et dont nous nous montrons au monde pour nous-même, et aussi comment nous nous montrons pour les autres. Cela nous permet de voir les répercussions que nous avons, pas seulement notre intention. Cela nous permet de faire des choix – de choisir de façon sélective notre réponse la plus digne – plutôt que de réagir, en mode automatique, à des compulsions intérieures, que nous n'avons pas encore remises en question, encore moins comprises ou maîtrisées.

Apprendre quelle est notre structure de personnalité Ennéagramme nous offre un panorama sur nous-même. L'étude de l'Ennéagramme nous offre quantité d'informations sur le développement des personnalités, que nous pouvons utiliser, et dont nous pouvons tirer profit, afin *de vivre mieux et d'aimer plus pleinement.*

Qu'est-ce qui nous empêche de parvenir à l'étape de l'Adhésion ?

Commençons par nous demander ce qui nous empêche de nous engager. Pourquoi est-il bien souvent plus facile de faiblir vis-à-vis d'un engagement pris avec nous-même que vis-à-vis d'un engagement que nous avons pris avec d'autres ? Adhésion est synonyme d'engagement. Et c'est une autre forme de discipline. Et en vérité, c'est aussi une expression d'amour de soi et d'attention à soi. Malheureusement, nous échouons dans nos engagements parce que nous sommes trop occupés et que nous perdons notre enthousiasme ; nous fatiguons, nous oublions ; quelque chose de plus agréable nous distrait ou nous ne voyons pas les résultats arriver assez vite, alors notre intérêt diminue – et les excuses et les défis rencontrés continuent. Toutes ces excuses sont des *raisons* bien connues que nous nous racontons pour justifier le fait que nous ne continuons pas quelque chose que nous avions dit vouloir continuer. Mais y a-t-il plus que cela ?

Différentes parties du soi en conflit

Y aurait-il une raison plus secrète qui expliquerait pourquoi nous pouvons avoir du mal avec l'adhésion ? Pourrait-il y avoir autre chose qui interfère avec notre adhésion à une pratique de développement personnel, une pratique qui pourrait bouleverser notre vie et nous développer sur le plan personnel ? Bien sûr, tout cela nous semble prometteur ! Mais et si nous étions soit (inconsciemment) effrayés par les changements que nous pouvons apporter, soit inquiets des différentes souffrances, révélations personnelles ou difficultés que nous pourrions rencontrer au cours de ces exercices qui induisent une prise de conscience ? Cela pourrait-il interférer avec notre adhésion ? Et si nous n'avions pas conscience que, tout au fond de nous, nous résistons à une partie de ce travail de développement parce que nous ne sommes pas sûrs de ce que nous allons devenir si nous le faisons ? Ça, c'est un défi…

Ceux d'entre vous qui lisent cela maintenant et qui connaissent les « parties du soi », également connues sous le nom de Système Familial Intérieur (IFS), le travail du Dr Richard Schwartz et son livre *Internal Family Systems Therapy* sauront que, bien que nous puissions avoir les meilleures intentions du monde lorsque nous déclarons « *Je vais respecter ce 5*ᵉ *A de l'Adhésion* », ces intentions pourraient ne pas être suffisamment fortes pour l'emporter sur une partie du soi qui craint de s'affranchir de quelque aspect de sa réactivité ou de sa façon d'être défensive, en apparence protectrice.

Disons par exemple que je suis un Profil 4 de l'Ennéagramme qui a toujours voulu chanter en public et que je sais depuis des années que j'ai besoin de prendre des cours de chant. Je veux vraiment faire passer mon talent au niveau supérieur afin de pouvoir réaliser ce rêve. Mais les années passent et je ne me suis jamais inscrit. J'ai de nombreuses raisons pour cela, comme d'être trop occupé, par exemple. Mais pourquoi ? Et si, sans que je le sache, il y avait une autre partie du soi qui était à l'œuvre, dont le rôle serait de me protéger de l'embarras et de l'échec ? Si je me lançais, en commençant par les cours de chant, je pourrais être humilié, ou je pourrais apprendre qu'en fait je ne sais pas vraiment chanter ! Ou bien je pourrais aller jusqu'à obtenir mon premier engagement, qui se révélerait être un fiasco ! Et si je réussissais vraiment et que je commençais à chanter partout, et qu'à cause de cela mon / ma petit(e) ami(e) me quitte ?

Ces parties du soi sont tenaces, et sont souvent là pour nous protéger. Elles se sont mises en place du fait d'années de conditionnement environnemental en réponse aux facteurs de stress psychologiques et émotionnels (menaces). Elles étaient/sont la(es) meilleure(s) solution(s) que notre tempérament et notre nature ont pu trouver à l'époque, lorsqu'une forme de protection a été nécessaire. Ces « parties » ont besoin de compréhension et de compassion, et le rôle qu'elles jouent dans notre vie a besoin d'être rencontré et compris. Elles peuvent contrôler le fait que nous n'adhérons *pas* à une chose à laquelle nous semblons vouloir adhérer.

Pour résumer, le travail de l'IFS permet aux nombreuses parties du soi disparates de faire surface dans notre conscience où elles peuvent être ressenties, identifiées, nommées et respectées. À partir de ce point de reconnaissance, nous avons la possibilité de les réintégrer dans la totalité de notre système de personnalité, où elles ne peuvent plus prendre le contrôle de façon indépendante et diriger le cours de notre vie sans que nous le sachions. Au lieu de cela, elles ont une chance d'être comprises et redirigées, en cohérence avec le reste de nos espoirs, de nos rêves et de nos désirs.

Les parties du soi et l'Ennéagramme

Bien que ce livre n'explore pas de façon spécifique lesdites parties, comme les Exilés et les Protecteurs, les Managers et les Pompiers, pour en citer quelques-unes nommées par l'ISF, nous n'avons pas manqué de voir que chacune des structures identifiées de l'Ennéagramme est capable de déclarer des parties du soi très similaires, reconnaissables, qui ne sont pas dues au hasard mais schématisées, par profil. Cela pourrait certainement être un sujet de thèse intéressant à explorer, un sujet qui n'a pas encore été entrepris par un universitaire intéressé par l'Ennéagramme.

Intention

Tandis que nous entamons le 5e A et le processus très gratifiant de développement personnel, il est important de nous connecter à notre intention. L'intention crée une sorte d'« énergie », qui stimule l'action et les résultats autant que le désir sincère, la réactivité protectrice, voire les compulsions perturbatrices, par exemple. Nous voulons nous assurer que nous connaissons notre intention : est-elle claire ? Est-elle en accord avec nos meilleurs intérêts ? Pour nous organiser autour de notre intention, commençons par faire l'inventaire de toutes les résistances que nous pouvons avoir vis-à-vis de ce travail, y compris, mais pas seulement, nos combats habituels avec l'engagement et la discipline, ainsi que toute partie du soi profondément enfouie qui peut *ne pas être « d'accord »* avec le changement personnel et la vulnérabilité qui l'accompagne.

Une fois que nous nous sommes attaqués à ces blocages clés sur lesquels nous trébuchons et que nous avons identifié les résistances, prenons le temps de faire un inventaire des bénéfices. Prenez le temps de considérer les promesses de ce travail, entre autres : le soulagement de la douleur cognitivo-émotionnelle, une amélioration de la communication avec nous-même et les autres, plus d'amour et de joie dans notre vie, moins de conflits, moins de souffrance et plus de liberté. Nous pouvons aussi voir des résultats qui incluent une meilleure santé physique ainsi que l'augmentation, que nous avons toujours désirée, de notre bien-être, de notre niveau de présence et de notre niveau de joie exprimée et vécue.

- Comment gérez-vous l'adhésion, le fait de vous engager à une pratique régulière, le fait de tenir n'importe quel engagement que vous avez pris dans votre vie ?

- Qu'est-ce qui, selon vous, vous aide à tenir les promesses que vous vous faites à vous-même ?

- Qu'est-ce qui, selon vous, se met le plus en travers de votre chemin ? Quelles résistances rencontrez-vous en faisant ce travail ?

- Poursuivez-vous mieux les choses jusqu'au bout vous-même ? Ou avec les autres ? Pourquoi pensez-vous que ce soit le cas ?

[illegible]

L'Adhésion – le 5ᵉ A

Nous prenons habituellement le temps de nourrir notre corps et de prendre soin de nous tous les jours. La plupart d'entre nous dorment régulièrement, mangent et boivent de l'eau selon un programme répétitif. Mais il y a autre chose en nous qui demande attention et soins. Pour nourrir notre santé émotionnelle et spirituelle – notre bien-être et ses répercussions sur nos relations –, nous aimerions recommander de faire de même. Nous avons chaque jour de multiples occasions de mettre ce genre d'ADHÉSION en pratique. Chaque jour, nous sommes en mode automatique, ce qui nous rend réactifs. Notre vie nous fournit ainsi la meilleure matière pour nous entraîner ! *Alors pourquoi pas !*

Le 5ᵉ A qu'est l'Adhésion est là, à notre disposition, chaque seconde, il ne tient qu'à nous de l'activer ! C'est ce que j'appelle l'« Illumination au pied levé ». Chaque bouleversement ou défi auquel nous faisons face quotidiennement nous donne une occasion de nous entraîner, ce qui s'accorde avec notre engagement à ce 5ᵉ A ! Par l'Adhésion, nous pouvons, jour après jour, commencer à intérioriser le Procédé de Croissance Universel (UGP) pour la Maîtrise de Soi, qui est ce qui va favoriser de façon incroyable le développement personnel et la croissance au fil du temps – une croissance qui va bien au-delà d'une simple conception cognitive. C'est une croissance incarnée et durable, qui améliore la vie.

L'Adhésion et notre volonté

L'adhésion est une preuve de notre VOLONTÉ. Notre volonté est un pouvoir, une énergie, et elle est dirigée par l'esprit qui est en nous. C'est l'une des énergies motrices qui alimentent nos stratégies d'adaptation, protégeant notre âme des dommages émotionnels, et elle s'efforce de nous servir à tout moment. Notre volonté s'engage à répondre à nos besoins fondamentaux de sécurité, d'amour et de relation, et à notre autonomie et notre dignité. C'est aussi une ressource solide à laquelle faire appel pour nous défendre et résoudre un conflit. Notre volonté dirige nos comportements de survie, ainsi que la manière dont chacun de nous se bat pour son moi, pour son *sens du soi.*

Notre volonté est la force qui se trouve derrière notre action intentionnelle, consciente et délibérée. Notre volonté inclut le pouvoir de choisir ses propres actions et de faire preuve de discrétion quant à la manière et aux choses dans lesquelles nous nous impliquons. En d'autres termes, notre volonté alimente le pouvoir de diriger et d'agir en accord avec ces choix. Et le choix, c'est la clé. Le choix, lorsqu'il s'harmonise avec notre volonté, renforce notre libre arbitre et notre autorité intérieure. Lorsque notre volonté est dirigée intentionnellement, de façon proactive, elle sert notre objectif et est pleine de détermination, de persévérance et d'une autodiscipline efficace. Lorsque nous sommes ancrés dans la présence et la conscience, notre volonté conduit l'intention et soutient une liberté d'agir régulatrice et pleine de sens. C'est notre volonté qui détermine et gouverne notre succès avec le 5e A de l'Adhésion et également notre succès global dans la vie.

Exercice d'adhésion individuel >>

- Lorsque vous êtes réactif ou bouleversé, faites une pause, respirez profondément, inspirez et expirez. Centrez-vous dans votre corps et ancrez-vous dans l'instant présent. Remarquez la réactivité dans votre soma. Puis, le cœur ouvert (disponible pour vous), faites le travail d'investigation douce, en fonction du temps dont vous disposez. Si vous n'avez pas assez de temps, faites simplement de votre mieux pour rester ancré et centré, et retournez à l'évaluation de la situation donnée plus tard dans l'heure ou dans la journée.

- Avec de la pratique, vous découvrirez que vous savez déjà à quoi correspond votre schéma de réactivité, et vous connaîtrez le sentiment qu'il engendre dans votre corps. En particulier, vous commencerez à repérer l'endroit où il se trouve dans votre corps physique. Cela vous permet de mettre en œuvre l'étape Action. Cela signifie vous libérer des barrières de votre croyance, qui peuvent vous faire résister ou vous paralyser. Apprenez à explorer et à discerner ce qui déclenche vos sentiments réactifs et les comportements qui en découlent. Cette exploration est la voie de l'illumination. Ce travail en nous est fait immédiatement. C'est comme si nous faisions *de la vie elle-même* notre méditation. Cela signifie que nous vivons une vie remplie de pauses, de centrages, de remarques, d'investigations douces, de discernement – et ensuite de conduites conscientes. Observez avec curiosité le comportement correspondant à votre réactivité. Et puis, consciemment et avec compassion, libérez-vous de son emprise par une action appropriée au moment et à la situation, déterminée par et dérivant de la prise de conscience.

- La « compétence » de choisir une réponse consciente s'acquiert en s'entraînant à aller au-delà de nos mécanismes habituels de défense, au-delà de la réactivité familière à laquelle nous avons été soumis pendant si longtemps. Choisir de répondre plutôt que de réagir n'est pas une échappatoire, ce n'est pas que nous ne sommes pas capables de nous défendre et que nous devenons faibles de caractère, trop malléables ou trop conciliants. Une conduite par laquelle on répond consciemment, qu'on choisit consciemment « pour le plus grand bien de soi et de l'autre », est simplement la marque d'une maîtrise de soi réussie.

« La conscience
sans action
n’est pas
de la conscience. »

David Daniels

Chapitre 10

Ce qui nous sépare l'un de l'autre : de la résistance au développement

Qu'est-ce qui nous éloigne l'un de l'autre ?

Si je pouvais répondre clairement à cette question, je pourrais sauver le monde ! Bien que la question soit simple, le dilemme est complexe. Je pense pouvoir affirmer sans risque que lorsque nous entrons dans une nouvelle relation – que ce soit avec un nouveau-né, un potentiel meilleur ami, un nouveau chef ou un nouveau partenaire – nous l'abordons *pour la plupart d'entre nous* pleins d'espoir et confiants que nous réussirons l'un avec l'autre.

Nous abordons les relations avec de bonnes intentions, pensant certainement que la relation va se développer et que nous irons au-delà de cette première rencontre. Mais comme nous le savons tous, les relations peuvent connaître des difficultés et mal tourner, et lorsque cela se produit, ce n'est agréable pour aucune des parties. En fait, dans de nombreux cas, comme dans les relations parent-enfant, les échecs relationnels peuvent être catastrophiques. Qu'est-ce qui a provoqué l'échec de notre relation ? Qu'est-ce qui, en fait, nous a éloignés ?

Il y a d'innombrables raisons majeures pour lesquelles les relations échouent. Elles sont faciles à voir et à comprendre : par exemple, lorsque l'une ou les deux parties ont été malhonnêtes, se sont manqué de respect ou s'il y a eu une trahison qui a brisé la confiance, ou encore lorsque notre sécurité physique a été mise à mal. Devoir faire face à ce genre de dégâts relationnels va saboter une relation, et presque toujours de façon irréparable. Mais qu'en est-il de nos relations qui semblent bien se porter – pas de grande catastrophe, pas de gros problèmes *en soi* –, mais qui, finalement, ne fonctionnent pas non plus ? Que s'est-il passé pour que nous nous éloignions ? Il est temps de nous intéresser aux manières dont nous faisons dérailler nos relations. Comment diminuons-nous notre aptitude à construire la confiance, le respect et une plus grande intimité ?

Le sabotage de la non-acceptation

Bien qu'il soit impossible de traiter, dans ce chapitre, de toutes les nuances possibles dans la corrosion des relations, il est intéressant d'étudier quelques facteurs importants qui, bien que subtils, peuvent mijoter longtemps et avoir des répercussions dévastatrices.

Le premier qu'il faut souligner, dont on a déjà parlé dans ce livre, mais qu'il est important de répéter dans ce contexte, est le suivant : la **non-acceptation** de soi ou de l'autre. La non-acceptation nous sépare l'un de l'autre. Cela creuse un fossé entre nous en enterrant notre vulnérabilité sous un « *J'espère que je suis acceptable* » ou un « *J'espère que tu es acceptable* ».

La première chose qui arrive lorsque l'un d'entre nous ou les deux ont l'impression qu'une partie d'eux n'est pas acceptée par l'autre est un sentiment de colère, soit exprimé, soit minimisé ou nié. Pire encore, nous pouvons nous mettre « hors ligne » en présence de l'autre – et alors, quelle perte ! Nous pouvons aussi commencer à faire vivre cette partie de nous-même d'une autre manière – en secret, peut-être. Il est facile de prédire combien cela peut être problématique.

La non-acceptation des autres est bien souvent une extension du fait de ne pas s'accepter soi-même, ce que nous avons vu en détail dans le chapitre 9. Les conditions que nous nous imposons pour garantir notre acceptabilité – notre aptitude à nous aimer – débordent inconsciemment sur les conditions que nous imposerons aussi aux autres, ceux-là mêmes qui s'imposent et font subir aux autres exactement la même chose. La mise en place de conditions est un aspect de notre nature humaine inconsciente et limitative. Malheureusement, la mise en place de conditions rend l'acceptation plus difficile. En fait, elles sont directement opposées.

L'acceptation, lorsqu'elle est accordée, ne l'est malheureusement souvent *qu'une fois* certaines conditions remplies. Ajoutons à cela que l'acceptation peut, au mieux, n'être accordée que partiellement. C'est un miracle que nous arrivions à nous entendre ne serait-ce qu'un peu ! C'est une souffrance lorsqu'il n'y a que peu d'acceptation de soi ou des autres et aussi lorsque les autres ne nous acceptent pas et que nous le ressentons.

Ne pas nous sentir acceptés peut faire des ravages sur notre estime de soi. Ce qui est particulièrement préjudiciable dans les dynamiques parent-enfant, quand l'enfant ne peut pas répondre aux attentes ni recueillir l'acceptation de son/ses parent(s). Il en résulte des dégâts considérables sur l'estime de soi de l'enfant qui peuvent perdurer toute la vie, si on ne s'en occupe pas. C'est également un problème pour les relations amoureuses. Pouvons-nous nous aimer l'un l'autre si nous ne nous acceptons pas nous-même tels que nous sommes vraiment ?

Admettons d'abord que l'acceptation ne signifie pas être d'accord, fermer les yeux ou capituler. Cela signifie, en revanche, que nous voyons et acceptons quelqu'un *tel qu'il est vraiment*. Cela signifie que nous l'honorons – avec ses dons et ses faiblesses – tel qu'il se présente à nous, avec respect et un discernement bienveillant.

Le discernement que nous évoquons ici n'est pas un jugement. Ce serait plutôt de la clarté. Le discernement nous permet d'observer et de comprendre les différences avec neutralité. Il nous permet alors de décider par nous-même ce qu'il convient de faire à un moment donné. Il sert de soutien lorsque nous avons du mal à nous comprendre l'un l'autre, ou lorsqu'émerge une incompatibilité qui nécessite d'être prise en compte. Le discernement nous permet de voir les défis d'une manière constructive. Le discernement donne à tous ceux qui sont impliqués l'occasion de *voir ce qui est réellement*, sans critique ni projection. Le discernement fonctionne pour nous aider à prendre des décisions sages et à faire des choix sains sur le plan relationnel.

Le discernement nous aide également à arrêter d'essayer de changer quelqu'un afin de pouvoir *mieux l'accepter*. Le discernement nous permet de voir l'autre comme il est, plutôt que comme nous voudrions qu'il soit. Le sentiment que quelqu'un ne nous aime *que si nous changeons* (amour conditionnel) est difficile à digérer et a habituellement le même effet sur notre estime qu'un parent qui nous a aimés d'un amour conditionnel. Tandis que notre estime personnelle s'érode sous l'œil vigilant et critique de la non-acceptation, c'est aussi le cas de notre capacité à nous dévoiler dans une relation donnée. Par conséquent, la relation est risquée, et notre estime personnelle peut être en danger.

La non-acceptation crée une dynamique de provocation entre les gens. Elle peut être ressentie même lorsqu'elle n'est pas exprimée ouvertement et peut provoquer de petites comme de grandes perturbations dans nos relations. Les signaux non verbaux, un aspect très important de nos systèmes de communication, ne peuvent pas être négligés ni minimisés lorsque nous discutons de notre expérience directe, ressentie, de la non-acceptation. En effet, nous communiquons notre amour et notre acceptation de multiples manières, et parfois sans le moindre mot. En fait, les données non verbales que nous percevons peuvent même avoir encore plus de répercussions que les mots prononcés eux-mêmes. Le fait de ne pas être accepté peut être ressenti dans notre corps et peut déclencher une réactivité émotionnelle.

Envisageons aussi la façon dont les gens peuvent, parfois, utiliser les mots sans intégrité. Lorsque les mots prononcés ne correspondent pas à la *vérité* de celui qui parle, ni à la nôtre, nous sommes bien souvent capables de *le ressentir* dans notre corps. Si nous sommes suffisamment à l'éccute de « nous-même et de nos propres signaux intérieurs », nous sentirons la divergence entre ce qui a été dit et ce que nous avons ressenti en l'entendant. Cela nous donne l'occasion de vérifier, de corriger par nous-même ou de nous inquiéter de ce qui pourrait être équivoque, confus, incohérent ou franchement trompeur.

En outre, la désapprobation est souvent visible dans l'expression du visage et le fait d'être bouleversé s'entend dans le ton de la voix, même si les *mots prononcés* ne l'avouent pas. Il existe sept formes de communication non verbale connues auxquelles nous sommes sensibles et dont nous dépendons. Et cette communication non verbale est particulièrement importante pour les enfants, maîtres en l'art de les déchiffrer bien avant de maîtriser la parole :

- Contact visuel
- Expression faciale
- Ton
- Gestes – Langage corporel
- Posture
- Timing (moment choisi)
- Intensité

Finalement, la non-acceptation se confronte à notre besoin d'appartenance, à notre besoin de sécurité avec l'autre, et à notre désir de nous sentir protégés. Être acceptés nous amène à nous sentir aimés, à nous sentir « bien dans le monde », à nous sentir vivants et dignes d'intérêt. L'acceptation est le fondement même de notre sentiment d'appartenance. *Souvenez-vous, il y a un million d'années, ceux qui n'étaient pas acceptés par la tribu étaient jetés dehors et dévorés par les prédateurs !* Sort peu enviable ! Le fait d'appartenir – un sous-type de la relation et de l'acceptation – fait partie de l'instinct Social et est imprégné d'une grande intelligence de survie, comme nous l'avons lu dans le chapitre 7.

L'épée du jugement – L'esprit critique à l'œuvre

Comprendre les répercussions de la non-acceptation nous amène à comprendre les mécanismes qui nous projettent dans la spirale de la non-acceptation. En chacun de nous réside ce que j'aime appeler « l'esprit de jugement critique », auquel on fait souvent référence sous le nom de surmoi, et il se définit comme suit :

Le surmoi est le composant éthique de la personnalité et fournit les standards moraux selon lesquels opère l'ego. Les critiques, les interdictions et les inhibitions du surmoi forment la conscience d'une personne, et ses aspirations positives et ses idéaux représentent son image de soi idéalisée.

Dans notre système intérieur existe une structure qui organise les idéaux et les standards en deux catégories : acceptables ou non acceptables. Beaucoup de ces constructions sont formulées de façon non consciente pendant la petite enfance – une combinaison de nos propres propensions neuronales avec ce qui a été enregistré dans nos systèmes de mémoire implicite (émotionnelle – réactive – de réponse) et explicite. L'esprit de jugement critique se développe en réponse à l'identification et à l'intériorisation des valeurs, des règles et des croyances mises en avant *pour nous* et *par nous*. Ces dernières se cristallisent en réponse aux systèmes de récompenses et de punitions de nos figures parentales/d'autorité, à notre culture sociétale et à l'idéologie qui en découle, que nous construisons alors à l'intérieur. Tout cela respecte et s'accorde avec les structures de notre profil et la façon dont il pense devoir se conduire pour garantir qu'il sera accepté et aimé (croyances fondamentales).

L'esprit critique – le surmoi – est nécessaire et a des fonctions positives. Il soutient la structure de notre personnalité en fournissant des conseils sains sur ce que *nous avons besoin d'être* et *pouvons vouloir être*. Mais le surmoi peut aussi devenir une barrière à l'acceptation de soi et à l'acceptation de l'autre difficile à briser. En effet, il peut devenir rigide, accusateur et inflexible, à tel point que notre esprit de jugement critique peut interférer avec notre propre connaissance intérieure et peut même empêcher des changements de croyances, voire de nouveaux niveaux de conscience.

Cet esprit critique, tout en étant le courtier bienveillant de nos morales et de nos valeurs, émet aussi des jugements – des *jugements* critiques, pas vraiment de nature à nous aider à nous relier à nous-même. Le jugement – pas le « bon jugement », car celui-ci est souvent une bonne chose, mais plutôt le « jugement négatif » – peut entraver les relations de manière significative. Ce jugement négatif, loin du discernement, limite notre capacité à accepter et à aimer sans conditions ni résistance.

Bien que le jugement négatif puisse se faire passer pour utile et protecteur, ses énergies ne le sont pas vraiment dans le cas de relations humaines aimantes. Le jugement négatif se fonde souvent sur le passé, car il tente de préserver une forme de statu quo qu'il a appris. Il pose des conditions et provoque involontairement toutes sortes de rejets – de soi, des autres, de nos différences, même de nouvelles idées. Sa simple présence peut amoindrir les nouvelles expériences et celles en cours. Le jugement négatif ruine la joie et inhibe l'intimité. Le jugement négatif provoque la souffrance, parce qu'il sépare et isole, et il peut mener à des degrés de détresse et de discorde incompréhensibles.

Selon mon expérience, l'esprit de jugement critique se présente souvent comme l'aspect le plus omniprésent et le plus difficile du second « A » de l'UGP, l'Acceptation, car il surgit encore et encore de façon subtile et pourtant convaincante, de façon protectrice et pourtant de nature à inhiber la réceptivité.

Ce qui fait obstacle à l'intimité

On peut certainement supposer que nous voulons tous nous promener le cœur plein d'amour, sans défense, dans un état d'esprit réceptif et ouvert, parce que c'est un état extrêmement plaisant, euphorique. Pourquoi choisirions-nous quelque chose de différent ? Pourquoi, après avoir lu le paragraphe ci-dessus, voudrions-nous passer du temps dans un état de jugement critique négatif ?

Le jugement critique est l'un des grands briseurs de relations, raison pour laquelle nous avons choisi de le mettre en lumière. Ce n'est qu'un exemple de ce qui peut se mettre en travers de notre chemin et nous éloigner les uns des autres. Utilisez l'exemple suivant comme modèle pour vous aider à faire un « inventaire des attitudes de jugement critique » dans votre psyché.

Le jugement critique est un grand « diviseur ». Le jugement critique est une tendance à séparer les choses en noir ou blanc, en juste ou faux, en bon ou mauvais, moi versus toi. Et il fait cela en un instant. Il nous sépare de l'objet *que nous jugeons*, et à partir de ce moment nous n'y sommes plus reliés. À la place, nous sommes maintenus dans une sorte de polarité avec un seul gagnant.

Comme mentionné précédemment, le jugement critique ne doit pas être confondu avec le discernement sain : la réception neutre et la reconnaissance de différenciations clarifiantes. Le jugement critique est l'antithèse de la neutralité. On peut dire qu'il manque de neutralité, car il est chargé d'opinion. Et l'opinion empêche facilement l'acceptation, la réceptivité et l'ouverture. Le jugement critique prend en défaut, trouve une sorte de faille qui déclenche alors un point de vue aggravant, qui nous donne souvent la permission de nous opposer ou de nous retirer. En fait, le jugement critique est à une relation aimante ce qu'une aiguille grinçante était à un vinyle, lorsque le plus parfait des tourne-disques faisait tourner en souplesse *Imagine* de John Lennon. Depuis une minute, vous écoutiez béatement ces paroles de Lennon qui ont bouleversé la planète, lorsque, « hiiiiiiiiiiiii ! », ce moment de grâce s'arrête sur une note grinçante et l'irritation devient votre nouvelle réalité.

« *Moi aime toi* » est à présent « *moi contre toi* ». « *Moi ET toi* » est à présent « *moi ne peux pas m'aligner avec toi* » – et les interprétations induites commencent à déployer nos peurs. Nous sommes catapultés hors de cette mélodie magnifique tout autant que de notre union avec elle et le jugement critique nous envoie dans un lieu bien solitaire. Autrefois unis, nous sommes à présent séparés. Ce qui s'est passé en une fraction de seconde peut sembler insignifiant, mais cela peut avoir des répercussions délétères sur nos relations, en particulier sur notre relation amoureuse. Parce que cela compromet si vite notre aptitude à rester là, « avec » un autre, dans une relation aimante.

Le jugement critique est l'un des nombreux saboteurs de relations, tout comme les automutilateurs. Nous jugeons les autres de façon critique – ainsi que nous-même

– de tellement de manières habituelles, instantanées et inconscientes. Nous juger nous-même de façon critique sépare et déconnecte autant que de juger les autres. Dans les *deux* cas, le drame est que nous provoquons, à chaque fois, un clivage *avec nous-même.* L'esprit critique devient tout-puissant et le soi (ou l'autre) ne devient rien de plus qu'un objet nécessitant une correction ou une réparation, une réprimande ou un rejet.

Il est important d'apprendre dans un premier temps comment identifier *quand* ce que nous faisons peut être qualifié de jugement critique, *quand* cela arrive – à nous-même ou à un autre. Et, dans un deuxième temps, de savoir comment intervenir – « *faire une pause et contenir* » – de façon à ne pas nous perdre loin du bonheur, de la relation et de l'acceptation, et finalement loin d'un amour durable et vivifiant. Il y a de fortes chances, en fin de compte, pour que plus nous jugions les autres de façon critique, plus nous nous jugions nous-même de façon critique, blessant ainsi toutes les personnes impliquées.

La solution consiste d'abord à être présents à ce que nous faisons et à favoriser une prise de conscience. Dans un second temps, « autorisons » consciemment l'adoucissement, le relâchement des restrictions de notre surmoi qui nous mettent sous pression, restrictions causées par les histoires que nous nous racontons, qui nous exhortent à nous distinguer les uns des autres et nous permettent de nous justifier. *Qu'est-ce que notre surmoi bien intentionné exige de nous maintenant ? Quelles sont les conditions qu'on nous rappelle, en ce moment ?* Vous savez, celles qui veulent garantir que nous soyons dignes d'être aimés ! Tout cela est ressenti en dedans comme une restriction, une énorme égratignure qui déchire le cœur, nous coupant de cette relation si désirée – et de l'amour lui-même.

Sortir de ce jugement critique consiste à adoucir ces restrictions douloureuses et séparatrices. Cela consiste à vouloir *plus* pour nous-même. La coupure causée par le jugement critique est brutale et, sans le savoir, elle blesse. Il est temps de commencer à prêter attention au fait que nous nous infligeons cela. Nous rendre compte que *nous POUVONS nous séparer de cela*, que cela ne nous sert pas, est un grand pas, bon et encourageant, vers l'amour de soi et notre aptitude à aimer les autres.

Ce n'est pas tout : le jugement critique est un moyen *très intelligent* pour le surmoi de *nous protéger* inconsciemment. Il se trouve simplement que l'esprit critique et la manière dont il nous sépare « d'un autre » nous protège également *de l'intimité*. En effet, l'esprit critique fait dérailler notre vulnérabilité, qui nous garde alors à distance de cet endroit où nous sommes davantage exposés, *où nous pourrions être blessés*. Mais la vulnérabilité est nécessaire à l'intimité. C'est ce qui est au cœur de l'amour lui-même. C'est l'essence même d'aimer et d'être aimé. Quelle meilleure solution, alors, que de trouver un vice rédhibitoire à l'autre, à notre partenaire en particulier, afin de nous sauver de cette proximité – du fait d'être vulnérable ?

Jugeons-les de façon critique et nous pourrons, de manière justifiée et vertueuse, les repousser et nous éloigner. Nous n'avons ainsi pas avancé d'un pas tandis que nous retournons en toute sécurité sur notre territoire familier, non vulnérables, sans relations, mais hors de danger.

Un jugement critique qui semble solide et crédible peut empêcher le meilleur de nous-même de se montrer. Est-ce vraiment sécurisant ? Vraiment. Est-ce vraiment source d'amour, d'intimité, de vie ? Pas vraiment. Alors que nous voulons tous tellement aimer, nous sommes bien souvent des maîtres dans l'art de nous en éloigner franchement. Et nous souffrons, tout autant que les autres. Parce que s'éloigner est réellement une perte émotionnelle pour tous ceux qui sont impliqués.

Atténuer le jugement critique commence tout d'abord par le profond désir de ne plus nous infliger cela, de ne plus nous couper de cette vulnérabilité qu'entraîne le fait de nous exposer, de ne plus nous couper de la bonté et de l'intimité. Nous *pouvons* décider de *ne plus nous autoriser* à succomber à ce genre de séparation – avec la beauté, avec l'amour et avec la relation, que, en grande partie, nous sommes venus cultiver et connaître ici, sur la planète Terre.

Par un exercice de pleine conscience, dirigeons plutôt nos intentions vers l'investigation : « *Qu'est-ce que l'esprit de jugement critique fait pour nous ?* » ; « *Que nous apporte-t-il ?* » ; « *Que protège-t-il ?* ». Pour atténuer ce jugement de soi destructif, autorisons-nous à apprendre de façon plus consciente le discernement, et à partir de là commençons le processus qui consiste à nous pardonner pour les moments où nous ne sommes pas à la hauteur (ce surmoi est certainement doué pour faire ressortir ce genre de choses !). Transformons plutôt ce jugement de soi en curiosité, et à partir de là autorisons-nous à remplacer le besoin nuisible de nous juger ou de nous punir par une envie irrépressible de nous motiver, une envie aimante qui nous guide.

C'est le virage intentionnel du jugement critique vers le discernement sain. Celui-ci, encore une fois, nous met dans un état de conscience dont nous avons connaissance, dans lequel nous pouvons différencier les choses avec neutralité et sobriété. Le discernement est ce qui clarifie pour nous la meilleure chose à faire – pour soi et, avec un peu de chance, également pour le plus grand bien de ceux qui sont impliqués.
Le discernement nous permet d'évaluer la neutralité et de prendre des décisions sensées. Il encourage l'action correcte, réfléchie. Il ne blâme pas, il est responsable et attentif. De façon peu surprenante, le jugement critique est une préoccupation mentale destructrice. Il demande beaucoup d'énergie et de concentration, et il capte l'énergie. Lorsqu'on ne l'examine pas, son induction empêche les perceptions saines d'éclaircir la situation, et sa rigidité peut nous séparer des autres et nous piéger à certains moments de notre vie.

Exercice individuel pour le surmoi / l'esprit de jugement critique >>

Il s'agit d'identifier les caractéristiques de votre surmoi – de votre esprit de jugement critique. La manière dont il « s'attaque à vous personnellement », comment vous pouvez l'identifier, et comment vous pouvez travailler avec lui.

- Asseyez-vous confortablement. Placez vos pieds sur le sol et laissez vos yeux se fermer ou détendez-les de façon à empêcher votre attention de partir vers des stimuli extérieurs. Suivez simplement votre respiration afin d'être centré à l'intérieur et ancré physiquement.

- Demandez-vous, en fonction de votre profil : « *Pour quelle raison mon surmoi m'attaque-t-il ?* » Pour ceux d'entre nous qui le ressentons non comme une attaque, mais plutôt comme une voix qui nous protège ou nous guide, demandons-nous simplement : « *Quand a-t-il fait surface pour la dernière fois ?* » Par exemple : « *Était-ce à un moment où je me sentais en colère, blessé ou bouleversé par mon propre comportement ou celui d'un autre ?* » ; « *Quels sont mes signaux ou signes physiologiques ?* ». Faites une pause d'environ une minute pour y réfléchir.

- Puis demandez-vous : « *Quand ai-je été bon et me suis-je accepté ou ai-je accepté un autre, alors que j'aurais pu, plutôt, être critique et porter un jugement sur moi-même et / ou sur un autre ?* » ; « *Quels ont été alors les signaux psychologiques ressentis dans mon corps ?* ». Le savoir ne signifie pas forcément que vous êtes d'accord avec le comportement qui vous a bouleversé. Faites une pause d'environ une minute pour y réfléchir.

- En fonction de votre profil, essayez de travailler avec votre esprit critique en l'intégrant à une expérience positive. Vous avez besoin de faire cela lorsque l'expérience négative, lorsque votre réactivité, commence à se réveiller dans votre corps. Sachez que ce simple procédé fait avancer votre développement et construira en vous une nouvelle ressource.

- Ensuite, faites une pause d'environ une minute pour y réfléchir. Rappelez-vous que, de cet endroit, vous pouvez probablement travailler sur la plupart des situations difficiles. Vous pouvez vous rappeler ce « changement de perspective » que vous avez expérimenté à volonté, n'importe quand. Prenez un moment pour noter vos découvertes et les partager, si vous le souhaitez, avec quelqu'un qui est important pour vous.

Exercice pour le surmoi / la conscience destiné aux couples >>

- Asseyez-vous confortablement ensemble, face à face sur un fauteuil ou sur le sol, les jambes croisées. Démarrez un chronomètre ou choisissez l'un de vous pour vous ramener tous les deux à la fin de l'exercice après environ 5 à 10 minutes.

- Ensuite, demandez-vous, en fonction de vos profils : « *Qu'est-ce que chacun de nos surmoi respectifs "attaque chez l'autre" dans cette relation ?* » Par exemple, rappelez-vous des moments où vous vous sentiez en colère, blessés ou bouleversés par votre propre comportement ou celui de l'autre. Quels étaient les indices physiologiques ? Quels étaient les signaux de réactivité dans chacun de vos corps ? Faites une pause d'environ une minute pour continuer à réfléchir et intégrer cette investigation.

- Puis demandez-vous : « *Quand avons-nous été bons, et nous sommes-nous acceptés l'un l'autre, quand nous aurions pu porter un jugement et nous critiquer ?* » Pendant tout ce temps, sachez que cela ne signifie pas forcément que vous êtes d'accord avec le comportement de l'autre. Faites ici une pause d'environ une minute pour continuer à réfléchir et intégrer cette investigation.

- Puis, en fonction de chacun de vos profils, demandez-vous : « *Comment avons-nous chacun réussi à travailler avec nos surmoi afin de minimiser tout impact négatif sur notre développement en tant que couple ?* » Faites une pause d'environ une minute pour continuer à y réfléchir. Rappelez-vous que nous souvenir de cela nous fournit une ressource vers laquelle nous pouvons revenir, une ressource que nous pouvons rappeler à volonté, n'importe quand. À partir de là, nous pouvons probablement réussir à résoudre ensemble toute situation difficile.

- Lorsque le temps imparti est atteint, ramenez lentement votre attention vers le monde extérieur. Portez votre attention sur l'endroit où vous êtes assis, sur les sons, sur vous et ouvrez les yeux.

- Partagez vos découvertes l'un avec l'autre avant de reprendre le cours de vos vies, intégrant ce que vous venez d'apprendre ou de découvrir. Sachez que vous pouvez y revenir et enrichir cette expérience, n'importe quand et à volonté.

Comment la colère affecte nos relations et masque la honte et la culpabilité

La colère est une émotion, l'une des trois émotions aversives des mammifères programmées en nous et responsables de notre survie. La colère est une émotion vitale qui survient en réponse aux expériences de violation subjective ainsi qu'objective. La colère, sous toutes ses formes, nous alerte de la perception d'une menace personnelle – menaces pour notre dignité, nos valeurs ou notre sens du soi, menaces pour notre sécurité émotionnelle et menaces réelles ou perçues pour notre libre arbitre et notre autonomie. La colère survient lorsque nous n'obtenons pas ce que nous voulons, lorsque nous ne sommes pas traités avec respect et / ou lorsque nous sommes émotionnellement blessés, humiliés ou qu'on nous a fait souffrir. La colère inonde également notre organisme lorsque des questions de pouvoir ou de contrôle sont en jeu.

La colère peut être déclenchée lorsque les circonstances ou les autres éveillent en nous des sentiments d'impuissance, d'incapacité ou d'infériorité. La colère se déchaîne lorsque nous sommes privés de notre liberté. La colère est l'émotion qui surgit lorsque nous sommes face à l'injustice, la déloyauté ou la malhonnêteté. Du point de vue physiologique, la colère monte très rapidement et, bien souvent, avant que la réflexion ne prenne place. Lorsqu'ils sont en colère, de nombreux profils Ennéagramme « vont à l'encontre », c'est-à-dire qu'ils deviennent agressifs ou passifs-agressifs. En défendant ce qui a pour nous de la valeur et nous est cher, nous « allons vers ». Voici comment nous devenons assurés, investis et reconnus. Dans l'espoir de négocier, cependant, nous contenons la colère et dans ce cas nous devenons conciliants.

Cette émotion aversive, mais positive dans son fonctionnement, remonte à 100 millions d'années dans l'histoire de l'évolution des mammifères et occupe une place essentielle. La colère ne doit pas être fuie ni supprimée, mais comprise et honorée. La colère est une énergie de force vitale, essentielle, qui évoque le changement et qui, de différentes manières et pour plusieurs raisons, a acquis une mauvaise réputation. La colère est une grande force et, utilisée de manière incontrôlée, elle peut vraiment nous attirer des ennuis. Mais la colère, lorsqu'elle est comprise et exprimée de façon constructive, peut amener les changements que nous voulons voir dans le monde, et aussi les changements que nous voulons voir en nous-même.

La fonction nécessaire et recherchée de la colère est de nous obtenir ce que nous voulons et de protéger ce à quoi nous accordons de la valeur. Elle est également utilisée pour masquer les sentiments d'humiliation et de honte, et pour éviter les sentiments d'abandon, la perte du lien et l'absence perçue d'affection. Les usages plus destructifs de la colère – qui peut blesser ou dominer un autre, infliger la douleur et détruire ce que nous espérions voir changer – bien souvent nous blessent et, malheureusement, diminuent souvent notre aptitude à obtenir ce que nous voulons vraiment, ce dont nous pouvons avoir besoin, et ce à quoi nous pouvons accorder de la valeur.

De manière appropriée ou non, la colère nous enflamme, nous encourageant à surmonter la violation ou à échapper à la menace perçue. La colère active la partie sympathique de notre système nerveux autonome par l'intermédiaire de ce qu'on appelle les « amines biogènes », ralliant en particulier la norépinéphrine et la sécrétion de cortisol (deux des hormones de stress auxquelles nous avons fait référence). Tout cela fait battre le cœur plus fort, augmente le flux sanguin, monte l'excitabilité neuronale, dilate les pupilles, élève le niveau d'alerte, tend et renforce les muscles, pour que nous soyons prêts. Nous nous préparons à « attaquer » avec perspicacité l'objet de notre bouleversement (ou, si la peur est également présente, à le fuir ou à rester paralysés).

Il n'est pas étonnant qu'il nous soit difficile de devenir réceptifs et de réfléchir (et de nous engager dans ces 5 A !) lorsque les composants chimiques de la colère coulent dans nos veines. Il faut de la pratique pour retenir la charge de ce puissant système émotionnel assez longtemps pour déterminer ce qui sera le mieux pour nous. Grâce aux 5 A, nous disposons d'un moyen méthodique pour arriver à une expression saine et viable de la colère. L'objectif final sera donc les 5 A !

Toutefois, la colère explosive – sans cognition – qui nous sauve la vie a effectivement sa place dans notre projet évolutionniste. Il y a certainement des moments où il est nécessaire d'agir vite, comme lorsque nous regardons en face un attaquant enragé. À un moment comme celui-là, les 5 A pourraient ne pas être opportuns ni efficaces.

La colère, en revanche, lorsqu'elle irrigue notre organisme peu à peu sans résolution possible – sans engagement ni compréhension –, est appelée « colère chronique ». Elle est le résultat d'un bouleversement émotionnel durable et de l'accumulation d'un ressentiment qui est soit supprimé (je sais que je suis en colère, mais je l'enfouis pour une raison ou une autre), soit réprimé (je ne me rends même pas compte que je suis en colère… J'ai perdu le contact avec la colère il y a longtemps, mais cela couve néanmoins en moi *inconsciemment*). Avec le temps, la colère chronique peut avoir de graves conséquences sur la santé.

La colère chronique peut mener à des troubles physiques à long terme, comme une hypertension artérielle, des céphalées, de la rigidité et de la raideur physiques, des maladies cardiaques, des ulcères, des troubles musculaires et des pathologies auto-immunes. Cela peut aussi mener à des troubles de santé mentale, comme une irritabilité continue, une attitude défensive perturbatrice, une frustration et un trouble oppositionnel avec provocation, de l'impatience, le fait de se plaindre et de blâmer, une attitude de repli et de refus, ou même une « gentillesse » manipulatrice, malveillante – jusqu'à la dépression. La colère chronique crée de la tension, à cause d'une colère supprimée et réprimée – non exprimée – et d'un ressentiment qui n'est pas pris en compte. Une colère qui n'a jamais été prise en compte peut également, lorsque la pression est arrivée au-delà de la capacité que l'on peut supporter, se décharger en violence et agressivité de façon inattendue.

Chercheur américain en psychologie travaillant sur les relations et le divorce, John Gottman affirme qu'il peut prédire le succès potentiel d'une relation en se basant sur la présence de ce qu'il appelle les Quatre Cavaliers :

- Mépris
- Critique
- Attitude défensive
- Réponses évasives

Chacun de ces comportements d'adaptation résulte d'une forme de colère supprimée, réprimée ou ressentie. Ces manières de se décharger d'une colère muette, non résolue, sont préjudiciables non seulement à nous-même, mais aussi à la santé de la relation. Ces comportements ont une incidence sur notre aptitude à rester en relation en toute sécurité avec l'autre et réduisent notre aptitude à aimer librement et à nous sentir aimés. La manière dont la colère est comprise, prise en compte et gérée est essentielle au succès de nos relations intimes. L'expression constructive de la colère, au contraire, est ce qui mène à la souveraineté du soi et à la mise en place de limites saines – et ce qui promeut une digne liberté d'agir. L'expression constructive de la colère honore notre authenticité et l'encourage chez l'autre. Et cela nous incite à confronter de façon constructive les comportements et les mécanismes de survie qui sont destructifs, limitatifs et préjudiciables à toutes les personnes impliquées.

Comment nous défendons nos blessures les plus profondes

Sous sa forme légitime, la colère est une émotion protectrice. C'est une énergie vitale qui fait de son mieux pour défendre nos droits, notre dignité, notre sécurité et notre autonomie. C'est elle qui défend et exerce notre libre arbitre. Et pourtant, c'est aussi une émotion délicate. Et, en cela, elle peut être utilisée pour nous protéger *de nous-même*. La colère est en effet souvent ce qui se présente pour défendre une réaction interne, faite de sentiments indésirables, face à la souffrance, à l'humiliation, à la dégradation. Elle survient lorsque nous sommes blâmés ou que nous nous sentons coupables, et, avec la plus grande tendresse, nous pouvons y faire appel pour enfouir notre honte. Ces sentiments font partie de ceux qui nous rendent si vulnérables, qui secouent tellement notre conception de nous-même, qu'en fait les ressentir nous met grandement à l'épreuve. Utiliser la colère nous permet de bloquer ces sentiments *vis-à-vis de nous-même*, parce que de tels sentiments – sans la mise en place d'une pratique de la conscience de soi – peuvent nous envoyer dans un désespoir débilitant ou une attaque de soi, à tel point que nous pouvons perdre le contact avec notre sentiment de pouvoir personnel, et même avec notre force vitale essentielle. Par conséquent, notre amour de la vie décline et notre sentiment de nous-même peut réellement en souffrir.

Parlons de la honte, le grand camouflage de la colère

La honte, qu'est-ce que la honte ? C'est quelque chose de suffisamment systémique pour nous faire rougir, pour nous engloutir dans une spirale d'infériorité. La honte nous fait cacher notre visage aux autres ou détourner les yeux. La honte nous donne simplement envie de disparaître. C'est une réponse personnelle douloureuse à des sentiments tels que l'humiliation, la dégradation ou le fait de ne pas être désiré. **La honte est connue et ressentie par les neuf profils Ennéagramme**, et pas seulement par ceux dont la dominante est le centre d'intelligence mental. La façon dont la honte est exprimée et / ou supprimée par chacun des neuf profils Ennéagramme est également intéressante à observer. En effet, chaque profil Ennéagramme tend à formuler sa propre solution, établie en fonction du profil, aux sentiments préjudiciables et inconfortables éveillés par la honte. Il y a en réalité plus d'une sorte de honte à observer, et le mérite d'avoir porté à notre attention ces précieuses distinctions revient à l'œuvre charnière du thérapeute et éducateur John Bradshaw, auteur du livre *Healing the shame that binds you.*

La « honte saine », comme il l'appelle, dit que nous ne devons pas maintenir un comportement, de peur d'être exclus et bannis. C'est le genre de honte qui nous guide vers l'acceptation « tribale ». La honte saine nous fournit les signaux dont nous avons besoin pour garantir le maintien de notre appartenance. Vous savez, le genre de honte qui nous protège d'une désapprobation non désirée, d'être expulsés du groupe – *et d'être dévorés par les lions ou kidnappés par une tribu rivale.* La honte saine nous aide à socialiser et à nous intégrer, à nous adapter aux limites du groupe, et à vivre avec succès dans le cadre des paramètres d'une famille ou d'une société donnée.

Mais il y a aussi la « honte toxique », une tout autre histoire. La honte toxique est la honte que nous ressentons non pas pour ce que nous avons fait, mais pour ce « que nous sommes ». La honte toxique est le genre de honte qui se retourne contre le soi et qui nous rend honteusement imparfaits et indignes d'être aimés. Ce livre n'a pas pour objectif d'étudier en profondeur ce genre de honte – ses origines et ses résolutions. Mais vous pouvez imaginer ce que ce genre de honte fait à un enfant, ou au potentiel d'une relation – à notre aptitude à être dans une relation d'intimité et vulnérable, si l'un des partenaires ou les deux en souffrent. **La distance que nous gardons vis-à-vis de nous-même, et qui résulte de la honte, est la distance que nous garderons involontairement avec les autres.**

La honte toxique nous garde de nous-même. Elle nous empêche de nous accepter et de nous aimer pleinement, et cela interfère avec notre aptitude à nous sentir pleinement « aimables » par les autres. La honte, en particulier la honte toxique, fait mal, car elle peut mener à différents degrés de rejet de soi, qui déforment alors notre capacité au dévoilement plein de vulnérabilité et à l'intimité – avec nous-même et par conséquent avec les autres.

Et maintenant, revenons aux qualités protectrices de la colère. Ces sentiments non désirés – la souffrance, l'humiliation, la dégradation et la honte toxique – sont particulièrement difficiles à traiter directement, puisqu'ils font très mal, qu'ils sont durs à tolérer et qu'ils peuvent susciter des sentiments d'impuissance et d'incapacité.

La colère en tant qu'expression émotionnelle secondaire

Nous voyons très souvent, à la place de ces sentiments non désirés, arriver plutôt la colère. La colère nous protège de cette douleur débilitante et du découragement face à ces sentiments personnels qui nous hantent et dont nous ne voulons pas. La colère nous mobilise et, pour un temps, contourne les blessures plus profondes, intolérables qui se cachent sous la surface. La colère jaillit et ouvre la voie tandis qu'elle tente de résoudre ce qui est trop douloureux et simplement trop difficile à gérer directement sur le plan émotionnel.

Si, toutefois, nous sommes en train de développer une pleine conscience, que nous nous exerçons et que nous sommes engagés, nous pouvons avoir développé suffisamment de liberté d'agir pour rester présents à ces sentiments – pour les ressentir, les éduquer et leur répondre – de façon saine, efficace, réfléchie et avec compassion. Par conséquent, il est possible que la colère ne soit plus en mode automatique, qu'elle ne soit plus une émotion secondaire de couverture qui tente de parer la douleur émotionnelle plus profonde que nous n'avons pas encore été capables d'absoudre et d'intégrer…

La honte masquée par la colère a besoin d'être gérée. Lorsqu'on la laisse s'aigrir, elle est indéniablement corrosive non seulement pour nous, mais aussi pour nos relations. Si elle n'est pas prise en charge et traitée, la colère continuera à revenir. Et la honte, la blessure plus profonde, ne fera jamais surface de façon consciente, et rien ne sera résolu. Et devinez qui sera la cible de cette colère non résolue, qui est très souvent une honte masquée ? Notre partenaire bien aimé, nos enfants, nos parents âgés, nos employés, nos amis les plus proches ou, un mauvais jour, le représentant du service client en ligne qui ne sera tout simplement pas capable de nous satisfaire.

La culpabilité est une autre émotion qui peut être exprimée par la colère. La colère s'enflamme pour nous défendre de nous-même, nous protégeant de l'accusation douloureuse et de l'angoisse associée à la culpabilité, du style « *J'aurais pu, J'aurais dû* ». Une culpabilité saine et une honte saine sont toutes deux des sentiments régulateurs qui nous aident à gérer notre interaction avec les autres et la société en général. La culpabilité est un jugement intériorisé, dirigé vers soi, qui cible un comportement qui, si on pousse à l'extrême, pourrait aussi *potentiellement* mener à l'exclusion ou au bannissement.

La honte et la culpabilité sont toutes deux des expériences émotionnelles déstabilisantes. Si elles restent irrésolues, elles peuvent s'aigrir jusqu'à se transformer en une tristesse insoluble et mener à des niveaux élevés de détresse, parce que ces sentiments font partie du système qui nous avertit que des relations vitales et nécessaires au maintien de notre vie sont menacées. La honte et la culpabilité sont des réactions cognitivo-émotionnelles qui visent à protéger nos liens sociaux, notre appartenance et notre acceptabilité cruciale vis-à-vis des autres. Apprendre à travailler avec ces systèmes émotionnels intériorisés est une partie importante de notre développement personnel.

La contre-honte

Et tant que nous y sommes, détaillons aussi ce qu'est la contre-honte. La contre-honte, comme la colère, masque la honte – notre résistance et notre peur face à elle. Dans ce cas, en revanche, nous détournons notre honte en concentrant notre attention vers l'extérieur et à distance de nous-même, sur les autres ou sur les circonstances. La contre-honte est un mécanisme construit sur un déni bien établi. La contre-honte entreprend de présenter au monde un soi dépourvu de honte en détournant inconsciemment, mais intelligemment, la honte qui est douloureusement réprimée à l'intérieur.

Par exemple, cela peut se manifester par le fait de se faire remarquer, le fait de rabaisser les autres (soit ouvertement, soit de façon camouflée, avec humour), d'agir comme si on avait tous les droits, ou d'agir de manière audacieuse, omnipotente ou invulnérable. Tous ces comportements peuvent être en contraste total avec la vérité profondément subvertie et la honte sous-jacente qui sont notre véritable moteur – et celui de nos attitudes de contre-attaque – derrière les apparences. La contre-honte est plus complexe, car c'est une tentative pour se sentir mieux et avoir l'air bien, lorsqu'on se sent vraiment mal (bien que ce soit réprimé). C'est délicat à appréhender, plus encore à prendre en compte, car la contre-honte se présente comme l'opposé de ce qu'elle est vraiment.

La colère est plus simple à gérer que la contre-honte, car la présence de la colère est bien souvent une ligne droite qui mène au problème à résoudre. La contre-honte peut créer beaucoup de conflits indirects, blessant notre soi et nos relations sur le long terme, car ce qui est exprimé s'éloigne de plus en plus de notre expérience (notre blessure profonde) et de notre vérité authentiques. Il vaut mieux confronter la contre-honte pour ce qu'elle est : une honte toxique bien cachée.

Les stratégies de contre-honte doivent être démantelées afin que la honte toxique, qui divise et dégoûte de soi, soit prise en charge avec honnêteté et bienveillance. Aussi difficile que cela puisse être, permettre à la honte d'être ressentie et vécue, ainsi qu'à la peur souvent associée à ces révélations, permet de l'accepter et de la traiter, puis de la dissiper avec compassion. C'est mieux que de s'arranger pour la camoufler, de jouer un rôle et de la laisser éroder notre système intérieur et / ou détruire nos relations intimes, ce qu'elle pourrait bien faire incidemment.

La colère et les neuf profils Ennéagramme

Le système de l'Ennéagramme, par la compréhension de ses différentes triades énergétiques, détaille pour nous la manière dont chaque profil exprime le plus typiquement sa colère. Nous sommes, bien sûr, tous capables de tout – toutes les formes de colère – en fonction des circonstances. Mais il existe des schémas identifiables, spécifiques au profil, qui peuvent nous aider à mieux reconnaître les diverses expressions de la colère. En outre, *comprendre comment* est déclenchée notre colère et *ce* qui la déclenche, selon notre profil Ennéagramme, est une manière précieuse de lire plus facilement en nous-même et en ceux qui partagent notre vie.

Commençons par observer notre propre colère. En utilisant la pleine conscience, posons-nous quelques questions : « *À quel rythme est-ce que je réagis par la colère à des violations perçues ou réelles ?* » ; « *Ma colère n'est-elle jamais activée pour masquer la honte et / ou la culpabilité ?* » ; « *Ma colère est-elle souvent dirigée vers l'intérieur, envers moi-même ou mon propre comportement ?* » ; « *Ma colère est-elle dirigée vers les comportements ou les qualités des autres ?* ». Par ces questions, nous espérons susciter une importante réflexion personnelle.

Ce qui déclenche la colère (et la possibilité d'un conflit) pour chaque profil

Voici des exemples de ce qui peut déclencher la colère de chacun des neuf profils Ennéagramme. Ces exemples sont tous des déclencheurs externes, rencontrés dans l'expérience environnementale des autres ou du monde :

- **Profil 1 –** L'injustice. L'irresponsabilité. La désorganisation, le désordre, le manque de soin. Les choses qui sont faites de la mauvaise façon. Ignorer ou désobéir de façon flagrante à des règles sensées. Être injustement critiqués. Qu'on nous mente, être manipulés, piégés ou injustement blâmés.

- **Profil 2 –** Sentir qu'on ne nous apprécie pas ou qu'on ne s'occupe pas de nous. Ne pas être remerciés pour tout ce que nous donnons. Nous sentir contrôlés d'une manière malveillante. Avoir des besoins et des désirs personnels non satisfaits, après avoir tant donné aux autres. Être rejetés. Traité comme quelqu'un qui n'est pas indispensable ni nécessaire. Qu'on nous empêche de donner.

- **Profil 3 –** Les obstacles qui nous empêchent d'atteindre notre objectif. N'importe quoi ou n'importe qui menaçant ou contrecarrant notre progression et notre aptitude à mener les choses à leur achèvement. L'indécision. L'inefficacité. La critique. Ne pas être reconnus ni applaudis lorsqu'on le mérite. Une insulte à l'image construite et que nous voulons projeter aux autres. L'échec.

- **Profil 4 –** Les gens qui nous déçoivent. Les gens qui nous laissent tomber. Les gens qui nous abandonnent et nous laissent nous sentir abandonnés. Nous sentir non entendus, inaperçus et insignifiants. Nous sentir insultés, invisibles, rejetés et non désirés. Nous sentir incompris et insuffisants. L'imposture. L'absence de sincérité. L'absence de sens. La laideur.

- **Profil 5 –** Être considérés comme peu intelligents ou incorrects dans les faits. Les gens qui ne sont pas intéressés par les informations que nous avons à partager. Les demandes que nous font les autres, en particulier les demandes émotionnelles ou celles qui empiètent sur notre temps privé. Une surcharge d'apport émotionnel. Trop de stimulation. Les intrusions qui peuvent nous fatiguer. Avoir besoin de temps seuls et être dérangés. Ne pas pouvoir restaurer notre énergie autant qu'il est nécessaire.

- **Profil 6 –** Qu'on déçoive notre confiance et le manque de fiabilité. La trahison. Être acculés. Être contrôlés ou nous sentir maîtrisés. Les interactions avec d'autres qui ne semblent pas fiables ou qui ne nous semblent pas sécurisées. Les contradictions dans le discours ou le comportement de l'autre et le manque de cohérence. Être accusés de quelque chose injustement et / ou à tort. Le manque de réactivité des autres. Donner aux autres des conseils et des avertissements qu'ils ne prennent pas au sérieux. Le manque de respect et / ou un manque d'intégrité perçu chez les autres.

- **Profil 7 –** Les contraintes ou les limites qui nous empêchent d'obtenir ou de faire ce que nous voulons. Les gens qui restent coincés, qui sont malheureux, déprimés ou qui blâment les autres. Les attitudes rabat-joie et ceux qui nous réprimandent. Nous sentir piégés. Nous sentir limités. Nous sentir redevables aux autres quand nous voulons décoller et être libres. Nous ennuyer. Les choses trop fastidieuses ou ce qui fait trop d'histoires. Qu'on nous dise ce que nous devons faire. Qu'on nous dise « *Vous ne pouvez pas…* ».

- **Profil 8 –** La tromperie. La manipulation. Les gens qui ne se défendent pas. Le caractère indirect ou le fait de tourner autour du pot. Les menteurs. Les gens que nous percevons comme des imposteurs. Les gens qui ne sont pas prêts à nous soutenir. La faiblesse. Les limites ou les règles trop contraignantes. Les gens qui abusent de leur pouvoir et ont besoin d'être remis à leur place. L'injustice et la déloyauté.

- **Profil 9 –** Être traités comme si nous n'étions pas importants ou invisibles. Nous sentir contrôlés ou poussés par les autres *à faire quelque chose.* Être « obligés » de faire face au conflit, d'exprimer une opinion que nous ne voulons pas exprimer, ou nous sentir poussés à prendre des décisions. Dire « oui » à une chose à laquelle nous ne voulons vraiment pas dire « oui ». Le désaccord. Les gens en colère, méchants ou insistants. La confrontation et la perturbation.

Comment la colère tend à s'exprimer, par profil :

PROFIL	**MANIFESTATION DE LA COLÈRE PAR PROFIL** ***par le Dr David Daniels***
1 – Perfectionniste	Ressentiment. Autojustification. Tension et raideur. Explosions d'indignation, suivies d'un assaut de remords et de culpabilité.
2 – Altruiste	Explosions émotionnelles intenses, souvent soudaines. Accusation. Pleurs. Colère qui se manifeste par un repli et un retrait.
3 – Battant	Impatience. Irritabilité. Met la pression aux autres. Devient exigeant. Explosions d'hostilité occasionnelles.
4 – Romantique	Explose violemment ou fond en larmes. Se lamente ou se plaint. Morosité, schéma passif-agressif et même dépression.
5 – Observateur	Se contient, se replie et se met en retrait. Tension, arrogance et / ou désapprobation. Brefs accès de colère suivis d'isolement.
6 – Loyal-Sceptique	Humour noir. Sarcasme. Remarques mordantes. Devient accusateur et blâme. Ripostes défensives, projections, défiance subvertie.

7 – Épicurien	Sec et dédaigneux. Bref et direct. Colère de courte durée, mais intense. Épisodique. Impétueuse. Exigeant vis-à-vis des autres. Râle.
8 – Protecteur	Colère puissante exprimée dans un style direct, par la confrontation ou le retrait derrière un blindage. « Règle ses comptes » et se venge.
9 – Médiateur	Agressivité passive, c'est-à-dire résistance obstinée et catégorique mais détournée. Se plaint. Occasionnellement, « bouillonne » et explose.

Figure 5 : Les manifestations de la colère par profil

Apprendre à accueillir notre colère et celle des autres de façon constructive

La colère a certainement pâti d'une mauvaise réputation, dans diverses cultures, les normes de genre et aussi dans les familles. J'ai travaillé avec beaucoup de personnes effrayées par leur propre colère, effrayées par la colère de leur partenaire. Il y a aussi ceux qui refusent catégoriquement d'accepter la colère sous leur toit, parce qu'ils la trouvent trop perturbatrice ou destructrice. Les enfants qui grandissent sans être autorisés à exprimer leur colère sont forcés soit de la supprimer, soit de la réprimer, ce qui ne leur permet pas d'apprendre à traiter leur colère de façon saine, encore moins d'apprendre à l'utiliser avec confiance et efficacité, avec eux-mêmes ou avec les autres, lorsque cela est vraiment nécessaire. La colère est une source d'énergie vitale qui nous pousse à prendre des mesures contre une violation perçue, pour défendre et protéger, et pour nous battre au nom de notre dignité et de notre sens de l'estime de soi. **« Je compte parce que j'existe »** est le grand « principe » que défend la colère et qu'elle attend que nous respections – nous provoquant si besoin.

Accueillir la colère chez les autres avec une approche reposant sur les 5 A

Que nous exprimions, supprimions ou renions notre colère, nous nous retrouvons quand même à faire de notre mieux pour gérer la colère des autres. Honorer notre propre colère est une chose, honorer cette émotion chez les autres peut être un tout autre défi, en particulier si nous n'avons pas géré la nôtre de façon saine et constructive.

Lorsque la colère est exprimée « contre nous », notre propre physiologie peut rapidement passer d'un état de paix à un état de stress. Si quelqu'un commence à nous parler avec colère ou à nous crier dessus de façon justifiée ou non, cela peut changer notre biochimie en quelques secondes – élever nos niveaux de cortisol et d'adrénaline –, et soit nous mettre sur la défensive, soit nous faire nous replier sur nous-même. Cela peut certainement vite devenir désagréable. En quelques secondes, nous ne répondons plus consciemment, nous répliquons de façon réactive. Ou, pour certains, le besoin d'éviter cela et de fuir se matérialise et nous sommes déjà loin ! *Où sont les 5 A quand vous avez besoin d'eux ?!*

Quoi qu'il en soit, lorsqu'il y a plus d'une personne pour qui le conflit s'intensifie, les chances de résoudre les choses de façon raisonnable et réfléchie diminuent aussi vite que l'intensité augmente. Malgré des années de pratique de pleine conscience, nous pouvons encore, de façon surprenante, nous retrouver bouleversés lorsque nous sommes la cible de la colère de quelqu'un d'autre, en particulier lorsque nous la percevons comme injustifiée. C'est en réalité une sorte de test, puisque se trouver face à la colère d'un autre est le genre d'interaction qui saisit immédiatement notre système nerveux central et peut activer en nous des réactions avant même que nous nous rendions compte de ce qui s'est passé.

Voici la grande question des 5 A : sommes-nous capables de nous retenir, au milieu de ces changements qui surgissent dans notre physiologie, et de rester présents ? Et voici la question suivante sur le chemin de la prise de conscience de soi, qui a des répercussions sur nos relations personnelles et significatives : tandis que nous assistons à la colère de l'autre et la recevons, sommes-nous capables de rester présents à ce qui se passe *en nous*, ET de rester présents à l'autre ET, simultanément, de ressentir *l'expérience que l'autre a* de son bouleversement *aussi bien que la nôtre* ? C'est beaucoup demander !

C'est là que nos neurones miroirs peuvent nous être utiles. En reflétant l'état d'être de quelqu'un, quel que puisse être cet état, nous pouvons également commencer à refléter l'état émotionnel d'un autre. Dans le cas de la colère, nous pouvons immédiatement nous rendre compte que nous nous y engageons aussi. C'est ce qui a tendance à arriver. Mais si nous restons consciemment présents à tout cela, ET que nous ajoutons la *compassion* et l'*empathie* à ce dont nous sommes témoins et que nous recevons, nous avons maintenant l'occasion de devenir curieux plutôt que réactifs.

Au lieu de refléter la colère d'un autre, nous pouvons choisir de lui offrir consciemment compassion et empathie, amorcées d'abord en exprimant un véritable intérêt – une curiosité – à propos de ce qui arrive à cette autre personne. Cela demande de traverser à toute vitesse et de façon extrêmement consciente les quatre premiers des 5 A, en nous retenant tout au long de ce procédé qui va de cette pause si cruciale qui permet de contrôler la prise de conscience à une conduite consciente et réfléchie. C'est de cette manière que nous pouvons accueillir la colère de quelqu'un, mais sans nous y rallier ni y interposer la nôtre.

Se soucier profondément de l'état d'autrui – tel que nous pouvons le refléter ou le ressentir – est une toute nouvelle manière d'être en présence de la colère de quelqu'un d'autre. Et manifester de la curiosité est une toute nouvelle manière de détourner notre propre attitude défensive réactive. La possibilité d'une nouvelle sorte d'interaction, une interaction qui peut mener à une résolution plus positive, est maintenant à notre portée.

« Dis-m'en plus… »

« Dis-m'en plus… » est un outil de communication que j'utilise depuis des années lorsque je travaille avec des couples. C'est tout simplement un moyen formidable de répondre à n'importe quelle situation avec une curiosité authentique. Cela nous prépare également à la compréhension, ce qui peut mener à l'empathie. « Dis-m'en plus… » est l'une des approches les plus bienveillantes et pleines de compassion que nous puissions utiliser lorsque nous nous trouvons face à quelqu'un qui est bouleversé, en particulier lorsqu'il s'agit d'un partenaire ou d'un enfant.

Plutôt que de répliquer à toute vitesse en se mettant sur la défensive (ça vous rappelle quelque chose ?), nous invitons à être davantage dans le partage. Nous invitons à plus d'explications. « Dis-m'en plus… » est une invitation exprimée que nous pouvons choisir d'adresser lorsque nous sommes face au bouleversement de quelqu'un. C'est un moyen immédiat de porter intérêt aux doléances peu agréables qui ont surgi chez un autre. C'est également une bonne question à explorer, qui permet cette pause, celle qui peut encourager notre voyage à travers les 5 A vers une attitude non défensive. En une fraction de seconde, nous pouvons passer de la réaction à la réflexion, de la résistance à une *écoute* active et pleine de curiosité. Nous le savons, cela peut être difficile. Il est possible que nous entendions des choses avec lesquelles nous ne sommes pas d'accord ou que nous n'apprécions pas. Mais, plus que cela, une pause « Dis-m'en plus… » est également une invitation qui nous est bénéfique, car cela *nous* donne l'occasion d'apprendre *quelque chose.* Il est fort probable que ce qui va être dit ensuite est un message qui a besoin d'être entendu, qui veut être entendu, et qui mérite d'être pris en compte, en particulier lorsque nous sommes dans le cadre d'un partenariat.

« Dis-m'en plus… » est une preuve d'attention, parce que cela invite l'autre à exprimer sa colère par des mots et que nous autorisons ces mots à être reçus (petit conseil : sans interruption). Cela ne signifie pas nécessairement que nous capitulons, que nous fermons les yeux ou que nous sommes d'accord avec ce qui est dit. Nous pouvons, en fait, avoir à partager un autre point de vue, qui est tout aussi important. Recevoir signifie simplement que nous permettons au grief d'un autre d'être entendu et ressenti, écouté et pris en considération. C'est une occasion pour nous d'en apprendre davantage au sujet de l'autre personne et de la raison pour laquelle elle est bouleversée. Quelle est exactement sa perspective ici ? Quel est son point de vue ? Et, tandis que nous entendons les besoins et la contrariété d'un autre, quels qu'ils puissent être, nous avons l'occasion d'*apprendre quelque chose* non seulement à propos de notre partenaire, mais aussi à propos de nous-même.

« Dis-m'en plus… » n'est pas facile. Il faut une grande maîtrise de soi pour le proposer. Cela demande de l'amour de soi, et cela demande de la discipline. Cela demande une grande attention à nous-même ainsi que de l'empathie pour l'autre. Et cela demande une curiosité sincère. Si nous sommes capables de rassembler cela *dans l'instant*, lorsqu'un échange crucial est en cours – grâce à une pratique de pleine conscience et à une adhésion « dans le feu de l'action » –, j'ai pu me rendre compte que les répercussions sur toutes les personnes impliquées étaient assez stupéfiantes. C'est l'un des moyens les plus efficaces pour dissiper la colère avec respect ET cela peut nous mener à un véritable *besoin qui a besoin d'être satisfait* ou à quelque chose d'autre qui nécessite de l'attention.

En accueillant les bouleversements les uns des autres grâce à la stabilisation que permettent les 5 A, nous pouvons établir intimité, clarté et vulnérabilité authentique. C'est un outil de communication efficace qui transforme la curiosité en partage et en une occasion de comprendre. C'est ce qui nous fait avancer consciemment vers la relation plutôt que de manière défensive vers la séparation.

Exercice individuel pour travailler sur la colère >>

- Asseyez-vous confortablement. Placez vos pieds sur le sol et fermez ou détendez vos yeux de façon à empêcher votre attention de partir vers des stimuli extérieurs. Contentez-vous de suivre votre respiration, tandis que vous inspirez et expirez. Servez-vous de la prise de conscience de votre respiration pour vous centrer en vous-même, vous ancrer physiquement, et devenir émotionnellement réceptif.

- Ensuite, revenez à un moment (de préférence récent) où vous avez ressenti de la colère. Localisez un moment où vous vous êtes vraiment senti en colère, et peut-être qu'en dessous vous découvrez que vous étiez en fait craintif, blessé ou honteux. Remarquez comment vous avez expérimenté cette colère dans votre corps, physiquement. Réfléchissez sur la raison de la colère, sur la façon dont elle s'est manifestée à la fois à l'intérieur et à l'extérieur, et sur les répercussions qu'elle a eues sur votre vie et vos relations, au moins temporairement. Combien de temps vous a-t-il fallu pour résoudre cette situation et la colère qui vous envahissait ? Avez-vous été capable d'assumer votre propre part à ce bouleversement, y compris toute contre-honte (comme décrite précédemment) ? Comment avez-vous manifesté le second A, celui de l'Acceptation ? Ou ce A était-il absent ?

- Ensuite, prenez trois minutes environ pour réfléchir à cette expérience que vous vous rappelez. Il est important d'apprendre à reconnaître les premiers indices somatiques (corporels) de la colère. Ensuite, la partie importante de notre travail est de développer notre aptitude à contenir et à mettre en pause notre force énergétique, tout en restant pleinement conscients et en accueillant la colère ressentie.

- Explorez ensuite la perception ou l'interprétation que vous en avez faite à l'époque. Quelle croyance à propos de ce qui se passait dirigeait votre réaction à l'incident ? Et enfin, identifiez ce qui était positif, ainsi que ce qui était négatif, dans la manière dont vous l'avez résolu. Et pour terminer, que pourriez-vous améliorer la prochaine fois ?

- Ensuite, revenez et reprenez le cours de votre journée, en intégrant du mieux que vous pouvez ce que vous avez appris et découvert au cours de cette réflexion.

Exercice de travail sur la colère destiné aux couples >>

- Asseyez-vous confortablement ensemble, en vous faisant face. Prenez une minute environ pour respirer profondément, à fond, par le ventre. Centrez-vous sur l'intérieur, ancrez-vous physiquement, et ouvrez-vous à la réceptivité.

- Puis, en silence pendant 2 à 3 minutes, que chacun de vous aille à un moment (de préférence récent) où il a connu, réellement ressenti la colère. Peut-être que sous cette colère se trouvait la souffrance ou la honte. Réfléchissez à cela, à comment cela s'est manifesté à la fois à l'intérieur et à l'extérieur, et aux répercussions que cela a eues sur votre relation, au moins de façon temporaire. Combien de temps vous a-t-il fallu pour résoudre cette situation ? Comment avez-vous résolu la colère et, le cas échéant, la souffrance et / ou la honte sous-jacente(s) ? Avez-vous été capable d'assumer votre propre part à ce bouleversement, y compris toute contre-honte (comme décrite précédemment) ? Pouvez-vous maintenant intégrer l'Acceptation, le deuxième A de l'UGP ?

- Ensuite, lorsque vous atteignez le temps imparti, ramenez lentement votre attention vers le monde extérieur. Remarquez le fait que vous êtes assis, où que vous soyez, écoutez les sons autour de vous et ouvrez les yeux. Écrivez vos découvertes et partagez-les ensemble, en prenant 3-4 minutes pour cela. Celui qui écoute doit faire de son mieux pour être un auditeur attentif et réceptif. Prenez ensuite environ 5 à 10 minutes pour parler des problèmes et de la manière dont vous allez chacun travailler pour trouver une solution consciente à votre colère et à d'autres situations bouleversantes auxquelles vous ferez face ensemble à l'avenir.

- Enfin, et en demeurant dans un état d'esprit calme et paisible, laissez votre attention aller vers un temps où vous avez ressenti de la bonté l'un pour l'autre. Remarquez en particulier les sentiments, les sensations et l'expérience somatique, l'expérience physique générale. Ensuite, remerciez-vous mutuellement et reprenez le cours de votre journée. Sachez que vous pouvez revenir à cette expérience partagée à n'importe quel moment à l'avenir, en tant que ressource, et à volonté.

« Pardonnez aux autres.
Non parce qu'ils le méritent,
mais parce que nous
méritons la paix. »

Jonathan Lockwood Hele

Le pardon

Les relations florissantes, en particulier celles sur le plus long terme – comme un mariage qui dure depuis 61 ans –, ont fort probablement dû passer par quelque forme de pardon. Défini simplement, **le pardon est le fait de pardonner les offenses, accompagné du fait d'abandonner tout ressentiment encore présent.** Le pardon a toutes sortes d'avantages, mais le fait de pardonner peut être difficile. De la même manière que nous avons lutté pour l'acceptation, il nous faudra peut-être aussi lutter pour le pardon.

Pour beaucoup d'entre nous, le pardon se traduit par le fait de fermer les yeux, de capituler, d'être d'accord et même de donner la permission. Comme si nous accueillions volontiers le fait que cela arrive à nouveau, cela ou quelque chose de cette nature. Dans la mesure où « quelque chose qui n'est pas pardonné » implique généralement des offenses qui violent nos croyances, nos valeurs et / ou nos identifications personnelles, cela rend le fait de pardonner difficile, très difficile. Ce quelque chose qui n'a pas été pardonné enfreint presque toujours *quelque chose* que nous croyons être fondamental à notre survie ou à notre bien-être en général ; encore que, parfois, lorsque nous regardons le problème de l'extérieur, cela peut ne pas sembler tellement important, outrageant ou visiblement offensant.

Accorder le pardon ne signifie PAS que nous fermons les yeux, que nous capitulons et / ou que nous sommes d'accord. Enlevons tout de suite cela de notre cœur et de notre esprit, et définitivement ! Croire *cela* inhibe globalement le pardon, ou le complique grandement. L'une des formidables connaissances que nous apporte notre étude de l'Ennéagramme est de pouvoir corréler, avec clarté, ce qui est essentiel à notre structure de personnalité avec ce que nous essayons de protéger de notre estime de soi et de nos limites personnelles.

Je me souviens d'une femme de Profil 4 qui ne pouvait tout simplement pas pardonner à son père. Il se trouve qu'il était décédé depuis dix-huit ans, mais elle était pleine de ressentiment. Pourquoi donc gardait-elle envers son père tant de ressentiment sans parvenir à pardonner ? J'ai appris qu'elle s'était sentie fondamentalement violée par son comportement dominateur et son refus apparent de la comprendre. Elle avait l'impression qu'il ne lui avait jamais donné le sentiment qu'elle était spéciale et qu'il n'avait pas pris la peine de s'occuper d'elle sur le plan émotionnel. Il avait toujours été dur envers elle et cela resta la perception qu'elle avait gardée de lui.

Compte tenu de sa structure de personnalité particulière ET du fait que l'expérience d'un enfant avec ses parents lui est souvent imputée à lui-même (plutôt qu'au parent), j'ai découvert qu'elle avait intériorisé son comportement, le traduisant comme signifiant qu'elle était, d'une manière ou d'une autre, *insuffisante*. Et c'est ce qui faisait le plus mal. C'est le fait d'être insuffisante qui l'avait rendue à ses yeux impossible à aimer, du moins c'est ce qu'elle croyait fondamentalement en tant que Profil 4.

En étudiant l'Ennéagramme, elle a fini par comprendre que son comportement était bel et bien lié à son profil. Il exprimait sa propre structure de l'Ennéagramme – et c'était celle d'un Profil 8 peu évolué, doté d'un niveau inférieur de bien-être. Assez vite, elle commença à modifier certaines des perceptions qu'elle avait de son père. Ce n'était pas qu'il avait refusé de l'aimer, ou qu'il avait refusé de l'aimer de la manière dont elle aurait tellement voulu et tellement eu besoin qu'il l'aime, en tant que Profil 4. C'était en fait un problème dû à son inaptitude, à son manque de développement et à sa propension à exprimer son amour pour elle de manière différente, une manière qu'elle n'a peut-être pas du tout reçue ou perçue « comme de l'amour ».

Cette perspective d'un Profil 8 plus éduqué la libéra considérablement. Elle finit par pardonner à son incapacité à son père, et se pardonna également à elle-même de s'être sentie indigne d'être aimée, en réaction au style de personnalité et aux limitations de son père. Elle prit également conscience de combien il essayait, d'une autre manière, d'exprimer son amour pour elle, bien qu'il vînt à elle de sa façon très Profil 8, un style qu'elle ne décryptait pas facilement à l'époque – comme son style restrictif dominateur, ou le fait qu'il exigeait, parfois, qu'elle

« soit un homme ». Elle commença même à apprécier certains aspects chez lui – réinterprétant sa surprotection comme bienveillance – après toute une vie à ne pas l'apprécier du tout.

« Pardonnons sans savoir pourquoi, jusqu'à finalement le savoir. Le savoir engendre la compréhension, la compassion et la guérison. »

Aurélie Suzanne Dion

Il est important de comprendre combien l'esprit de jugement critique peut devenir impitoyable lorsque nous entamons un processus de pardon, et combien il peut avoir fermé notre cœur, ce qui est en fait la pire conséquence de ce que nous avons pu endurer, et la plus tragique. Fermer notre propre cœur nous ferme l'accès à notre plénitude – notre plus grand potentiel – et à l'expérience de notre vie.

Nous exhortons chacun à comprendre ce que cela coûte de ne pas pardonner, par rapport à ce que cela nous apporte. Lorsque tout est dit et fait, le pardon est un travail intérieur. C'est notre propre processus, un processus qui est nécessaire pour libérer notre propre force de vie spirituelle, nous libérer des confins de la vengeance, du mépris, du sentiment d'avoir été vaincus ou blessés, et de tous les sentiments qui résultent du fait de ne pas se sentir aimés, respectés ou honorés. Le pardon est un choix énergétique qui libère tout notre être du gaspillage émotionnel toxique engendré par le fait d'endurer, et non résoudre, quelque chose qui n'est pas pardonné.

Par exemple, la colère contenue de façon chronique sous forme de ressentiment ou de vengeance, associée à l'absence de pardon, est délétère pour notre santé physique et mentale et notre bien-être spirituel. Des pensées de vengeance peuvent occuper une place précieuse dans notre esprit et elles sont extrêmement préoccupantes. Elles nous éloignent de la vie que nous préférerions être en train de concevoir et de créer. Ajoutons à cela la douleur de ne pas être capables de nous pardonner, pour la façon dont nous nous sommes mis dans une situation donnée (notre responsabilité), qui peut limiter notre aptitude à réfléchir avec honnêteté sur nous-même. Cela nous prive de précieux apprentissages, ce qui par ailleurs nous empêchera de prendre, à l'avenir, les bonnes décisions.

En décidant d'avancer consciemment vers le pardon, nous nous libérons de façon proactive des toxines émotionnelles qui peuvent s'accumuler et devenir nocives sur le plan spirituel. Et ce faisant, nous rouvrons notre cœur. Nous faisons cela *pour nous* et au profit de notre propre vie. Au sein de ce simple processus, nous commençons à nous guérir, parce que nous laissons partir la souffrance qui couvait dans NOTRE être. Cela libère nos énergies vitales autrefois piégées, ce qui nous permet de régénérer notre santé cognitivo-émotionnelle et spirituelle. Nous devenons plus disponibles pour vivre la joie de créer notre propre avenir positif et pour l'amour en nous pour lequel le pardon crée toujours plus d'espace.

Il s'agit d'un processus. Nous ne pardonnons *pas* en balayant ce qui s'est passé ou en en ignorant les répercussions, mais en voyant clairement la responsabilité de chacun, quel était notre rôle dans tout ce qui s'est passé, puis en PLEURANT ce qui a besoin d'être pleuré. Nous reconnaissons la situation selon une perspective à 360°. Nous laissons alors pleinement s'exprimer notre peine et nous le faisons avec compassion, honnêteté et conscience – prenant au sérieux ce qui s'est passé, ce qui a été perdu, et ce qui nécessite d'être réparé ou racheté, si tant est que cela soit possible.

Le contournement du pardon

J'ai été témoin de quelque chose que j'appellerai « le contournement du pardon », qui consiste à pardonner hâtivement et sans le zèle attendu et nécessaire pour produire un pardon authentique. Le contournement du pardon est un moyen de contourner une grande partie de la douleur non traitée, que nous ne voulons (consciemment ou inconsciemment) tout simplement pas gérer – comme notre rage, notre blessure plus profonde, notre culpabilité ou la honte que nous réprimons.

Nous pouvons aussi acquérir un grand prestige en proclamant que nous avons pardonné à quelqu'un. Nous pouvons passer pour altruistes, « tellement aimants », en sautant promptement à la case pardon, même si c'est prématuré. Peut-être est-ce notre manière d'éviter tout à fait la véritable blessure ou colère ressentie, de nous garder de regarder en face l'action juste et opportune, ou de rechercher une solution appropriée… ?

Le contournement du pardon se fait à la surface de nous-même et nous évite de pleurer la douleur et la perte que nous avons vraiment subies. Il est souvent mis en place rapidement, sans que nous nous engagions pleinement dans la vérité de ce qui nous est arrivé, sans que nous en prenions réellement la mesure. Il permet d'éviter gentiment tout conflit non désiré ou d'éviter de *faire réellement le travail* nécessaire pour rouvrir avec authenticité notre pauvre cœur qui souffre de tout cela. Décharger – rouvrir – notre propre cœur est ce que nous méritons pour notre propre vie et nos relations futures. Contourner cela pour atteindre directement le point final du pardon tant désiré ne fonctionnera pas. Cela peut, en réalité, nous laisser bouillonner ou souffrir indéfiniment, en silence.

Conseils pour travailler sur l'esprit de jugement critique, la colère et le pardon

- ✓ En premier lieu, travaillez avec l'UGP – le Procédé de Croissance Universel pour la Maîtrise de Soi – dont nous avons parlé. Je sais que, personnellement, cela a changé ma façon de me traiter moi-même et de traiter les autres. Cela m'a énormément aidé à travailler sur ma propre vie et sur mes problèmes relationnels, en me permettant d'intégrer les qualités essentielles supérieures de foi et de courage dans ma vie et dans mes relations (les attributs de la transformation elle-même pour un Profil 6). Cela m'a aussi permis de me libérer aussi souvent que possible du fonctionnement en mode automatique.

- ✓ Je crois que les résultats de la transformation nous sont à tous accessibles. La pratique des cinq procédés de l'UGP nous aide à gérer de façon bien plus constructive la colère, la honte ou notre surmoi négatif, et même nos difficultés à pardonner. En retour, l'UGP nous aidera à adoucir l'emprise puissante de bon nombre de ces états émotionnels difficiles à traiter et à amoindrir la manière dont ceux-ci veulent habituellement s'exprimer.

- ✓ Reconnaissez que l'esprit de jugement critique – le surmoi négatif – est pratiquement toujours impliqué lorsque nous faisons preuve de réactivité personnelle, c'est-à-dire lorsque nous ressentons de la tension, de la colère, de la honte, lorsque nous sommes sur la défensive, dans l'anxiété ou la peur, la plainte ou la critique. Ces réactions se manifestent de façon somatique (corporelle). Elles sont ressenties physiquement et peuvent aussi être exprimées verbalement. Entraînons-nous à réfléchir à cela. Laissons notre prise de conscience de ces expériences difficiles venir dans notre conscience.

- ✓ Sachez que le corps, l'expérience ressentie de ce corps, est une ressource. La réactivité peut être pistée. Elle est viscérale et ses sensations sont, en fait, localisables. Sachez que, sans une prise de conscience consciente de ces sensations (réactivité) qui surgissent dans notre corps, nous manifesterons principalement la réactivité, encore et encore, puisque notre réactivité est notre manière de parer ce qui se passe dans notre corps, ce qui est au début si inconfortable, voire ingérable.

- ✓ Reconnaissez qu'il y a généralement quelque chose de fondamental sous la surface de notre réactivité personnelle – sous un méfait ou sous « quelque chose qui n'a pas été pardonné ». Cela signifie que notre bouleversement angoissé indique pratiquement toujours une menace plus profonde faite à notre bien-être, aux stratégies d'adaptation de notre profil et à ce à quoi nous nous sommes identifiés. Cela nous amène alors à travailler sur les thèmes et les problèmes sous-jacents associés à notre centre d'intelligence, à notre profil Ennéagramme et à notre conduite instinctive dominante. C'est ce qui peut nous aider à localiser la source interne de ces déclencheurs plus profonds et de ces violations perçues.

✓ Il nous faut « affamer » la voix négative de notre surmoi, de l'esprit de jugement critique, c'est-à-dire ne pas le nourrir métaphoriquement en lui obéissant, en essayant de le tuer ou en le défiant. Pour cela, nous pouvons au contraire retarder l'action – en faisant une pause et en respirant, en inspirant profondément par le ventre – afin de procéder à notre investigation emplie de curiosité, d'encourager le discernement et de faciliter la conduite consciente. C'est le processus qui, encore une fois, effectue le démantèlement de cette emprise émotionnelle, qui à son tour réduit la réactivité automatique.

✓ Nous développer au-delà de l'esprit de jugement critique nous demande d'ouvrir notre cœur (et c'est un acte conscient) et d'être bon avec nous-même, du mieux que nous pouvons, lorsque nous nous trouvons dans les turbulences de la réactivité. Un cœur ouvert est ce qui permet à notre prise de conscience d'être suivie de l'acceptation, ce qui est essentiel. Un cœur ouvert est également la clé du pardon, puisque la colère et le ressentiment qui sont associés à ce qui n'est pas pardonné peuvent nous posséder – esprit, corps et âme. Et les défenses et l'amertume nous durcissent le cœur. Si nous nous libérons de notre assujettissement à nos croyances fondamentales et à nos incompréhensions les plus négatives, et que nous ouvrons notre cœur à l'amour et à sa façon puissante de comprendre les choses, alors même ce quelque chose non pardonné s'apaise et trouve le moyen d'être perçu différemment – avec perspicacité.

✓ Donnons-nous toujours la permission de nous souvenir des choses positives dans notre vie, en particulier de ces moments de bonté et de joie authentiques, et de remercier pour les choses dont nous sommes reconnaissants. Dans les moments de colère et de détresse, rappelons-nous *de quoi* nous sommes reconnaissants. Ensuite, donnons à nos réponses, et à ce qu'elles nous font ressentir, le temps d'être réellement ressenties dans notre corps (soma). Passer à un autre état de sentiments, un état positif, peut ouvrir notre cœur aux autres comme à nous-même. Notez que la bonté est au cœur de notre bien-être, ce qui signifie que l'encourager est une des choses les plus intelligentes et les plus puissantes que nous puissions faire pour nous-même et pour améliorer et faire durer nos relations avec les autres.

Exercice pour travailler sur le surmoi négatif, la colère, la honte et ce que nous n'avons pas pardonné >>

- Arrêtez-vous ici. Après avoir lu les moyens cités ci-dessus pour travailler sur le surmoi « négatif » – y compris la colère, la honte et ce que nous n'avons pas pardonné –, prenez quelques inspirations profondes, calmes, qui vous aident à vous centrer.

- Ensuite, pendant quelques minutes, réfléchissez tranquillement à la signification de ce dont nous avons parlé. Quelles sont les implications pour votre vie et votre bien-être, à mesure que vous comprenez ces concepts ?

- Prenez un moment pour comprendre puis rechercher les différentes manières (dont vous avez conscience) dont la colère, la honte, la culpabilité ou *le fait de ne pas pardonner* vous ont affecté.

Ouvrir son cœur à l'amour dans les relations :

> *« La haine ne cessera jamais par la haine. La haine ne peut cesser que par l'amour. C'est une loi éternelle. »*
>
> – Bouddha

Les croyances profondément enracinées (le piège ultime) et les préoccupations les plus profondes (l'évitement ultime) de chaque structure de personnalité de l'Ennéagramme

La croyance fondamentale de chaque structure de personnalité de l'Ennéagramme au sujet de ce qui est nécessaire pour être heureux et aimé devient également le piège ultime dans sa vie. La croyance fondamentale, qui nous imprègne de sensibilités et de croyances particulières, peut, si elle est trop utilisée ou si elle se retourne contre nous, soit interférer légèrement, soit devenir franchement compulsive et destructrice pour les relations. Cela peut être le cas pour la plupart d'entre nous, jusqu'à ce que nous prenions le temps d'étudier ces mécanismes et de comprendre leurs impacts à la fois positifs et négatifs.

Les pièges et les évitements de notre structure de personnalité de l'Ennéagramme deviennent, en fait, le fléau de nos relations les plus intimes et les plus importantes.

Notre partenaire et nos enfants, en particulier, peuvent beaucoup souffrir lorsque nos croyances fondamentales « se déchaînent inconsciemment ». Et cela arrive lorsque nous n'avons pas fait un travail sur nous-même en profondeur pour comprendre, nourrir et développer notre soi.

La peur fondamentale de chaque profil, également appelée préoccupation la plus profonde – à propos de ce qui pourrait être sa perte –, devient l'évitement ultime. Nos préoccupations les plus profondes et notre évitement ultime définissent avec précision la source de ce qui déclenche la majeure partie de notre réactivité (les réactions qui nous mettent en conflit avec nous-même et avec les autres).

La croyance fondamentale (piège) et la préoccupation la plus profonde (évitement) « conspirent » ensemble, étant deux côtés opposés du même thème fondamental, un peu comme les faces opposées d'une même pièce. La croyance fondamentale sert à garder en place la stratégie d'adaptation de notre propension neuronale – celle de notre profil Ennéagramme –, tout comme l'évitement de la préoccupation ou peur fondamentale. Ils sont complices. Travaillant en tandem *pour nous guider*, en quelque sorte, ils nous montrent les sources inhérentes et intrinsèques de notre réactivité, qui repose sur notre profil et se déclenche selon lui. C'est ce qui provoque, dans nos relations, agitation, bouleversement, séparation, anxiété, problèmes de communication et discorde. Et nos relations sont le ciment essentiel de notre vie.

Prenez le temps, en vous armant de votre curiosité, d'explorer et d'enquêter – aussi honnêtement que possible – sur la véritable nature de la réactivité de votre profil Ennéagramme, fondée sur votre croyance fondamentale (piège) et sur votre préoccupation fondamentale la plus profonde (évitement).

J'aimerais ajouter, pour plus de clarté, que nous avons tendance à croire que ces croyances fondamentales sont logées de façon prédominante dans la mémoire implicite, sont maintenues en profondeur dans notre soma et ont été formées en grande partie avant le développement de la cognition. Lorsque nous avons démarré dans la vie et que certains aspects de nos besoins n'étaient pas satisfaits (comme cette première fois où nous avons ressenti les affres de la faim et que personne n'est venu nous nourrir !), ces croyances fondamentales ont formé une histoire, leur propre histoire particulière, en corrélation avec notre profil, leur « perception », *quant à la raison pour laquelle* nous n'avons pas été satisfaits.

Nos forces essentielles dirigent nos solutions

Quelque chose *en nous* a formé ces perceptions. Et pour faire face à ces perceptions, quelque chose *en nous* a formé nos solutions. Cela permet de déduire que nos croyances fondamentales, conduites par notre programmation neuronale, formulent nos solutions *particulières*.

Nous faisons appel à nos propensions neuronales, avec leurs forces intrinsèques, leur centre d'attention particulier, et leurs aptitudes contributrices, pour trouver une solution pour notre sens du soi qui s'épanouit ou s'érode. Elles contribuent aussi à la poursuite d'une existence satisfaisante et à notre survie au sein de la tribu, comme dans le vaste monde.

De l'affront d'un besoin non satisfait jusqu'à l'impact d'un traumatisme sévère, nos propensions neuronales – définies pour nous par notre profil Ennéagramme – produisent leur solution de survie cognitivo-émotionnelle – protéger notre nature – la meilleure et la plus constructive possible. La manière dont soit nous nous contractons et nous nous défendons, soit nous nous épanouissons et nous nous développons n'est pas due au hasard, mais plutôt intelligemment schématisée et organisée. « Nos solutions » sont des mécanismes d'adaptation intelligents. Et selon une perspective peut-être unique de l'Ennéagramme, elles ne sont pas nécessairement déterminées et orchestrées par notre environnement ou les gens qui en font partie. Il est même tout à fait possible qu'elles soient construites, en réponse, de l'intérieur.

Les croyances fondamentales de l'Ennéagramme sont des adaptations formulées en grande partie par notre programmation neuronale et par la manière dont nous étions et nous sommes prédisposés à former une perception particulière de nous-même dans le monde. Et lorsque tout cela s'effondre, la vertu de notre profil – les qualités essentielles de notre être, ce que nous avons de définitivement précieux en nous – se met à l'arrière-plan pour se protéger. Nous semblons, à un degré plus ou moins important, perdre le contact avec la vérité de ces aspects supérieurs de nous-même tandis que nous luttons pour donner du sens au monde et à ce qui nous y arrive.

Pour résumer et simplifier, nous avons listé ci-dessous la croyance fondamentale originelle (piège) de chaque profil Ennéagramme et sa préoccupation la plus profonde (évitement), avec chacune des qualités essentielles qui se retrouvent à l'arrière-plan en raison de besoins non satisfaits, la meilleure tentative de notre enfance pour se développer, et le dilemme structurel de la formation de chacune de ces structures de personnalité particulières.

- **Profil 1 | Le Perfectionniste** Je dois être bon et avoir raison (piège) et ne pas être intrinsèquement mauvais ou avoir tort (évitement). Ce faisant, la sérénité qui vient avec l'acceptation comme avec l'appréciation de moi-même, ainsi que de nos nombreuses différences et contributions, se place à l'arrière-plan.

- **Profil 2 | L'Altruiste** Je dois être généreux et utile (piège) et ne pas être intrinsèquement quémandeur, égoïste ou inutile (évitement). Ce faisant, le flux réciproque de donner et de recevoir, qui imprègne d'humilité, se place à l'arrière-plan.

- **Profil 3 | Le Battant** Je dois agir et réussir (piège) et ne pas être intrinsèquement incapable d'agir ou de réussir (évitement). Ce faisant, la véracité de mes propres sentiments se place à l'arrière-plan.

- **Profil 4| Le Romantique** Je dois être spécial et complet (piège) et ne pas être intrinsèquement déficient ou incomplet (évitement). Ce faisant, la sérénité issue de l'acceptation, et celle venant de l'appréciation de tout ce qui est, se place à l'arrière-plan.

- **Profil 5 | L'Observateur** Je dois être autosuffisant et autonome (piège) et ne pas être appauvri ou épuisé (évitement). Ce faisant, le non-attachement qui remédie à l'avarice que je ressens, dans un monde qui demande trop, se place à l'arrière-plan.

- **Profil 6 | Le Loyal-Sceptique** Je dois être certain et autonome (piège) et ne pas être intrinsèquement impuissant ou dépendant (évitement). Ce faisant, le courage d'avancer dans la vie, associé à la foi que j'ai en moi-même et les autres, se place à l'arrière-plan.

- **Profil 7 | L'Épicurien** Je dois garder la vie joyeuse, stimulante et optimiste (piège) et ne pas être intrinsèquement limité, rabat-joie ou souffrir (évitement). Ce faisant, la stabilité de la présence et une volonté d'absorber à la fois la joie et la tristesse, appelées sobriété ou constance, se placent à l'arrière-plan.

- **Profil 8 | Le Protecteur** Je dois être puissant et fort (piège) et ne pas être intrinsèquement impuissant ou faible (évitement). Ce faisant, la capacité d'aborder avec une fraîcheur nouvelle – avec innocence – chaque situation, sans imposer mon propre programme ou mon propre pouvoir, se place à l'arrière-plan.

- **Profil 9 | Le Médiateur** Je dois me fondre dans la masse et rechercher l'importance par mon rendement et ma conformité (piège) et ne pas provoquer de conflit, ni me différencier des autres (évitement). Ce faisant, l'action juste de me respecter moi-même et de me montrer l'égal de tous les autres se place à l'arrière-plan.

Exercice pour expérimenter les vertus, les qualités essentielles supérieures, comme ressources >>

- Le matin, ou à n'importe quel autre moment de la journée, asseyez-vous confortablement, bien droit, dans un endroit calme. Tout en laissant votre corps se détendre, respirez profondément plusieurs fois.

- Rappelez-vous un moment où vous vous êtes senti au meilleur de vous-même, rappelez-vous même une expérience ultime lors de laquelle la vertu de votre profil était très présente et irradiait de vous depuis l'intérieur. Les expériences ultimes requièrent que nous soyons pleinement présents à nous-même et aux autres. Cette expérience est imprimée dans votre mémoire de façon indélébile. Nous faisons souvent l'expérience d'une unité de tous et d'un profond émerveillement. Cela peut même avoir été ressenti comme spirituel. Les vertus de notre profil Ennéagramme ont sûrement brillé. Essayez d'intégrer cette expérience telle que vous vous la rappelez. Ressentez-la dans votre corps (soma), enrichissez-la et absorbez-la en restant avec l'expérience somatique qu'elle a suscitée pendant environ une bonne minute. Faites une pause et suspendez tout, et soyez avec cette expérience.

- Dans la mesure du possible, partagez aussi cet exercice et vos réactions avec votre partenaire.

Exemples des vertus telles qu'elles sont ressenties respectivement par chaque profil Ennéagramme

- **La sérénité du Profil 1 :** c'est lorsque tout, autour de moi, semble parfait. Il n'y a rien que je puisse faire, améliorer ou achever. Je suis libre. Je peux enfin ressentir mes sentiments, me laisser aller, et apprécier les choses. Je suis serein.

- **L'humilité du Profil 2 :** c'est quand je ne suis plus poussé à rechercher la reconnaissance. Je suis généreux parce que j'aime être généreux. Je suis libre de laisser les autres me donner, leur permettant d'en retirer également une satisfaction. Je ne suis pas plus généreux que les autres et je n'ai pas à me voir ainsi, comme celui qui donne plus. Je suis libre. Je suis humble.

- **La véracité du Profil 3 :** c'est lorsque je finis par ressentir que je suis plus que ma performance. Il y a un véritable moi en dedans, avec des sentiments et des préférences, et le besoin de me relâcher parfois aussi. Je peux être plus honnête au sujet de mes sentiments et je n'ai plus peur que les gens ne m'aiment pas si mes besoins sont en conflit avec l'image que j'ai projetée. Je suis libre. Je suis honnête.

- **L'équanimité du Profil 4 :** c'est quand je ne me place plus au-dessus (supérieur) ou en dessous (inférieur) des autres personnes, d'une situation ou de mon environnement. Je peux être égal, accepter et appartenir. Je n'attache plus mon identité à quelque chose de spécial, à une déception ou à la mélancolie. Je suis libre. Je me permets même d'accueillir la béatitude de la sérénité.

- **Le non-attachement du Profil 5 :** c'est lorsque je peux cesser d'étreindre ce dont je croyais absolument avoir besoin. Comme si, si je ne me protégeais pas, quelque chose d'épuisant ou de perturbant allait m'arriver, dont je pourrais avoir du mal à me remettre. Je suis libre. Je peux suivre le courant. Je peux vivre pleinement et tout ira bien.

- **Le courage du Profil 6 :** c'est quand je m'autorise à stopper l'esprit bourdonnant et sifflant qui me promène entre divers scénarios. À la place, je m'autorise à avoir confiance dans le fait que je gérerai courageusement ce qui m'arrive, que je PEUX gérer tout ce qui m'arrive, et que rien de mauvais ne m'arrivera si je cesse de trop m'inquiéter, de trop douter ou de trop penser. Je suis libre. Je suis en sécurité.

- **La sobriété du Profil 7 :** c'est lorsque cette pulsion de me lever et partir cesse de s'emparer de moi à chaque instant et que je peux rester calme. Je peux accepter les choses. Je peux traiter les choses que j'ai besoin de traiter. Je peux me concentrer et *rester concentré*, tandis que je relâche l'anxiété qui survient et qui me presse de faire remonter l'intensité ou de passer à autre chose – à quelque chose de plus intéressant ou de moins frustrant. Je suis libre. Je suis constant et je peux le gérer.

- **La vérité du Profil 8 :** c'est quand je m'autorise à exploiter non seulement *ma* vérité, mais aussi la vérité des autres, tandis qu'ils se tiennent devant moi. Il y a de l'innocence en chacun de nous et je le vois. L'innocence n'est pas de la faiblesse ; elle est au cœur de notre nature et elle est vitale pour notre tendresse. Je suis libre. Je suis toutes les énergies qui sont en moi, à la fois fort ET vulnérable.

- **L'action juste du Profil 9 :** c'est lorsque l'impulsion en moi de m'affirmer ou de prendre en compte ma propre vie, comme j'en ai besoin, n'est pas supprimée. Cela vit en moi et je le manifeste comme il est requis et exigé, au moment où j'en ai besoin. Je suis libre. Je suis ici et je compte aussi. Je prends soin de moi et je m'honore comme je prends soin des autres et les honore.

Appliquer les enseignements des « 5 A » de l'UGP pour travailler avec les résistances à l'amour spécifiques à chaque profil

Nous voulons nous entraîner à cultiver quotidiennement la prise de conscience. Que diriez-vous de plusieurs fois par jour ? Que diriez-vous de ceci : entraînez-vous à cultiver la prise de conscience à chaque fois que votre réactivité se manifeste. La réactivité est toujours motivée, d'une manière ou d'une autre, par les problèmes liés à la croyance fondamentale de notre profil (le piège ultime) et à notre préoccupation la plus profonde autour de ce qui nous rend « aimables » ou pas (l'évitement ultime). C'est notre réactivité fondée sur notre profil, non résolue, couplée à notre niveau de bien-être, qui entrave notre aptitude à aimer pleinement, à recevoir l'amour et à *être l'amour*, comme dans notre nature essentielle. Contrôler notre réactivité est le premier moyen que nous avons pour évoluer émotionnellement, et c'est probablement aussi le premier moyen pour guérir une relation.

Avant de commencer – Les principes universels de ce processus pour les neuf profils Ennéagramme

Tirez la sonnette d'alarme – La grande pause

À l'instant où nous sentons notre réactivité arriver – notre colère, notre détresse ou notre peur –, tirons la sonnette d'alarme. C'est le moment de faire une pause. C'est le moment de rentrer en nous-même, de prendre une grande inspiration et de plonger dans notre monde subjectif – ce monde dans lequel nous allons nous connecter à nous-même dans l'intimité de notre esprit, de notre cœur et de notre corps. C'est là que nous pouvons ressentir et observer – avec honnêteté, bonté et curiosité – ce qui nous arrive, ce que nous pouvons être en train de nous faire, comment cela nous fait nous « sentir », et ce que nous pouvons être en train de faire aux autres.

Tandis que nous assistons à cela, que nous le reconnaissons et que nous en prenons conscience, nous développons l'aptitude à **contenir**, pour un moment, l'impulsion de réagir. En utilisant la respiration, nous pouvons parvenir à retenir la charge physique ressentie au niveau viscéral – l'impulsion –, qui peut être forte à ce moment-là, et à la suspendre doucement mais fermement.

Cette suspension n'a pas pour but de renier notre réactivité, de la forcer à être autre chose ni de la supprimer. Il s'agit plutôt de l'autoriser, de la voir et d'être avec elle. Il s'agit *d'être avec elle*, mais sans être réduit à y répondre immédiatement. C'est le début de ce que nous appelons « la maîtrise de soi », et c'est ce qui nous offre la possibilité de nous comprendre avec compassion, de comprendre les autres *avec compassion* aussi, et de formuler alors le meilleur plan d'action, à un moment donné, pour le plus grand bien de ceux qui sont impliqués.

Investigation douce sur ce qui est vraiment nécessaire

Nous faisons alors suivre la pause réussie de l'investigation douce. Elle pourrait ressembler à cela : « *Qu'est-ce qui est vraiment nécessaire ici, de ma part ?* » ; « *Quels sont mes sentiments les plus vulnérables à ce sujet ?* » ; « *Quelle est la meilleure façon d'accomplir ce qui est demandé ?* » ; « *Puis-je apporter cela sans que mon corps ne s'emplisse de quelque tension non désirée ?* ». Ou : « *Puis-je arriver à ce qui est nécessaire sans avoir à me déconnecter de l'amour ?* »

Si de bons processus, comme celui des 5 A, ne sont pas en place, la réactivité qui masque notre bouleversement nous balance « en mode automatique ». La réactivité fait suite à un déclenchement (lorsqu'on appuie là où ça fait mal), et cela a tendance à ne pas être agréable. Si notre « mode automatique » est laissé sans surveillance, il fonctionne à tort et à travers dans notre système nerveux central et catalyse son schéma familier. Il entrave notre aptitude à rester présents à nous-même et est aussi souvent chargé de conditions, des conditions qui nous attachent à des résultats particuliers.

La réactivité automatique entrave également notre aptitude à aimer les autres sans que ces mêmes conditions ne soient satisfaites. Elle nous empêche littéralement de rester présents aux autres. Même si quelqu'un change juste sous notre nez, il y a de fortes chances que nous ne le voyions pas. Et si, d'une façon ou d'une autre, nous le *voyons*, nous ne serons pas capables de nous changer aussi, parce que la réactivité débridée manque de présence, et que la présence est nécessaire pour que des changements surviennent. Si notre schéma de réactivité est parti trop loin, et que nous ne pouvons pas y être présents, nous ne pourrons pas changer, point final. Si nous n'avons pas déjà mis en place une pratique consciente de la prise de conscience, interrompre les schémas de réactivité est extrêmement difficile. En effet, leur point médian est alimenté par un élan émotionnel, un élan qui est protecteur, possiblement juste et chargé en énergie.

L'amour conditionnel du profil

Il se trouve que chacune des neuf structures de personnalité de l'Ennéagramme a des conditions. Ces conditions reposent sur les croyances fondamentales de chaque profil. Les croyances fondamentales, appelées Propositions de Base, sont ce que nous devons respecter afin de nous aimer et de nous sentir potentiellement « aimables ». Ce que nous verrons également, à mesure que nous avancerons dans la compréhension de chacun des profils de l'Ennéagramme, c'est la manière dont nous nous sommes conditionnés en supposant, en projetant et en escomptant que : « Les règles que je m'applique sont les règles que vous devez appliquer ! » Les conditions que je m'impose sont aussi les vôtres – même si je n'ai jamais consciemment abordé le sujet avec moi-même.

Si nous ne travaillons pas à cultiver une meilleure conscience de nous-même et n'entreprenons pas un chemin de développement personnel, nous appliquerons aux autres, inconsciemment, notre refus de nous aimer (et l'inconfort que cela génère) si les conditions ne sont pas remplies. Nous n'aimerons pas non plus *les autres* lorsqu'*ils* ne répondront pas aux mêmes critères que *nous* ou aux croyances conditionnelles auxquelles nous sommes redevables, en nous-même. Et enfin, le fait de nous autoriser à être aimés – à recevoir de l'amour, lorsque nos propres conditions, pour nous-même, ne sont pas satisfaites – est aussi étouffé. Nous ne nous en sentons pas dignes.

Il est important, pour les neuf profils Ennéagramme, de comprendre que les croyances fondamentales respectives, lorsqu'elles ne sont pas remises en question, suivront consciencieusement leur cours dans notre vie. Tout en nous faisant travailler dur pour rester sur la bonne voie, faire ce que nous jugeons *devoir faire* dans le monde afin d'être aimés et satisfaits, cela diminuera et interférera avec la pleine expression de notre amour inconditionnel, notre capacité à la vulnérabilité et à l'intimité avec nous-même. Cela limitera notre aptitude, voire notre volonté, à partager avec les autres des expériences d'amour intimes, sans conditions. Cela dit, nous ne sommes pas entièrement conscients de tout ce qui se passe à l'arrière-plan – encore moins du sabotage potentiel qui s'y déroule.

Pour que l'amour soit pleinement exprimé, il doit être protégé et chéri par tous les aspects de notre être et par toutes les parties impliquées. Bien que nous ne puissions pas contrôler les autres, nous pouvons certainement commencer avec nous-même. Chacun d'entre nous peut commencer son propre cheminement vers l'amour, en apprenant d'abord comment il s'est coupé de l'amour de lui-même.

Le système de l'Ennéagramme offre la meilleure cartographie possible des informations cruciales dont nous avons besoin pour nous aider dans cette démarche. Comment se fait-il que nous ne nous aimions nous-même que lorsque certaines conditions sont remplies ? Cela paraît dur, mais c'est ce que nous faisons sans le savoir. En d'autres termes, la croyance fondamentale de chaque profil Ennéagramme écrit les règles selon lesquelles les choses doivent se passer. Alors, et seulement alors, il se sentira en sécurité et acceptable. Et « potentiellement aimable ».

C'est notre croyance fondamentale qui écrit les conditions, celles que chaque structure de personnalité se doit de respecter, afin de s'accepter et de s'aimer elle-même.

Si, et seulement si, elle a répondu aux critères et aux attentes de sa propre croyance fondamentale particulière, elle se sentira en sécurité dans le monde. Et c'est là le piège. Mais le piège ne s'arrête pas là. Tandis que nous nous infligeons cela, sans le savoir et sans en avoir conscience, nous faisons exactement la même chose aux autres.

L'amour n'est pas un accident. L'amour n'est pas dû au hasard. L'amour est un état d'esprit entraîné, un état du cœur, et de nombreuses actions aimantes qui s'ensuivent. C'est le fondement de tous les états élevés du bien-être. L'amour, dans sa forme la plus pure, est imprégné de libre arbitre, et c'est dans les états de libre arbitre qu'il est exprimé le plus sincèrement. Il est généré par nous de l'intérieur, délibérément et consciencieusement, sans conditions ni attentes. L'amour est *ce que nous sommes* au plus profond de notre être. L'amour est induit et accessible grâce à la prise de conscience, à l'intention et à la grâce.

Entendre depuis des décennies qu'on ne peut aimer un autre avant de nous aimer nous-même me fait toujours réfléchir. *Eh bien oui, c'est logique.* Je comprends. Mais, en vérité, c'est seulement maintenant que *je le comprends réellement*, grâce aux mécanismes fondamentaux mis en avant dans ce chapitre. Parce que cette déclaration nous fait aussi comprendre la vérité essentielle selon laquelle « la façon » dont nous nous aimons nous-même – ou pas – est aussi la façon dont nous aimerons les autres – ou pas.

Voir la façon véritable dont nous ne nous aimons *qu'à certaines conditions* nous fournit une cartographie sur la façon dont, ensuite, nous aimerons les autres seulement à certaines conditions. Pour connaître l'amour, nous devons *être* l'amour. C'est assez contraire à l'idée selon laquelle l'amour est quelque chose que nous trouvons, là-bas, dans quelque acquisition ou une autre personne qui va *nous l'apporter*. Pour exprimer l'amour, nous devons nous y engager pleinement et librement et nous devons faire face aux conditions qui nous empêchent d'aimer, qui nous empêchent de nous montrer avec amour. Nous devons comprendre comment nous créons de l'amour pour nous-même, ou pas, et comment le « pas » se traduit par notre inaptitude à aimer les autres.

Les neuf profils de l'Ennéagramme et l'amour conditionnel

Profil 1 | Le Perfectionniste

Le matin ou à n'importe quel moment de la journée, asseyez-vous confortablement, bien droit, dans un endroit calme, en laissant votre corps se relâcher et en respirant par le ventre, vers l'intérieur et profondément, plusieurs fois. Lisez cette réflexion fondamentale, puis fermez les yeux et entrez-y, afin de faire l'expérience, avec compassion, de cet aspect du Profil 1.

Réfléchissez à ceci : en tant que Profils 1, lorsque nous nous trouvons bouleversés ou réactifs à cause d'une personne avec laquelle nous sommes en relation, il y a de fortes chances pour que nous nous lancions dans quelque forme de jugement critique. Le jugement critique a tendance à être tenace et sans merci, absolu et débordant de conviction. Il concerne probablement les choses qui ne vont pas et nécessitent d'être mentionnées et corrigées, ou il peut porter sur l'injustice, l'irresponsabilité ou le fait de ne pas répondre de ses actes. Notre réaction est en outre alimentée par une tension subtile à forte – une posture droite et une raideur – ressentie dans le visage et dans le corps, qui est, en profondeur, une colère refoulée (émotion) et un ressentiment (sentiment).

C'est ainsi qu'en tant que Profils 1 nous amoindrissons notre expérience – notre capacité, notre connexion et notre expression – de l'amour. La tension et le ressentiment, résultats du passage à un jugement inflexible en mode automatique, nous séparent des autres. Cela nous place, inconsciemment, dans un rôle en apparence supérieur, et l'autre, dans un rôle inférieur. Nous adoptons – et nous estimons que c'est justifié – une position restreinte et rigide, dans laquelle, dans la plupart des cas, nos sentiments et ceux de l'autre ne sont pas tellement pris en compte.

En tant que Profils 1, nous avons besoin d'accepter, puis d'intégrer nos désirs et plaisirs personnels dans notre vie, parallèlement à notre conscience, nos critères élevés et nos responsabilités. Cela améliorera non seulement notre vie, mais aussi celle de tous ceux qui nous aiment et interagissent avec nous. Devenir plus tolérant est une vertu digne d'être développée, car cela peut apaiser une grande partie de la tension inutile et destructrice. Nous avons également besoin d'apprendre à discerner si ce que nous jugeons être des erreurs ne seraient pas simplement des différences venant de talents différents, et non des violations devant être traitées. Autorisons-nous à reconnaître, sans les juger, les préférences des autres avec respect et gratitude.

Lorsque nous sentons notre réactivité de Profil 1 prendre le contrôle, tirons la sonnette d'alarme. C'est le moment de faire une pause. Démarrons la pause en reconnaissant avec amour et respect notre énergie réactive qui a été déclenchée, en respirant profondément, en gonflant le ventre, en comprenant que cette réactivité et la façon dont nous la gérons cette fois-ci peut soit entraver, soit améliorer notre aptitude à aimer. En vous servant de votre respiration, retenez – contenez – la charge physique ressentie viscéralement – cette impulsion qui, à ce stade, peut être réellement forte –, et, en douceur mais fermement, suspendez-la. Dans cette attitude bienveillante, nous sommes prêts pour l'investigation douce, la réflexion et la formulation d'une action consciente, selon ce qui est nécessaire.

En tant que Profils 1, nous pensons que nous devons avoir raison et être bons, être au-dessus de toute accusation et être des modèles d'intégrité. Nous devons être responsables. Tout cela est au cœur de ce qu'un Profil 1 pense qu'il doit être pour être digne d'estime, pour être en sécurité dans le monde et pour être aimé. La structure de notre Profil 1 nous dit que nous devons éviter d'avoir tort, car cela nous rendrait inférieurs, misérables, peu sûrs de nous et pleins de défauts, une seule de ces choses suffisant à nous rendre inacceptables et *impossibles à aimer*.

Si nous ne faisons pas notre travail de prise de conscience et de développement, nous appliquons aux autres, inconsciemment, notre refus de nous aimer lorsque les conditions de notre Profil 1, que nous nous imposons à nous-même, ne sont pas remplies. Nous nous tournerons vers les autres sous certaines conditions, de la même manière que nous nous tournons vers nous-même sous certaines conditions. Nous n'aimerons pas les autres s'ils ne répondent pas à ces conditions. Par exemple, comme nous n'aimons pas nous octroyer des libertés – ne parlons même pas de faire une pause – au titre que nous « avons des responsabilités », nous aurons du mal à aimer et accepter notre partenaire lorsqu'il le fait. *Qui serions-nous si nous nous autorisions « l'inadmissible » ?*

Il est important, pour les Profils 1 comme pour les neuf profils, de comprendre que notre croyance fondamentale suivra son cours de manière automatique si nous ne la remettons pas en question. Bien que nous fassions beaucoup d'efforts pour rester consciencieux, responsables et engagés à faire le bien dans le monde, ces conditions que nous nous imposons à nous-même peuvent diminuer l'expression de notre amour inconditionnel, notre capacité à la vulnérabilité et à l'intimité avec nous-même. Elles peuvent aussi limiter notre aptitude, voire notre volonté, à partager avec les autres des expériences d'amour intimes, sans conditions.

Profil 2 | L'Altruiste

Le matin ou à n'importe quel moment de la journée, asseyez-vous confortablement, bien droit, dans un endroit calme, en laissant votre corps se relâcher et en respirant par le ventre, vers l'intérieur et profondément, plusieurs fois. Lisez cette réflexion fondamentale puis fermez les yeux et entrez-y, afin de faire l'expérience, avec compassion, de cet aspect du Profil 2.

En tant que Profils 2, lorsque nous sommes bouleversés à cause d'une personne avec laquelle nous sommes en relation, nous ressentons probablement une forme de frustration dans notre désir d'aider. Ou bien nous sommes engloutis par ce bon sentiment que nous avons lorsque « nous savons mieux » que les autres ce qui est nécessaire, mais quelque chose s'est mis en travers de notre route. Ou bien nous ne nous sentons pas appréciés pour tout ce que nous faisons et donnons. Notre réactivité est également alimentée par notre fierté (je suis une personne qui prend soin des autres) et notre besoin de nous sentir indispensables. Ces sentiments amoindrissent notre expression de l'amour, car ils nous placent dans une position supérieure et cela peut être ressenti par les autres comme envahissant et peu sincère.

En outre, le fait que nous donnons pour obtenir peut être ressenti par les autres, même si nous pouvons ne pas nous rendre forcément compte *qu'ils le remarquent*, et peut-être même ne pas être réellement conscients que c'est ce que nous faisons. Notre réaction est alimentée par une raideur et une anxiété, plus ou moins subtiles, dans notre poitrine – notre cœur se serre –, ce qui est, tout au fond, l'expression d'une détresse (émotion) et d'un manque d'appréciation (sentiment). C'est ainsi qu'en tant que Profils 2 nous amoindrissons notre expérience – notre capacité, notre connexion et notre expression – de l'amour.

La détresse et une sorte d'anxiété sincère, qui résultent du fait que nous nous heurtons régulièrement à la frustration et à la peine, nous séparent des autres. L'orgueil nous place inconsciemment dans un rapport de supériorité par rapport à l'autre, qui serait comme inférieur. Nous estimons que notre réaction est justifiée lorsque nous faisons appel à l'autre pour satisfaire nos besoins et envies comme nous avons satisfait les siens. À ce stade, les sentiments de l'autre ne sont pas vraiment pris en compte. Ce sont plutôt *notre souffrance* et *nos besoins* qui le sont. Le fait de ressentir cela et de l'exprimer nous paraît justifié. Après tout, c'est de leur faute et c'est le résultat de leurs échecs. Nous avons déjà tant fait

Lorsque nous sentons notre réactivité de Profil 2 prendre le contrôle, tirons la sonnette d'alarme. C'est le moment de faire une pause. Démarrons la pause en reconnaissant avec amour et respect notre énergie réactive qui a été déclenchée, en respirant profondément par le ventre, en comprenant que cette réactivité et la façon dont nous la gérons cette fois-ci peut soit entraver, soit améliorer notre aptitude à aimer. En nous servant de notre respiration, retenons – contenons – la charge physique ressentie viscéralement – cette impulsion qui, à ce stade, peut être réellement forte –, et, avec douceur mais fermement, suspendons-la. Dans cette attitude bienveillante, nous sommes prêts pour l'investigation douce, la réflexion et la formulation d'une action consciente, selon ce qui est nécessaire.

En tant que Profils 2, nous croyons que nous devons satisfaire les besoins des autres afin d'être aimés et pour que l'amour vienne à nous. Nous évitons de nous sentir inutiles, peu appréciés et non indispensables. Ces sentiments sont au cœur de ce qu'un Profil 2 croit qu'*il doit être* pour être digne d'estime, pour être en sécurité dans le monde et pour être aimé. La structure de notre Profil 2 nous dit que nous devons éviter d'être égoïstes et insensibles, et que pour être aimés nous devons prendre l'initiative et donner de l'amour et de l'attention pour obtenir les bonnes grâces des autres et devenir indispensables. Si nous ne le faisons pas, l'amour ne viendra pas à nous. Si nous ne sommes pas généreux, nous serons vus comme égoïstes, insensibles, voire méchants. Nous sentir inutiles et impuissants vis-à-vis des autres n'est pas une option pour nous, car cela nous rendrait inacceptables et *impossibles à aimer.*

Ce sont nos conditions pour nous aimer et pour nous sentir dignes de l'amour des autres. Si nous ne faisons pas notre travail de prise de conscience et de développement, nous appliquons aux autres, inconsciemment, notre refus de nous aimer lorsque les conditions de notre Profil 2, que nous nous imposons à nous-même, ne sont pas remplies. Nous nous tournerons vers les autres sous certaines conditions, de la même manière que nous nous tournons vers nous-même sous certaines conditions. Nous aurons tendance à ne pas aimer non plus les autres lorsqu'ils ne satisferont pas à ces mêmes critères ou n'adhéreront pas aux croyances auxquelles nous sommes redevables, à l'intérieur de nous-même. Par exemple, comme nous aurons tendance à ne pas dire « non » aux autres, quoi qu'on nous demande, nous aurons du mal à aimer et accepter notre partenaire lorsqu'il nous dira « non » – après tout ce que nous avons fait et donné. *Que serions-nous si nous nous autorisions à dire « non » ?*

Gardez à l'esprit que, en tant que Profils 2, nous pouvons nous entraîner avec douceur pour apprendre à nous affranchir de ce que *nous attendons* des autres *en secret.* Cela résultera du fait de comprendre que dans les relations, grâce à la loi de la réciprocité divine, donner et recevoir sont des forces actives et de valeur égale. Lorsque je me détache des attentes que je place sur les autres afin, à mon tour, de répondre à **mes** besoins, je m'habilite à satisfaire mes propres besoins et à prendre soin de moi, sans avoir l'impression que je suis insensible aux autres, indisponible ou égoïste.

Il est important, pour les Profils 2 comme pour les neuf profils, de comprendre que ces croyances fondamentales, si nous ne les remettons pas en question, suivront leur cours de manière automatique. Bien que nous travaillions dur pour continuer à être vus comme attentifs, généreux et désintéressés, ces conditions que nous nous imposons peuvent diminuer l'expression de notre amour inconditionnel, notre capacité à la vulnérabilité et à l'intimité avec nous-même. Elles peuvent limiter notre aptitude, voire notre volonté, à partager avec les autres des expériences d'amour intimes, sans conditions.

Profil 3 | Le Battant

Le matin ou à n'importe quel moment de la journée, asseyez-vous confortablement, bien droit, dans un endroit calme, en laissant votre corps se relâcher et en respirant par le ventre, vers l'intérieur et profondément, plusieurs fois. Lisez cette réflexion fondamentale puis fermez les yeux et entrez-y, afin de faire l'expérience, avec compassion, de cet aspect du Profil 3.

En tant que Profils 3, lorsque nous nous trouvons bouleversés ou réactifs à cause d'une personne avec laquelle nous sommes en relation, il y a de fortes chances pour que nous soyons dans une forme d'impatience, d'agitation ou de frustration. Quelque chose nous gêne pour accomplir nos tâches et nos objectifs. Il pourrait aussi y avoir une difficulté à obtenir de l'approbation ou de l'admiration pour ce que nous faisons. Ou bien l'image que nous voulons projeter ne fonctionne pas avec quelqu'un.

Ces bouleversements sont alimentés par notre forte énergie, axée sur notre image, qui suspend nos véritables sentiments. L'une ou toutes ces raisons déclenchent une réactivité qui réduit l'expression de notre amour. L'amour est bloqué parce que nous sommes largement tournés vers nous-même, la compétition et les résultats. Notre réactivité est alimentée par une colère et une impatience que nous ressentons dans notre poitrine – réaction d'un cœur anxieux –, qui sont, au plus profond, l'expression de la détresse (émotion) et du fait de « ne pas se sentir approuvé » (sentiment). C'est ainsi qu'en tant que Profils 3 nous amoindrissons notre expérience – notre capacité, notre connexion et notre expression – de l'amour. La détresse et une sorte d'anxiété impatiente, résultant du fait que nous faisons face à un sentiment d'urgence inflexible et automatique, nous séparent des autres.

Ce que nous essayons d'accomplir, ou la façon dont nous avons besoin d'être vus par les autres, est pour nous d'une importance primordiale et nous pousse à agir plus fort, plus vite et avec plus de ténacité pour obtenir l'approbation ou pour mener les choses à bien. Dans la plupart des cas, les sentiments de l'autre, sans parler des nôtres, ne sont pas pris en compte.

Lorsque nous sentons notre réactivité de Profil 3 prendre le contrôle, tirons la sonnette d'alarme. C'est le moment de faire une pause. Démarrons la pause en reconnaissant avec amour et respect notre énergie réactive qui a été déclenchée, en respirant profondément par le ventre, en comprenant que cette réactivité et la façon dont nous la gérons cette fois-ci peut soit entraver, soit améliorer notre aptitude à aimer. En nous servant de notre respiration, retenons – contenons – la charge physique ressentie viscéralement – cette impulsion qui, à ce stade, peut être réellement forte –, et, avec douceur mais fermement, suspendons-la. Dans cette attitude bienveillante, nous sommes prêts pour l'investigation douce, la réflexion et la formulation d'une action consciente, selon ce qui est nécessaire.

En tant que Profils 3, nous croyons que nous devons réussir, accomplir et présenter une image approuvée et admirable. Nous ne pouvons pas échouer, nous devons éviter à tout prix d'être incapables de réussir et nous devons bien faire les choses. Ces sentiments sont au cœur de ce qu'un Profil 3 pense qu'il doit être et faire pour être digne d'estime, pour être en sécurité dans le monde et *pour pouvoir être aimé.*

Notre structure de Profil 3 nous dit que nous devons éviter l'échec, la paresse ou l'incapacité à accomplir quelque chose. Nous devons présenter aux autres une image particulière afin d'être jugés dignes d'estime. Ce que nous sommes au fond de nous pourrait même être différent de la personne que nous présentons au monde. Et cela ne nous pose pas problème. Si nous ne respectons pas nos conditions internes d'acceptabilité, l'amour ne viendra pas à nous – rien ne viendra à nous –, parce que nous serons vus comme des riens. Nous n'aurons aucune identité valable, aucun rôle, aucune importance. Ce n'est pas une option pour nous et cela nous rendrait impossibles à aimer.

Ce sont nos conditions pour nous aimer, et pour nous sentir dignes de l'amour des autres. Si nous ne faisons pas notre propre travail de prise de conscience de soi et de développement, nous appliquons aux autres, inconsciemment, notre refus de nous aimer lorsque les conditions de notre Profil 3, que nous nous imposons à nous-même, ne sont pas remplies. Nous nous tournerons vers les autres sous certaines conditions, de la même manière que nous nous tournons vers nous-même sous certaines conditions. Nous aurons tendance à ne pas aimer les autres lorsqu'ils ne satisferont pas aux mêmes critères que nous, ou ne seront pas d'accord, ou lorsqu'ils ne soutiendront pas les croyances auxquelles nous sommes redevables, à l'intérieur de nous-même. Par exemple, alors que nous avons tendance à attendre et à exiger beaucoup de nous-même au nom de la réussite, nous aurons du mal à aimer et accepter notre partenaire lorsqu'il ne poursuit pas ses objectifs ou laisse les choses inachevées. *Qui serions-nous si nous nous autorisions cela ?*

Gardons à l'esprit qu'en tant que Profils 3 nous pouvons nous entraîner avec douceur pour nous affranchir de la façon dont nous avons besoin que les autres nous répondent. Cela résultera du fait de comprendre que, dans les relations, la véracité, la pratique habituelle qui consiste à être vrai avec nous-même et avec les autres, est la forme la plus profonde de succès. La véracité d'abord en nous-même, et ensuite la véracité avec les autres.

Autorisons-nous à comprendre que notre existence, notre présence, est, en fait, ce que les autres désirent le plus, bien plus que nos « agissements », bien plus que l'image que nous espérons leur présenter, l'image que nous avons jugée acceptable et digne d'intérêt. Puissions-nous remarquer notre rythme et le ralentir de façon à laisser entrer les autres. Que notre cœur *reste calme* afin de pouvoir « ressentir ». Ouvrons notre cœur à l'accueil, à la réceptivité, qui permettent à nos propres et véritables sentiments (ni contraints ni supprimés) d'émerger, et aussi à ceux des autres d'être reçus.

Il est important, pour les Profils 3 comme pour les neuf profils, de comprendre que nos croyances fondamentales, si nous ne les remettons pas en question, nous accompagneront dans notre fuite en avant. Bien que nous travaillions dur pour rester sur la bonne voie et continuer à être vus comme des gagnants, accomplis et dignes d'admiration, ces conditions que nous nous imposons peuvent interférer et diminuer la pleine expression de notre amour inconditionnel, notre capacité à la vulnérabilité et à l'intimité avec nous-même. Elles peuvent également limiter notre aptitude, voire notre volonté, à nous ouvrir suffisamment pour partager avec les autres des expériences d'amour intimes, sans conditions.

Profil 4 | Le Romantique

Le matin ou à n'importe quel moment de la journée, asseyez-vous confortablement, bien droit, dans un endroit calme, en laissant votre corps se relâcher et en respirant par le ventre, vers l'intérieur et profondément, plusieurs fois. Lisez cette réflexion fondamentale puis fermez les yeux et entrez-y, afin de faire l'expérience, avec compassion, de cet aspect du Profil 4.

Réfléchissez à ceci : en tant que Profils 4, lorsque nous nous trouvons bouleversés ou réactifs à cause d'une personne avec laquelle nous sommes en relation, il y a de fortes chances pour que nous ressentions une forme de déception. Nous pouvons avoir le sentiment que quelque chose nous manque ou n'est pas suffisant, que quelque chose est absent ou incomplet. Nous pouvons ne pas nous sentir entendus, nous sentir insignifiants ou ignorés, ou négligés de façon blessante.

Cette déception est alimentée par notre désir profond, notre jalousie même, pour ce que les autres semblent avoir et que nous n'avons pas, tout ceci amoindrissant notre expérience et notre expression de l'amour. Nous avons tendance à être en apparence insatiables, à souffrir de changements émotionnels et de sautes d'humeur. Nous avons aussi tendance à exprimer notre déception trop habituelle soit verbalement, parfois de façon explosive, soit de manière passive-agressive et en nous renfermant sur nous-même.

Lorsque nous sentons notre réactivité de Profil 4 prendre le contrôle, tirons la sonnette d'alarme. C'est le moment de faire une pause. Démarrons la pause en reconnaissant avec amour et respect notre énergie réactive qui a été déclenchée, en respirant profondément par le ventre, en comprenant que cette réactivité et la façon dont nous la gérons cette fois-ci peut soit entraver, soit améliorer notre aptitude à aimer. En nous servant de notre respiration, retenons – contenons – la charge physique ressentie viscéralement – cette impulsion qui, à ce stade, peut être réellement forte –, et, avec douceur mais fermement, suspendons-la. Dans cette attitude bienveillante, nous sommes prêts pour l'investigation douce, la réflexion et la formulation d'une action consciente, selon ce qui est nécessaire.

En tant que Profils 4, nous nous croyons obligés d'obtenir l'amour idéal ou la situation idéale et d'être la personne la plus spéciale – unique et différente – pour être dignes d'être aimés, d'être entendus, d'être vus et connus, dignes d'être désirés et voulus. Nous ne pouvons supporter le sentiment qu'il nous manque quelque chose, que nous sommes simplement comme les autres – médiocres et moyens –, ou que nous sommes, de quelque façon que ce soit, déficients. Nous nous efforçons d'être supérieurs ou extraordinaires en *quelque chose*, d'être au-dessus de la moyenne et spéciaux, de créer quelque chose qui pourrait faire une différence, de toucher quelqu'un ou d'apporter du sens. D'une certaine manière, nous espérons surmonter la peur intimidante que nous avons de n'être simplement pas suffisants. Si nous ne sommes pas supérieurs, nous pourrions être entraînés dans la spirale de l'infériorité, nous comparer aux autres (traumatisme de comparaison) et finir, d'une manière tellement douloureuse, tout en bas, les autres étant, en apparence, au sommet.

Ce sont nos conditions pour nous aimer et pour nous sentir dignes de l'amour des autres. Si nous ne faisons pas notre propre travail de prise de conscience de soi et de développement, nous appliquons aux autres, inconsciemment, notre refus de nous aimer lorsque les conditions de notre Profil 4, que nous nous imposons à nous-même, ne sont pas remplies. Nous nous tournerons vers les autres sous certaines conditions, de la même manière que nous nous tournons vers nous-même sous certaines conditions. Nous aurons tendance à ne pas aimer les autres s'ils ne répondent pas à ces mêmes standards ou s'ils n'honorent pas les croyances et les critères auxquels nous sommes redevables, au fond de nous. Par exemple, comme nous avons tendance à nous attendre à des expériences idéales, à de l'intensité et à un traitement spécial, nous aurons du mal à aimer et accepter notre partenaire s'il semble ne pas faire d'efforts. *Qui serions-nous si nous nous autorisions cela ?*

Accepter les autres *comme ils sont* dépend de notre aptitude à nous accepter *comme nous sommes*. Avoir des relations satisfaisantes requiert une acceptation réciproque les uns des autres tels que nous sommes réellement, et non tels que nous souhaiterions que les autres soient. Tandis que nous travaillons à l'acceptation, prenons l'engagement de nous entraîner avec douceur pour apprendre à nous affranchir de notre attachement aux spirales énergétiques de la déception et à ce goût pour la mélancolie. N'oubliez pas de vous tourner vers l'ici et maintenant, parce que l'ici et maintenant est plein de cadeaux et de choses suffisantes, de beauté et de sens aussi, si seulement nous nous autorisons à le voir, à l'accepter et à en faire l'expérience au moment où nous sommes en train de le vivre.

Nous pouvons nous entraîner à appliquer notre tendance naturelle et notre désir d'intensité aux expériences de tous les jours, telles qu'« elles sont vraiment » et tels que nous sommes vraiment. La vie peut aussi être ressentie pleinement lorsqu'elle est équilibrée, sereine et vécue avec la conscience de ce qui est suffisant.

Il est important pour les Profils 4, comme pour les neuf profils, de comprendre que nos croyances fondamentales, si nous ne les remettons pas en question, prendront le contrôle. Même si nous travaillons dur pour rester sur la bonne voie et être considérés comme spéciaux, uniques, intenses et authentiques, ces conditions que nous nous imposons peuvent interférer et amoindrir la pleine expression de notre amour inconditionnel, notre capacité à la vulnérabilité et à l'intimité avec nous-même. Cela peut aussi limiter notre aptitude, voire notre volonté, à partager avec les autres des expériences d'amour intimes, sans conditions.

Profil 5 | L'Observateur

Le matin ou à n'importe quel moment de la journée, asseyez-vous confortablement, bien droit, dans un endroit calme, en laissant votre corps se relâcher et en respirant par le ventre, vers l'intérieur et profondément, plusieurs fois. Lisez cette réflexion fondamentale puis fermez les yeux et entrez-y, afin de faire l'expérience, avec compassion, de cet aspect du Profil 5.

Réfléchissez à ceci : en tant que Profils 5, lorsque nous nous trouvons bouleversés ou réactifs à cause d'une personne avec laquelle nous sommes en relation, il y a de fortes chances pour que nous ressentions une forme de crainte d'être envahis ou de nous laisser faire. Il est possible que nous ayons rencontré des obstacles ou des défis en voulant répondre à notre besoin de nous protéger des intrusions ou à notre besoin d'un peu d'intimité. Ou bien nous pouvons ressentir les demandes émotionnelles des autres, des demandes auxquelles nous ne nous sentons pas capables de répondre. Ou bien nous pouvons nous sentir irrités par le manque d'intérêt d'un autre quant à la connaissance que nous avons acquise avec assiduité et que nous voulons partager, ce qui s'apparente à un rejet de notre personnalité.

Notre réactivité se présente souvent sous la forme d'un besoin de nous détacher – le fait de nous écarter des autres de manière générale –, fait taire nos sentiments et exige un temps d'intimité pour nous ressaisir. Tout ceci est alimenté par le sentiment écrasant de nous dérober en nous-même. C'est une sorte de repli, qui s'accompagne d'une avarice tenace pour ce dont nous ne pouvons tout simplement *pas nous passer* à ce moment-là, ou dans la vie. Notre refus, notre indisponibilité et notre résistance aux besoins des autres, y compris leurs besoins d'affection, de temps ou d'attention, amoindrissent considérablement notre expression de l'amour ou l'expérience que nous en faisons.

Lorsque nous sentons notre réactivité de Profil 5 prendre le contrôle, tirons la sonnette d'alarme. C'est le moment de faire une pause. Démarrons la pause en reconnaissant avec amour et respect notre énergie réactive qui a été déclenchée, en respirant profondément par le ventre, en comprenant que cette réactivité et la façon dont nous la gérons cette fois-ci peut soit entraver, soit améliorer notre aptitude à aimer. En nous servant de notre respiration, retenons – contenons – la charge physique ressentie viscéralement – cette impulsion qui, à ce stade, peut être réellement forte –, et, en douceur mais fermement, suspendons-la. Dans cette attitude bienveillante, nous sommes prêts pour l'investigation douce, la réflexion et la formulation d'une action consciente, selon ce qui est nécessaire.

En tant que Profils 5, nous croyons que nous devons nous protéger d'un monde qui demande trop et donne trop peu. Nous devons nous protéger et protéger notre énergie pour assurer notre survie, notre sécurité dans le monde et apaiser notre peur de l'impuissance. Nous devons éviter d'être vidés de notre énergie vitale. Nous exigeons de nous-même d'être bien informés et éduqués, d'acquérir connaissances et compétences mentales. Ce sont nos conditions pour nous aimer nous-même et être autonomes et pour nous sentir dignes de l'amour des autres et capables de recevoir. Lorsque ces conditions ne sont pas remplies, nous avons du mal à nous aimer et à nous sentir en sécurité dans le monde, et alors nous avons du mal à aimer les autres.

Si nous ne faisons pas notre propre travail de prise de conscience de soi et de développement, nous appliquons aux autres, inconsciemment, notre refus de nous aimer lorsque les conditions de notre Profil 5, que nous nous imposons à nous-même, ne sont pas remplies. Nous nous tournerons vers les autres sous certaines conditions, de la même manière que nous nous tournons vers nous-même sous certaines conditions. Nous aurons tendance à ne pas aimer les autres s'ils ne répondent pas à ces mêmes standards, ou lorsqu'ils manquent de respect envers les croyances auxquelles nous sommes redevables, au fond de nous. Par exemple, comme nous accordons de la valeur à l'acquisition de connaissances et au fait d'en savoir davantage et que nous sommes prêts à consacrer nos efforts et du temps pour y arriver, nous aurons du mal à aimer et accepter notre partenaire lorsqu'il ne semble pas intéressé par le fait d'apprendre de nouvelles choses, de s'impliquer intellectuellement ou de se concentrer sur la compréhension des choses. *Qui serions-nous si nous nous autorisions cela ?*

Aimer les autres quand ils ont besoin de nous, quand ils attendent quelque chose de nous, quand ils demandent notre attention et l'expression de nos sentiments est une expression de bienveillance et d'amour. C'est en ouvrant notre cœur à la source, la source qui est en chacun de nous, que nous alimenterons notre capacité à répondre à ces besoins, ainsi qu'à nos propres besoins. La source est ce qui, jour après jour, soutient et accroît notre vitalité. Elle est là, elle est réelle, et c'est une énergie sur laquelle nous pouvons compter. Pouvons-nous nous autoriser à faire confiance à cela ? Pouvons-nous réorganiser nos perceptions de telle manière que nous ne percevions plus cet épuisement lorsque nous interagissons pleinement avec les autres et avec la vie ? Il existe un flux dans la vie et il fournit bien assez d'énergie pour que chacun de nous s'y engage, poursuive ses envies et ses désirs, éprouve ses sentiments et se manifeste dans ces relations qui nous soutiennent, *qui nous soutiennent réellement.*

Gardons à l'esprit que, en tant que Profils 5, nous pouvons nous entraîner avec douceur à nous autoriser à dépenser plus d'énergie pour avancer, plutôt que pour nous éloigner, et d'une manière respectueuse et généreuse, solidaire et engagée, dans nos relations et en nous-même. En fonctionnant selon ce principe fondamental, désormais, nous utilisons et nous ravitaillons, nous nourrissons et nous honorons à la fois notre tête *et* notre cœur.

Il est important, pour les Profils 5 comme pour les neuf profils, de comprendre que nos croyances fondamentales, si nous ne les remettons pas en question, contrôleront notre vie. Bien que nous travaillions dur pour rester sur la bonne voie et être considérés comme discrets, intelligents et cultivés, mesurés et secrets, ces conditions que nous nous imposons peuvent interférer et amoindrir la pleine expression de notre amour inconditionnel, notre capacité à la vulnérabilité et à l'intimité avec nous-même. Cela peut aussi limiter notre aptitude, voire notre volonté, à nous ouvrir à des expériences d'amour intimes, sans conditions.

Profil 6 | Le Loyal-Sceptique

Le matin ou à n'importe quel moment de la journée, asseyez-vous confortablement, bien droit, dans un endroit calme, en laissant votre corps se relâcher et en respirant par le ventre, vers l'intérieur et en profondeur, plusieurs fois. Lisez cette réflexion fondamentale puis fermez les yeux et entrez-y, afin de faire l'expérience, avec compassion, de cet aspect du Profil 6.

Réfléchissez à ceci : en tant que Profils 6, lorsque nous nous trouvons bouleversés ou réactifs à cause d'une personne avec laquelle nous sommes en relation, il y a de fortes chances pour que nous soyons dans une forme d'exagération – sur des dangers à venir, des doutes à propos de ce sur quoi ou sur qui nous pouvons compter, des contradictions ou des incohérences, des scénarios pessimistes ou un manque de préparation que nous avons perçu. Notre réactivité est alimentée par une angoisse sous-jacente – motivée par une préoccupation bourdonnante – qui est ressentie comme une hypervigilance, une anxiété, une crispation et une forte dose d'adrénaline, qui nous ferait presque trépigner de frustration.

Cet état réactif amoindrit notre expression de l'amour et l'expérience que nous en faisons. L'énergie et la manifestation extérieure de notre réactivité génèrent un sentiment de méfiance, de prudence. Parfois même, nous provoquons et testons les autres, et nous les accusons, voire les contrôlons.

Lorsque nous sentons notre réactivité de Profil 6 prendre le contrôle, tirons la sonnette d'alarme. C'est le moment de faire une pause. Démarrons la pause en reconnaissant avec amour et respect notre énergie réactive qui a été déclenchée, en respirant profondément par le ventre, en comprenant que cette réactivité et la façon dont nous la gérons cette fois-ci peut soit entraver, soit améliorer notre aptitude à aimer. En nous servant de notre respiration, retenons – contenons – la charge physique ressentie viscéralement – cette impulsion qui, à ce stade, peut être réellement forte –, et, en douceur mais fermement, suspendons-la. Dans cette attitude bienveillante, nous sommes prêts pour l'investigation douce, la réflexion et la formulation d'une action consciente, selon ce qui est nécessaire.

Si nous sommes un Profil 6 contre-peur, également appelé « 6 contre-phobique », nous aurons tendance à affronter nos peurs et nos appréhensions tête baissée, plutôt que de nous trouver paralysés par elles.

La façon dont nous sommes programmés nous prédispose davantage à aller de l'avant, à donner un avis contraire ou tyrannique, en opposition – à confronter et à traiter. Défier peut être plus agréable qu'attendre, bouillonner et ronger son frein.

En tant que Profils 6, nous croyons devoir rechercher la certitude, la fiabilité et la sécurité dans ce que nous croyons être un monde risqué et imprévisible, souvent dangereux. Nous devons éviter de devenir complètement impuissants et dépendants des autres ou de quoi que ce soit que nous ne puissions pas contrôler, en particulier *dans ce type* de monde. Nous devons être vigilants, observateurs au point de ne rien manquer et avoir connaissance de tout ce qui nous entoure, afin de nous protéger et de protéger les personnes que nous aimons.

Ce sont nos conditions pour nous aimer et pour nous sentir dignes de l'amour des autres. Si nous ne faisons pas notre propre travail de prise de conscience de soi et de développement, nous appliquons aux autres, inconsciemment, notre refus de nous aimer lorsque les conditions de notre Profil 6, que nous nous imposons à nous-même, ne sont pas remplies. Nous nous tournerons vers les autres sous certaines conditions, de la même manière que nous nous tournons vers nous-même sous certaines conditions. Nous aurons tendance à ne pas aimer les autres s'ils ne répondent pas à ces mêmes standards, ou s'ils ne sont pas capables de s'aligner sur les mêmes croyances que celles auxquelles nous sommes redevables, au fond de nous. Par exemple, comme la fiabilité peut se démontrer facilement en tenant ses promesses, nous aurons du mal à aimer et accepter notre partenaire lorsqu'il ne tient pas parole, ou lorsque, parfois, il change d'avis, quelle qu'en soit la raison. *Qui serions-nous si nous nous autorisions cela ?*

Comme, en tant que Profils 6, nous avons tendance à sentir venir le danger, nous exprimons notre amour en annonçant les problèmes avant qu'ils n'arrivent et en avertissant les autres ou en leur donnant des conseils. Sur ce point, nous pouvons nous entraîner avec douceur à *autoriser les autres* à recevoir nos avertissements comme *ils* le veulent, lorsque nous nous sentons forcés de leur offrir « notre amour » de cette manière. Il est nécessaire que cela ait du sens *pour eux*, ce qui peut être différent de *notre besoin* de leur offrir nos contributions (parfois) non sollicitées. Nous pouvons en outre nous entraîner à ne pas le prendre personnellement lorsqu'ils semblent ne pas apprécier ou refuser nos conseils. Leurs réponses, dans les deux sens, à nos avertissements attentionnés n'indiquent pas particulièrement qu'ils nous respectent, qu'ils nous font confiance ou qu'ils nous aiment.

Autorisons-nous à transcender ce besoin de preuves, matérielles ou théoriques, et de certitude en nous connectant au pouvoir de la foi et aux mystères indicibles auxquels nous avons accès en nous et qui composent une grande partie de nos capacités intuitives. Apprenons à laisser s'exprimer notre foi et notre confiance dans les capacités et les intuitions spirituelles des autres également. Puissions-nous permettre à l'extraordinaire agilité de notre imagination de scruter notre propre grandeur et celle des autres, plutôt que de l'utiliser pour donner un « tour négatif », plus douteux, aux gens et à la vie. Elle est capable des deux. En nous entraînant, nous pouvons exercer cette même capacité imaginative pour scruter le potentiel, les aspects positifs et la résolution constructive et judicieuse de problèmes ainsi que la préparation, plutôt que la dramatisation. Tandis que nous apportons le pouvoir de la foi dans notre vie et dans nos relations, nous apportons aussi le meilleur moyen de déployer sans retenue et avec engagement l'amour.

Il est important, pour les Profils 6 comme pour les neuf profils, de comprendre que nos croyances fondamentales, si nous ne les remettons pas en question, prendront le contrôle et nous accompagneront dans notre fuite effrénée en avant. Bien que nous travaillions dur pour rester sur la bonne voie et être considérés comme loyaux, fiables, rétifs à la dépendance et authentiques, ces conditions que nous nous imposons à nous-même peuvent interférer et amoindrir la pleine expression de notre amour inconditionnel, notre capacité à la vulnérabilité et à l'intimité avec nous-même. Cela peut aussi limiter notre aptitude, voire notre volonté, à nous sentir suffisamment en sécurité pour partager avec les autres des expériences d'amour intimes, sans conditions.

Profil 7 | L'Épicurien

Le matin ou à n'importe quel moment de la journée, asseyez-vous confortablement, bien droit, dans un endroit calme, en laissant votre corps se relâcher et en respirant par le ventre, vers l'intérieur et profondément, plusieurs fois. Lisez cette réflexion fondamentale puis fermez les yeux et entrez-y, afin de faire l'expérience, avec compassion, de cet aspect du Profil 7.

Réfléchissez à ceci : en tant que Profils 7, lorsque nous nous trouvons bouleversés ou réactifs à cause d'une personne avec laquelle nous sommes en relation, il y a de fortes chances pour que nous soyons dans une forme de *réaction* face à un sentiment ou à une réalité non désirée, ou à la perception d'une limitation. Quelque chose entrave notre liberté – notre liberté d'agir et notre enthousiasme – et notre désir de garder la vie joyeuse, débordante d'optimisme et de possibilités. Notre réactivité peut également être une réponse aux sentiments d'un autre et à la manière dont il nous les exprime, des sentiments que nous n'accueillons pas bien et dans lesquels nous ne voulons pas nous engager. Nous ne voulons pas nous retrouver coincés dans la lourdeur, la tristesse, l'impuissance ou l'ennui. Notre réactivité est déclenchée par toute restriction imposée à notre boulimie pour tout ce qui est de nature épicurienne, y compris toute restriction à une boulimie de l'esprit qui pourrait entraver une réflexion visionnaire, des options positives, des opportunités sans fin et la planification d'aventures nouvelles et stimulantes.

Notre réponse intense à la restriction est ressentie comme une frustration anxieuse, une contraction du plexus solaire et un bouillonnement intérieur. La chaleur est ressentie dans le corps, tandis que l'adrénaline monte et que se prépare la fuite – l'évasion. Notre réactivité amoindrit notre expression de l'amour et l'expérience que nous en faisons, notre centre d'attention égocentrique indéniable et notre vision personnalisée de la vie laissant peu de place aux autres. Cela nous prive souvent de constance, de fiabilité ou de stabilité. Et nous pouvons souvent donner aux autres le sentiment que nous manquons de profondeur ou que nous sommes dans une superficialité immature.

Lorsque nous sentons notre réactivité de Profil 7 prendre le contrôle, tirons la sonnette d'alarme. C'est le moment de faire une pause. Démarrons la pause en reconnaissant avec amour et respect notre énergie réactive qui a été déclenchée, en respirant profondément par le ventre, et en comprenant que cette réactivité et la façon dont nous la gérons cette fois-ci peut soit entraver, soit améliorer notre aptitude à aimer. En nous servant de notre respiration, retenons – contenons – la charge physique ressentie viscéralement – cette impulsion qui, à ce stade, peut être réellement forte –, et, en douceur mais fermement, suspendons-la. Dans cette attitude bienveillante, nous sommes prêts pour l'investigation douce, la réflexion et la formulation d'une action consciente, selon ce qui est nécessaire.

En tant que Profils 7, nous croyons que nous devons continuer à faire jaillir la vie, à nous ouvrir à des possibilités illimitées et à nous libérer de la souffrance ou de l'ennui. Nous devons continuer à bouger et à être stimulés pour vivre une vie joyeuse qui vaut la peine d'être vécue, une vie qui ne nous laisse pas piégés, limités au niveau perceptif ou coincés dans une souffrance dont nous ne pouvons pas sortir.

Ce sont nos conditions pour nous aimer et pour nous sentir dignes de l'amour des autres. Si nous ne faisons pas notre propre travail de prise de conscience de soi et de développement, nous appliquons aux autres, inconsciemment, notre refus de nous aimer lorsque les conditions de notre Profil 7, que nous nous imposons à nous-même, ne sont pas remplies. Nous nous tournerons vers les autres sous certaines conditions, de la même manière que nous nous tournons vers nous-même sous certaines conditions. Nous aurons tendance à ne pas aimer les autres s'ils ne répondent pas à ces mêmes standards ou s'ils ne parviennent pas à capituler ou à nous rejoindre dans les croyances auxquelles nous sommes redevables, au fond de nous. Par exemple, puisque nous avons tendance à voir le bon côté de la vie et à éviter de nous enliser dans les difficultés, nous aurons du mal à aimer et accepter notre partenaire lorsqu'il s'occupe de détails pratiques et de responsabilités et qu'il ne peut pas se joindre à nous. *Qui serions-nous si nous nous autorisions ce genre de considérations pratiques ?*

Gardons à l'esprit que, en tant que Profils 7, nous pouvons nous entraîner avec douceur à adopter une vision plus large de la vie, une vision qui nous aidera à croire, avec confiance, que nous ne serons pas piégés dans la souffrance si nous ralentissons, si nous ressentons la totalité de notre vie émotionnelle et celle des autres, et si nous autorisons à la vérité, bonne ou mauvaise, d'une situation donnée d'émerger librement. À certains moments, la vie peut être marquée par un manque de stimulation, des sentiments de tristesse, un temps d'inactivité ou des tâches ordinaires qui assurent notre vie ainsi que celle de ceux que nous aimons.

En nous entraînant, nous pouvons atteindre la sobriété pour nous affranchir de notre résistance et de notre appréhension intense de nous retrouver piégés et limités. Parfois, la vie comporte des limitations, des souffrances et des difficultés psychologiques, du chagrin et même de grandes peines. La vie est aussi faite de plaisirs et de stimulations immenses, de joie et d'enthousiasme, et d'innombrables possibilités qui n'attendent que d'être vécues.

Tandis que nous nous ouvrons avec compassion à ce dont notre réactivité essaie de nous protéger – de nous sauver –, nous pouvons relâcher l'emprise automatique de notre réactivité et choisir nos réponses, avec justesse et consciemment. Et nous pouvons le faire en collaboration avec les autres et leurs besoins, leurs espoirs et aussi leurs aspirations, les gardant dans notre cœur autant que les nôtres.

Il est important, pour les Profils 7 comme pour les neuf profils, de comprendre que nos croyances fondamentales, si nous ne les remettons pas en question, nous accompagneront dans notre fuite en avant. Bien que nous travaillions dur pour rester sur la bonne voie et être considérés comme enthousiastes, aventureux, libres et de bonne compagnie, ces conditions que nous nous imposons peuvent interférer et amoindrir la pleine expression de notre amour inconditionnel, notre capacité à la vulnérabilité et à l'intimité avec nous-même. Cela peut aussi limiter notre aptitude, voire notre volonté, à partager avec les autres des expériences d'amour intimes, sans conditions.

Profil 8 | Le Protecteur

Le matin ou à n'importe quel moment de la journée, asseyez-vous confortablement, bien droit, dans un endroit calme, en laissant votre corps se relâcher et en respirant par le ventre, vers l'intérieur et profondément, plusieurs fois. Lisez cette réflexion fondamentale puis fermez les yeux et entrez-y, afin de faire l'expérience, avec compassion, de cet aspect du Profil 8.

Réfléchissez à ceci : en tant que Profils 8, lorsque nous nous trouvons bouleversés ou réactifs à cause d'une personne avec laquelle nous sommes en relation, il y a de fortes chances pour que nous percevions une violation de notre sens de la vérité, de la loyauté et / ou de la justice. Nous pouvons aussi avoir été provoqués par un problème de pouvoir et de contrôle, quelqu'un qui essaie de nous maîtriser, ou de maîtriser un autre, ou quelqu'un qui ne fait pas ce qu'il est supposé faire. Ou bien quelqu'un a outrepassé nos limites ou celles d'un autre et a besoin d'être remis à sa place.

Notre réactivité est alimentée par notre énergie débordante, excessivement passionnée, que nous ressentons physiquement comme une vague de chaleur et de vitalité qui inonde notre organisme en quelques secondes. Partez – Prêts – À vos marques ! Cette charge impulsive élevée est intense et elle amoindrit notre expression de l'amour et l'expérience que nous en faisons, car nous pouvons devenir immédiatement dominateurs et dépourvus de toute tendresse ou bonté. Nous pouvons être intimidants et insister sur un seul point de vue – le nôtre ! Quelle place cela laisse-t-il à l'autre ?

Lorsque nous sentons notre réactivité de Profil 8 prendre le contrôle, tirons la sonnette d'alarme. C'est le moment de faire une pause. Démarrons la pause en reconnaissant avec amour et respect notre énergie réactive qui a été déclenchée, en respirant profondément par le ventre, en comprenant que cette réactivité et la façon dont nous la gérons cette fois-ci peut soit entraver, soit améliorer notre aptitude à aimer. En nous servant de notre respiration, retenons – contenons – la charge physique ressentie viscéralement – cette impulsion qui, à ce stade, peut être réellement forte –, et, en douceur mais fermement, suspendons-la. Dans cette attitude bienveillante, nous sommes prêts pour l'investigation douce, la réflexion et la formulation d'une action consciente, selon ce qui est nécessaire.

En tant que Profils 8, nous croyons que nous devons être forts, puissants, dominateurs et sincères afin de sécuriser notre place dans le monde. Nous n'admettons pas qu'on puisse profiter de nous et nous croyons que nous devons nous protéger, ainsi que les autres, pour ne pas être maîtrisés, manipulés et utilisés. Nous devons garder le contrôle et éviter à tout prix de devenir faibles et impuissants, sans parler d'être sans défense.

Ce sont nos conditions pour nous aimer et pour nous sentir dignes de l'amour des autres. Si nous ne faisons pas notre propre travail de prise de conscience de soi et de développement, nous appliquons aux autres, inconsciemment, notre refus de nous aimer lorsque les conditions de notre Profil 8, que nous nous imposons à nous-même, ne sont pas remplies. Nous nous tournerons vers les autres sous certaines conditions, de la même manière que nous nous tournons vers nous-même sous certaines conditions. Nous aurons tendance à ne pas aimer les autres s'ils ne répondent pas à ces mêmes standards, ou lorsqu'ils échouent à résister avec nous pour protéger les croyances auxquelles nous sommes redevables, en nous-même. Par exemple, comme nous avons tendance à ne pas craindre le conflit, c'est-à-dire que nous mettons les pieds dans le plat immédiatement, nous aurons du mal à aimer et à accepter notre partenaire lorsqu'il n'admet pas ce qui est réel, ou qu'il évite ce qui a besoin d'être confronté ici et maintenant. *Qui serions-nous si nous nous autorisions cela ?*

Gardons à l'esprit que, en tant que Profils 8, nous pouvons nous entraîner avec douceur à permettre à ce désir irrésistible et puissant d'être ressenti et compris, mais pas toujours manifesté avec une intensité si forte. Avec une telle exubérance en jeu, une conduite consciente est exigée. Pour les Profils 8, le processus qui consiste à « faire une pause et contenir » est d'une importance capitale. Apprendre à retenir dans son corps une charge physiologique si intense demande de la persévérance, de l'amour de soi, de la pratique et de la patience.

Notre volonté et notre façon de faire ne sont pas toujours propices aux besoins et au libre arbitre de l'autre. Sommes-nous capables de voir cela ? Sommes-nous capables d'admettre que, si un autre tentait de prendre le contrôle sur nous, nous résisterions fort probablement, mais que c'est ce que nous avons souvent *tendance à faire* aux autres ? Alors que notre réactivité se jette en avant pour prendre les choses en main, elle impose à l'autre *notre* sens de la justice. Souvenons-nous avec cœur que ce n'est que *notre version* de la vérité. C'est la manière dont NOUS protégeons notre propre innocence et notre propre vulnérabilité, qui sont des qualités que nous repérons facilement chez les autres, parfois à leur détriment et à notre avantage. Comme nous ne nous autorisons pas la vulnérabilité, nous ne l'autorisons pas chez l'autre. Nous la provoquons bien souvent et nous l'écrasons, car nous la voyons facilement comme de la faiblesse.

En tant que Profils 8, nous n'autoriserons pas la « faiblesse » chez nous ni chez les autres tant que nous n'aurons pas fait notre propre travail de développement personnel et que nous n'aurons pas redéfini complètement sa signification et les conséquences que nous lui avons imaginées. Notre réactivité nous empêche d'être vulnérables, d'être touchés et d'autoriser notre moi plus gentil à s'exprimer. Elle nous empêche également de faire l'expérience de la vérité d'un autre, de son sens de l'estime de soi et des manières dont il pourrait vouloir exprimer son pouvoir et sa dignité en notre présence.

Il est important, pour les Profils 8 comme pour les neuf profils, de comprendre que nos croyances fondamentales, si nous ne les remettons pas en question, prendront le contrôle et dirigeront chaque échange relationnel de notre vie. Bien que nous travaillions dur pour rester sur la bonne voie et être considérés comme forts, intenses et protecteurs, ces conditions que nous nous imposons peuvent interférer et amoindrir la pleine expression de notre amour inconditionnel, notre capacité à la vulnérabilité et à l'intimité avec nous-même. Cela peut aussi limiter notre aptitude, voire notre volonté, à nous engager tendrement et de notre propre chef avec les autres dans des expériences d'amour intimes, sans conditions.

Profil 9 | Le Médiateur

Le matin ou à n'importe quel moment de la journée, asseyez-vous confortablement, bien droit, dans un endroit calme, en laissant votre corps se relâcher et en respirant par le ventre, vers l'intérieur et profondément, plusieurs fois. Lisez cette réflexion fondamentale puis fermez les yeux et entrez-y, afin de faire l'expérience, avec compassion, de cet aspect du Profil 9.

Réfléchissez à ceci : en tant que Profils 9, lorsque nous nous trouvons bouleversés ou réactifs à cause d'une personne avec laquelle nous sommes en relation, il y a de fortes chances pour que nous soyons dans une forme de résistance. Nous pouvons nous sentir poussés à l'action ou forcés à entrer en conflit, alors que nous ne voulons ni l'un ni l'autre. Ou bien notre réactivité peut être due au fait que quelque chose d'important à nos yeux est ignoré. Ou encore, nous nous sentons ignorés ou négligés – encore une fois, sans que personne ne semble le remarquer ou prêter attention au fait que ce soit arrivé.

Notre réactivité est alimentée par notre propre inertie, une inertie du soi qui résulte du fait que *c'est nous-même* qui nous ignorons et amoindrissons – nos priorités et nos besoins. C'est nous-même qui inhibons l'initiative qui nous permettrait d'être inclus, d'être entendus et de compter. Nous le ressentons physiquement comme une lourdeur émotionnelle autant que somatique, une sorte de désespoir lesté, résultant d'une défaite conciliante, la défaite et la sublimation du soi individualisé et vibrant que nous sommes nés pour exprimer.

Tout cela amoindrit notre expression et notre expérience de l'amour, puisque nous ne nous battons pas pour rechercher avant tout le confort psychologique, émotionnel et physique. Nous reportons par habitude. Nous ne sommes pas conscients de le faire, pas plus que nous n'avons accès à nos désirs les plus profonds et à notre sens du mérite lorsque nous sommes en relation avec les autres. Nous montrer de manière authentique est difficile, puisque cela pourrait mettre en danger notre connexion ininterrompue, chose que nous sommes particulièrement attentifs à maintenir. Mais, pendant tout ce temps, les autres, en vérité, veulent nous connaître et s'engager avec *la totalité de qui* nous sommes vraiment et véritablement.

Lorsque nous sentons notre réactivité de Profil 9 prendre le contrôle, tirons la sonnette d'alarme. C'est le moment de faire une pause. Démarrons la pause en reconnaissant avec amour et respect notre énergie réactive qui a été déclenchée, en respirant profondément par le ventre, et en comprenant que cette réactivité et la façon dont nous la gérons cette fois-ci peut soit entraver, soit améliorer notre aptitude à aimer. En nous servant de notre respiration, retenons – contenons – la charge physique ressentie viscéralement – cette impulsion qui, à ce stade, peut être réellement forte –, et, en douceur mais fermement, suspendons-la. Dans cette attitude bienveillante, nous sommes prêts pour l'investigation douce, la réflexion et la formulation d'une action consciente, selon ce qui est nécessaire.

En tant que Profils 9, nous croyons que nous ne devons pas exprimer notre importance, que nous ne devons pas poser trop de problèmes et que, pour aimer et être aimés, nous ne devons pas nous différencier. Par conséquent, nous devons nous accorder aux autres. Comme nous avons une propension à fusionner énergétiquement avec l'autre, toute différence entre nous n'est ni ressentie ni reconnue. Nous ne faisons plus qu'un avec l'autre et nous pouvons facilement nous assujettir pour cela. Nous suivons le courant et nous nous entendons bien avec les autres, ce qui nous évite de nous démarquer, de ne pas être aimés et de nous sentir alors potentiellement sans valeur ou insignifiants.

Ce sont nos conditions pour nous aimer et pour nous sentir dignes de l'amour des autres. Si nous ne faisons pas notre propre travail de prise de conscience de soi et de développement, nous appliquons aux autres, inconsciemment, notre refus de nous aimer lorsque les conditions de notre Profil 9, que nous nous imposons à nous-même, ne sont pas remplies. Nous nous tournerons vers les autres sous certaines conditions, de la même manière que nous nous tournons vers nous-même sous certaines conditions. Nous aurons tendance à ne pas aimer les autres s'ils ne répondent pas à ces mêmes standards, ou lorsqu'ils essaient de nous pousser au-delà des croyances auxquelles nous sommes redevables, au fond de nous. Par exemple, comme nous avons tendance à éviter le conflit et à maintenir la paix à tout prix, nous aurons du mal à aimer et à accepter notre partenaire lorsqu'il crée un conflit et nous impose une confrontation qui nous est inconfortable. *Qui serions-nous si nous nous autorisions cela ?*

En tant que Profils 9, il est important que nous puissions nous entraîner avec douceur à nous autoriser à avoir un soi différencié de celui des autres. Ce faisant, nous commençons à exprimer notre propre valeur personnelle, qui en vaut la peine. Notre existence unique « a » de la valeur et le monde la désire. Nous *pouvons* nous individualiser et *quand même être en relation* avec les autres, profondément connectés.

En nous entraînant, nous découvrons que les autres ont besoin que nous nous montrions dans notre propre splendeur personnelle, dans notre propre pouvoir et dans notre vérité – car c'est aussi ce qui les stimule. Puisque nous partageons notre véritable moi, nous incitons les autres à le faire aussi.

Il existe, dans toute relation vitale, deux énergies différenciées, chacune apportant quelque chose à l'autre, y compris le défi, le potentiel d'apprentissage, la camaraderie et le don, si Dieu le veut, d'un développement mutuel. Nous finissons par apprendre que refuser aux autres notre soi différencié leur fait du tort, car eux aussi manquent beaucoup de choses lorsque nous ne nous montrons pas pleinement.

En nous autorisant à nous lever et à être vus, nous mettons en jeu la sécurité que donne l'invisibilité. Néanmoins, nous y gagnons le courage de répondre de nos actes et la liberté d'agir. Nous aussi avons des frontières et des limites. Elles sont importantes. Et lorsque nous permettons aux autres de nous voir, ces frontières et ces limites peuvent être remises en question par les autres. Sommes-nous capables de gérer cela ? Sommes-nous prêts ? Bien que cela puisse être inconfortable au début, ce sont des expériences que nous avons besoin d'accueillir – pour notre propre croissance et notre propre développement. Nous nous privons naturellement d'une telle croissance lorsque nous sommes piégés dans les stratégies typiques du Profil 9.

Il est important, pour les Profils 9 comme pour les neuf profils, de comprendre que nos croyances fondamentales, si nous ne les remettons pas en question, seront toute l'expérience que nous aurons de nous-même et des autres au cours de notre vie. Bien que nous travaillions dur pour rester sur la bonne voie et continuer à être vus comme bons, pleins d'égards, accommodants et agréables, ces conditions que nous nous imposons peuvent interférer et amoindrir la pleine expression de notre amour inconditionnel, notre capacité à la vulnérabilité et à l'intimité avec nous-même. Cela peut aussi limiter notre aptitude, voire notre volonté, à nous dévoiler aux autres pour partager des expériences d'amour intimes, sans conditions.

De la pratique, encore de la pratique pour chacun des neuf profils Ennéagramme >>

Je recommande que nous écrivions nos propres exercices, spécifiques à notre propre profil et avec nos points d'apprentissage, tels que nous venons de les partager, sur une page d'exercices, de façon à pouvoir facilement la relire et y réfléchir. Nous pouvons aussi enregistrer nos points d'apprentissage en format audio, de manière à pouvoir les écouter lors d'un exercice de réflexion méditative.

Et tant que nous y sommes, faisons la même chose pour notre partenaire, notre ami(e), notre enfant ou toute autre personne importante dans notre vie. Quel moyen puissant de comprendre plus pleinement *leurs* problèmes, *leurs* combats, *leurs* conditions pour aimer et *leurs* amoindrissements ! Quel exercice plein d'amour, d'attention pour nos proches, qui soutient aussi leur chemin de développement !

Pratiquons aussi souvent que possible. Commençons par seulement 3 à 5 minutes par jour, c'est tout ce dont nous avons besoin pour faire une différence. Une fois que nous l'avons fait, prenons le temps d'y réfléchir. Qu'est-ce qui émerge pour nous, cette fois ? Chaque pratique nous offre la possibilité de mieux nous connaître et d'approfondir notre connexion. En nous engageant à pratiquer, nous nous engageons virtuellement vis-à-vis de notre vie à nous connecter plus profondément à elle et à développer nos capacités. Aimez cette pratique, aimez ce travail, et aimez le « vous » – LE « VOUS » – que vous êtes en train de devenir dans cette vie.

En résumé

Il est juste de dire, fondamentalement, que nous voulons tous aimer et être aimés. Le plus souvent, nous abordons toutes sortes de relations avec les plus grands espoirs et les plus grandes attentes. C'est certain, au début de nos relations personnelles intimes et importantes, dès la rencontre, nous sommes dans un état de béatitude – emplis de joie, de bonheur et d'enthousiasme. Nous sommes pleins d'espoir et d'attentes. Nous sommes ouverts à l'amour. Nous avons l'impression de le sentir venir à nous et couler en nous. Nous pouvons ressentir une forme d'extase. Nous baignons dans sa beauté et son alchimie qui bouleverse la vie. Sans trop réfléchir, nous le laissons s'exprimer.

Certains d'entre nous craignent que ce bonheur ne prenne inévitablement fin au bout de quelques mois ou d'une année. D'autres parmi nous essaient d'étouffer cette joie pure et simple afin de minimiser la chute qui, nous le craignons, sera inéluctable. Et pourquoi cela ? Pourquoi *cela doit-il* autant *changer* ? Et pourquoi nous attendons-nous presque à ce que cela change ? Tandis qu'une relation prend forme et que nous apprenons à mieux nous connaître l'un l'autre, comment se fait-il que celle-ci semble souvent devenir plus difficile, plutôt que plus aimante ?

Découvrir pourquoi nous *ne* nous aimons *pas*, ou, pour résumer, comment nous avons tendance à ne nous aimer que sous certaines conditions, nous permet de découvrir pourquoi nous rendrons difficile aussi le fait d'aimer l'autre. L'amour conditionnel pour nous-même finit en amour conditionnel pour les autres aussi – notre partenaire et nos enfants, les membres de notre famille, même nos collègues. Si ces conditions non remplies donnent lieu à des jugements, un manque d'acceptation ou des attentes insatisfaites que nous plaçons sur un autre qui ne se doute de rien, il est incroyable, la moitié du temps, que nos relations soient si durables.

En comprenant comment notre structure de personnalité met en place des conditions pour l'amour et l'acceptation, nous pouvons entreprendre un nouveau voyage. Bien que ce voyage commence avec nous-même, c'est un voyage qui peut nous amener à une découverte fascinante et enrichissante avec les autres. La manière dont nous nous excluons de l'amour et de l'acceptation de soi en posant des conditions est la manière dont nous manifesterons, à un moment donné, la même non-acceptation vis-à-vis de notre partenaire, de nos enfants – de tous ceux que nous aimons.

Mais nous avons le choix. Une étude perspicace de ce que nous nous faisons nous permet de voir ce que nous pouvons être en train de faire à un autre. Avec les 5 A de l'UGP, nous disposons d'un outil qui nous guide à travers le territoire aveugle de l'amour polarisant, conditionnel, et de la réactivité – ces endroits où nos systèmes de défense se manifestent et où la relation aimante se désagrège. Ces combats qui épuisent l'amour ne doivent pas être une fatalité.

Prenez votre temps pour ce chapitre. Plongez-vous d'abord dans les conditions et les résistances à l'amour de soi de votre structure de personnalité, ainsi que dans celles de votre partenaire. C'est probablement l'une des réflexions les plus importantes que nous ayons à faire, pour nous-même et pour ceux que nous aimons. Tandis que nous repérons les conditions que nous avons mises en place pour l'amour, prenons en compte les répercussions qu'elles ont eues sur nous et ensuite sur ceux qui sont les plus proches de nous. Avec compassion, demandons-nous comment nous pouvons développer notre volonté d'aimer, au-delà de ces conditions, et commençons l'extraordinaire processus qui consiste à *autoriser l'amour*, à chaque tournant et à chaque instant.

> Prenez un moment pour réfléchir à l'une des conditions que vous vous êtes imposées, afin de vous accepter et de vous aimer.
>
> Comment cette condition affecte-t-elle votre aptitude à aimer votre partenaire ?

Chapitre 11

Intimité et sexualité

Aucun doute, nous avons là deux mots très puissants – intimité et sexualité. Bien qu'ils s'accordent à merveille, ils peuvent aussi s'exclure mutuellement. C'est un sujet important. Nous pouvons difficilement écrire un livre sur l'importance cruciale de l'amour et des relations pour notre bien-être sans aborder la question des relations amoureuses, qui peuvent espérer inclure, en plus de l'intimité émotionnelle, l'intimité physique, jusqu'à l'intimité sexuelle. Remarquez que nous distinguons ici l'intimité « physique » et l'intimité « sexuelle ». Nous y reviendrons.

Il y a de nombreuses façons d'aborder ce chapitre, ces aspects de la vie humaine étant extrêmement complexes et riches. Pour moi, il s'agit d'un sujet personnel et vital, un sujet vraiment digne d'intérêt.

Notre dilemme

L'intimité – sous toutes ses formes – et la sexualité ont une forte incidence dans notre vie, que nous en soyons conscients ou pas, que nous les recherchions activement ou pas. L'intimité peut être un problème pour beaucoup et la sexualité peut souvent subir le poids de la honte, de la culpabilité ou de la répression, à cause des dogmes religieux ou des autres influences que nous rencontrons, y compris notre éducation ou toute forme de traumatisme sexuel.

En travaillant avec des couples, j'ai souvent été surpris du peu de discussions chez beaucoup – ce qui aurait naturellement apporté davantage d'intimité dans leur relation – au sujet de la sexualité de chacun, de l'expérience sexuelle de l'un et de l'autre, et de l'intimité physique et sexuelle en général. J'ai également découvert que, souvent, lorsque les couples abordaient quand même le sujet de leur vie sexuelle *et* de leur intimité émotionnelle, ce qui pouvait inclure la vulnérabilité personnelle et les façons d'ouvrir leur cœur l'un à l'autre, ce n'était pas le plus brûlant des sujets. Parfois, ce n'était même pas un sujet du tout. Cela peut être la plus délicate des conversations, et c'est elle qui est bien souvent évitée et à laquelle on résiste.

Pimenter un peu les choses ou augmenter la fréquence sexuelle sont souvent les solutions qu'on privilégie lorsqu'une relation part à vau-l'eau. D'accord, c'est un début. Mais j'ai également découvert que beaucoup sautent l'étape qui consiste à développer le langage et l'importance de l'intimité *physique* – le monde de l'affection physique et du toucher. Cela inclut le toucher qui apporte un soutien, qui est bon et bienveillant, le toucher sensuel et qui connecte, jusqu'au toucher qui excite, sexuel et érotique. L'intimité physique sous toutes ses formes est un moyen d'entrer en relation. C'est un moyen d'exprimer l'amour et l'attention et un moyen de faire culminer la relation sexuelle à proprement parler – faire l'amour.

Le badinage qui crée une intimité, celui qui rapprocherait un couple, celui qui ouvrirait la conversation sur la relation physique et l'intimité, n'est pas toujours si facile, parce qu'il touche à des sujets sensibles. Bien souvent, les couples n'ont pas l'expérience personnelle ou la confiance nécessaire pour aborder les problèmes plus personnels et les vulnérabilités de l'intimité – émotionnelles, physiques ou sexuelles –, encore moins pour aborder leurs besoins non satisfaits ou leurs sensibilités.

Il va sans dire que les conversations intimes, vulnérables, autour des ressentis physiques et de la sexualité n'arrivent le plus souvent pas chez les couples qui se connaissent depuis peu, avant leur premier rendez-vous tant attendu. J'imagine qu'une relation sexuelle « satisfaisante » (quelle que soit la manière dont cela est défini par chacun des partenaires) est une chose pour laquelle nous sommes supposés être compétents, connectés et à l'écoute, sans trop parler au début : il est possible que nous fassions appel à un sixième sens réciproque *pour en faire quelque chose de formidable.* Nous nous trouvons attirés par quelqu'un et réciproquement et, à partir de là, nous nous attendons presque à ce qu'une certaine forme d'intimité – qu'elle soit émotionnelle, physique ou une combinaison des deux – survienne, simplement parce que nous avons « eu des relations sexuelles ». Cela dit, si les bonnes conditions sont réunies, la sexualité en elle-même peut être sa propre forme de communication profonde, une communication qui ne nécessite ni mots ni explication. Dans sa forme la plus instinctive et spirituelle, il s'agit d'un déploiement mutuel précieux, sensoriel, extrêmement intuitif et plein d'amour.

Ce que je veux exprimer ici se résume ainsi : ce qui promeut et favorise l'intimité profonde et des relations sexuelles formidables, c'est le développement de sa propre prise de conscience, bien sûr, mais, couplé à cela, il existe une forme particulière de communication. Je parle du genre de communication rendue possible lorsque nous ouvrons notre cœur (de manière réceptive et neutre) et que nous sommes sans programme, attentes, ni jugement. Ce genre de communication peut inclure le fait de se regarder ouvertement dans les yeux, de s'écouter l'un l'autre et de partager des choses avec plaisir, bienveillance et curiosité, de vouloir véritablement le meilleur l'un pour l'autre. Je parle de ce genre de communication qui bâtit la confiance et un sentiment de proximité, de sécurité et de bienveillance.

La communication franche et sincère est la clé, car elle stimule nos émotions, ce qui nous ouvre au partage et à l'accueil dans la vulnérabilité. Nous commençons à « ressentir » l'autre comme à nous ressentir nous-même. À partir de là, l'intimité physique, c'est-à-dire les gestes d'affection et d'attention, d'intérêt et de tendresse, commence à venir naturellement et est extrêmement nourrissante, ainsi que stimulante. Elle peut mener ou non à l'union sexuelle, mais cela est une possibilité. Combien sommes-nous à *nous attendre, en quelque sorte*, à simplement arriver par hasard à une union délicieusement symbiotique, magique, une union qui est extrêmement satisfaisante, profondément confiante et qui honore toutes les parties, sans jamais explorer nos désirs ni les communiquer plus expressément – de manière personnelle et vulnérable – à l'autre ?

L'intimité elle-même

Alors qu'il est facile de se concentrer sur le côté sexuel du duo intimité et sexualité, parce que, dans une grande mesure, nous pouvons « le voir », c'est-à-dire que nous pouvons identifier et désigner le « sexe », il est en fait plus difficile de désigner directement « l'intimité ». Qu'est-ce que l'intimité ? L'intimité est un état de proximité authentique, sans surveillance. L'intimité, dans sa forme la plus accomplie, nous permet de nous révéler personnellement et d'être vulnérables, sans honte. L'intimité est ce qui nous permet de nous connaître en profondeur, largement et pleinement, d'identifier les choses que nous aimons en nous et aussi les aspects avec lesquels nous avons du mal. « IN TO ME SEE »[2] est un jeu de mots couramment utilisé pour désigner l'intimité, et à juste titre. C'est la vision sincère *de notre* intériorité et c'est la vision sincère de l'intériorité *de l'autre.*

Lorsque nous acceptons ce que nous voyons, lorsque nous honorons ce que nous voyons, nous entrons en contact avec la *substance intime*, c'est-à-dire ce qui constitue la véritable nature de chacun. Nous nous rapprochons de la dimension authentique, réelle et profonde, qui désire tant être partagée et tenue pour sacrée. C'est la création d'un lien. C'est ainsi que se forme, à l'âge adulte, un attachement profondément satisfaisant, et c'est ainsi qu'une connaissance de soi profondément satisfaisante s'affine et se développe. L'intimité est la porte vers notre précieuse singularité et celle des autres. Elle nous permet de rencontrer et d'offrir ce qui est tendre et incertain, sensible et inattendu, singulier et particulier, magnifique et ardent, infime et vulnérable. L'intimité est le lieu que nous atteignons une fois que l'acceptation de soi et la compassion pour soi-même battent leur plein et que la honte et le jugement critique ont perdu leur emprise, qui isole. L'intimité nous amène à exposer qui nous sommes véritablement et ce à quoi nous tenons chacun profondément. Elle nous invite à partager ces sentiments plus profonds avec ceux que nous choisissons par amour. Il est beaucoup plus difficile de reconnaître *un manque* d'intimité, en particulier d'intimité émotionnelle, parce que confronter les besoins et désirs profonds qui peuvent survenir autour de son absence est très délicat, et que développer ces capacités est assez complexe.

2. Phonétiquement *intimacy* et littéralement « voir en moi » (NDLT).

Alors qu'un manque de relations sexuelles au sein d'un couple peut mener à la frustration ainsi qu'à l'inconfort physique ou à l'agitation, en particulier chez les hommes (j'espère que je ne vais pas m'attirer des ennuis en disant cela !), un manque d'intimité émotionnelle semble mener à des sentiments de solitude et d'isolement, au désir ardent d'une relation réelle qui nous ronge, pour les hommes comme pour les femmes. Ce dernier se manifeste malgré nous sous la forme d'un mal que nous ne pouvons pas nommer, qui peut inclure le besoin d'être ressenti et touché émotionnellement, entendu, écouté et soigné, ou le désir douloureux d'être reconnu, accepté et valorisé. Il peut aussi se manifester sous la forme d'un besoin douloureux d'être vu – profondément vu et connu – et désiré, d'être estimé digne de confiance et indispensable.

Il est difficile de mettre le doigt sur ce genre de douleur et nous pouvons avoir du mal à trouver les mots pour la décrire. Bien souvent, ces souffrances sont exprimées sous la forme d'une colère pour ce qui n'est pas, d'une projection et d'un blâme pour ce que l'autre ne donne pas, ou, tout au fond de notre cœur, d'une honte qui peut s'intensifier lorsque nous craignons que cette douleur puisse s'expliquer par le fait que, réellement, nous ne méritons pas mieux…

Nous aimerions définir l'intimité, sous ses nombreuses formes, c'est-à-dire l'intimité émotionnelle, l'intimité physique et ce qui peut mener à l'intimité sexuelle, comme suit :

Révélation intra- et interpersonnelle authentique, bienveillante et attentive, honnête et tendre, réceptive et sans surveillance, qui s'honore soi-même comme les autres, qui a de la compassion pour soi-même comme pour les autres, et qui est émotionnellement vulnérable.

Voilà qui semble bien beau, mais mettons cela de côté pour le moment. Ce dont nous parlons vraiment, c'est d'en *développer* la capacité. Bien qu'il ne soit pas facile d'acquérir une plus grande capacité d'intimité, c'est possible. Cela demande seulement un dévouement conscient, de l'engagement et de la pratique. Le chemin qui mène à l'intimité, en vérité, est assez simple – mais pas nécessairement facile. Il s'agit d'un travail *vulnérable*.

Nous en devenons capables lorsque nous avons fait notre propre travail de développement et que nous avons l'intention de nous développer et de partager personnellement avec authenticité et avec vulnérabilité. Entre le développement de la prise de conscience de soi et l'amélioration de l'intimité de soi, il s'agit d'arriver au point où nous démantelons nos défenses et sabotons nos schémas habituels – ceux qui nous ont menés maintes et maintes fois à la séparation et aux difficultés. Le cheminement vers l'intimité est à portée de main. C'est ce qui nous prépare le mieux à aborder nos relations avec un cœur réceptif, ouvert et sans défense, ce qui crée le terrain fertile dont nous avons besoin pour que notre intimité – émotionnelle, physique et sexuelle – s'épanouisse.

La sexualité

La sexualité peut avoir de nombreuses significations différentes selon les personnes. Pour certains, la sexualité est comprise comme la procréation, une activité ayant un objectif biologique très spécifique, tandis que pour d'autres elle est considérée comme un service échangé contre de l'argent, une opportunité ou une forme de pouvoir. Pour certains, c'est un acte extraordinairement intime qui engendre proximité et connexion, tandis que pour d'autres c'est quelque chose de trop honteux pour être apprécié pleinement ou apprécié tout court. Certains l'utilisent pour blesser et contrôler. Pour d'autres, ce n'est que plaisir et amusement.

En quoi l'avons-nous valorisée ou amoindrie ? Dans quelle mesure sommes-nous présents à l'expérience sensorielle de la sexualité elle-même ? Faisons-nous l'expérience d'une libération physique agréable ou frissonnons-nous secrètement de honte en nous contentant d'attendre que cela passe ? Exposons-nous ouvertement à notre partenaire nos désirs ou les gardons-nous cachés, en suivant le mouvement, pour ne pas faire de vagues, pour ne pas faire d'histoires, ni en attendre trop ? Nous concentrons-nous uniquement sur notre propre satisfaction et avons-nous du mal à être à l'écoute de l'autre ? Nous arrangeons-nous pour ne favoriser que l'expérience de notre partenaire ? Ou bien nous cachons-nous en nous-même, là où nous sommes à l'abri de tout rejet ?

Nous sommes inondés d'impressions sexuelles quotidiennement. Le désir sexuel est exploité et souvent la sexualité est représentée comme étant à peine plus que jouer au chat et à la souris. Les hommes sont poussés à croire qu'il s'agit d'une « performance », d'une conquête, tandis qu'on fait honte aux femmes, leur sexualité devenant ce qui détermine leur valeur ou leur réputation.

La sexualité est également habilement utilisée pour commercialiser certains produits, conformément aux recherches du tournant du siècle selon lesquelles « le sexe vend », des découvertes en grande partie recueillies par le si renommé psychanalyste Sigmund Freund et bien présentées dans un documentaire de la BBC de 2002 appelé « Le Siècle du Soi ».

Tandis que notre culture développe un grand intérêt pour les positions sexuelles, les jouets et les techniques, on parle beaucoup moins de « l'intimité » – le genre d'intimité qui va bien au-delà de la nudité et de l'acte sexuel ; celle qui nous touche émotionnellement, psychologiquement, spirituellement *ainsi que* physiquement.

Une intimité de ce genre ouvre notre cœur et développe notre sens du soi. Elle nous mène à certains moments à renoncer au contrôle et à nous abandonner. C'est le genre d'intimité qui nous expose à un autre et qui nous met au défi de nous montrer complètement et sans inhibition.

> Prenez un moment de réflexion : quand avez-vous ouvert votre cœur si grand que cela vous a fait peur ?

Notre sexualité a effectivement le potentiel de nous emmener vers des formes d'intimité profondes. Nous avons le potentiel pour vivre une expérience pleinement ressentie, « intra- et interpersonnelle », extrêmement complète – une expérience qui intègre les sens corporels, les sentiments des systèmes émotionnels, la prise de conscience de l'esprit, et la conscience de l'âme. Chose importante et peu mentionnée, c'est en réalité la façon dont nous appréhendons le sexe et notre sexualité, en premier lieu avec nous-même et en nous-même, qui cocrée l'expérience sexuelle que nous avons avec un autre.

C'est cette approche fondamentale que nous voulons partager et qui est si profondément importante, une approche digne d'être découverte et explorée. C'est le point de départ de ce qui rend possible l'intimité partagée. Il est également juste de dire que la manière dont nous appréhendons la sexualité en nous, à l'intérieur, a aussi, indirectement, un impact formidable sur l'expérience de notre partenaire.

Prenons un moment pour commencer notre exploration personnelle en envisageant avec bienveillance notre propre expérience interne de l'intimité physique et de la sexualité, en réfléchissant aux questions suivantes :

- Quelle est votre expérience sensorielle de l'intimité physique ?

- Qu'avez-vous à l'esprit pendant une relation sexuelle ?

- Sur quoi se porte votre attention ?

- Quelles pensées avez-vous ?

- Êtes-vous dans un état de plaisir extatique ? Ou vous tracassez-vous à propos de quelque chose, comme votre corps ou une partie de votre corps, ou votre performance ?

- Dans quelle mesure est-il difficile ou facile de rester simultanément présent à vous-même et à votre partenaire ?

- Êtes-vous capable de vous soumettre à votre propre plaisir ou êtes-vous trop concentré sur celui de votre partenaire ?

Comprendre notre expérience sexuelle *intra*personnelle est la clé pour améliorer nos expériences sexuelles *inter*personnelles. Ce qui vaut la peine d'être exploré, c'est la façon de :

1. Premièrement, cultiver notre propre présence sexuelle et notre harmonisation sexuelle personnelle.

2. Deuxièmement, cultiver l'intégration de notre sensorialité tandis qu'elle interagit avec notre propre expérience subjective – avec ce qui se passe dans notre moi cognitivo-émotionnel, spirituel, dans notre monde intérieur, dans notre « esprit ». Dans cet état, l'intimité que nous avons, que nous autorisons, que nous avons cultivée par la prise de conscience, la présence et la pratique ouvre les portes de la vulnérabilité, nous permettant d'être véritablement intimes avec l'autre.

Donc, pour atteindre cette compréhension de nous-même, commençons, avec curiosité, à explorer cela en nous. Et peut-être que la première chose à aborder est celle-ci :

> Qu'est-ce qui entrave invariablement ce genre de relation à nous-même ? Celle qui nous mène ensuite à une relation aux autres ?

Comme le dit le Dr J. D. Daniels, psychothérapeute :

« Nous sommes là-dedans tous ensemble, parce que nous avons tous et nous luttons tous avec des schémas divers. Ils nous inhibent et font obstacle à ce que nous voulons véritablement, en particulier en matière d'intimité. »

Notre profil Ennéagramme a-t-il une incidence sur notre intimité ?

Quelle est l'incidence de notre profil Ennéagramme sur l'intimité et sur notre expérience de la sexualité ? Réfléchir à cette question et partager mes découvertes a été un travail de plusieurs années. Ce que nous avons découvert par cette étude est que notre profil Ennéagramme contribue à des schémas qui se mettent en travers de notre chemin, des schémas qui portent atteinte à l'intimité et à la vie sexuelle des personnes. La manière dont ces schémas sont en corrélation avec nos structures de personnalité de l'Ennéagramme m'a alerté il y a des années, et c'est pourquoi je voulais depuis si longtemps écrire ce livre.

La structure de notre profil Ennéagramme, c'est-à-dire son centre d'attention, son habitude d'esprit et son système de croyance fondamentale (et la manière dont il invoque sa marque particulière de souffrance personnelle), à la fois améliore et interfère avec nos expériences sexuelles. Et après une étude plus approfondie et de nombreuses discussions à ce sujet, j'en suis venu à me dire : comment pourrait-il en être autrement ?

Dans le chapitre 14, auquel ce chapitre nous prépare, je partage une multitude d'histoires qui soulignent audacieusement à la fois les améliorations et les amoindrissements que nous avons tendance à apporter à nos expériences sexuelles en fonction de notre profil. Ces schémas reconnaissables selon les profils ont une portée considérable, car leurs répercussions sur nos relations vont jusqu'à nos chambres à coucher. La manière dont soit ils améliorent notre intimité et nos expériences sexuelles, soit ils se mettent en travers de notre chemin est un aspect de l'Ennéagramme que j'espérais depuis longtemps pouvoir dévoiler au grand jour.

Revenons à notre sujet. L'intimité et la sexualité, bien que différentes, sont liées. Elles peuvent exister indépendamment l'une de l'autre comme elles peuvent être mêlées. Lorsque nous les unissons consciemment, de façon proactive, et lorsqu'elles sont intégrées l'une à l'autre, cela peut mener à des niveaux extraordinaires non seulement de plaisir et d'excitation, mais aussi de bien-être émotionnel, de connexion profonde et d'épanouissement.

- Tout bien considéré, qu'est-ce que l'intimité et la sexualité signifient pour vous ? Comment sont-elles reliées et comment diffèrent-elles, d'après vous ?

- Qu'est-ce qui, chez vous, entrave l'intimité physique, selon votre expérience ?

- Qu'est-ce qui, chez vous, entrave l'intimité émotionnelle, selon votre expérience ?

Cultiver l'intimité de soi

Le point que nous voulons souligner est que l'intimité que nous avons, que nous autorisons, que nous cultivons par la prise de conscience, la présence et la pratique avec nous-même en premier lieu est ce qui ouvre les portes de la vulnérabilité de soi. Ce qui nous permet ensuite d'être véritablement vulnérables, véritablement intimes – physiquement et au-delà – avec un autre. **L'intimité de soi est ce qui nous ouvre à l'intimité de l'autre.** L'attention intense et l'intérêt profond que nous nous sommes portés à nous-même (intimité de soi) catalysent alors l'attention profonde et l'intérêt intense que nous porterons à l'autre.

Et voici l'argument irréfutable : pour la plupart d'entre nous, avant de travailler à développer la présence, avant d'arriver à un certain niveau de révélation de soi intrapersonnelle et d'honnêteté, avant de cesser de manipuler nos sentiments non désirés ou de les éliminer, avant de cesser de cacher les parties de nous que nous ressentons comme indignes d'être aimées, *nous ne savons pas nécessairement* que nous ne sommes pas intimes avec nous-même.

En fin de compte, nous ne connaissons que l'expérience de soi que nous connaissons. Il est difficile d'entreprendre de développer en nous quelque chose dont nous n'avons même pas conscience de manquer. Donc, pour cultiver cela, commençons par le commencement. Ne supposons rien. Engageons-nous à devenir présents et à avoir conscience. Soyons prêts à être à l'écoute et à nous poser des questions. Soyons prêts à vouloir tout cela pour nous-même, et aussi à être courageux. Cela sera peut-être inconfortable à certains moments – la vulnérabilité n'est pas une promenade de santé. Ce qui n'est pas familier peut être intimidant. Mais, par-dessus tout, sachons que tout ira bien pour nous si nous sommes en quête de vulnérabilité personnelle et d'intimité de soi. Donnons-nous, *bien que ce soit inconfortable par moments*, la chance de grandir.

Cultiver une intimité partagée

Nous pouvons ajouter à notre définition de l'intimité le fait de cultiver une présence pleinement réceptive l'un à l'autre, caractérisée par l'expression de notre nature la plus profonde, en toute sécurité et sans honte. Cela ouvre la porte au développement de toutes sortes d'intimités. Cette base devient un *état d'être* mutuel, un état qui se développe au fil du temps et qui résulte de la présence, de l'engagement et de la confiance.

L'amour et la création de liens encouragent un développement sain, comme nous l'avons expliqué précédemment. L'amour et la création de liens dans notre développement précoce favorisent l'intimité de soi, qui est le fondement qui favorise plus tard l'intimité avec les autres. Si nous n'avons pas fait ces expériences dans notre enfance, il est possible que nous ayons plus d'un problème pour développer sainement et pleinement notre capacité à l'intimité à l'âge adulte. Pour certains d'entre nous, il peut être nécessaire d'intégrer à notre processus, dès le début, le fait de nous « reparentaliser », pour dépasser ce qui nous a manqué dans l'enfance afin de poursuivre une intimité saine avec soi et les autres. Cette quête vaut certainement un effort et un engagement supplémentaires.

Amour et intimité

L'amour est quelque chose qui vient de notre être. C'est un signe d'intégration personnelle et il se manifeste sous la forme de prévenance (mentale), de bonté (émotionnelle) et de douceur (physique). Les trois centres de l'intelligence humaine sont impliqués dans la pleine expression de l'amour et il est exprimé parfaitement lorsque nous avons atteint une présence dénuée de jugement et que nous sommes dans un état de libre arbitre.

L'amour étant présent, nous pouvons nous concentrer à la fois sur l'expérience de l'intimité émotionnelle et sur celle de l'intimité physique, en conjonction avec l'expression de notre sexualité. Notre capacité à l'intimité et notre expression sexuelle peuvent soit favoriser, soit amoindrir notre expérience de l'amour. C'est une chose qu'il est, j'en suis venu à le croire, très important d'explorer, car la nature même de notre potentiel d'intimité et l'expression de notre sexualité représentent un aspect vital de la plupart des relations de couple et le lieu d'une satisfaction profonde ou d'une déception immense.

Les fondements du sexe et de la sexualité

Dans le dictionnaire, le sexe est tout simplement défini comme la somme des caractéristiques structurelles, fonctionnelles et comportementales des êtres vivants et des organismes qui servent la reproduction. Si vous voulez mon avis, c'est une description assez pragmatique et quelque peu ennuyeuse. La sexualité est l'état d'être sexué, ce qui va de l'attrait sexuel aux nombreuses variétés de l'expression sexuelle.

Il existe, chez tous les êtres humains, trois niveaux fondamentaux de sexualité. Le premier est simplement le désir de satisfaction sexuelle exprimé par les mots « désir » et « sensualité », c'est-à-dire la satisfaction et le plaisir des sens. Ce niveau, bien sûr, peut être assez agréable tant qu'il est consenti et ne fait violence à personne. Une grande partie de ce niveau réside dans le tronc cérébral ou cerveau reptilien, dans l'hypothalamus, et inclut les influences hormonales et les connexions aux organes sexuels, au système limbique et même au cortex cérébral.

Le second niveau, la sexualité, est l'expression de l'attraction, de l'attention et de la création de liens. Il repose essentiellement sur l'amour et est associé en particulier au système limbique, mais il concerne également le cortex cérébral. Le mot « sensuel » signifie que les sens sont touchés de manière agréable, attrayante et séduisante. Autant d'aspects qui produisent des sentiments qui favorisent le plaisir physique et sexuel. C'est lié à l'entrelacement du désir sexuel et de l'attachement, l'un des états émotionnels partagés par tous les mammifères. La combinaison du désir sexuel et de l'attachement constitue un impératif biologique, c'est-à-dire une nécessité pour notre vie et notre bien-être. Cela explique même la préoccupation pour l'autre souvent associée au fait de « tomber amoureux ».

Et le troisième niveau, et peut-être le plus profond, du sexe et de la sexualité est celui de l'union des âmes, à laquelle on parvient le plus souvent avec l'engagement et qui implique en particulier le cortex cérébral associé au système limbique et la totalité de notre existence et de notre force vitale. Il peut en résulter une expérience spirituelle merveilleuse. Selon la définition du neuroscientifique Jaak Panksepp, ***« dans sa forme la plus accomplie la relation sexuelle est l'interpénétration agréable de deux âmes »***, ce qui engendre naturellement une expérience spirituelle. Non seulement cette expérience sexuelle satisfait l'impératif biologique, mais elle fonde aussi une intimité émotionnelle et spirituelle, et une connexion intime, qui a une incidence sur la vie.

Une expérience sensuelle / sexuelle complète inclut les trois zones du cerveau (le cerveau postérieur ou cerveau reptilien, le cerveau limbique et le cerveau antérieur ou cortex cérébral) et les trois centres de l'intelligence humaine (mentale, émotionnelle et instinctive / physique). Une prise de conscience ancrée, réceptive et une absence de jugement critique, intégrées à une écoute et à une résonance, créent empathie et compassion. Cela nous permet de relâcher l'emprise de nos habitudes bien souvent gênantes et limitatives, ce qui nous permet ensuite de nous connecter véritablement et de profiter intimement l'un de l'autre.

On voit ici encore l'importance d'utiliser le Procédé de Croissance Universel (UGP) et ses cinq étapes pour notre propre développement : les 5 A de la prise de conscience (Awareness), de l'Acceptation, de l'Appréciation, de l'Action et de l'Adhésion. Notre centre d'attention habituel, notre habitude d'esprit, notre conditionnement blessant, notre réactivité déclenchée, notre manque d'intégration intrapersonnelle, notre honte et notre non-acceptation de soi, toutes ces parties de soi ne se congédient pas elles-mêmes lorsque nous voulons être dans l'intimité, lorsque nous essayons d'aimer un autre ou lorsque nous essayons de créer un lien et de nous connecter.

Ce n'est qu'avec une détermination et une pratique concertées que nous développons notre capacité à transcender les parties limitatives de soi qui amoindrissent notre expérience de l'amour et de l'intimité, et que nous permettons la prise de conscience de soi et des autres, la présence, l'amour de soi inconditionnel et l'intimité de soi. C'est ce qui rend possible, sans parler de l'améliorer, notre capacité à l'intimité, à l'expression sexuelle et à l'amour sans retenue avec un autre.

Sexualité et expérience spirituelle

Nous avons tendance, pour beaucoup, à douter de l'aspect spirituel de la sexualité, l'écartant souvent à cause de nos préjugés : « *Comment quelque chose de physique, comme la sexualité, pourrait-il être une expérience spirituelle ?* » Cela doit faire sourire ceux qui en ont fait l'expérience dans leur vie amoureuse et qui n'en doutent plus.

Pour ceux qui ne l'ont pas connue – pas encore –, pour ceux qui doutent que la sexualité puisse être tout cela et plus encore, pour ceux qui ont eu des difficultés avec la sexualité au cours de leur vie pour d'innombrables raisons – des raisons dont il peut même être difficile de parler et qui nécessitent une guérison en profondeur –, cette possibilité *existe*. Lorsque la sensualité est intégrée à la sexualité, une union sublime et joyeuse – une connexion spirituelle – a effectivement lieu lorsqu'elle est accompagnée de la pleine présence dans l'instant. À ce stade, nous ferons une expérience tout à fait libre des contraintes habituelles – le chaos ou la rigidité – d'une structure de personnalité qui n'est pas consciemment développée et de la façon dont cela nous prive de l'expérience complète de la vie elle-même.

Pour l'union spirituelle, la présence d'une réceptivité élevée et d'une expressivité dépourvue d'inhibition est exigée. L'expérience est authentiquement bienveillante et imprégnée de nos qualités essentielles. L'âme et la sexualité se rejoignent lorsque la sexualité communique l'énergie – la vibration de l'amour, qui catalyse en elle-même un ressenti intensément émotionnel, profondément connecté, de l'énergie vivifiante de soi et de celle d'un autre. Cette connexion s'élève alors jusqu'à être une connexion spirituelle, une connexion imprégnée de sensualité, d'un ressenti physique extrêmement sexuel, et, inévitablement, d'une sorte d'abandon qui culmine en une unité, où l'on ne fait plus « qu'un avec » l'autre, jusqu'au point de ressentir profondément une union indéniable et une indissociabilité.

Notre nature la plus profonde, notre âme véritable, est pleine d'amour, EST L'AMOUR, et rayonne intrinsèquement, sans entraves et librement. Elle comprend à la fois les énergies spirituelles féminines ET les énergies spirituelles masculines, qui, à leur tour, créent deux polarités distinctes tandis qu'elles interagissent, ce qui les éveille mutuellement. Ces polarités forment une énergie assez semblable à la formation de l'énergie qui génère de l'électricité (masses positive et négative), celle qui forme une étincelle en elle-même.

L'énergie féminine grandit spirituellement en s'autorisant à aimer ouvertement et de manière expansive dans un état de complète réceptivité, bien au-delà du fait de simplement le désirer ou d'espérer l'atteindre. L'énergie masculine grandit spirituellement en apprenant à se concentrer généreusement et avec douceur, sans objectif spécifique excepté l'union avec le cœur, le corps et l'âme du partenaire. Une fois développée, elle a dépassé le stade d'une énergie sûre d'elle-même, qui peut s'enfermer dans la performance et, dans le pire des cas, ne pas être à l'écoute, être négligente ou nourrir une domination insensible.

La sexualité ressentie au niveau spirituel

La sexualité ressentie au niveau spirituel exige d'être prêt à s'abandonner – d'être prêt à abandonner le contrôle de son corps et de ses performances. C'est le courage d'abandonner nos défenses et de nous exposer plus naturellement, permettant à l'autre de voir au-delà des remparts du soi qui, en apparence, nous protègent et nous gardent en sécurité.

La sexualité ressentie au niveau spirituel permet à l'autre, avec réceptivité, de nous recevoir, nous et nos qualités essentielles, et à nous de le recevoir, lui et les siennes. Cela inclut l'expression à la fois de l'énergie masculine et de l'énergie féminine et leur interaction. La sexualité ressentie au niveau spirituel est le lieu où l'unité et un sentiment d'union désintéressée adviennent. Ajoutez à cela une dimension de dévouement – un engagement sanctifié envers soi-même et son partenaire, qui soutient une relation mutuellement chérie (indépendamment de circonstances contractuelles) – et cela peut donner lieu à une façon précieuse d'honorer. Il s'agit de l'expérience d'une spiritualité partagée. Il s'agit de quelque chose de sacré, respectueux et confiant, qui crée un espace de retenue palpable pour que tous les niveaux d'intimité et d'expérience sexuelle, tendrement et naturellement, se déploient et atteignent leur plein potentiel.

En résumé

Parler de l'intimité et de la sexualité est loin d'être une mince affaire, mais c'est une tâche nécessaire alors que nous nous attaquons à l'application de l'Ennéagramme pour améliorer les relations, en particulier les relations amoureuses. Nous consacrer au développement de notre propre capacité à l'intimité est le point de départ, car cette capacité est la porte qui ouvre à tous les niveaux d'intimité avec l'autre, qu'elle soit émotionnelle, sexuelle et / ou spirituelle.

« Autoriser » l'intimité n'est pas forcément facile. Avec l'intimité vient la vulnérabilité, et avec la vulnérabilité vient le risque, réel et perçu. Nous avons commencé à nous protéger des vulnérabilités liées au partage authentique – avec nous-même ou avec les autres – bien avant de choisir consciemment nos « façons d'être ». La capacité à l'intimité a commencé très tôt, lorsque nous étions encouragés soit à nous exprimer librement, soit à apprendre, en nous adaptant, à nous renfermer pour rester en sécurité.

Avec l'intimité vient la chance d'aimer, d'aimer pleinement, et d'être aimé, pleinement aimé. Nous cacher de nous-même ne nous amène qu'à nous cacher des autres. Le travail de communication sincère commence par la connaissance et la révélation de soi. La vulnérabilité exprimée demande un effort concerté – le désir fondamental de plus, de plus de soi, et d'expériences plus riches, plus significatives. Cela demande un dévouement engagé pour nous libérer des innombrables fardeaux, du manque conditionné d'authenticité et des limitations qui nous éloignent de nous-même et qui, inévitablement, nous tiennent à distance des autres.

Puissions-nous nous offrir le dévouement nécessaire pour explorer l'intimité, et à un degré que, peut-être, nous ne nous sommes jamais autorisé auparavant, ou auquel, peut-être, nous n'avons jamais pensé pouvoir parvenir. C'est une exploration qui se trouve au-delà des murs de notre zone de confort, de nos filets de sécurité et de nos nombreux mécanismes de protection de soi – ceux qui ne font que perpétuer l'expérience de la séparation, de la solitude ou de la douloureuse absence d'accomplissement.

Il y a plus pour nous et nous *pouvons le sentir.*

C'est une exploration qui nous ramène à l'innocence et à l'*acceptation de soi* de notre vraie nature. Il nous faut simplement le faire, être prêts à faire *le travail*, parce que cela en vaut si profondément la peine. Chaque étape dans la progression en vaut la peine.

Le travail nous ramène au soi sans défense, animé, plus aisément vulnérable et disponible, un soi que, nous le découvrirons, nous sommes plus enclins à partager – librement et sans inhibition. *Le travail* est ce qui *nous ramène* à notre authenticité, à notre tendresse et à notre douceur, à notre côté indompté et à notre ardeur, à nos espoirs et à nos aspirations. *Le travail* favorise notre accomplissement et suscite notre amour.

Entreprendre ce travail nous prépare à des intimités plus profondes (avec soi et avec les autres) qui changent inévitablement notre vie et ébranlent notre monde.

« La communication
à cœur ouvert
éveille nos émotions
et nous amène
à partager et à recevoir
la vulnérabilité. »

Dr David Daniels

Chapitre 12

Obstacles et malentendus : qu'est-ce qui affecte notre intimité ?

Il existe de nombreux malentendus, beaucoup d'imprécisions et de nombreux enseignements préjudiciables à propos de notre sexualité et de son rôle dans l'intimité. La sexualité peut jouer un rôle magnifique et puissant dans nos relations amoureuses importantes, si c'est ce que nous désirons et permettons. Les humains, comme tous les mammifères, sont sexués. Et le sexe, en particulier pour les êtres humains, va bien au-delà de la procréation. Notre sexualité est un processus naturel motivé par de multiples instincts. C'est un impératif biologique qui est programmé dans notre être. Dans son état le plus pur, il nous séduit, nous fait nous sentir désirés, acceptés, aimés et c'est incroyablement agréable. Il favorise également de nombreux bienfaits physiologiques, et il nous relie intimement l'un à l'autre. Notre sexualité a aussi le potentiel de nous relier plus profondément à nous-même – à notre corps et à notre âme – et c'est un aspect très puissant de notre force vitale.

Nous efforcer d'améliorer notre sexualité et notre vie sexuelle est un effort louable. Alors, par où commençons-nous ? Beaucoup commencent ce voyage en se focalisant sur de nouveaux sex-toys, de nouvelles positions, ou des positions différentes, ou même plus de partenaires. Mais j'ai une autre suggestion.

Nous aimerions casser ce qui interfère avec notre sexualité, notre vie sexuelle et notre potentiel d'intimité. C'est par là, à mon avis, qu'il faut commencer. Prendre le temps d'examiner comment certains des mythes et obstacles les plus courants et des croyances les plus profondément enfouies – à propos du sexe en lui-même et de notre propre sexualité – nous ont touchés peut faire des miracles pour nous. Nous ne pouvons pas travailler sur ce qui gêne notre expérience de la sexualité et de l'intimité, par exemple, si nous ne sommes pas capables de reconnaître que nous sommes en difficulté ou si nous ne savons pas ce qui nous barre la route. Si nous n'avons pas exploité ce que nous pensons vraiment ou ce que nous ressentons vraiment dans des situations sexuelles et / ou intimes, il est facile de simplement normaliser ce qu'on nous a appris à ressentir et à penser à propos du sexe et de la sexualité, sans y ajouter beaucoup de réflexion, d'investigation ou le remettre en question.

Mais nous avons le choix. Nous pouvons prendre en main – pour notre propre bien-être et notre propre satisfaction – notre sexualité et la conscience que nous en avons. De façon peu surprenante, ce qui nous met en échec sur le plan sexuel et / ou ce qui perturbe notre capacité à l'intimité sexuelle nous est commun à tous. Et, de façon tout aussi peu surprenante, nous faisons également face individuellement à des problèmes qui nous sont spécifiques, des problèmes que nous sommes seuls à affronter.

Prendre conscience de nos propres obstacles nous donne l'opportunité de réduire, voire de supprimer ces obstacles, avec compassion. Une fois ces obstacles surmontés, l'aptitude et la capacité à se renforcer et à se développer sexuellement s'élargissent considérablement. Alors, soyons curieux. Prenons le temps de rechercher, de saisir et d'examiner nos visions subjectives, puis ouvrons-nous et parlons de notre soi sexuel avec notre partenaire bien-aimé. Cela développe le genre d'intimité qui nous permet d'aller vers plus de réceptivité et de compréhension, de compassion et de vulnérabilité, de volonté et d'exploration, et qui peut aussi nous amener à une libération et à une absence d'inhibition partagées.

Avant de continuer, prenons le temps de faire une petite enquête personnelle. Vous savez, le genre d'enquête qui développe l'intimité de soi – l'un des objectifs clés de ce livre :

- Large question, mais avez-vous remarqué quoi que ce soit qui entrave votre expérience sexuelle ?

- Qu'est-ce qui vous tracasse lorsque vous êtes dans une intimité sexuelle avec votre partenaire ?

- Quel est le sujet qui fâche entre votre partenaire et vous ?

- Qu'est-ce qui fonctionne bien dans votre vie sexuelle ? Et qu'est-ce qui ne fonctionne pas ?

- Qu'est-ce qui facilite la proximité et la connexion pour vous ?

- Qu'est-ce qui vous inhibe dans l'intimité avec votre partenaire, si tant est qu'il y ait quoi que ce soit ?

Naviguer parmi les écueils rencontrés dans la vie sexuelle

Bien qu'il existe d'innombrables et uniques manières pour chacun d'entre nous de nous débattre avec l'expression sexuelle, l'intimité sexuelle et le désir sexuel, il existe des thèmes communs à propos de ce qui nous barre la route et de la façon dont nous en sommes affectés. Nous aimerions les catégoriser comme suit, afin de nous aider à les aborder :

- Problèmes / répercussions reposant sur les structures de notre personnalité – notre centre d'intelligence, notre instinct dominant et notre profil Ennéagramme, y compris notre niveau de bien-être et de présence ;
- Problèmes / répercussions liés à notre culture, y compris les croyances sociétales, religieuses, familiales et historiques ;
- Problèmes / répercussions liés à notre biologie, à notre éducation et à notre psyché.

Problèmes reposant sur nos structures de personnalité

L'incidence de notre profil Ennéagramme sur notre expression sexuelle

Notre structure de personnalité de l'Ennéagramme – c'est-à-dire notre habitude d'esprit, notre centre d'attention et notre schéma cognitivo-émotionnel, en particulier les croyances fondamentales de notre profil à propos de lui-même et de sa place dans le monde – a des répercussions importantes sur notre expression sexuelle. Notre personnalité, telle qu'elle s'est développée, est un labyrinthe de complexités qui gère nos inquiétudes les plus profondes à propos de nous-même et de notre vie. Elle est dirigée par ce que nous croyons *avoir besoin de faire pour être aimés* (croyance fondamentale), et c'est là que nous cachons les façons dont nous souffrons de la déconnexion avec notre véritable moi. Elle détermine aussi le fonctionnement de notre critique intérieur, notre niveau d'attitude défensive et notre aptitude ou inaptitude à contenir et à réguler notre réactivité émotionnelle.

Avec quelle flexibilité répondons-nous, ou pas, à notre vie ? Notre personnalité telle qu'elle s'est développée (structure de personnalité) inclut également le degré de présence et de vulnérabilité que nous pouvons tolérer. Chacune de ces composantes de notre structure de personnalité influence et affecte notre capacité à nous exprimer, sans parler de nous exprimer sexuellement et intimement.

Il est aussi important de prendre en compte nos visions et nos expériences de notre libido, de notre excitation et de notre sensualité, de notre ouverture et de notre tendresse, et de notre capacité à mener autant qu'à nous laisser mener. Ces attributs fondamentaux de notre sexualité aboutissent à ce que j'en suis venu à appeler « les améliorations et amoindrissements sexuels de l'Ennéagramme ».

En utilisant l'Ennéagramme comme une cartographie, nous pouvons nous servir de notre compréhension de la structure de personnalité et du niveau de bien-être pour mieux comprendre notre sexualité et son expression, ainsi que celle des autres. Les différentes façons dont chaque structure de personnalité traite le respect, la confiance, la honte, l'ouverture, l'excès de générosité ou d'égoïsme, l'anxiété et tous ses degrés jusqu'à la peur, l'insécurité et le manque d'estime de soi, le pouvoir, la domination et le contrôle (PDC), la soumission et l'abandon, la présence et la vulnérabilité, *ou pas*, sont des composantes essentielles de la manière dont nous entrerons en relation sexuellement et intimement. Ce sont certains des aspects de notre personnalité et de nos inclinations personnelles telles qu'elles se sont développées qui ont des répercussions sur notre sexualité et son expression et qui sont la clé de notre processus de connaissance de soi.

Au-delà des répercussions de la structure de notre profil sur notre expression sexuelle, nous avons ici une autre grande préoccupation, comme nous l'avons mentionné plus haut. Il s'agit de notre niveau de bien-être – « l'état » de bien-être de notre personnalité / de notre structure de caractère. Les neuf profils Ennéagramme ont tous le potentiel d'être présents, adaptables, flexibles sur le plan de la réactivité, prévenants, bons et doux, aimants et attentionnés, sans défense et éclairés. Ce qui signifie que, lorsque nous sommes « sains », dans un état supérieur de bien-être, nous avons une immense capacité à aimer et à explorer des états intenses de conscience et d'intimité sexuelle aussi, si c'est ce que nous désirons. Cela dit, n'importe laquelle des neuf structures de personnalité de l'Ennéagramme dotée d'un niveau inférieur de bien-être peut souffrir, de modérément à intensément, sur le plan de l'intimité et de l'expression sexuelle.

Revenons à la question fondamentale : qu'est-ce qui nous fait tomber du côté inférieur du spectre du bien-être ? Selon les recherches des études ACE, un manque de bien-être émotionnel et une négligence ou des traumatismes et des maltraitances dans l'enfance font partie des éléments qui nous y amènent. Les traumatismes – toutes sortes de traumatismes et de maltraitances non résolus, émotionnels et / ou physiques, ainsi que les traumatismes sexuels – qui surviennent jusqu'à l'âge de 30 ans (jusqu'à cet âge, le développement de notre personnalité est encore malléable et impressionnable) sont des coupables bien connus.

Ajoutez à cela l'expérience de l'abandon, ou un parent voire les deux aux prises avec des troubles addictifs, comportementaux ou de l'humeur, ou nos propres troubles addictifs, et le combat devient d'autant plus difficile pour garder notre aptitude à former et à maintenir une stabilité cognitivo-émotionnelle cohérente et une résilience. Tous les types de stress qu'ont connus nos parents / familles lorsque nous grandissions et les facteurs de stress qui ont touché la vie de nos parents et leur bien-être lorsqu'ils étaient jeunes ont des répercussions sur leur aptitude à entrer en relation avec nous. Tout ceci contribue aux nombreuses causes possibles de stress au cours du développement, qui peuvent expliquer qu'un enfant entre dans l'âge adulte en souffrant d'un niveau de bien-être inférieur. N'importe laquelle de ces circonstances (et bien d'autres non listées) peut certainement nous faire chuter sur l'échelle du bien-être.

Compatibilité

Cela nous ramène donc à nouveau à la question de la « compatibilité ». Le niveau de bien-être est réellement un point important pour qu'un couple s'entende bien et construise une relation durable, aimante et sur le long terme. C'est en fait un point plus important que la question de savoir quels profils Ennéagramme s'entendent le mieux. En tant que formateurs Ennéagramme, on nous a bien souvent demandé : « *En fonction de mon profil, avec quel profil devrais-je sortir ?* » ; « *Avec quel profil Ennéagramme suis-je le plus compatible ?* ». Ma réponse est toujours : « *Avec quelqu'un de sain sur le plan du développement !* »

On peut donc dire que plus le niveau de bien-être est élevé, plus grande est la chance de compatibilité. Souvenez-vous-en, car c'est essentiel ! Oui, le bien-être est quelque chose qui nous a été offert de bien des manières par des parents conscients et à l'écoute, ceux avec lesquels nous avons eu un attachement sécurisant et avec lesquels nous avons pu nous développer et nous accomplir. Mais si, par malchance, nous n'avons pas bénéficié de ce genre de départ dans la vie, nous pouvons, en tant qu'adultes, développer le bien-être en nous-même, pas à pas. Le processus de « reparentalité » nécessaire pour élever notre niveau de bien-être va résulter de notre pratique de pleine conscience et de notre engagement à guérir. (Reportez-vous au chapitre 2.)

La compatibilité et les trois conduites instinctives

L'autre élément qui peut avoir un impact significatif sur une compatibilité durable est la façon dont nous sommes, ou non, synchronisés dans notre expression des trois conduites instinctives. (Reportez-vous au chapitre 7.) Pour aller un peu plus loin sur ce point, disons que même quand les deux individus d'un couple fonctionnent à un niveau élevé de bien-être, il peut quand même y avoir des malentendus lorsqu'ils présentent des disparités au niveau de leurs conduites instinctives. Lorsque la conduite instinctive qui mobilise une GRANDE partie de notre comportement se manifeste, cela affecte notre partenaire. Et comme ces conduites instinctives ont aussi tendance à influencer notre langage amoureux, il peut y avoir un malentendu, qui peut provoquer divers degrés de conflit, jusqu'à une souffrance profonde et durable, même au sein d'un couple qui, en dehors de cela, fonctionne très bien.

Voici une histoire qui illustre ce point. Des fiancés, en ascension sociale, étaient venus chercher de l'aide, car ils commençaient à se débattre avec des souffrances qu'ils n'arrivaient pas à surmonter. Ils voulaient résoudre ces problèmes avant de s'engager dans le mariage. Le couple s'était offert un week-end d'évasion à Sonoma. Ce que la femme – appelons-la Gina – avait à l'esprit, c'était un week-end romantique. Lorsqu'ils se réveillèrent le premier matin dans leur grand lit moelleux, au Bed & Breakfast, Gina murmura à l'oreille de son fiancé – appelons-le William : « *Bonjour mon chéri, petit déjeuner ou sexe ?* »

Ils ne le savaient pas à cette époque, mais William fonctionne avec l'instinct de conservation (il est probable qu'il fasse un soutien de famille formidable) et Gina fonctionne avec l'instinct sexuel. Nous avons deux personnes avec des énergies mobilisatrices et, disons, des priorités différentes. Lorsque William choisit le petit déjeuner, le cœur de Gina se serra. Et il lui fallut une bonne partie de cette magnifique journée, qu'ils passèrent en excursion, pour s'en remettre. Gina se sentait complètement rejetée, indésirable et perturbée. William, avec dédain, ne comprenait pas pourquoi elle faisait tant d'histoires : c'était le matin, il avait faim comme d'habitude, et ils pouvaient trouver un autre moment pour les galipettes.

Si on ne comprend pas la façon cruciale dont ces instincts peuvent diriger nos motivations et sont au cœur de ce qui nous fait vivre – être actifs dans le monde et produire –, les malentendus peuvent être catastrophiques. Cela ne signifie pas que nous devons avoir le même instinct dominant pour nous en sortir. Mais pour les couples dont les conduites instinctives sont en conflit – c'est-à-dire qu'elles ne sont pas synchronisées –, la communication est d'une importance capitale. Dans le cas de William et de Gina, s'ils avaient eu cette compréhension des instincts, ils auraient pu rire de cet incident, en parler, et s'amuser de leurs différences. Ils auraient pu résoudre le problème plus gaiement et éviter cette blessure persistante.

Mais sans l'acquisition de cette compréhension mutuelle, leur réaction cognitivo-émotionnelle à cet incident – et à d'autres du même genre – sera fort probablement perçue avec confusion, avec des sentiments de rejet et / ou une attitude défensive. Et dans le cas que nous avons partagé, c'est ce qui s'est passé.

- Est-ce que votre instinct dominant ou celui de votre partenaire a déjà provoqué un malentendu, une dispute ou de la souffrance ?

- Comment croyez-vous que votre personnalité affecte / a affecté négativement votre intimité sexuelle et votre expression sexuelle ?

- Comment croyez-vous que votre personnalité affecte / a affecté positivement votre intimité sexuelle et votre expression sexuelle ?

- Comment croyez-vous que votre personnalité vous empêche d'oser l'intimité avec votre partenaire ?

- Qu'avez-vous remarqué sur votre niveau de bien-être et comment affecte-t-il votre relation ? Comment pourrait-il affecter votre expression sexuelle ?

- Avez-vous vécu des traumatismes ou de la négligence dans votre enfance ? Comment pensez-vous que cela affecte votre relation aujourd'hui ? Comment cela peut-il affecter votre expression sexuelle ou votre expression de la sexualité ?

Préoccupations mentales

Nous abordons ici un point important. À quoi pensons-nous au moment exact où nous sommes dans une relation sexuelle intime avec notre partenaire ? Combien de temps pouvons-nous vraiment rester présents l'un à l'autre, avant de nous enfuir de cette expérience sensorielle, notre esprit étant parti ailleurs ?

Bien souvent, lorsque nous faisons le travail d'investigation de soi et de développement de la prise de conscience, nous découvrons que notre esprit a fui vers des préoccupations mentales liées à notre profil. Ces préoccupations sont fortes, elles sont notre « habitude d'esprit » et fonctionneront en mode automatique si nous n'en devenons pas conscients et que nous ne prenons pas conscience de nous-même. Penser à la vaisselle qui n'est pas faite ou à notre patron et au commentaire sévère qu'il nous a fait la veille nous éloigne de notre corps plein de sensations, de sentiments et d'émotions, et nous ramène dans notre tête très occupée, ce qui est un amoindrissement instantané.

Chez la plupart d'entre nous, ni la vaisselle ni la pensée préoccupante d'un patron contrarié et inquiétant ne vont susciter une excitation sexuelle, encore moins maintenir cette connexion active et synchronisée avec celle de notre partenaire. Nous avons aussi besoin de comprendre que quand nous succombons à d'innombrables préoccupations mentales, cela peut être ressenti par notre partenaire, ce qui n'est pas seulement amoindrissant pour l'un de nous, mais pour les deux. Un stress incessant, des soucis concernant l'organisation de la vie quotidienne, ou même rêver d'être ailleurs qu'avec notre bien-aimé peut définitivement amoindrir notre expérience sexuelle et relationnelle, en particulier notre expérience sensuelle. Malheureusement, il est vrai que notre expression sexuelle joyeuse et aimante peut disparaître en une nanoseconde si nous ne sommes pas consciemment à l'écoute de ce qui se passe, de l'endroit où nous avons placé notre attention, et ensuite capables, consciemment et avec prévenance – volontairement –, de revenir, si nous découvrons que nous nous sommes écartés du moment présent.

- Sur quoi avez-vous tendance à vous concentrer pendant une relation sexuelle ?

- À quel rythme vos pensées vous tirent-elles hors de votre expérience sexuelle ?

- Avez-vous essayé de laisser votre mental de côté pendant l'expérience sexuelle ? Comment vous y prenez-vous ?

- Quelles sont vos pensées ou vos préoccupations pendant l'expérience sexuelle ?

- Qu'est-ce qui vous distrait de votre partenaire et de son expérience ?

- Qu'est-ce que vous pourriez faire pour sortir du mental et revenir à votre corps, dans la sensualité et le ressenti corporel de l'expérience sexuelle ?

Ouverture sexuelle et croissance – une volonté de partager et d'explorer

Réfléchissez à cela : quelles sont les choses dont vous êtes le(la) plus fier(e) dans votre vie, jusqu'à présent ? Quelle que soit votre réponse, c'est probablement une chose pour laquelle vous avez dû travailler dur, une chose dans laquelle vous avez fort probablement investi beaucoup de temps. Alors pourquoi pensez-vous que pour avoir une vie amoureuse réussie, cela devrait être différent ? C'est aussi quelque chose qui nécessite d'être cultivé, qui nécessite du temps et une attention dévouée.

Comme tout ce qui est de grande valeur dans notre vie, une bonne relation requiert une importante contribution, de l'attention et que nous nous concentrions dessus intentionnellement. Une grande partie de l'amélioration de notre réciprocité relationnelle, de notre vulnérabilité et de nos expériences sexuelles intimes passe par l'exploration, avec une curiosité dépourvue de jugement, de l excitation et du désir de l'autre.

Cela suppose une volonté de partager nos besoins et nos fantasmes personnels. Cela nous permet d'être présents à l'autre de manière plus attentionnée, ainsi que d'essayer des jeux sexuels nouveaux ou auxquels nous n'avions jamais pensé, l'un avec l'autre et l'un pour l'autre. Bien sûr, nous devons ajouter une mise en garde :

cette exploration n'est pas recommandée si elle inclut toute forme de douleur, d'humiliation ou de manifestation de force non désirée ou non consentie.

Une douceur nécessaire

Avant d'aller plus loin, permettez-nous de souligner qu'il s'agit de choses sensibles. Communiquer de cette manière peut faire remonter toutes sortes d'insécurités, de peurs de ne pas être suffisants ou de peurs d'être rejetés. La peur d'être comparé aux autres et la peur de ne pas être à la hauteur, par exemple, font partie des plus grandes peurs qui peuvent nous faire appréhender le partage. L'ouverture à ce niveau, avant que nous ayons atteint notre intériorité et que nous ayons fait notre propre travail pour élucider nos propres obstacles et amoindrissements sexuels, peut non pas nous exciter, mais nous faire nous renfermer.

Il est nécessaire de faire preuve d'une grande compassion l'un pour l'autre et de prendre de grandes précautions lorsque nous commençons à communiquer à ce niveau ; la préparation est ici un travail intérieur. Assurez-vous de partager avec votre partenaire bien-aimé votre réticence à propos de tout ou partie de ce sujet, et d'être incroyablement bon, dépourvu de jugement et véritablement attentif à garder un espace pour les peurs et les insécurités de l'un et de l'autre, tout au long du chemin.

Qu'est-ce qui est acceptable ? En ce qui concerne l'exploration sexuelle, ce qui est jugé acceptable et inacceptable est, pour de nombreux couples, soit au centre des conversations les plus intimes, soit au centre des plus grandes frustrations. En particulier lorsque les désirs et les fantasmes ne s'accordent pas et que l'un ou l'autre, dans la relation, est jugé mauvais, inacceptable ou, pire, pervers, les deux individus souffrent. Il est également utile de rappeler que l'exploration sexuelle à caractère pathologique et les aventures d'alcôves étaient encore, il n'y a pas si longtemps, passibles de la loi fédérale aux États-Unis. Par exemple, le sexe oral était considéré comme criminel et était un motif de divorce en Californie jusque dans les années soixante-dix.

Le livre de David Schnarch, *The sexual crucible*, présente l'idée radicale qu'une « bonne » expérience sexuelle ne se réduit pas à une intervention technique, fondée sur la réduction de l'anxiété ou enracinée dans des stipulations sur « ce qui est normal », mais qu'elle est plutôt fonction du développement personnel. **« La plupart des couples finissent avec des restes sexuels »**, dit-il, c'est-à-dire une sexualité que les deux peuvent tolérer, qui n'est rien d'autre que cela, où rien n'est apporté que l'un ou l'autre ne proscrive immédiatement.

Partager notre sexualité, nos systèmes d'excitation uniques et nos désirs sexuels intimes nous rend vulnérables. Ce n'est pas facile, parce que lorsque nous prenons le risque de partager ce que nous sommes nous prenons le risque d'être complètement rejetés. Nous risquons même de couper l'envie à notre partenaire, ce qui est une peur énorme lorsque nous partageons ces choses avec vulnérabilité.

Mais si nous ne partageons PAS ce niveau de vulnérabilité, d'honnêteté et d'intimité, nous mettons en jeu la relation elle-même. Cacher des parties de soi – du soi sexuel en particulier – ne conduit bien souvent qu'à une frustration et à un ressentiment immenses, ou au besoin de trouver d'autres exutoires à l'expression sexuelle sans son partenaire intime. Cela, bien sûr, entraîne des conséquences qui, dans la plupart des cas, n'auront pas un résultat positif. Par exemple, dans le cas d'une trahison, les dégâts occasionnés à la relation qu'on a avec son partenaire intime peuvent être catastrophiques et sont le plus souvent irrécupérables. Mais, même sans trahison véritable, une grande partie de l'intimité soit est perdue, soit ne sera jamais atteinte lorsque nous ne partageons pas, lorsque nous ne nous dévoilons pas, ou lorsque nous ne sommes pas à l'écoute des besoins exprimés par notre partenaire. Cela aussi, au fil du temps, peut devenir catastrophique. C'est une autre forme de trahison, en quelque sorte, mais pas aussi évidente vue de l'extérieur. Ce manque de divulgation et de vulnérabilité est plutôt une lente fuite en avant vers la dissolution, la séparation et la déception, qui mettent notre relation intime en péril de différentes façons.

Compatibilité sexuelle

Voici donc à présent la question suivante, très importante, celle de la « compatibilité sexuelle » fondamentale. À quel point sous-estimons-nous cet élément crucial d'une relation intime ? Combien de fois *ne* l'avons-nous *pas* vérifié du tout ?

Nous semblons assez couramment espérer simplement que tout aille pour le mieux, ou nous dire que nous pouvons devenir ce que l'autre veut que nous devenions, et que cela sera suffisant. Ou de ne pas s'inquiéter, nous pouvons changer de partenaire, et ça marchera ! Mais, en vérité, il est possible que l'un d'entre nous, ou les deux, reste affamé à l'intérieur et lutte au fil du temps pour trouver un exutoire, qui ne correspondra peut-être pas à la relation dans laquelle nous nous sommes engagés. La compatibilité sexuelle commence, sans réserve, par une conversation honnête avec soi-même. Parce que nous ne pouvons certainement pas être honnêtes avec un autre si nous ne sommes pas, en tout premier lieu, honnêtes avec nous-même. (Et voici de nouveau l'intimité de soi !)

- Avez-vous commencé par accepter vos propres besoins sexuels ?

- Êtes-vous à l'aise avec le fait de partager ces besoins avec votre partenaire ?

- Dans quelle mesure cachez-vous ces besoins pour ne pas être rejeté par votre partenaire ?

- Que croyez-vous qu'engendrera ce non-dit pour vous et pour la relation ?

- Dans quelle mesure est-ce important pour vous de trouver un partenaire sexuellement compatible ?

- De quelle manière pourriez-vous grandir sexuellement ? Est-ce votre désir ?

- Acceptez-vous d'être vulnérable ? Donc de faire face à votre insécurité et à votre peur du rejet pour vous développer sur le plan sexuel ?

- Acceptez-vous d'avoir ces conversations vulnérables avec votre partenaire afin de développer plus d'intimité, d'honnêteté sexuelle et d'intimité ?

Les répercussions biologiques, le pouvoir du toucher et la nécessité de l'attraction

L'incidence de notre biologie et de nos hormones différenciatrices

Il est certain que notre constitution biologique a une incidence sur notre sexualité. Les hommes et les femmes sont différents physiquement, mais aussi sur le plan hormonal. La testostérone, qu'on trouve à la fois chez les hommes et chez les femmes, mais en quantités différentes, a tendance à gouverner le désir sexuel, l'assurance sexuelle et la préoccupation de la sexualité de manière générale. Les hommes adultes ont normalement sept à huit fois plus de testostérone dans leur organisme que les femmes adultes. Cela engendre potentiellement une grande différence entre les hommes et les femmes ! Avec une telle quantité de testostérone en plus, il y a de grandes chances pour que les hommes aient un instinct sexuel bien plus fort que les femmes, et cela peut souvent être la source de défis importants dans une relation intime hétérosexuelle.

L'instinct sexuel, qui inclut la fréquence sexuelle pour commencer, a tendance à être un aspect important de la compatibilité relationnelle et est sans nul doute une grande source de frustration, de déception et de souffrance pour les couples lorsque la compatibilité de fréquence n'est pas synchronisée. Il existe, bien sûr, des couples dans lesquels la femme peut présenter un instinct sexuel supérieur à celui de son partenaire masculin. Et bien sûr, les mêmes frustrations et défis peuvent survenir. Bien que la testostérone soit connue pour être l'une des molécules essentielles de l'instinct sexuel – et que des compléments soient parfois prescrits aux hommes qui présentent un taux de testostérone bas –, elle n'a pas vraiment été une réussite pour améliorer l'instinct sexuel chez les femmes. Cela confirme que, chez les femmes, les taux de testostérone ne sont tout simplement pas le seul ingrédient. Les chercheurs continuent à étudier les moyens d'augmenter l'instinct sexuel chez la femme. Cependant, cela reste, à ce jour, une sorte de mystère.

Si nous nous référons à nouveau au travail de David Schnarch sur les couples et la sexualité, la fréquence sexuelle, dans une relation intime, fait souvent défaut à celui ou celle qui présente l'instinct sexuel le plus bas, à la grande consternation de son partenaire. Celui-ci est bien obligé de faire avec et sans discussion, mais la frustration peut s'accumuler, et au fil du temps ce désaccord peut devenir préjudiciable à la relation. L'impression d'être rejeté, de ne pas être désiré et de ne pas être satisfait sont quelques-unes des manières dont les membres d'un couple peuvent souffrir lorsque les instincts sexuels ne sont pas compatibles.

Pas assez de relations sexuelles pour l'un des partenaires et se sentir toujours sollicité pour des relations sexuelles pour l'autre peut devenir frustrant, être très difficile à vivre, voire insupportable, selon la perspective de chacun des partenaires et la façon dont il interprète la situation. Le problème de la « compatibilité sexuelle » survient à nouveau. Le fait d'être synchronisé ou non sur la question de l'instinct sexuel peut être un véritable motif de rupture pour certains couples s'ils n'ont pas déjà mis en place une bonne communication et une compréhension mutuelle.

Point positif, il y a davantage dans cette histoire que la simple science hormonale. Bien que les femmes aient tendance à produire moins de testostérone que les hommes, les femelles humaines, à l'instar des bonobos (autrefois connus sous le nom de chimpanzés pygmées), peuvent avoir une activité sexuelle pendant tout leur cycle ovulatoire. Pas « seulement » lorsqu'elles ovulent, un jour ou deux par mois, comme c'est le cas pour la plupart des autres mammifères. Qu'est-ce que cela peut donc vouloir dire pour nous ? Cela signifie que nous, les êtres humains, sommes plus aptes à être sexuellement expressifs et intimes les uns avec les autres, et à une plus grande fréquence que simplement pour la procréation, tout au long de chaque période de 30 jours. Cela nous offre beaucoup plus d'opportunités pour vivre des moments d'intimité l'un avec l'autre, au fil du temps.

Une histoire, qui date de mes années de pratique, me revient à l'esprit : les membres d'un couple s'étaient engagés à améliorer mutuellement leur expression sexuelle et le désir de cette expression, sans que l'étincelle ne soit allumée, pour ainsi dire, uniquement par la chimie biologique. En fin de compte, ils illustrent parfaitement le fait que nous pouvons décider consciemment d'être sexuels, et qu'à partir de là l'excitation suivra. Nous pouvons diriger, l'un vers l'autre, notre propre sensualité et notre propre ouverture de manière volontaire – décidant par nous-même combien de fois, dans un mois donné, nous voulons faire l'amour.

L'expression sexuelle peut aussi être conduite par notre désir de proximité et d'intimité. J'ai reçu un couple qui affrontait un changement considérable dans sa vie sexuelle. L'homme – appelons-le Bob – avait souffert d'un cancer de la prostate et avait subi une intervention chirurgicale qui lui avait sauvé la vie. Avant cette intervention, le couple avait une vie sexuelle très active et profondément satisfaisante. Après la chirurgie, Bob ne fut plus capable d'avoir une érection.

Le couple était confronté à un choix radical : abandonner complètement sa vie sexuelle ou l'adapter à sa nouvelle réalité. Bien que cela n'ait pas été facile au début, le couple était déterminé à continuer à partager une activité sexuelle et l'intimité générée par le partage physique de leurs corps. Ils étaient engagés dans la sensualité, dans l'intimité émotionnelle, dans l'affection réciproque et les sensations partagées.

Grâce à leur engagement, ils parvinrent à trouver le moyen d'avoir des relations sexuelles encore meilleures et plus profondément satisfaisantes. Ils s'ouvrirent à des façons nouvelles et créatives, ludiques, d'éveiller le désir chez l'autre, et découvrirent que leur satisfaction sexuelle, en fin de compte, n'était pas amoindrie.

- En fonction de votre propre instinct sexuel biologique, combien de relations sexuelles désirez-vous avoir en un mois ? Et votre partenaire ?

- Pouvez-vous accepter le fait que votre partenaire puisse avoir un instinct sexuel différent ?

- Dans quelle mesure votre instinct sexuel est-il compatible avec celui de votre partenaire ?

- Portez-vous un jugement sur le niveau de votre instinct sexuel, ou jugez-vous celui de votre partenaire ? Comment cela affecte-t-il vos relations ?

- Avez-vous reproché à votre partenaire de ne pas avoir un instinct sexuel suffisant ?

- Avez-vous critiqué votre partenaire pour son instinct sexuel très marqué ?

- Comment avez-vous fait face, en tant que couple, à un moment où l'un avait envie d'une relation sexuelle et l'autre pas ?

- Lequel d'entre vous prend en général l'initiative d'une relation sexuelle ? Comment vivez-vous cela ?

- Êtes-vous capables de discuter des différences entre vos instincts sexuels ?

- Quels aspects de l'expérience sexuelle désirez-vous le plus ?

- Dans quelle mesure l'intimité et la proximité sont-elles importantes pour vous, en plus de l'acte sexuel ?

Les répercussions énergétiques du toucher sur notre biologie et notre psyché

Il est important de rappeler que TOUTES les formes de toucher sont concernées. Nous entendons souvent l'expression « tu as touché mon cœur ». Il s'agit du « toucher » émotionnel d'un sentiment profond ; cela peut avoir commencé avec un regard aimant ou avec des gestes bienveillants qui ont « ouvert » notre cœur. Et que nous avons reçus. Ensuite, il y a le toucher physique et tout ce qu'il apporte : une nourriture affective, de l'attention, jusqu'à l'excitation. Nous sommes nourris par le toucher. Il crée du lien. Le toucher physique, sans que cela soit systématique, peut évidemment aussi être érotique. Toutes les formes de toucher peuvent être excitantes. Lorsque nous touchons un autre, que ce soit émotionnellement ou physiquement, cela a des répercussions sur nous.

Un autre niveau d'accomplissement nous attend ensuite lorsque notre toucher est « reçu ». Cela nous fait du bien de savoir que notre toucher a été reçu et ressenti, peut-être autant que cela nous a fait du bien de « toucher ». Sous sa meilleure forme, le toucher comporte une réciprocité. Des molécules chimiques nécessaires sur le plan du développement et qui améliorent la qualité de vie sont libérées en nous lorsque nous sommes touchés de manière respectueuse et attentionnée. Nous avons alors le sentiment qu'on prend soin de nous, qu'on nous nourrit et qu'on s'occupe de nous.

Le toucher humain déclenche la production d'ocytocine (l'hormone du câlin, du lien et de la connexion) et de dopamine (le neurotransmetteur du plaisir, de la motivation, du système de récompense, qui déclenche également une addiction). Ce sont les molécules neurochimiques fondamentales qui alimentent la joie, l'amour et le bonheur que nous connaissons au cours de notre vie. Elles sont d'une importance cruciale.

La manière dont nous interagissons les uns avec les autres, c'est-à-dire les intentions que nous avons, les énergies que nous apportons, et le genre de toucher que nous proposons, tout cela fait partie de l'équation. Parfois, il peut y avoir des malentendus. Par exemple, une forme d'agressivité peut être prise pour de l'assurance par l'un des partenaires, ou l'assurance peut être prise pour une forme d'agressivité. Il peut aussi y avoir confusion lorsque la passivité – le fait de simplement suivre mais sans s'engager vraiment – est prise pour l'état actif et définitif de la réceptivité, du désir et de l'ouverture.

La manière de nous approcher l'un l'autre : les polarités énergétiques

Pour des relations sexuelles satisfaisantes, revenons au besoin de présence ainsi qu'à l'interaction percutante des polarités féminine et masculine. Nous ne prétendons pas qu'une femme n'utilisera pas parfois la polarité masculine, et qu'il n'arrivera pas à l'homme de prendre la polarité féminine. Les deux sexes peuvent jouer le rôle de l'un et de l'autre à tout moment ; explorer ces deux polarités consciemment peut améliorer l'excitation sexuelle et l'intimité.

Qu'est-ce que l'assurance ?

Lorsque nous évoquons l'assurance, nous sous-entendons la polarité masculine. C'est la dynamique qui consiste à mener, guider et s'exprimer envers notre partenaire pour notre plaisir mutuel. L'agressivité, cependant, est très différente de l'assurance. L'agressivité peut consister à prendre, à insister, à forcer et à dominer, et peut ne laisser que peu de place au partenaire pour objecter ou suggérer quelque chose de différent.

L'agressivité n'est généralement pas associée à la réciprocité ou au souci de l'autre. L'assurance peut parfois être confondue avec l'agressivité ; cette confusion dépend bien entendu de l'interprétation. Nos interprétations vont de pair avec la structure de notre profil, notre niveau de bien-être et notre qualité de présence. Nos interprétations sont bien souvent influencées par un traumatisme non résolu, la peur d'être vulnérables, la honte liée à des formes d'abandon ou de soumission et / ou lorsque nous souffrons d'une inaptitude à faire confiance à qui que ce soit d'autre que nous-même pour contrôler les choses.

Qu'est-ce que la réceptivité ?

Envisageons maintenant la réceptivité. Nous sous-entendons ici la polarité féminine. La réceptivité n'est pas la passivité. Nous confondons souvent les deux, car vues de l'extérieur elles peuvent paraître identiques. Nous pouvons sembler réceptifs alors qu'en réalité nous sommes absents. Mais de l'extérieur, nous avons l'air concernés et consentants. La passivité peut nous amener à agir simplement machinalement. Alors qu'en apparence nous sommes dans un état de non-résistance, qui cache peut-être même une apathie, la passivité peut être très trompeuse.

Cela peut même ressembler à du libre arbitre, ce qui signifie que la passivité peut être interprétée, à tort, comme un accord ou un désir. Ce n'est pas de la réceptivité.

Nous pourrions avoir l'impression d'être faciles à vivre lorsque nous sommes passifs, mais le sommes-nous vraiment ? Que se passe-t-il en réalité en nous pour que nous décidions silencieusement de ne pas nous montrer, de faire semblant ? Cela peut venir d'un traumatisme, d'une négligence précoce, peut-être d'une introversion extrême, d'aspects de notre tempérament (profil Ennéagramme), ou de diverses autres raisons qu'il vaut la peine d'explorer.

La réceptivité est en réalité une force « active », elle n'est pas passive. Elle est résolument présente, elle invite et est à l'écoute. La réceptivité repose sur une volonté de recevoir de manière active. Un toucher qui excite mutuellement les sens requiert une force active riche de réciprocité. Celui qui donne touche, celui qui reçoit ressent. Cet échange est alors partagé de multiples façons, qui aboutissent à un échange du type « je te touche, je te sens ; tu me sens, tu me touches », un échange qui peut monter en intensité et en sensualité et devenir profondément satisfaisant à de nombreux niveaux et de bien des manières.

Les réactions au toucher

Bien que nous ayons examiné les nombreux avantages et qualités du toucher, celui-ci peut également se révéler être un défi. Certains d'entre nous apprécient peut-être d'être souvent touchés physiquement, d'autres peut-être pas. Nous pouvons avoir grandi avec peu de toucher et d'affection physique, tout en ayant été aimés ; cet amour était exprimé d'une autre manière. À l'inverse, d'autres peuvent avoir été touchés de manière abusive ou inappropriée lorsqu'ils étaient jeunes. Plus tard, le toucher va de pair avec des sentiments d'inconfort, de peur ou encore de honte, et cela peut aller jusqu'à trouver le toucher répugnant.

- Qu'évoque en vous ce paragraphe sur les différentes réactions au toucher ?

J'ai un jour travaillé avec un client, un Profil 7 de l'Ennéagramme, un Épicurien (appelons-le Georges), dont l'enfance avait été très traditionnelle. Bien qu'elle ait été très active et stimulante, l'affection n'était pas exprimée. Sa mère n'était pas très portée sur les embrassades et les câlins, son père non plus d'ailleurs. Sa femme, une Profil 2 de l'Ennéagramme, l'Altruiste (appelons-la Carole), avait grandi dans un foyer italien plein d'affection, de repas de famille, de conversations enjouées, d'émotions et d'innombrables baisers. La relation de Georges et de Carole était dans une impasse, Georges ne comprenant pas pourquoi sa femme voulait et avait tant besoin d'affection ; il n'était pas du tout à l'aise avec autant de toucher. Il trouvait que ses besoins étaient excessifs, comme si elle était « en manque d'affection », pour utiliser ses mots.

Une énorme frustration s'accumulait, Carole se sentant de plus en plus mal aimée. D'innombrables occasions pour eux de se toucher étaient évitées et Carole trouvait cela insupportable. La manière, axée sur l'activité, qu'avait Georges d'exprimer son amour par « des vacances exotiques chaque été » ne faisait pas l'affaire. Elle se sentait ignorée.

Voici un cas pour lequel le renforcement des capacités, grâce au développement des récepteurs du toucher, pouvait résoudre le dilemme grandissant du couple. En apprendre plus sur l'incidence qu'avaient eue leurs enfances respectives sur leur affection les a aidés tous les deux à dépersonnaliser une partie du problème et à développer de la compassion l'un pour l'autre.

Des exercices furent alors élaborés, par exemple se serrer dans les bras deux fois par jour, cœur contre cœur, pour une durée prolongée, « jusqu'à ce que cela devienne un peu inconfortable ». Cela commença à ouvrir l'acceptation de Georges au toucher et à l'affection. Georges passa lentement de la tolérance, à l'appréciation puis au plaisir. Ensemble, grâce à leur volonté mutuelle, ils développèrent, avec succès, un nouveau modèle de relation tactile.

- Qu'est-ce que cela vous fait de toucher ?

- Qu'est-ce que cela vous fait d'être touché ?

- Y a-t-il des moments où vous ne voulez pas être touché ? Pourquoi ou quand ?

- Quel genre de toucher vous fait vous sentir aimé ?

- Quel genre de toucher est érotique ou sexuellement excitant pour vous ?

- Quel genre de toucher vous manque de la part de votre partenaire ?

- Quel genre de toucher craignez-vous de donner à votre partenaire ?

- Quel genre de toucher craignez-vous de recevoir ?

La nécessité de l'attraction

Commençons par nous interroger : qu'est-ce que l'attraction ? Définissons-la par l'action ou le pouvoir de *susciter l'intérêt, le plaisir ou la sympathie de quelqu'un ou de quelque chose*, pour des raisons particulières – certaines étant conscientes et tangibles, d'autres pas.

Pourquoi l'attraction est-elle si importante, pour nos relations amoureuses en particulier ? Nous avons décidé que c'était une question qui méritait une réflexion concertée.

Nous avons étudié deux sortes d'attraction – physique et émotionnelle-spirituelle – qui sont en rapport avec les relations amoureuses et que nous aimerions partager :

- **L'attraction physique**, liée au fait que les caractéristiques physiques d'une personne nous plaisent sur le plan esthétique, des caractéristiques que nous trouvons belles, ou plaisantes d'une manière ou d'une autre. L'attraction physique est directement liée à l'attractivité sexuelle et à la désirabilité.

- **L'attraction émotionnelle-spirituelle**, qui se déclenche lorsqu'on se regarde dans les yeux, et que quelque chose est « vu et enregistré » et devient addictif ; c'est ce que l'on ressent chez l'autre avec son cœur et c'est ce qu'on entend dans les mots et les attitudes de l'autre quand il parle. L'attraction émotionnelle-spirituelle inclut le fait d'être attiré par la part sacrée de quelqu'un, son soi supérieur, son esprit, son âme et sa compatibilité avec la nôtre. Cela peut rassembler la sagesse, les valeurs, les croyances, le bien-être et la dignité qui imprègnent la personnalité de quelqu'un, personnalité à laquelle on est réceptifs en sa présence.

Le fait est que l'attraction physique, peu importe à quel point nous avons essayé de nous convaincre qu'elle était superficielle, est très probablement un phénomène extrêmement sophistiqué qui répond à nos stratégies de survie et à ce que nous voulons inconsciemment pour notre progéniture. Elle est probablement activée à un niveau très profond, lié à notre évolution et instinctif.

L'attraction physique me semble être un signal du genre « À toutes les unités, foncez ! » pour que l'attraction émotionnelle-spirituelle se déploie et explose dans notre psyché et notre âme de façon simultanée. Le « coup de foudre », si largement popularisé dans les médias, dans les films et dans tant d'histoires personnelles, résonne très probablement avec ces multiples niveaux d'attraction apparemment présents et ressentis, à un niveau assez inconscient et instinctif, et ce, dès le départ.

Les histoires d'amour qui ont le plus de chance de prospérer au fil du temps sont celles qui sont faites d'attraction physique comme d'attraction émotionnelle-spirituelle. L'attraction physique seule peut mener à des relations excitantes et attrayantes, mais relativement courtes lorsque l'attraction émotionnelle-spirituelle n'est pas concomitante ou ne s'est jamais développée. Le côté émotionnel-spirituel doit être compatible et cultivé, y compris quand existe un niveau élevé d'attraction physique.

Il est également utile de mentionner que ces deux formes d'attraction doivent être comprises, et, espérons-le, accueillies et honorées, pour que la totalité de la relation puisse se déployer sans inhibition et être durable. Si l'une de ces attractions – ou les deux – change au fil du temps, en particulier l'attraction émotionnelle-spirituelle, la relation peut finir par être compromise et pourrait disparaître.

Être à l'écoute de CE QUI attire réellement chacun d'entre nous vers quelqu'un d'autre est également une pièce importante de ce puzzle. Les médias et les publicités nous inondent d'images de gens censés nous attirer et devant être considérés comme désirables. Les spécialistes du marketing et les publicitaires ne prennent pas en compte l'esthétique unique de chacun et encore moins le critère personnel d'attractivité émotionnelle-spirituelle. Bien qu'on puisse nous apprendre que « ceci » ou « cela » est ce par quoi nous devrions être attirés, cela peut ne pas nous convenir. C'est pourquoi il est important d'écouter nos signaux et nos réactions personnelles plutôt que les dogmes de la publicité. Savoir ce qui NOUS plaît, ébranle notre cœur et émeut notre âme avec authenticité fait partie de notre être supérieur, et à juste titre.

- Pouvez-vous commencer une relation amoureuse sans être physiquement attiré ?

- Pouvez-vous commencer une relation amoureuse sans être émotionnellement-spirituellement attiré ?

- Avez-vous déjà été dans une relation à long terme où soit l'attraction physique, soit l'attraction émotionnelle-spirituelle faisait défaut ? Quel impact cela a-t-il eu sur vous-même et sur votre partenaire ? Comment cela s'est-il terminé ?

Les répercussions de l'histoire, de la culture et des normes de genre

Les normes historiques de genre pour les femmes

À différentes époques de l'histoire, les considérations sur le genre ont considérablement influencé la façon dont nous percevions la sexualité, ainsi que la manière dont elle concernait les hommes et les femmes. Il n'y a pas si longtemps en Occident, les normes culturelles de genre voyaient les femmes comme excessivement sexuelles et trop séductrices. C'est ainsi que la société a considéré que la sexualité féminine devait se limiter à la reproduction et que le désir sexuel exprimé ouvertement était jugé inapproprié et « indigne d'une dame ».

Dans d'autres cultures, les femmes vertueuses sont métaphoriquement séparées des femmes sexuellement actives, comme « la madone et la putain ». Cette manière de classer les femmes en deux catégories distinctes diminue la capacité des hommes à voir les deux possibilités chez une même femme. Cela conduit à toutes sortes de normalisations sociétales et à une rupture potentielle de l'intimité entre partenaires. Cela inclut également le statut social des femmes, leur avilissement et leur maltraitance. Une femme vertueuse à la maison et une prostituée après le travail. Les deux sont inconciliables ! Les intimités sont divisées, car ce qui est partagé de manière conservatrice avec la femme vertueuse est loin de ce qui est partagé dans la débauche avec la prostituée.

En vérité, les femmes sont des êtres sexués, tout comme les hommes. Cette vérité fondamentale doit être appréciée et comprise, car elle permettrait aux deux sexes de rechercher et d'apprécier la sexualité intimement et pleinement ensemble ; et à chacun de le faire sans condamnation, honte, division ou suppression.

Normes historiques de genre pour les hommes – La domination

Tout au long de l'histoire, les hommes ont en général dominé les relations, du moins depuis le développement des sociétés agricoles, les femmes étant considérées comme une possession, un symbole du statut ou un moyen d'accéder au pouvoir. Cela a conduit à voir les hommes soit comme des protecteurs, soit comme des oppresseurs.

Le mariage fondé sur l'amour – pour la compagnie sexuelle, l'éducation des enfants et la répartition des tâches – est historiquement nouveau. Il est né il y a une centaine d'années seulement avec l'ère industrielle et ce concept évolue encore aujourd'hui.

Nous qui avons grandi au XXe siècle, nous pouvons facilement croire que le mariage « a toujours été fondé sur l'amour ». Cette évolution, en particulier dans les cultures occidentales, a considérablement contribué à la libération des femmes, au désarroi des hommes et d'ailleurs à la libération de tout couple uni par les liens du mariage. Ce qui a évolué depuis, c'est que si vous n'aimez plus votre partenaire il n'y a aucune raison que vous restiez mariés.

Si cette évolution a permis de résoudre une partie des souffrances affectives des personnes qui vivaient un mariage sans amour, elle a également fait apparaître une autre série de défis liés à la structure familiale traditionnelle, au partage des biens et des richesses, et aux complications ayant trait à l'éducation des enfants.

Cette évolution vers des mariages fondés sur l'amour et le choix se poursuit aujourd'hui. Il s'agit d'un territoire inexploré, les femmes exprimant davantage d'indépendance et d'autonomie et les hommes s'adaptant. Ces changements culturels ont également eu un impact considérable sur l'expression sexuelle des hommes et des femmes, sur la façon de se séduire, de s'approcher l'un de l'autre et de mettre fin à une relation qui n'est plus souhaitée par l'un ou l'autre.

Du sacré au péché – Normes culturelles et religieuses

Le sexe et l'expression sexuelle ont été soit élevés au rang du sacré, soit dénigrés comme étant des péchés. Nous considérons la sexualité comme digne de révérence et de vénération ou comme pervertie, sale et mauvaise. Ces polarités influencent considérablement nos expériences sexuelles, parce qu'après tout il s'agit de points de vue opposés, et peut-être même, à un certain degré, s'excluant mutuellement. Que faisons-nous de cela ?

L'expression sexuelle est déifiée ou diabolisée, exprimée ou réprimée. Elle peut masquer les vastes possibilités d'interactions sexuelles merveilleuses et agréables, exploratoires et intimes – allant de l'ordinaire à l'extraordinaire. Il vaut vraiment la peine d'interroger nos points de vue sur la sexualité.

- Quels sont vos sentiments profonds à l'égard de votre propre sexualité ?

- Que croyez-vous qu'elle devrait être ? Et que croyez-vous qu'elle ne devrait pas être ?

- Que vous a-t-on appris à penser du sexe et de la sexualité ?

- Que ressentez-vous au plus profond de vous ? Et cela contraste-t-il avec ce que l'on vous a appris ?

- Quel degré de culpabilité ou de honte pourriez-vous porter sur la sexualité, compte tenu des influences parentales, religieuses ou sociétales ?

- Avez-vous été victime de violences sexuelles ou de traumatismes ? Si oui, comment croyez-vous que cela impacte votre sexualité aujourd'hui ?

Pour beaucoup d'entre nous, la honte sexuelle est hors norme et potentiellement dangereuse pour notre psyché cognitive et émotionnelle. Nous sommes humains et nous sommes, de ce fait, sexués. Nous voulons procréer à un niveau très primitif et nous unir à un niveau émotionnel et intellectuel.

Alors que la procréation est nécessaire à la survie de notre espèce et qu'on nous donne volontiers le « feu vert » lorsqu'il s'agit de concevoir des enfants, satisfaire notre expression sexuelle se heurte souvent à un dilemme : qu'est-ce que je m'autorise, sexuellement parlant, et qu'est-ce que je ne m'autorise pas ? Comment négocier cette dualité ? Qu'elle soit considérée comme sacrée ou comme un péché, la façon dont nous envisageons la sexualité détermine fondamentalement la façon dont nous nous y engageons.

- Comment votre expression sexuelle est-elle impactée quand vous reliez le sexe à quelque chose de positif, comme la procréation, la connexion ou la spiritualité ?

- Comment votre expression sexuelle est-elle impactée quand vous reliez le sexe à quelque chose de honteux ou de mauvais, quelque chose que vous ne devriez pas explorer ?

Examinons de manière réfléchie et honnête nos propres points de vue, profondément personnels, sur la sexualité et le genre. Sont-ils différents concernant les hommes et concernant les femmes ? Demandons-nous dans quelle mesure nos points de vue ont amélioré, ou amoindri, notre aptitude à nous connecter sexuellement à nous-même, sans parler des autres.

- Comment percevez-vous le rôle de l'homme dans une relation, y compris ce qu'on peut attendre de lui sexuellement ?

- Comment ce point de vue impacte-t-il votre relation aux hommes, ou, si vous êtes un homme, votre relation à vous-même ?

- Comment percevez-vous le rôle de la femme dans une relation, y compris ce qu'on peut attendre d'elle sexuellement ?

- Comment ce point de vue impacte-t-il votre relation aux femmes, ou, si vous êtes une femme, votre relation à vous-même ?

- De quelles manières avez-vous été influencé par les normes culturelles de genre, que ce soit concernant les hommes ou concernant les femmes ?

- Comment le fait de considérer le sexe comme vertueux ou immoral vous a-t-il impacté ? Cela concernait-il les hommes ou les femmes ?

Réflexions, questions et exercices pour les couples >>

- Quelque chose vous a-t-il touché, pendant que vous réfléchissiez à tout cela ?

- Qu'est-ce qui sera le plus dur à explorer, à changer ou à développer pour vous ?

- Vous connaissant, quelle sera pour vous la partie la plus facile à travailler ?

- Commencez par quelques inspirations pour vous recentrer. Ancrez-vous dans votre corps en vous concentrant sur votre respiration. Ensuite, pendant 15 minutes environ, réfléchissez à chacun des nombreux points que nous venons d'aborder. Lequel d'entre eux se place au premier plan pour vous, et qu'est-ce que cela suscite en vous ?

- Faites cet exercice avec votre partenaire. Prenez 10 à 15 minutes environ pour partager vos pensées, vos sentiments et vos réactions – dans les deux sens. Pendant ce partage, faites preuve de présence et d'ouverture. Écoutez-vous attentivement l'un l'autre, et intéressez-vous avec curiosité aux réponses de l'autre et, éventuellement, à ses réactions, inquiétudes ou découvertes différentes des vôtres.

- Cet exercice a pour but d'approfondir notre connaissance de nous-même et de celui / celle qui compte pour nous. Il consiste à respecter et à soutenir, l'un chez l'autre, l'honnêteté et les révélations. C'est un travail sensible, vulnérable, qui créera une grande intimité entre vous si vos cœurs sont ouverts, si vous ne jugez pas et si vous êtes tous deux réceptifs de manière proactive.

Chapitre 13

Aperçus et suggestions : influençons notre intimité de manière consciente

Moyens pour créer des relations profondément satisfaisantes

Le degré d'épanouissement que nous ressentons dans notre relation est souvent lié au degré de connexion que nous ressentons avec notre partenaire. Notre aptitude à nous connecter à l'autre dépend de l'expérience d'attachement vécue dans notre petite enfance. Nous pouvons apprendre à l'identifier et même à la résoudre à l'âge adulte, car elle est aussi liée à notre capacité et à notre volonté de développer une intimité personnelle.

L'intimité de soi est une relation à soi-même forte et exercée, familière et vulnérable. C'est la base de toutes les autres relations que nous pouvons espérer construire avec succès dans notre vie. En nous appuyant sur le système plein de compassion de l'Ennéagramme pour la prise de conscience et l'intimité de soi, nous avons une excellente occasion de développer ce dont nous avons besoin pour avoir une relation construite sur la réciprocité, l'intimité partagée, la vulnérabilité et l'accomplissement.

Alors, comment créer une intimité partagée ? Comment créer de la sensualité et un lien profond dans une relation amoureuse ? Le succès dans ce domaine dépend peu de notre profil Ennéagramme ou de celui de notre partenaire. Ce qui compte, c'est notre niveau de développement en bien-être et la manière dont nous comprenons la structure de notre propre profil – ses talents comme ses faiblesses.

Quelle est alors la clé pour créer et entretenir une relation sincère et belle, ouverte et réceptive, quelque chose qui, réciproquement, insuffle la vie et génère l'amour ? Dans les relations amoureuses, qu'est-ce qui peut nous aider à passer de ce stade d'exaltation, d'obsession excitante qui nous dilate les pupilles (dont on dit qu'il peut durer jusqu'à trois ans), à autre chose, un stade où la passion est toujours présente mais qui est également profondément aimant, engagé et durable dans le temps ?

Pour créer cela, il y a quelques ingrédients fondamentaux à prendre en compte et à explorer. Ils sont en relation avec la manière dont nous exprimons ce que nous avons à l'esprit et dans le cœur – puis avec notre manière de l'exprimer physiquement. La communication est primordiale, elle est centrale dans ce chapitre. Elle inclut à la fois la communication verbale (ce que nous disons) et les nombreuses formes de communication non verbale (les gestes, le ton, les expressions faciales, etc.). Ces deux formes de communication influencent considérablement ce que nous ressentons lorsque nous sommes en présence de l'autre et combien nous nous sentons proches – connectés – et en sécurité. **Ce qui crée une intimité pleine de sens – une sensualité partagée, une connexion profonde et une expérience sexuelle épanouie – est en fin de compte la manière dont nous nous montrons à nous-même, dont notre partenaire se montre à lui-même, et la manière dont nous décidons, ensemble, de nous montrer l'un à l'autre.** Si on nous demandait ce qu'il y a de vraiment important dans ce livre, en dehors des enseignements de l'Ennéagramme, nous répondrions : ce qui traite de l'intimité et de son développement !

Six idées pour une plus grande intimité

Voici six idées universelles – des moyens de se montrer « à soi-même et à l'autre » – pour ressentir une plus grande intimité et un plus grand épanouissement dans nos relations amoureuses.

1 - L'importance d'un soi individualisé, unique et indépendant

Ne faire « qu'un » avec notre partenaire est hautement désiré et magnifique mais nous ferions mieux de n'en arriver là qu'après avoir d'abord développé un soi. En effet, il est important d'avoir d'abord développé un soi individualisé et autonome afin de pouvoir rencontrer l'autre avec présence, souveraineté et dignité personnelle. Alors une relation profonde et émouvante avec l'autre, mutuellement respectueuse, à l'écoute des besoins et des désirs, devient possible.

En fait, nous pourrions même dire que **la capacité à être seul tout en étant imprégné d'amour de soi EST la capacité à aimer**. C'est ce qui permet ensuite de partager et de se connecter, d'honorer et d'adorer. Mais, chose importante, cela se fait sans posséder ou devenir dépendant, ce qui réduirait le partenaire à une chose, un objet, une personne à posséder et à aimer. Sans une capacité à aimer développée en soi, il existe un risque de devenir accro à l'autre, ce qui est une forme de dépendance. Comme une fuite compulsive extériorisée face à l'abandon de soi et au vide intérieur insoutenable.

Le genre d'amour de soi dont nous parlons ici n'est pas axé sur l'ego, et n'est certainement pas non plus du narcissisme. Comme Suzanne l'a dit à bon nombre de ses élèves incarcérés : ***« Il ne faut pas confondre l'amour de soi avec l'égocentrisme. »*** L'amour de soi est plutôt de la compassion pour soi, une profonde attention à soi, et une conscience qui observe pour témoigner et faire naître une présence à soi. L'amour de soi est donc imprégné de souveraineté et du sentiment de sa propre dignité.

Développer une souveraineté personnelle individualisée est un travail intérieur que nous devons entreprendre avant de nous engager dans des relations amoureuses et des unions. Cela commence par la pratique de la pleine conscience, une investigation de soi et de la curiosité, le désir de se développer et de s'épanouir sur le plan personnel.

- Que signifie pour vous l'amour de soi ?

- Avez-vous déjà eu l'impression de vous être perdu dans les besoins émotionnels, psychologiques ou sexuels d'un partenaire ?

- Avez-vous déjà eu l'impression de ne pas être suffisant pour votre partenaire ?

- De quelles façons aimeriez-vous grandir en tant qu'individu, afin d'avoir plus de vous-même à apporter, avec confiance, dans une relation ?

- Vous êtes-vous déjà senti indigne de l'attention et de l'affection d'un partenaire ?

- Avez-vous déjà été accro ou obsédé par votre partenaire alors qu'il ne vous donnait pas ce que vous espériez ?

- De quelles manières voudriez-vous développer votre individualité pour pouvoir apporter plus de vous-même dans la relation ?

2 - Créer une expression sexuelle satisfaisante, c'est cultiver la « présence » pendant la relation

Une expression sexuelle sera satisfaisante si l'on y est présent, pleinement. Il s'agit d'apporter d'une part un soi réceptif dans un engagement total avec l'autre, et d'autre part notre présence, consciemment, à nous-même d'abord, et également à notre partenaire. Notre présence est notre état d'âme, d'éveil, à l'écoute de soi et à l'écoute de l'autre. Cela consiste à être réellement dans l'expérience. De façon sensorielle. Émotionnellement. Physiquement. En état de pleine conscience. Et avec bienveillance.

Faire l'amour de façon satisfaisante n'est pas une question de performance, il ne s'agit pas de jugements qui dictent ce qui est « normal » et « correct », ou ce qui est « étrange » ou « mauvais ». Cela ne concerne pas non plus un objectif final qui est souvent l'orgasme, et cela ne consiste pas non plus à mesurer notre valeur ou notre validité.

En fait, les préoccupations liées à la performance, à la validation, à un objectif final ou à divers jugements inhibiteurs sont autant de moyens de nous soustraire à notre état de présence et d'amoindrir notre expérience.

- Qu'est-ce qui affecte votre aptitude à apporter de la présence à votre expérience sexuelle ?

- Par quoi êtes-vous le plus préoccupé pendant l'acte sexuel ?

- Comment savez-vous à quel point votre partenaire est présent pendant l'acte sexuel ? Pouvez-vous le dire ?

- Quels moyens vous et votre partenaire pourriez-vous élaborer pour vous aider mutuellement à rester présents ?

3 - Communiquer et s'entretenir l'un avec l'autre de nos désirs les plus profonds

Comme mentionné précédemment dans ce livre, c'est une étape que les couples, je l'ai remarqué, sautent souvent. Peut-être nous sentons-nous trop timides ou embarrassés ? Ou peut-être avons-nous l'impression que nous ne devrions pas avoir à nous expliquer cela ? Quoi qu'il en soit, cela nous amène à négliger cette opportunité de construire une intimité. Ce type de communication profondément personnelle requiert et implique un échange dépourvu de jugement, un échange qui honore, qui soit respectueux de soi et de l'autre avec bienveillance. Nous pouvons y arriver avec un cœur ouvert et tendre. Un cœur curieux et un cœur de lion. Le genre de cœur qui, courageusement, ne s'offensera pas des besoins de l'autre, n'aura pas l'impression de ne pas être à la hauteur ou de manquer d'expérience, tandis que notre partenaire partage ses désirs et ses besoins.

Se montrer l'un à l'autre avec les intentions les plus pures, c'est prendre grand soin d'exprimer un intérêt authentique en s'apportant l'un à l'autre une relation sexuelle, sensuelle et profondément satisfaisante. Bien que la communication puisse, ou non, sembler gênante au début, c'est certainement l'une des façons les plus profondes de développer ensemble une intimité et une vulnérabilité douces, côte à côte.

- Que souhaiteriez-vous pouvoir partager avec votre partenaire ?

- Qu'est-ce qu'il est facile de partager avec votre partenaire ?

- Qu'est-ce qu'il est difficile de partager avec votre partenaire ?

- Vous arrive-t-il d'avoir peur des réactions de votre partenaire lorsque vous vous dévoilez ?

- Quelles sont vos meilleures expériences d'intimité partagée ?

4 - Comprendre votre difficulté et celle de votre partenaire à rester présent pendant les relations sexuelles

Qu'est-ce qui amoindrit votre expérience ? Pouvez-vous l'exprimer clairement ? Et qu'en est-il de votre partenaire ? Dans le chapitre suivant, nous détaillerons par profil Ennéagramme les différentes façons dont chaque structure de personnalité apporte naturellement des améliorations à l'expérience sexuelle, ainsi que la façon dont la structure de personnalité amoindrit l'expérience sexuelle – s'en détache. Qu'est-ce qui entrave la capacité respective de chaque profil à rester présent pendant l'acte sexuel ?

Ce sont là des conversations que l'on n'a pratiquement jamais, mais qui sont si riches ! Elles peuvent créer une intimité très précieuse, qui apporte un soutien. Ce type de partage permet à chaque partenaire de garder un espace pour l'autre, ce qui permet de travailler ensemble de manière consciente et proactive.

Ici, nous décidons de ne plus avoir d'expérience non partagée, dans laquelle chaque partenaire fait de son mieux (nous l'espérons) pour se montrer à l'autre, mais avec la possibilité qu'il lutte en lui-même pour rester présent dans l'expérience. Mettons plutôt en place un effort mutuel où l'un comme l'autre est tenu, reconnu et guidé vers la présence – sans honte, sans peur, sans embarras, ni jugement.

- Qu'est-ce qui vous intimide le plus lorsque vous demandez à votre partenaire de vous aider à rester présent ?

- Quand avez-vous porté un jugement au lieu d'être ouvert, compréhensif et d'apporter un soutien ?

5 - Intégrer à la fois les énergies réceptives et expressives dans l'expérience sexuelle

Cela signifie qu'il faut faire appel aux trois grandes énergies vitales lors des relations sexuelles. Ces énergies sont les suivantes : Réceptive / de Repli, Active / Assertive et de Conciliation / d'Équilibrage. Chacun des neuf profils exprime ces énergies d'une manière ou d'une autre, mais chacun des neuf profils Ennéagramme aura tendance à exprimer l'une de ces énergies de façon plus naturelle et plus facile :

- Énergie réceptive / de repli | 4, 5 et 9
- Énergie active / assertive | 3, 7 et 8
- Énergie d'équilibrage / de conciliation | 1, 2 et 6

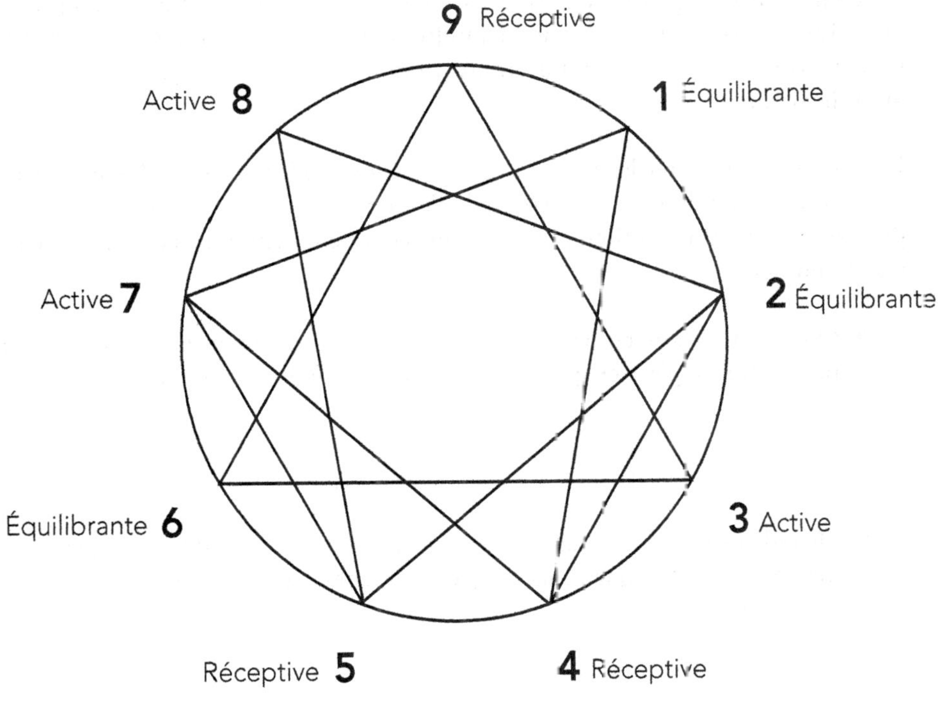

Figure 6 : Les trois forces d'énergie vitale naturellement exprimées par profil

L'énergie **Réceptive** (également appelée énergie de Repli) coule naturellement vers l'intérieur, tel un sentiment d'introspection et d'orientation vers soi. C'est une forme active d'accueil et d'invitation, sans attentes, ni jugement. Cette énergie réceptive n'est pas passive, bien au contraire. Elle est consciente et acceptée. Elle est ressentie par l'autre comme une présence engagée, une flexibilité exprimée, de l'empressement et de l'acceptation. Elle est active, pleine de vie et vibrante. Mais si cette énergie réceptive est stoppée, nous nous contractons, ce qui nous amène au repli, à l'évitement, à la disparition et à l'inertie.

L'énergie **Active** (également appelée énergie Assertive) coule naturellement vers l'extérieur en une action décisive, assurée et directe. Elle se sent libre, sans entraves et expansive. Elle peut également se manifester par une immobilité très alerte – une présence. Lorsque les énergies actives sont stoppées, nous nous contractons, et bien qu'elles soient toujours tournées vers l'extérieur, elles sont concentrées d'une manière qui ne permet pas à l'énergie de s'exprimer. Elle est ressentie par les autres comme une action agressive, débridée, énergique plutôt que comme une action assurée, intentionnelle ou une vigilance puissante mais tranquille.

L'énergie **Équilibrante** (également appelée énergie de Réconciliation ou de Conciliation) égalise et harmonise naturellement les énergies réceptives et actives. Lorsque nos énergies équilibrantes sont stoppées, notre système se contracte et l'énergie équilibrante s'effondre en une rigidité étroite et amplificatrice.

Harmoniser et intégrer les trois énergies – les forces réceptives, les forces actives et les forces d'équilibrage – au cours de l'expérience sexuelle est, à mon avis, le processus énergétique ultime pour parvenir consciemment à un épanouissement sexuel mutuel.

- Quand me suis-je renfermé et replié sur moi-même en m'éloignant de mon partenaire ? Qu'est-ce qui a déclenché cette réaction en moi ?

- Quand ai-je accepté passivement quelque chose afin d'éviter le conflit, même si je sentais que ce n'était pas vraiment ce qui me convenait ?

- M'est-il arrivé de devenir rigide ou inflexible avec mon partenaire, sans laisser aucune place à la négociation ? Que s'est-il passé ?

- M'est-il arrivé de devenir agressif plutôt qu'assuré ? Que s'est-il passé ? Quel a été l'impact sur mon partenaire ?

6 - Le désir ne doit pas nécessairement précéder l'excitation

Se centrer dans son corps et en « présence », respirer profondément et ancrer son cœur, stabiliser sa présence à tout ce qui est en soi et hors de soi : chacune de ces étapes nous prépare à l'intimité. Pourquoi attendre une excitation réelle pour initier l'intimité ? En échangeant des mots d'affection et en montrant de l'intérêt pour l'autre, nous nous ouvrons davantage à cette connexion, nous ouvrons la porte à un échange intime. La connexion peut être recherchée et manifestée par un regard amoureux. Nous pouvons entamer une conversation qui nous engage réciproquement, en choisissant de parler de quelque chose d'intime et de relatif aux sentiments. Nous pouvons nous ouvrir au toucher et au fait d'être touché, ce qui conduit souvent à une excitation sexuelle croissante.

Le simple fait d'amorcer une forme d'engagement envers l'autre peut faire naître la possibilité d'une connexion, d'une excitation sexuelle. Commencez par des messages qui rassurent, des compliments ou des gestes comme un clin d'œil ou un sourire langoureux. Un toucher léger et affectueux, une respiration douce et aimante, ou des préliminaires sexuels déclencheront ensuite le désir et l'excitation, en particulier chez les femmes.

Tout en sachant que le fait de toucher et de caresser peut stimuler une réponse sexuelle chez notre partenaire, il est toujours important que nous soyons à l'écoute de ses besoins sexuels et non sexuels et de ce qui est nécessaire et finalement désiré à chaque instant.

- Vous est-il arrivé d'empêcher l'intimité de se déployer entre vous et votre partenaire ? Qu'étiez-vous en train de vivre alors ?

- Vous arrive-t-il de résister aux avances ou aux besoins de votre partenaire ? Pourquoi avez-vous ressenti le besoin de résister ?

- Par quels moyens votre partenaire pourrait-il mieux entrer en contact avec vous, lorsqu'il désire une intimité émotionnelle, physique ou sexuelle ?

- Quelles sont les façons dont vous savez que votre partenaire vous répond lorsque c'est vous qui voulez une intimité émotionnelle, physique ou sexuelle ?

Exercice de réflexion de base destiné aux couples >>

1. Respirez plusieurs fois profondément par le ventre, afin de vous centrer et d'ouvrir votre cœur de manière réceptive et consciente. Pendant une dizaine de minutes environ, réfléchissez seul à la manière dont les connaissances universelles dont nous venons de parler influent sur votre sexualité et sur votre expérience sexuelle.

2. Ensuite, prenez environ 15 minutes avec votre partenaire pour partager ensemble vos pensées, vos sentiments et vos réactions. D'abord, chacun partage ce qu'il a compris et ce qui le préoccupe pendant environ 3 à 5 minutes. Décidez qui parlera en premier et qui écoutera d'abord de manière réceptive. Ensuite, chacun à votre tour, faites un retour à l'autre, soyez curieux et posez des questions. Recevez réciproquement vos commentaires et vos suggestions pendant environ 10 minutes.

3. Au cours de cet échange, soyez présent à votre partenaire et à ce qu'il partage avec vous. Restez ouvert, sans jugement et avec beaucoup d'acceptation et de bienveillance. Il est possible que vous entendiez des points de vue, des préoccupations et des intérêts différents des vôtres. Remarquez ce que cela suscite en vous lorsque vous découvrez quelque chose qui remet en question ou qui est très différent de vos propres réactions. Cet exercice vise spécifiquement à approfondir la compréhension, à créer une proximité et à améliorer l'intimité.

Chapitre 14

L'expression sexuelle et les neuf profils de l'Ennéagramme

Au cours des nombreuses années où j'ai travaillé avec l'Ennéagramme, animé des stages et écouté, lors des panels de la tradition orale, les témoignages des uns et des autres, j'ai été interpelé par l'expression de chaque profil de ses sensibilités les plus intimes. J'ai remarqué que je portais une attention particulière à la manière dont chacun des profils Ennéagramme se décrivait lorsqu'il était le plus vulnérable. Cela pouvait inclure les moments où les gens étaient exposés émotionnellement, dépendants des autres, en situation d'intimité sexuelle, lorsqu'ils étaient malades et / ou se trouvaient confrontés à la mort, en deuil, ou encore lorsqu'ils avaient besoin de réconfort.

Dans les moments de vulnérabilité, chaque profil Ennéagramme se trouve devant son plus grand potentiel d'ouverture. Cela peut donner lieu à une révélation de soi et à des changements radicaux sur le plan du bien-être. Parmi toutes les situations qui peuvent nous rendre vulnérables, j'ai découvert que nous le sommes particulièrement lorsque nous luttons et nous nous efforçons d'avoir des relations significatives, quel que soit le niveau d'intimité que nous pouvons tolérer.

L'intimité avec nous-même demande un immense courage, une honnêteté rigoureuse, beaucoup de compassion et de dévouement. Mais l'intimité avec l'autre tend à exacerber chacune des insécurités dont nous souffrons car nous nous heurtons à deux peurs essentielles : celle du rejet et celle de la solitude. Ces deux peurs se retrouvent inévitablement dans les interactions relationnelles et l'intimité sexuelle. Nos relations intimes avec notre partenaire sont si importantes que lorsqu'elles ne vont pas bien nous n'allons pas bien non plus. Lorsque nos compétences de communication ne sont pas développées, nos relations en souffrent. Lorsque nos compétences en matière d'intimité personnelle ne sont pas développées, nos relations en souffrent. Et lorsque notre moi sexuel n'est pas développé, nos relations intimes et plus sensuelles en souffrent.

En explorant cette application relativement nouvelle de l'Ennéagramme, je souhaite nous inciter à communiquer sur nos sensibilités les plus difficiles à partager, en particulier les questions relatives à la sexualité, à l'approfondissement de la relation et à la sensualité. J'espère que les connaissances que nous donne l'Ennéagramme sur nos croyances fondamentales, sur la manière dont elles nous conditionnent et sur nos centres d'attention nous permettront de nous libérer afin de nous connecter davantage, de ressentir davantage et d'exprimer davantage. J'espère qu'en utilisant l'Ennéagramme pour scruter notre intériorité, nous pourrons partager nos plus grandes vulnérabilités, car il ne fait aucun doute qu'elles nous mettent face à nos plus grandes peurs. J'espère enfin nous aider à élargir notre sensibilité à l'expérience sexuelle de l'autre et à acquérir davantage de compassion pour l'autre d'une manière qui soutienne ces objectifs sensibles. Puissions-nous, par conséquent, parvenir à des liens et à une intimité plus profonde – émotionnelle, sexuelle, spirituelle – les uns avec les autres.

Sexualité : Les enrichissements et les amoindrissements exprimés par chacune des neuf structures de personnalité

Comment le profil se manifeste *en tout*

J'ai compris que la croyance fondamentale et unique de chaque profil Ennéagramme, les propensions neuronales, le centre d'attention et la manière d'entrer en relation avec le monde ont un impact important sur notre expérience sexuelle. Les qualités innées de chaque profil catalysent les enrichissements ou favorisent les amoindrissements. La façon dont chacune des neuf structures de personnalité aborde la sexualité – les difficultés et désirs respectifs – ouvre nos cœurs et nos esprits à nos similitudes ainsi qu'à nos différences. Il y a tant à apprendre les uns des autres – de chaque profil Ennéagramme. Cet apprentissage peut nous mener à de nouvelles solutions pour aller de l'avant et mieux soutenir le soi et l'expérience sexuelle de l'autre, dans la partie la plus intime de notre vie. C'est là qu'un soutien dépourvu de jugement, ouvert et aimant est le plus nécessaire, mais c'est si rarement demandé ! C'est à ce moment-là que le partage est difficile, que nous ne nous risquons pas à demander et que nous nous protégeons le plus d'un éventuel rejet.

L'amélioration de la sexualité et de l'expression sexuelle exige que nous y insufflions présence et réceptivité. C'est la présence et notre engagement à la cultiver lorsque nous faisons l'amour qui nous ouvre à notre développement sexuel et relationnel. C'est le chemin vers des expériences sexuelles plus satisfaisantes et c'est un chemin qui permet l'intégration de l'âme aux expériences sensuelles et sexuelles. Connaître notre véritable nature au-delà du physique uniquement favorise notre plénitude. Lorsque notre vie intérieure et intime s'allie à la présence et au physique, le corps permet à l'âme de s'activer et de s'exprimer. Une sexualité à laquelle on insuffle l'âme est ressentie différemment – elle est ressentie avec amour.

« *L'amour est la capacité à ne faire qu'un ensemble* », explique l'auteur David Deida dans son livre *Enlightened sex, finding freedom and fullness through sexual union.* L'âme éclaire notre être physique, sur une fréquence vibratoire qui nous emplit de sentiments de connexion, « d'unité ». Les sentiments de séparation qui surviennent à certains moments de notre vie ne sont pas l'expérience de l'amour, mais celle du « non-amour », de l'absence d'amour. Deida poursuit en disant que lorsque notre sexualité est imprégnée d'amour, lorsqu'elle est sensuelle et ne fait qu'un avec l'autre, nous avons accédé à la capacité d'union sexuelle-spirituelle.

REMARQUE : Dans la vue d'ensemble de chaque profil Ennéagramme, nous nous concentrons sur la nature des qualités essentielles du profil, sur la manière dont elles se placent à l'arrière-plan du développement de la personnalité et dont elles peuvent être réintégrées dans notre structure de personnalité et l'expression de notre vie par la pratique.Ces pratiques d'intégration nous ramènent à l'unité, où notre personnalité développée et nos qualités essentielles peuvent être réunies en un tissu cognitivo-émotionnel. Ces pratiques construisent l'intimité et sont importantes, car elles nous mettent au défi d'aimer mieux et de vivre plus pleinement. Les principes de base de ces pratiques peuvent influencer profondément toutes les relations vitales. Il n'est pas nécessaire de connaître votre profil Ennéagramme pour les mettre en pratique. Prenons le temps de réfléchir à chaque profil Ennéagramme présenté, car chacun développera notre compréhension, notre acceptation et notre appréciation des autres comme de nous-même.

En préparant ce livre, j'ai travaillé en étroite collaboration avec des personnes appartenant aux neuf profils Ennéagramme. J'ai exploré leurs idées et leurs difficultés avec l'amour, la relation et l'expression sexuelle. Vous trouverez dans ce livre les mots propres de chaque profil lorsqu'ils évoquent leurs expériences sexuelles, qu'il s'agisse d'enrichissements ou de difficultés. Toutes les personnes citées en exemples qui ont témoigné ici ont une grande expérience de vie et connaissent bien l'Ennéagramme. Je tiens à remercier chaleureusement Rochelle Wald, car une grande partie du matériel descriptif partagé ici repose sur sa thèse révolutionnaire : *The Enneagram Types : Nine Style of Expressing Sexuality.*

Profil 1 | le Perfectionniste

Après avoir lu les différents paragraphes sur le Profil 1, fermez les yeux et prenez au moins trois respirations profondes afin de vous centrer dans votre être, de vous ancrer dans votre corps et dans le moment présent.
Accordez-vous 5 minutes environ pour réfléchir à la manière dont la structure de ce profil affecte l'intimité, y compris sa sexualité et ses qualités essentielles supérieures. Cela peut se faire en silence, seul ou avec un partenaire. Si vous le faites avec un partenaire, envisagez de prendre quelques minutes supplémentaires dans un état d'ouverture, dépourvu de jugement et dans l'acceptation de soi pour partager votre expérience et vos pensées ensemble.

Vue générale et accomplissement ultime pour le Profil 1

Rappelons que, en tant que Perfectionnistes, nous croyons que pour garantir notre possibilité d'être aimés, notre dignité et notre sécurité dans le monde nous devons être bons et droits. Nous ne pouvons avoir tort ou être mauvais dans un monde qui, d'après notre expérience, nous juge et nous condamne durement. Dans le processus de formation de la personnalité, ce qui passe à l'arrière-plan, c'est l'unité originelle de tout ce qui est au cœur de notre être : c'est ce qui est là lorsque nous sommes libres de tout jugement. Dans le corps, cela se traduit par un état de sérénité et de calme, associé à une appréciation de notre singularité. Dans cet état, nous faisons l'expérience de la vertu de la sérénité. Notre idéalisme inné, notre expression personnelle sans restriction ni inhibition et notre capacité à être dans l'état d'unité dans le moment présent passent également à l'arrière-plan. Ces qualités auraient naturellement enrichi à la fois notre sensualité et notre expérience sexuelle, en raison de notre propension à l'intensité et à la passion, qui découle de notre engagement à être le meilleur possible. Lorsqu'il est pleinement présent dans l'intimité, le cœur s'ouvre à la bonté inconditionnelle, à la joie et au sentiment du sacré. C'est là que résident l'acceptation totale de soi et des autres, notre dignité et le sentiment incontesté de notre valeur personnelle.

Lorsque nous étions enfants, notre Profil 1 était naturellement imprégné de rythme, de régularité et de prévisibilité dans le temps. Cependant, l'expression supérieure de la sexualité sensuelle est atténuée lorsque les jugements de l'esprit critique affectent et interfèrent avec l'expérience sexuelle. Ne pas bénéficier des « bonnes » conditions ou ne pas avoir la bonne apparence peut amoindrir notre sensualité. On rencontre souvent une forme de restriction et de suppression du désir.

Notre colère de Profil 1, souvent exprimée sous forme de tension, d'irritation et de ressentiment, interfère avec notre réactivité sexuelle-sensuelle et génère des comparaisons négatives et des sentiments d'indignité, de honte et de culpabilité, autant de facteurs de dissuasion. En outre, il est possible que le partenaire du

Profil 1 doive être parfait « d'une certaine manière ». De nombreux « je devrais » peuvent influencer négativement la réactivité, l'excitation et le désir. Le jugement de l'autre survient également puisque le partenaire doit lui aussi s'efforcer de s'améliorer et de répondre aux normes idéales de notre Profil 1. Enfin, certaines personnes de Profil 1 auront un standard interne selon lequel l'expression sexuelle « est une bonne chose », ce qui peut également être matière à jugement. Tandis que ce standard se développe, il mène à des jugements de valeur. Par exemple, on peut conclure que le partenaire n'est simplement pas assez porté sur la sexualité. Des jugements de cette nature, ou de toute autre nature d'ailleurs, peuvent avoir une influence négative sur l'expression sexuelle et sur la connexion ressentie avec l'autre. Le jugement divise et inhibe la possibilité de connaître l'unité.

Ce que les Profils 1 ont à dire à propos des difficultés rencontrées dans leur vie sexuelle

Sur le fait d'être correct, d'avoir raison et d'être dominé par l'esprit de jugement

Sue décrit ainsi le besoin d'avoir des relations sexuelles « correctes » : « *Pour moi, avant, c'était : est-ce que je fais ça correctement ? Est-ce que c'est la bonne chose à faire ? J'avais peur de faire une erreur en touchant le "mauvais endroit" de la mauvaise manière. J'avais besoin d'être lavée et propre pour avoir des relations sexuelles.* »

Selon Tom : « *Avant d'évoluer, je pensais qu'un partenaire sexuel désirable devait être "parfait" en tous points. Cette préoccupation saturait mes fantasmes d'images de personnes désirables véhiculées dans les médias. J'ai même connu des périodes d'inactivité sexuelle, à cause de ce besoin de perfection que je percevais.* »

Arnold raconte son besoin d'être correct en ces termes : « *Quand j'étais plus jeune, je pensais que c'était mal d'être excité sexuellement. Des amis plus âgés voulaient m'apprendre à me masturber. Je pensais que ça ne se faisait pas de se caresser, être sexuellement excité était déjà bien assez immoral.* »

Et Martha exprime le fait d'être correct et son expression limitative comme suit : « *Je fantasmais sur quelque chose d'idéal, être parfaitement lavée et avoir des draps propres et frais. Mon partenaire devait avoir de bonnes manières, être bien habillé et avoir un physique désirable. Et pareil pour moi. Je voulais que chaque détail soit parfait et même de petites imperfections me contrariaient. Maintenant, je frissonne quand je me rends compte combien c'était contraignant.* »

Sur les émotions motrices que sont la colère, la honte et la culpabilité

Molly explique : « *La colère profonde et refoulée que je ressentais envers mon partenaire s'est manifestée par un manque total de désir sexuel pour lui.* »

Ross exprime ainsi la colère qu'il ressent vis-à-vis du mauvais comportement de sa partenaire : « *Je m'en voulais de ne pas être assez bon au lit et ensuite j'avais honte de ressentir de l'attirance sexuelle pour d'autres femmes. J'étais fâché contre ma femme car elle restait en surpoids ; elle n'était plus mince ni attirante. Je devenais conscient de la tension corporelle que je ressentais dans ma tête, mon cou, mes épaules et mes bras. Cette tension provenait de la colère que j'avais intériorisée. Je remercie l'Ennéagramme de m'avoir permis de comprendre et de m'avoir aidé à me relâcher.* »

La colère de Ruth était tournée vers l'intérieur : « *J'avais peur de la pénétration ; je me contractais, je ressentais de la douleur et ensuite je me reprochais d'être une épouse si peu à la hauteur. Cela m'ôtait tout plaisir de faire l'amour.* »

Et à propos de son esprit critique, Heidi dit : « *En matière de sexe, je vivais avec l'injonction "je préfère avoir raison plutôt que d'être heureuse". Quelle idiote !* »

À propos des inquiétudes sous-jacentes les plus profondes : avoir tort et être indigne d'être aimé

Lynn déclare : « *Je m'appuyais sur ce sentiment d'indignité pour accepter moins que ce que j'aurais espéré. Je voulais que la question de la sexualité disparaisse de façon à pouvoir entrer en relation esprit à esprit et cœur à cœur, sans l'indignité des maladresses sexuelles.* »

Gale mentionne son ancienne inquiétude la plus profonde ainsi : « *Mon corps nu me donnait un énorme sentiment de dévalorisation. Dans le passé, j'étais incapable de me tenir nue devant mes petits amis avec la lumière allumée.* »

Thomas explique l'indignité de cette façon : « *Avant l'Ennéagramme, il me semblait avoir échoué dans ma tentative d'avoir une relation intime et sexuellement satisfaisante avec ma femme.* »

Doug, quant à lui, exprime son inquiétude concernant l'indignité de la manière suivante : « *Argh ! C'était véritablement ma plus grande peur – qu'au plus profond je sois indigne, que je ne mérite pas d'avoir une relation sexuelle épanouie. La culpabilité et la honte étaient les principaux combustibles de ce feu.* »

Dans chacune de ces trois rubriques, nous avons la possibilité de discerner l'impact du type sur l'expression de l'intimité et de l'expérience sexuelle.
Prenez quelques minutes pour évaluer comment le Profil 1 diminue le vécu de l'expérience sexuelle et empêche l'intégration de ses qualités supérieures dans son expérience sexuelle et dans la vie en général.

Chemin de développement pour le Profil 1

Pour le Profil 1, le chemin de développement implique de devenir réceptif, accueillant et conscient. La nécessité de relâcher le jugement critique est capitale. Le Profil 1 a une capacité innée à rechercher la « perfection », à s'efforcer d'y parvenir et à en être l'exemple, en tout et pour tout. Ils le ressentent souvent comme un état d'unité, une sorte d'extase. La gentillesse et la permission accordée par le partenaire, associées au fait de se donner un environnement esthétique agréable, facilitent le processus. Plus important encore, le chemin de développement pour le Profil 1 intègre l'expérience de l'acceptation de soi tel que l'on est, et au bout du compte le développement jusqu'à une sérénité due au fait que nous acceptons notre sensualité comme elle est, comme elle s'exprime spontanément, sans la comparer à d'autres expériences, à des standards ou à des situations idéalisées. Le chemin du Profil 1 est le chemin de l'acceptation. Et cette acceptation doit se faire sans jugement ni conditions. Autorisez sans censure les hauts et les bas naturels de l'intimité, de l'expérience sexuelle. Permettez-lui de se dérouler spontanément – aussi désordonnée, stupide, engageante, aussi désinhibée et aussi crue soit-elle. Le chemin pour le Profil 1 consiste à créer et à autoriser la joie, le plaisir, la connexion, la sensualité et une sexualité aimante et libérée.

Prenez quelques minutes pour réfléchir à ce que le Profil 1 doit faire pour se développer afin de permettre une relation intime satisfaisante, incluant une acceptation inconditionnelle qui mène à la qualité supérieure de la sérénité.

Ce que les Profils 1 ont à dire à propos des expériences sexuelles sur le chemin de l'épanouissement

Betty exprime ce chemin comme suit : « *Lorsque je me sens en confiance avec mon compagnon, je peux me laisser aller complètement dans l'acte sexuel. Alors les commentaires dans ma tête disparaissent et le "correct" n'a plus d'importance !* »

Arlène mentionne : « *Pour moi, la sérénité est le fait de cesser de placer des conditions sur la nature de mon expérience. Je peux autoriser l'orgasme à jaillir en moi et accepter la joie sans y mettre de conditions. Je peux maintenant reconnaître les besoins physiques de mon propre corps et ses réponses à la stimulation. Je suis libre de répondre ou de prendre l'initiative lorsque je suis dans la sérénité et non soumise au jugement. J'oublie que mon ventre est mou et que je commence à avoir des rides. Il n'y a pas de séparation entre le soi et le corps.* »

Matt considère son chemin ainsi : « *Ma respiration me rapproche de quelque chose de divin, je suis dans la gratitude, sachant que par ma sexualité je peux pleinement entrer en relation avec ma partenaire de manière intime. Je partage mes idéaux, mes joies et mes peines. Je suis bien plus présent grâce à la compréhension du pouvoir de la présence sensuelle.* »

Enfin, Pam confie : « *Parfois, nous nous contentons de rester étendus dans le lit, avec le sexe de mon partenaire qui me pénètre, nous nous tenons et nous nous embrassons. C'est un sentiment très romantique lorsque, après l'acte sexuel, nous restons juste dans le lit, dans les bras l'un de l'autre.* »

En lisant cela, essayez de comprendre combien une expérience sexuelle peut être riche quand nous sommes vraiment présents, dans l'acceptation totale de soi-même et de l'autre, dans un état d'ouverture bienveillante du cœur.
Prenez quelques minutes pour réfléchir aux témoignages des représentants du Profil 1 sur l'amélioration de leur expérience sensuelle / sexuelle et à la manière dont ils peuvent développer l'intégration de leurs qualités supérieures dans leur expérience sexuelle et dans leur vie en général.

Le travail de David avec le Profil 1 | le Perfectionniste

Le commentaire de David : On présuppose souvent que le Profil 1 lutte contre de nombreuses inhibitions et restrictions lorsqu'on parle d'expression sexuelle. Cependant, le contenu de leurs standards internes peut varier selon le large spectre de ce qui est désirable et acceptable pour un Profil 1 donné. Prenons ici l'exemple d'une famille dans laquelle l'expression corporelle de l'amour est le standard selon lequel il faut vivre :

Sandra : *Je sais que je suis un Profil 1 parce que je suis toujours en train de vouloir améliorer les choses.*

David : *Comment savez-vous que quelque chose est parfait ?*

Sandra *[avec précision] : Je me sens pleine de ressentiment quand les choses ne sont pas bien faites. Je peux simplement dire la manière dont les choses devraient être faites. Enfin, c'était jusqu'à ce que je découvre l'Ennéagramme et que j'apprenne qu'il y a différentes bonnes façons de faire et de voir les choses. Cela m'a demandé pas mal de travail sur moi-même, en particulier avec ma colère, pour me rendre compte que ma façon de faire était juste une façon de faire parmi d'autres. Au début, je ne savais même pas que* *j'étais en colère. Maintenant, je peux l'identifier et dire : « Oh, revoilà ma colère ! » Je peux simplement respirer profondément et prendre du recul, me laisser aller, en comprenant que c'est juste mon « vieux réflexe ».*

David *[avec chaleur] : Alors, passons maintenant à ce qu'est « faire l'amour » pour vous, en tant que Profil 1 ?*

Sandra : *Faire l'amour est quelque chose qui tient une grande place dans ma vie. C'est une expérience corporelle, très physique. C'est fort, grand et plein de joie. Cela veut dire prêter attention à la fois à moi-même et à un autre. Dans ma famille, c'est ce qu'on attendait. Je me demande ce qui ne va pas dans les autres familles.*

David : *Votre expression de l'amour et de son expression corporelle semble merveilleuse. Donc, si nous parlons de l'expression physique de l'amour, qu'est-ce que c'est pour vous ?*

Sandra : *Maintenant, j'adore le sexe. C'est une forte expression pour moi. J'adore jouer. J'adore danser. Je suis danseuse. J'ai toujours su que le sexe faisait partie de la vie. J'y prends plaisir. Je laisse mon moi sensuel se manifester.*

David : *Le plaisir sexuel combiné à l'amour peut rendre la vie formidable ! Certains Profils 1 ont un standard interne qui dit que le sexe est vraiment normal, important. De nombreux Profils 1, cependant, ont des injonctions puissantes en ce qui concerne l'expression sexuelle. Donc, selon vous, quels sont vos amoindrissements sexuels ?*

Sandra : *Avoir trop à faire et trop de choses à corriger peut m'empêcher d'être présente à mon mari. Cela me donne l'impression qu'il n'y a simplement pas assez de temps pour la relation sexuelle, ou que nous sommes obligés de nous dépêcher.*

David : *Lorsque nous sommes trop occupés, cela peut nous éloigner de l'expérience, de notre sensualité délicate et même spirituelle, celle permise par le fait d'être vraiment présent. Ralentir et prendre le temps nous permet vraiment d'être réceptifs. Remarquez la manière dont votre attention peut se tourner vers le travail ou les devoirs qui vous attendent, vers ce qui, pour vous, « doit » être fait. En respirant lentement, vous pouvez vous permettre de redevenir simplement présente à vos sentiments doux, plus tendres, de sensualité. Cela nous permet à tous d'accroître la joie, pas seulement aux Profils 1, mais à nous tous. Merci, Sandra.*

Prenez un moment pour réfléchir à la manière dont cet exemple de Profil 1 illustre le travail que nous devons tous faire pour développer notre bien-être sur le chemin de l'unité.

Profil 2 | l'Altruiste

Après avoir lu ce chapitre sur le Profil 2, essayez de fermer les yeux et de respirer profondément pour vous recentrer, vous ancrer dans votre corps et accueillir le moment présent. Prenez quelques minutes pour réfléchir à la manière dont les caractéristiques de ce profil affectent l'intimité, la sexualité et ses qualités essentielles. En silence ou avec votre partenaire. Si c'est avec votre partenaire, prenez quelques minutes supplémentaires pour échanger sans jugement, à cœur ouvert.

Vue générale et accomplissement ultime pour le Profil 2

En tant que représentants de ce profil, nous croyons que pour garantir notre besoin d'être aimés, notre dignité et notre sécurité dans le monde nous devons perpétuellement donner aux autres afin que nos propres besoins soient satisfaits. De plus, nous ne pouvons pas être considérés comme totalement inutiles dans un monde qui récompense principalement la générosité et le fait d'être au service des autres. Dans le processus de formation de la personnalité, passe à l'arrière-plan la liberté fondamentale d'être dans un état de don, de réceptivité innocente, sincère et sans restriction – appelée humilité. L'humilité enrichit naturellement l'expérience sexuelle grâce à une conscience partagée, à la réciprocité et au fait que le don de recevoir est égal au don de donner, ce qui, en fin de compte, procure la joie d'une union épanouie.

Dans un état de présence et d'humilité, le Profil 2 fait l'expérience de la sincérité envers soi et envers l'autre et d'une relation authentique qui soutient à la fois son moi et le partenaire. Les Profils 2 se sentent appréciés et la gratitude coule en eux, sans la supériorité ou l'absence de modestie souvent associées au fait de donner avec orgueil. Ces expressions supérieures de sexualité sensuelle sont influencées de manière négative par l'orientation de la personnalité sur les plaisirs et les besoins des autres et par la difficulté concomitante de savoir ce qui lui procure du plaisir et de la satisfaction.

Lorsque nous étions enfants, notre tempérament de Profil 2 réagissait de façon positive aux nouveaux stimuli, au fait d'être acceptés par les autres. Les Profils 2 ont tant besoin que leur partenaire soit satisfait qu'ils surveillent automatiquement ses pensées et sentiments et peuvent ne pas ressentir leur propre « sensualité » ou excitation. Cette concentration de l'attention et de l'énergie sur l'autre se traduit souvent par le sentiment et l'expression « *Je n'ai même pas de besoins* ». La gamme d'expériences des Profils 2 peut être assez variable, en partie parce qu'ils sont constamment à l'écoute des besoins et des désirs de leur partenaire. Les personnes de Profil 2 ont bien sûr des désirs et des besoins, mais comme ils n'en sont pas conscients ceux-ci restent non détectés et non exprimés. Ils peuvent devenir sensibles, dépendants, et paradoxalement exiger de l'attention lorsque leurs besoins n'ont pas été reconnus pendant trop longtemps. Cette tendance à refuser de se référer à eux-mêmes, parce qu'ils ont réprimé leurs propres besoins, amène alors à un amoindrissement sensuel / sexuel pour les deux, et à un possible ressentiment.

Prenez quelques minutes pour réfléchir à cela et assimiler le chemin des Profils 2 vers la plénitude et l'intégration de leurs qualités essentielles supérieures.

Ce que les Profils 2 ont à dire à propos des difficultés rencontrées dans leur vie sexuelle

Sur le fait de concentrer leur attention sur les besoins et les désirs des autres

Rachel : « *Autrefois, je ne pouvais jamais dire "non" à un partenaire qui voulait avoir des relations sexuelles. J'avais bien plus de plaisir à donner du plaisir à mon partenaire qu'à en recevoir.* »

Anna, quant à elle, exprime cette attention tournée vers les autres ainsi : « *J'avais des difficultés à apprécier mes propres expériences sexuelles, car mon esprit était trop concentré sur l'autre. C'était même difficile pour moi de savoir ce qui me donnait du plaisir, et surtout de savoir comment le demander.* »

Oliver voit les choses comme ceci : « *Avant de connaître l'Ennéagramme, j'obtenais une satisfaction sexuelle à la fois seul et avec ma femme quand j'imaginais que je lui donnais du plaisir de façon à pouvoir en avoir aussi.* »

Sophia : « *Mon attention était tournée vers mon partenaire. Je l'attirais, mais je n'initiais presque jamais la relation sexuelle. Les ressentis sexuels se trouvaient dans la partie inférieure de mon corps et l'amour emplissait mon cœur. Je pouvais être très aimante pendant l'acte sexuel mais, mon attention étant sur lui, je n'étais pas vraiment dans l'expérience de ma propre excitation.* »

Et pour Kristine, cette focalisation sur les besoins et désirs de l'autre signifiait : « *Je me sentais excitée en excitant mon partenaire, en lui procurant du plaisir. J'avais besoin qu'il soit excité pour pouvoir l'être moi aussi, pour me sentir sexy et désirable. Si lui ne se perdait pas dans l'expérience, il devenait difficile de m'y relâcher et de recevoir du plaisir pour moi-même.* »

Sur les sentiments moteurs d'orgueil et d'être indispensable

Mia : « *Quand j'étais plus jeune, j'avais l'impression d'être indispensable en tant que partenaire sexuelle. J'étais souvent volontaire, parce qu'être aimée était important pour moi.* »

Sur le thème de l'orgueil, William déclare : « *J'avais l'impression de tout savoir et d'être capable de fournir tout ce qui était nécessaire et voulu. Je savais simplement comment faire pour que l'autre se sente bien, pour la faire monter au septième ciel et être le meilleur pour la satisfaire.* »

Robb décrit l'orgueil de cette manière : « *Je m'occupe toujours de leurs besoins sexuels, mais j'ai aussi conscience de combien je suis nécessaire, de tout ce qu'elles ne peuvent pas faire sans moi. Je n'en peux plus de constater combien je suis bon à donner de l'amour et à procurer du plaisir !* »

Pour Judy, la puissance de l'orgueil s'exprime de cette façon : « *Je savais juste que j'étais à l'origine du bonheur de mon partenaire et que ce que je faisais l'amenait à l'extase et qu'il n'était pas capable de faire cela tout seul. Quel orgueil !* »

Sur l'inquiétude sous-jacente la plus profonde : être inutile aux autres et ne pas être indispensable

Rose-Anne : « *Pendant mes dix premières années de mariage, je n'aurais jamais refusé une relation sexuelle – je ne savais même pas que c'était une option. Je pouvais apaiser ma peur de ne pas être indispensable en étant désirée. Quand j'avais peur de ne rien valoir, j'initiais une relation sexuelle afin de court-circuiter la peur.* »

Jennifer parle ainsi de l'inquiétude d'être inutile : « *Quand j'étais jeune, j'avais l'impression que je ne serais pas acceptée ou que, pire, je serais rejetée si je ne satisfaisais pas les plaisirs sexuels de mon partenaire.* »

Roger : « *J'aimais croire que personne ne pouvait être aussi satisfait qu'en étant avec moi. C'est triste de ne pas être indispensable, mais croire que je l'étais a créé beaucoup d'obligations. Je restais dans des relations qui n'étaient pas ce que je voulais vraiment.* »

Nancy formule son ancienne inquiétude en ces termes : « *J'avais peur de ne pas être indispensable, ce qui m'encourageait trop souvent à être dans mon imagination avec des fantasmes sexuels. C'était plus sûr, car je craignais de ne pas satisfaire mon partenaire. J'imaginais que j'étais voulue pour tout ce que je faisais et donnais.* »

Dans chacune de ces trois rubriques, nous avons la possibilité de discerner l'impact du profil sur l'expression de l'intimité et de l'expérience sexuelle.
Prenez quelques minutes pour évaluer la manière dont le Profil 2 diminue le vécu de son expérience sexuelle et empêche l'intégration de ses qualités supérieures dans son expérience sexuelle et dans sa vie en général.

Chemin de développement pour le Profil 2

Pour les Profils 2, ce chemin implique d'identifier leur énergie active, voire intrusive, et de la diminuer. Les Profils 2 ont besoin de s'ancrer davantage dans leur soi, pour devenir plus réceptifs à eux-mêmes, ce qui favorisera une prise de conscience de cette tendance. Diriger l'attention vers l'intérieur autant que vers l'extérieur et, au fil du temps, permettre au flux réciproque qui consiste à donner et à recevoir de survenir, avec grâce et amour. Cela génère le développement de la sensualité, ainsi que l'expérience de l'humilité, la qualité de modestie qui vient avec la liberté ressentie lorsque l'on donne et que l'on reçoit sans conditions. Cela aide les Profils 2 à être dans un état calme, réceptif et plaisant afin de partager (et pas seulement donner) les délices de la sensualité et d'une sexualité aimante et attentionnée. S'inquiéter de ne pas être indispensable peut engendrer divers degrés d'anxiété qui nécessiteront de se détendre.

Prenez quelques minutes pour réfléchir à ce que le Profil 2 doit faire pour se développer afin de permettre une relation intime satisfaisante, incluant une acceptation inconditionnelle qui mène à la qualité supérieure de l'humilité. Cela désigne la capacité de permettre le flux inconditionnel de donner et recevoir, qui est partagé avec l'autre.

Ce que les Profils 2 ont à dire à propos des expériences sexuelles sur le chemin de l'épanouissement

Jennifer : « *J'ai appris que l'humilité est un état réceptif qui me permet d'être touchée. Lorsque je suis dans cet état, je peux être honnête à propos de mes besoins. Je peux prendre des risques. Il y a aussi l'expérience de ne pas avoir à gérer la totalité de la relation. La qualité de la rencontre sexuelle dépend de la manière dont elle se développe entre nous deux plutôt que de ma responsabilité à m'assurer que tout se passe bien. J'ai davantage de liberté d'expression parce que je ne dépends plus du résultat. Je trouve maintenant que je suis plus capable de verbaliser mes besoins, c'est même quelque chose qui m'excite.* »

Gale : « *Maintenant, après vingt ans de mariage et à presque 45 ans, en ayant travaillé sur moi, je me sens bien plus libre de me montrer avec authenticité. Je peux demander de faire l'amour ou le refuser. Je peux avoir des fantasmes ou pas.* »

Barry considère le chemin vers l'accomplissement ainsi : « *Maintenant, honnêtement, je ne trouve pas difficile de dire ce que je veux sexuellement. Ainsi, je donne et je reçois librement. C'est ce que je désire le plus. Et ce n'est pas l'orgueil qui parle, c'est pour moi un désir authentique de donner et de recevoir.* »

Kim : « *Avec humilité, je peux parler de mes pensées et de mes fantasmes. Je suis bien plus disponible intimement et mon mari se sent plus en sécurité, plus proche de moi. Le contrôle des sentiments s'est envolé et je suis mon corps. Mon énergie élevée, dans mon corps, à son apogée, mène à des orgasmes multiples, puis à la paix, à la gratitude, et l'amour coule à flots.* »

Remarquez : quel que soit notre profil Ennéagramme, nous avons besoin de comprendre combien le flux de donner et de recevoir est universel et combien l'affaiblissement de ce flux amoindrit l'expérience de l'intimité chez nous tous, pas seulement chez les Profils 2.

Prenez quelques minutes pour réfléchir et assimiler la manière dont les Profils 2 améliorent leur expérience sensuelle / sexuelle, favorisant ainsi l'intégration de leurs qualités d'être supérieures dans leur expérience sexuelle et dans leur vie en général.

Le travail de David avec le Profil 2 | l'Altruiste

Le commentaire de David : Voici l'exemple de quelqu'un qui travaille à devenir pleinement lui-même, le travail d'intégration personnelle. Richard, un jeune homme dans la vingtaine, décrit le chemin du Profil 2 tandis qu'il découvre ses propres besoins et désirs et, ce faisant, se retrouve sur la voie d'une façon plus naturelle de donner et de recevoir, à lui-même comme aux autres – les deux étant des cadeaux.

Richard : *Je sais que je suis un Profil 2 parce que j'aide, mais surtout parce qu'aider est ma façon d'être.*

David : *C'est concis. Alors, qu'est-ce que l'amour pour vous ?*

Richard : *Être avec quelqu'un et simplement être apprécié.*

David : *Dites-m'en un peu plus, que signifie être apprécié pour vous ?*

Richard : *C'est l'envie de connexion, de lien. Être apprécié pour qui je suis, ainsi je n'ai pas à m'expliquer ni à continuer à en faire plus pour me sentir apprécié. J'aide toujours les gens sous forme de questions : « Comment allez-vous ? » ou « Comment puis-je vous faire sourire aujourd'hui ? ». Je suis vraiment là pour l'autre et j'attends la même chose* *en retour, je l'attends vraiment. Mais je ne veux pas le dire à chaque fois. Je veux que ma femme s'en rende compte.*

David : *C'est un terrain dangereux parce qu'elle ne pense pas de la même façon que vous, en tant que Profil 2. Elle peut vous aimer profondément mais ne pas fonctionner avec la même façon de penser. Alors qu'en tant que Profil 2 vous vous donnez du mal pour remarquer ce dont un autre a besoin, les autres ne vont pas forcément faire la même chose pour vous. Vous pourriez avoir besoin de lui dire ce que vous voulez et ce que vous attendez.*

Richard *[en riant] : Il est possible que j'aie besoin d'une formation pour apprendre à poser les bonnes questions !*

David : *Elle peut avoir besoin de suivre votre formation, et vous la sienne. Mais, sérieusement, le véritable amour est un flux naturel de donner et de recevoir, et ce flux est inconditionnel. C'est un processus dans lequel les deux se montrent délibérément, de leur plein gré, selon leur libre arbitre. Cela va au-delà de toute formation pour essayer d'apprendre à poser les bonnes questions, aussi utile que cela puisse être.*

Richard : *Ce qui m'arrête, c'est de ne pas me connaître moi-même. Pour moi, le sexe a toujours été quelque chose de difficile, parce que je donnais quelque chose que je ne m'étais pas donné à moi-même, mais je ne le savais pas à l'époque. Donc faire réellement l'amour, pas une chose « qu'on fait pour quelqu'un d'autre », en ralentissant et en étant simplement présent – je n'avais jamais saisi cela.*

David : *Oui, cela signifie qu'il faut être là « pour vous ». Vous n'avez jamais placé votre attention à cet endroit. Vous avez magnifiquement décrit le chemin. Le thème clé, pour vous, est que votre cœur s'ouvre vraiment à vous-même. Cela veut dire qu'il vous faut continuer à pratiquer. Revenez à vos propres sentiments, à vos propres sensations et désirs à chaque fois que vous pratiquez. Donc, alors que vous vous éveillez à cela, quelles peuvent être les difficultés dans votre expression sexuelle ?*

Richard : *Je réfléchissais et j'étais souvent désorienté : y a-t-il quelque chose qui ne va pas chez moi ou chez elle ? La réponse est que je n'étais pas là pour moi-même. Maintenant, je me tourne vers l'intérieur, ce qui est différent.*

David : *Ce processus est le chemin pour nous tous. Vous êtes sur le chemin et c'est un don que vous vous faites à vous-même. C'est très émouvant. Merci, Richard.*

Prenez un moment pour réfléchir à la manière dont cet exemple de Profil 2 illustre le travail que nous devons tous faire pour nous développer sur le chemin de l'unité.

Profil 3 | le Battant

Après avoir lu ce chapitre sur le Profil 3, fermez les yeux et respirez profondément pour vous recentrer, vous ancrer dans votre corps et accueillir le moment présent. Prenez quelques minutes pour réfléchir à la manière dont les caractéristiques de ce profil affectent l'intimité, la sexualité et ses qualités essentielles. En silence ou avec votre partenaire. Si c'est avec votre partenaire, prenez quelques minutes supplémentaires pour échanger sans jugement, à cœur ouvert.

Vue générale et accomplissement ultime pour le Profil 3

En tant que représentants de ce profil, nous croyons que pour garantir notre besoin d'être aimés, notre dignité et notre sécurité nous devons accomplir et réussir, et ne pas être totalement incapables de faire. En d'autres termes, nous croyons que, pour ne pas être des ratés dans un monde qui récompense la réussite et juge l'échec, nous devons agir et être efficaces. Au cours de la formation de notre personnalité passe à l'arrière-plan notre énergie naturelle, dépourvue de restrictions et dynamique parce que combinée à des sentiments sincères.

Nous avons une grande aptitude à manifester une attention soutenue et un intérêt profond, une présence réceptive et une allure plus lente, naturellement compatissante. Nous devons avoir confiance en la contribution de l'autre, qui enrichit naturellement l'expérience sensuelle / sexuelle. Tout ceci implique un flux, ou même un calme alerte, au-delà de la conscience de soi et de l'effort. Dans un état de présence dans l'intimité, nous savons intérieurement que l'amour résulte des qualités de l'être, ainsi que d'une attention sincère à la fois pour soi et pour le partenaire. Ce faisant, être et faire se fondent harmonieusement, tout comme les sentiments et l'action.

Chez le Profil 3, ces expressions supérieures d'une sexualité sensuelle sont affectées de manière négative par l'allure soutenue, l'attention portée à la performance et le souci de maintenir une bonne image aux yeux du partenaire. Lorsque cela arrive, l'expérience sexuelle du Profil 3 est amoindrie, car il peut exécuter une performance plutôt qu'« être » dans cette expérience. Les Profils 3 peuvent être absorbés par des tâches ou une image de soi, et de ce fait rencontrer des difficultés à ressentir leurs propres sentiments et parfois leurs expériences corporelles / somatiques. Même l'orgasme peut devenir un objectif à atteindre. Une activité sensuelle / sexuelle non consciente est tournée vers le succès, la compétition et le fait de gagner. « *Je peux faire cela, être cela, ou obtenir cela* », je vais démontrer ma compétence. Les personnes de Profil 3 peuvent même aller jusqu'à éviter l'activité sexuelle par crainte de l'incompétence, d'autant plus qu'un sentiment de honte peut accompagner tout sentiment d'incompétence. Par conséquent, le sexe pourrait même être ressenti comme n'étant rien sans un objectif de performance. À tout le moins, l'ambivalence survient autour de l'expression honnête des véritables sentiments et lorsqu'il s'agit de prendre plus de temps pour ralentir le rythme. Même lorsqu'elles étaient enfants, les personnes de Profil 3 avaient des niveaux d'activité élevés dans la sphère motrice, ce qui les éloignait plus volontiers de leurs sentiments authentiques.

Prenez quelques minutes pour réfléchir au chemin du Profil 3 vers l'unité et l'intégration de ses qualités essentielles.

Ce que les Profils 3 ont à dire à propos des difficultés rencontrées dans leur vie sexuelle

Sur le fait d'être compétent et de tout réussir en maintenant une bonne image

Avant de travailler avec l'Ennéagramme, Carla vivait ainsi la performance : « *J'avais tendance à voir une relation comme un travail à faire et à contrôler. Mes sentiments pouvaient être très loin de ma conscience. Mes pensées étaient plutôt du genre : "Comment suis-je perçue ?"* »

Chip : « *J'avais l'habitude d'être plus axé sur ma performance sexuelle et sur mon orgasme que sur tout le reste.* »

Hailey exprime ainsi son orientation vers le succès : « *Dans ma jeunesse, je mettais en place des objectifs autour de ce qui pouvait procurer du plaisir à mon partenaire. Je ne ressentais pas grand-chose parce que j'étais totalement connectée aux objectifs et à l'expérience de mon partenaire.* »

Robin : « *Mes tâches et mes objectifs faisaient habituellement obstacle à de bonnes relations sexuelles. Le sexe était juste une chose de plus à faire.* »

Et Russ exprime simplement sa préoccupation du succès ainsi : « *Plus jeune, je mettais en place des objectifs autour de ce qui pouvait procurer du plaisir à mon partenaire. Je ne ressentais pas grand-chose parce que j'étais tellement connecté aux résultats et à l'expérience de ma partenaire, et, oui, à mon image aussi.* »

Sur l'impulsion dynamique qui les dirige et les amène à se duper eux-mêmes à propos de leurs véritables sentiments :

Wendy : « *Dans le passé, mon aveuglement était total lorsque j'entrais en compétition pour gagner un homme en étant attirante ; l'objectif était de le mettre dans mon lit.*

Je m'exécutais alors pour donner du plaisir à mon partenaire. Je n'étais pas connectée à mes propres sentiments corporels. »

Kirby décrit son aveuglement passé dû à l'énergie dynamique ainsi : « *J'étais un dragueur incorrigible ! J'adorais les femmes et j'adorais le sexe. Je me synchronisais avec la personnalité d'une femme pour qu'elle me trouve attirant, dans l'objectif d'avoir des relations sexuelles avec elle. Mes sentiments importaient peu.* »

Pour Doreen, le sexe c'était : « *Je jouais souvent un rôle, me comportant de la façon qu'on attendait, selon moi, et m'observant à travers les yeux de l'autre, mes sentiments en suspens.* »

Nan : « *J'ai du mal à savoir ce que je ressens pendant que je fais l'amour.* »

Sur les inquiétudes sous-jacentes les plus profondes : l'incompétence et l'échec

Julie : « *Si je n'atteignais pas mon but, qui était que mon partenaire se sente bien, je me sentais honteuse et mon image était ternie. Tristement, je me coupais de ce partenaire et pouvais même ne jamais le revoir à cause de ma peur de l'échec.* »

De la même façon, à propos du thème de l'incompétence, Madeline déclare : « *J'avais l'habitude de projeter une image de moi sexy et bien dans ma peau, mais en réalité j'avais peur de ne pas être une amante compétente. J'avais peur de décevoir au lit et d'être rejetée.* »

Edward : « *Avant mes prises de conscience grâce à l'Ennéagramme, je ressentais une peur profonde de ne pas être suffisamment attirant pour les femmes en vieillissant. Vieillir et voir des rides apparaître est très effrayant et déprimant. Ne plus être considéré comme attirant par les femmes, c'était comme mourir.* »

Et Quinn dit de façon succincte : « *L'échec, c'est devenir impuissant et perdre tout désir sexuel.* »

Dans chacune de ces descriptions, concernant les diminutions associées au profil, les problématiques sur l'intimité et l'expérience sexuelle sont évidentes. Ces exemples de Profils 3 montrent combien la présence est essentielle pour soi-même et pour l'autre, indépendamment du profil Ennéagramme.
Prenez quelques minutes pour évaluer la manière dont le Profil 3 diminue le vécu de son expérience sexuelle et empêche l'intégration de ses qualités supérieures dans son expérience sexuelle et dans sa vie en général.

Chemin de développement pour le Profil 3

Pour les représentants de ce profil, cela implique de devenir réceptifs et conscients afin de ralentir l'allure et de permettre à un flux d'énergie naturel de circuler, au-delà de l'effort pour atteindre un objectif. Cela signifie que l'on doit comprendre que l'énergie rapide, dynamique, sera toujours là en cas de besoin. Et cela signifie aussi qu'il faut se libérer des peurs d'inaptitude qui peuvent survenir. Une fois que nous y parvenons, la gamme naturelle des sentiments s'exprime, faisant simplement partie du flux de la vie. L'attention naturelle complétée par l'objectif de bien faire enrichit l'expérience sensuelle / sexuelle. En se relâchant et en étant simplement présent à soi-même et à l'autre, l'expérience d'être apprécié et aimé, en dehors du « faire », survient. Alors, les personnes de Profil 3 finissent par comprendre que l'amour est ressenti pour les qualités d'être, pas uniquement pour le résultat de ce que l'on accomplit.

Prenez quelques minutes pour réfléchir à ce que le Profil 3 doit faire pour se développer afin de permettre une relation intime satisfaisante, incluant la qualité supérieure d'être présent à ses sentiments et à ceux des autres. Cette qualité est appelée « véracité ».

Ce que les Profils 3 ont à dire à propos des expériences sexuelles sur le chemin de l'accomplissement

Madeline décrit son cheminement ainsi : « *Je travaille sur le fait d'être plus honnête avec moi-même – et pas simplement dans la performance sexuelle.* »

Van : « *J'aime savoir honnêtement ce que veut ma partenaire et je lui demande ce qu'elle préfère. Lorsque je suis honnête avec moi-même, avec mes propres sentiments, je ressens une satisfaction intérieure plus profonde.* »

Elaine présente l'accomplissement de cette manière : « *Avec le temps, j'ai réussi à m'approprier mes sentiments et mes expériences sexuelles agréables – à les reconnaître pour moi-même et pour ma partenaire. Nous faisons partie des quelques premiers milliers de couples homosexuels mariés.* »

Brittany : « *Je sais maintenant me détacher des tâches et des objectifs et me détendre pour être complètement moi-même. Je n'ai pas besoin d'être sur mes gardes ou d'anticiper quelque malentendu à propos de ce que je fais. On s'occupe de moi, je me sens en sécurité, aimée, et aussi beaucoup plus aimante.* »

Et Monica résume le chemin de cette manière : « *Je travaille sur le fait d'être plus honnête avec moi-même – de ne pas trop donner sexuellement simplement pour avoir un autre succès à mon actif.* »

En lisant cela, essayons de comprendre combien notre expérience intime peut être riche quand nous ne sommes pas concentrés sur la performance et une prestation sexuelle. Pour nous tous, cela veut dire nous rendre compte que nous sommes aimés pour qui nous sommes, pas pour nos actions.
Prenez quelques minutes pour réfléchir à la manière dont les représentants du Profil 3 améliorent leur expérience sensuelle / sexuelle en ralentissant le process, et ce faisant développent l'intégration de leurs qualités supérieures dans leur expérience sexuelle, et dans leur vie en général.

Le travail de David avec le Profil 3 | le Battant

Le commentaire de David : Nous voyons ici comment la structure de personnalité détermine souvent la manière dont nous nous exprimons à la fois dans l'amour et dans l'expression sexuelle. Le rythme soutenu du Profil 3 peut être satisfaisant, mais peut aussi nous laisser aveugles à des sentiments plus profonds. En outre, il est important pour les représentants de ce profil de ne pas faire de l'amélioration sexuelle une autre tâche à accomplir.

Jeanette : *Eh bien, ce qui me fait dire que je suis une personne de Profil 3, c'est que les sentiments compliquent le fait de faire des choses. Je m'impatiente lorsque les gens m'empêchent d'accomplir des choses. Avec l'Ennéagramme, j'ai appris que le langage amoureux du Profil 3 implique de faire et d'accomplir des choses pour être aimé. Cela a toujours été vrai pour moi.*

David : *Alors, comment votre structure de Profil 3 influe-t-elle sur votre expression de l'amour ?*

Jeanette : *Mon mari est occupé, lui aussi. Nous faisons des choses l'un pour l'autre. Nous ne nous arrêtons pas souvent. Je soutiens son travail et il soutient le mien. Nous accomplissons beaucoup de choses, nos emplois du temps sont chargés et nous nous complétons l'un l'autre.*

David : *Le chemin pour le Profil 3 consiste à ralentir le rythme, en inspirant profondément et en expirant profondément. Ralentissez et prenez conscience simplement de toute votre énergie active, qui est quelque chose de formidable sauf lorsque vous n'avez plus accès aux autres énergies en vous ou que vous ne pouvez pas les exprimer. Autorisez davantage d'énergie réceptive, car les énergies active et réceptive sont toutes deux nécessaires à la vie et à l'amour. Donc, quels sont les obstacles et les améliorations pour une relation physique réellement satisfaisante ?*

Jeanette : *Je continue à penser que même le fait de faire l'amour est une chose à faire. Nous nous apprécions l'un l'autre physiquement, mais je ne sais pas si nous sommes vraiment pleinement là. Il veut aller vite et ça m'a toujours convenu.*

David : *Eh bien, vous êtes tous deux attentionnés, et aller vite c'est bien aussi si c'est ce que vous voulez tous les deux. Pourtant, l'avantage pour lui, si vous ralentissez votre allure, c'est qu'il est probable qu'il ralentira la sienne, et alors vous pourrez tous deux être présents à vos propres sentiments plus profonds, plus tendres, pendant que vous faites l'amour. Lorsque nous ralentissons l'allure, nous pouvons plus pleinement ouvrir notre cœur et nous ressentir, et ressentir l'autre aussi.*

Jeanette : *Oui, quand nous ralentissons, nous nous apprécions davantage l'un l'autre. Je l'ai toujours aimé. Il est plein d'énergie et a l'esprit aventureux.*

David : *Souvenez-vous, nous ne pouvons être que là où nous sommes, sur notre chemin, à un moment donné. Faire l'amour n'est pas une chose à accomplir, c'est simplement une chose à laquelle il faut être présent, avec vous-même et avec votre partenaire.*

Prenez un moment pour réfléchir à la manière dont cet exemple de Profil 3 illustre le travail que nous devons tous faire pour nous développer sur le chemin de l'unité.

Profil 4 | le Romantique

Après avoir lu ce chapitre sur le Profil 4, fermez les yeux et respirez profondément pour vous recentrer, vous ancrer dans votre corps et accueillir le moment présent. Prenez quelques minutes pour réfléchir à la manière dont les caractéristiques de ce profil affectent l'intimité, la sexualité et ses qualités essentielles. En silence ou avec votre partenaire. Si c'est avec votre partenaire, prenez quelques minutes supplémentaires pour échanger sans jugement, à cœur ouvert.

Vue générale et accomplissement ultime pour le Profil 4

Rappelons que, en tant que Romantiques, nous croyons que pour garantir notre besoin d'être aimés, notre dignité et notre sécurité nous devons être spéciaux, uniques et complets. Nous ne devons pas être déficients ni imparfaits dans un monde qui, d'après notre expérience, finira par nous abandonner. Au cours du développement de notre personnalité passent à l'arrière-plan notre appréciation de ce qui est, ce qui est réel, et notre relation avec cette réalité. Cela enrichit naturellement l'expérience sensuelle / sexuelle par une présence inébranlable et dévouée, par un cœur ouvert à soi et à l'autre, et par le fait d'embrasser la totalité de *ce qui est*, ici et maintenant, avec une gratitude profonde et durable.

Lorsque nous comprenons que rien de substantiel ne manque vraiment, la connaissance intérieure abonde. C'est ce qui mène à la sérénité, à l'équanimité intérieure. Ceci signifie que nous ne sommes ni au-dessus ni en dessous, ni supérieurs ni inférieurs. Nous sommes en équilibre et stabilisés sur le plan émotionnel. Dans l'intimité, nous pouvons retourner à notre sentiment de connexion originel, complet, à condition que nous soyons dans le moment présent, appréciant avec révérence tout ce qu'il y a et faisant l'expérience de la profondeur, de la beauté et de la plénitude sans que rien de substantiel ne semble manquer, et par conséquent sans souffrir de notre déception habituelle. Cependant, vouloir *et s'attendre à* des expériences riches tout le temps amoindrit l'expression supérieure de la sexualité, les attentes pouvant mener à la déception, à un manque satisfaction profonde et à donner à son partenaire le sentiment d'échouer ou de ne pas être à la hauteur.

Le tempérament de la petite enfance est appelé « qualité labile de l'humeur », ce qui signifie qu'une grande partie du comportement est exprimée émotionnellement, de façon à la fois positive et négative. Cela peut exacerber l'impression de passer à côté de quelque chose de spécial, ou d'être privé ou déçu sur le plan sexuel, tout en amplifiant et romançant une expérience sensuelle / sexuelle idéalisée. Tout cela peut amener à vivre l'acte sexuel à proprement parler avec un sentiment de platitude et de déception, ce qui dévalorise les expériences sensuelles et accentue un amoindrissement sexuel.

Parce que l'attention est tournée vers l'idéal et vers *ce qui n'est pas* présent, nous pouvons passer à côté de ce qui est là dans l'expérience sexuelle. Cette attitude est alimentée par le désir de ce qui n'est pas là, mais qui pourrait l'être. Ne pas vouloir que l'expérience se termine conduit également à amoindrir l'expérience. La nostalgie nous emmène loin de l'ici et maintenant. Il peut également y avoir le sentiment de manquer de quelque chose, de ne pas être à la hauteur, ou la peur d'être « moins que ». La honte de ce qui est insuffisant en soi affecte négativement notre expérience sexuelle et notre capacité à l'intimité avec l'autre.

Prenez quelques minutes pour réfléchir au chemin du Profil 4 vers l'unité et l'intégration de ses qualités essentielles, en particulier l'équanimité.

Ce que les Profils 4 ont à dire à propos des difficultés rencontrées dans leur vie sexuelle

Rechercher l'idéal en se focalisant sur ce qui manque ou sur ce qui est décevant

Richard présente ainsi le manque ou la déficience : « *Autrefois, j'avais l'impression qu'il y avait toujours d'autres pratiques sexuelles à explorer et qu'en étant monogame je passais à côté de certains aspects de ma sexualité. Cela me donnait le sentiment d'être privé, restreint et enfermé.* »

Sue : « *J'avais l'habitude de romancer les expériences sexuelles à tel point que, parfois, la véritable expérience paraissait monotone ou ennuyeuse. La masturbation pouvait alors être plus profondément satisfaisante.* »

Zale exprime ainsi ce qui manque : « *J'ai énormément lu pour comprendre le corps féminin et la réactivité sexuelle féminine, à la fois par curiosité et parce que je désire ressentir ce qu'une femme ressent, ce qui pourrait manquer à ma propre expérience !* »

Ali : « *Avant d'en avoir pris conscience, j'avais l'habitude de fantasmer sur une sexualité idéale et j'étais souvent déçu. J'aime l'intensité dans le sexe et l'orgasme, mais je remarquais surtout ce que je ne faisais pas et ce qu'elles ne faisaient pas. Ce n'était jamais tout à fait le bon moment ou tout à fait assez bien.* »

Jana : « *Je me focalisais sur ce qui manquait lorsque j'étais avec mon partenaire – vouloir une position différente de celle qu'il voulait, vouloir retarder l'orgasme pour le rendre plus délicieux, mais je me sentais quand même déçue lorsque nous faisions l'amour parce que tout était fini trop tôt. Je suis si reconnaissante du chemin parcouru. Maintenant, je me concentre plus sur ce qui est et sur le fait d'être simplement présente.* »

Sur les émotions directrices de désir et d'envie

Hayward exprime le désir de cette manière : « *Même maintenant, je veux encore le genre de sexe que j'imagine que les autres ont. Je ressens le désir de m'unir sexuellement à ma partenaire et je ne me sens pas à la hauteur quand ce n'est pas le cas.* »

Sue voit les choses de la façon suivante : « *Autrefois, j'avais très envie de faire l'amour de façon romantique, comme dans les films. J'enviais les femmes qui avaient un corps superbe. J'aimais avoir un partenaire qui était souvent en déplacement. Ainsi, je pouvais me sentir proche sans avoir à gérer l'impression que les autres avaient de meilleures relations sexuelles que moi.* »

Bert : « *Avant de connaître l'Ennéagramme, je n'avais jamais autant de sexe que j'en désirais. Le désir et l'envie de plus de partenaires sexuels, ou de partenaires différents, excluaient toute relation monogame à long terme. Je suis heureux que tout cela ait changé grâce à l'Ennéagramme.* »

Holly : « *Le désir m'éloignait de l'ici et maintenant, et il le fait parfois encore. Si je fantasme sur le fait que le sexe soit plus passionné, je ne suis pas dans l'expérience. L'envie peut aussi continuer à pénétrer mes sentiments lorsqu'il s'agit d'orgasme. Si je n'ai pas un orgasme intense, il est possible que j'en désire un autre et que je me sente en manque.* »

Sur les inquiétudes les plus profondes : être déficient et manquer

Cynthia explique : « *Je craignais souvent de ne pas être la meilleure partenaire sexuelle.* »

Tandis que Sue présente son inquiétude à propos de la déficience de cette manière : « *Je n'initiais pas le sexe à cause de cette peur de déficience et d'abandon.* »

Jim : « *J'avais un certain nombre de fantasmes à propos de l'incapacité, comme d'avoir un plus gros pénis et de ne pas être capable de faire jouir une femme pendant au moins dix minutes. Ces pensées étaient tellement humiliantes !* »

Jason : « *Je restreignais mon instinct sexuel de peur d'être rejeté. Heureusement, je suis un type qui présente bien. Autrement, mes sentiments de déficience seraient encore pires.* »

Et enfin, Mary évoque son ancienne peur du manque de cette manière : « *Autrefois, si je n'étais pas l'amante parfaite, qui satisfaisait chacun de vos fantasmes, envies et désirs, alors vous m'auriez considérée comme déficiente. Je me serais vue comme ça et vous m'auriez abandonnée. Je me serais aussi abandonnée. Soyons honnêtes : auriez-vous désiré mon corps avec ses vergetures, son ventre qui tombe, ses varices et son vieillissement ? Je suis si heureuse que tout cela ait changé parce que je me suis autorisée à me concentrer sur ce qui est là et pas sur ce qui manque ou est défectueux.* »

Dans chacune de ces descriptions, nous pouvons percevoir combien la structure du profil peut impacter l'intimité et la manifestation de l'amour pour soi-même et pour l'autre.
Prenez quelques minutes pour évaluer la manière dont le Profil 4 diminue le vécu de son expérience sexuelle et empêche l'intégration de ses qualités supérieures dans son expérience sexuelle et dans sa vie en général.

Chemin de développement pour le Profil 4

Pour les Profils 4, le développement exige de devenir réceptif et de prendre conscience puis d'accepter simplement le moment présent, sans chercher ce qui fait défaut, ce qui déçoit ou ce qui est déficient. Ramener l'attention sur *ce qui est ici et maintenant*, plutôt que sur ce qui manque, permet paradoxalement à l'expérience sexuelle de s'approfondir et de se développer naturellement. Cela signifie faire l'expérience d'être aimés comme nous sommes, avec nos déficiences perçues et tout le reste, avec gratitude et sérénité. Cela permet des sentiments à multiples facettes et le désir d'une connexion profonde et authentique qui enrichira naturellement l'expérience sensuelle / sexuelle, grâce à un cœur ouvert et satisfait pour soi comme pour l'autre.

Prenez quelques minutes pour réfléchir à ce que le Profil 4 doit faire pour se développer afin de permettre une relation intime satisfaisante, incluant la qualité supérieure de l'équanimité et l'acceptation de ce qui est, tel que c'est.

Ce que les Profils 4 ont à dire à propos des expériences sexuelles sur le chemin de l'accomplissement

Pour Max, le chemin implique : « *D'avoir un équilibre dans ma vie sexuelle, combiné à la conscience des limites.* »

Tandis que Gérard présente le développement de cette manière : « *Je m'autorise à écouter mes sentiments et mes fantasmes quelle que soit la direction qu'ils prennent, je les observe. Cela m'a aidé à garder l'équilibre parce que j'accorde davantage de valeur à la vérité authentique qu'au fait que j'aime ou que je n'aime pas la vérité. Je ne voudrais pas que la plupart de mes fantasmes se réalisent vraiment.* »

Emily : « *J'ai appris à porter autant d'attention au plaisir de mon partenaire qu'au mien. J'apprécie ce que nous avons, ce qui est là dans le moment présent.* »

Mary : « *Lorsque je libère l'envie, je connais l'amour profond et la connexion. J'ai appris à être neutre et à être dans l'ici et maintenant. Je ne suis pas gênée par mon corps et j'apprécie ce sentiment direct.* »

Mia résume le développement ainsi : « *Ne pas trop réfléchir et ne pas trop fantasmer conduit à une expérience sexuelle excellente et à être présent dans l'instant. Lorsque je suis équilibrée, mon instinct sexuel naturel est plus fort, plus profondément satisfaisant et plus fluide.* »

Joseph : « *Un sentiment d'équilibre et de sérénité survient lorsque j'accepte et que j'aime l'autre, tel qu'il est.* »

Suite à ces réflexions, faisons de notre mieux pour comprendre combien profonde est notre expérience intime lorsque nous évitons de nous lamenter sur ce qui manque. Autorisons-nous à ressentir que nous sommes aimables tels que nous sommes et que nous pouvons aussi l'exprimer à notre partenaire.
Prenez quelques minutes pour réfléchir à la manière dont les représentants du Profil 4 accroissent la qualité de leur expérience sensuelle / sexuelle, favorisant l'intégration de leurs qualités supérieures dans leur expérience sexuelle, et dans leur vie en général.

Le travail de David avec le Profil 4 | le Romantique

Le commentaire de David : Nous voyons ici le désir profond de l'idéal ultime qui peut dominer la vie d'une personne et qui peut influencer sa capacité à aimer, comme la manière dont elle fait l'amour. Ce faisant, cette envie peut éloigner une personne de Profil 4 de ce qui est présent et positif. La prise de conscience de Katherine est en avance sur son aptitude à garder son cœur ouvert à elle-même ; elle apprend encore et s'autorise à être plus réceptive à ce qui est positif dans l'instant. C'est son chemin vers l'intégration et la plénitude.

Katherine : *Je trouve toujours que quelque chose manque à ma vie. Je suis toujours en train de chercher quelque chose, d'avoir envie de plus, de ce que je crois être important. C'est l'histoire de ma vie.*

David : *Pour moi, ce qui est triste dans le Profil 4, ce n'est pas la recherche de la qualité en elle-même, ce qui est beau, mais le fait que ce n'est jamais assez, que les autres ne sont pas assez. Vous n'appréciez pas tout ce que vous êtes, ou ce que les autres sont. Alors, dites-moi, qu'est-ce que l'amour pour vous ?*

Katherine : *Une grande énergie est investie dans cette quête, le fait d'être déçue et de ne jamais ressentir assez. Une fois, j'ai connu un véritable amour, mais il m'a quittée [les larmes lui montent aux yeux]. Je n'ai jamais retrouvé cet amour.*

David : *Cela vous laisse dans un état de nostalgie, d'envie, et c'est au cœur de votre développement. Continuez à vous efforcer de remarquer la direction de votre attention – vers ce qui, selon vous, n'est pas suffisant –, et que cela vous rappelle d'aller plutôt vers ce que vous appréciez en vous et dans la vie.*

Katherine : *Pour moi, c'est simplement m'accrocher à ce qui est positif, à la fois chez moi et chez l'autre.*

David : *Cela signifie plus que vous accrocher, cela signifie rester présente à ce qui est, pas à ce qui n'est pas, soit en vous, soit en l'autre. Il existe même une définition de l'amour qui dit « Aimer, c'est apprécier les différences ».*

Katherine : *J'ai besoin de sentir que ce qu'il me donne est bien et qu'il n'y a pas quelque chose de mieux ou de plus qu'il aurait dû faire. C'est si décevant ! Au point que je ne peux pas apprécier du tout ce qui est là et ce qui m'est donné. Je sais que j'ai besoin de simplement me raisonner et de rester présente.*

David : *Paradoxalement, commencez par vous aimer et vous apprécier véritablement, cela vous permettra d'aimer et d'apprécier véritablement l'autre. Ce que vous infligez à l'autre est ce que vous vous infligez, tout au fond de vous. Ce travail va au-delà de simplement vous raccrocher. C'est le travail de la prise de conscience. C'est le travail de* *l'acceptation de soi. Alors, comment tout cela se présente-t-il quand on en vient à votre expression sexuelle ?*

Katherine : *J'aime être véritablement présente, présente dans l'instant. Tout ce que vous dites à propos de l'amour pour moi, c'est la même chose dans ma relation physique avec mon partenaire. J'ai simplement besoin d'être là, d'apprécier ce qui est et de l'exprimer comme un désir, bien que ce ne soit pas une réalité. C'est difficile pour moi.*

David : *Remarquez-vous que vous exprimez cela sur le mode de l'idéalisation ? Il s'agit de prendre conscience du mécanisme que vous utilisez pour vous engager avec un autre. C'est autre chose que d'être simplement présente, là, dans l'instant, avec une acceptation de soi et des autres. Vous avez beaucoup de conscience, à tel point que vous pouvez voir comment vous essayez de faire face. Je vous recommande d'utiliser cela pour rester vigilante à ce désir qui vous emmène loin de ce qui est présent, réel et là pour vous. Que ce soit la clé pour être plus douce avec vous-même. Apprendre à revenir à ce qui est là dans votre vie amoureuse, et quand vous faites l'amour, c'est réel. Je vous recommande de prendre du temps pour réfléchir à ce travail que vous venez de faire et assimiler le potentiel de développement que cela peut vous apporter. Merci, Katherine.*

Prenez un moment pour réfléchir sur la manière dont cet exemple de Profil 4 illustre le travail que nous devons tous faire pour nous développer sur le chemin de l'unité.

Profil 5 | l'Observateur

Après avoir lu ce chapitre sur le Profil 5, fermez les yeux et respirez profondément pour vous recentrer, vous ancrer dans votre corps et accueillir le moment présent. Prenez quelques minutes pour réfléchir à la manière dont les caractéristiques de ce profil affectent l'intimité, la sexualité et ses qualités essentielles. En silence ou avec votre partenaire. Si c'est avec votre partenaire, prenez quelques minutes supplémentaires pour échanger sans jugement, à cœur ouvert.

Vue générale et accomplissement ultime pour le Profil 5

Rappelons que, en tant qu'Observateurs, nous croyons que pour garantir nos besoins de sécurité, d'amour et d'estime de soi (dignité) nous devons devenir autonomes, indépendants, bien informés et ne pas manquer d'énergie dans un monde qui, selon notre expérience, exige trop et / ou donne trop peu. Au cours du développement de notre personnalité, passent à l'arrière-plan notre présence originelle calme, paisible, et notre capacité à donner librement au monde et à égaler l'énergie des autres de manière à enrichir notre propre expérience sensuelle / sexuelle ainsi que celle des autres. Cela est possible lorsque nous permettons une libre circulation d'énergie entre l'autre et nous-même. Depuis un soi ancré et centré, et un cœur ouvert, nous pouvons – notre partenaire et nous-même – donner et recevoir de la nourriture affective.

Quand nous avons la volonté d'être présent à l'intimité, le cœur comme l'esprit s'ouvrent. Cela permet un flux de nourritures affectives ; la conscience est tranquille et éclairée. Nous savons intérieurement que l'esprit seul ne permet pas de savourer l'expérience directe, parce que le corps et le cœur en font aussi partie. En permettant à tous les centres d'intelligence de participer, nous sommes à la fois connectés et pourtant séparés, nous pouvons nous abandonner avec bonheur à une qualité énergétique de non-attachement.

Ces expressions supérieures d'une sexualité sensuelle ont toutefois été influencées par le détachement protecteur et le repli sur soi des Profils 5, car, enfants, leur tempérament montrait un « seuil bas de réactivité », c'est-à-dire qu'ils étaient très sensibles aux stimuli externes et n'avaient pas besoin de grand-chose pour réagir ou ressentir de l'inconfort. Ces sensibilités sont à l'origine de la façon dont le détachement et la rétraction surviennent. La réactivité et la pleine expérience sont diminuées lorsque, en tant que Profils 5, nous nous réfugions dans la pensée et par conséquent vivons le sexe trop mentalement, et même parfois comme un effort trop important. Il y a une division entre le centre de la Tête et ceux du Corps et du Cœur, ce qui limite par conséquent la réactivité et la pleine présence corporelle.

En tant que personnes de Profil 5, nous gardons nos pensées secrètes. Nous ne communiquons pas toujours car nous sommes particulièrement réticents à « partager notre vie intérieure ». Nos inquiétudes liées à l'épuisement et au sentiment d'infériorité peuvent également réduire notre spontanéité. Nos préoccupations énergétiques peuvent nous limiter et nécessiter une stimulation supplémentaire. Pourtant, nous pouvons et nous avons la capacité de nous libérer dans l'expérience physique et sincère de la sensualité, en laissant libre cours à nos pulsions authentiques et à nos désirs profonds, malgré le poids de nos hésitations bien ancrées.

Prenez quelques minutes pour réfléchir au chemin du Profil 5 vers l'unité et l'intégration de ses qualités essentielles.

Ce que les Profils 5 ont à dire à propos des difficultés rencontrées dans leur vie sexuelle

Sur le fait d'être réservé, de se méfier de l'intrusion et de se détacher mentalement

Evelyn exprime la discrétion et la méfiance qui régnaient autrefois : « *L'acte sexuel ne m'impliquait pas "moi". Pour moi, le sexe était juste une libération physique.* »

Pour Blake, le fait d'être réservé se manifeste en faisant l'amour de cette manière : « *Retenant mes pensées pendant et à propos de notre expérience sexuelle, j'hésitais beaucoup et j'avais peur de suggérer quelque chose de nouveau. J'étais très protecteur vis-à-vis de mes sentiments.* »

Connor : « *Quand il y avait trop de problèmes, de peurs et de pensées dans ma tête, il m'était difficile de me laisser aller à ma sexualité. La spontanéité était, et est parfois encore, difficile.* »

Mélinda : « *Le sexe était une expérience mentale. Même maintenant, je dois me souvenir de rester dans mon corps, de respirer et de remarquer l'expérience tactile. Autrefois, le fantasme mental aurait été plus sexy que le sexe lui-même.* »

Nicole : « *Les expériences sexuelles les plus satisfaisantes sur le plan émotionnel sont aussi les plus privées. Je limite les manifestations d'affection.* »

Evan : « *Les expériences sexuelles les plus satisfaisantes sur le plan émotionnel sont toujours celles où nous pouvons vraiment être seuls avec nous-même dans notre monde.* »

Sur le besoin impérieux de se retirer, d'être en quelque sorte avare de son temps, de son espace et de son indépendance :

Pauline : « *Dans le passé, je pouvais vraiment être égoïste sexuellement. Si je n'avais pas envie de faire l'amour, je me refusais de façon égoïste et je n'essayais même pas de laisser mon corps céder à l'excitation. La plupart du temps, cela me semblait simplement être trop de travail. Pourtant, il m'arrivait d'être avide de mon propre orgasme et de sa satisfaction afin de pouvoir me retirer en moi-même.* »

Herb : « *J'aime le sexe. Je veux du sexe. Mais je ne veux pas avoir à payer le prix de donner des informations sur moi dans les conversations.* »

Molly : « *Je ne voulais pas partager ma vie intérieure. Je n'ai jamais été complètement ouverte ou vulnérable. Il était plus facile de recevoir un massage et des caresses que de les donner.* »

Pour John, cette énergie de retenue se manifestait ainsi : « *Le sexe était mon affaire et je le partageais quand j'en avais envie. Je n'avais pas envie de faire l'amour avec ma partenaire parce qu'elle s'y attendait.* »

Tanya : « *Lorsque j'étais en colère ou fatiguée, je me tenais à l'écart de mon partenaire. Je souhaitais simplement qu'on me laisse tranquille. Mais, parfois, l'envie de relations sexuelles prenait le dessus sur les autres considérations.* »

Sur l'inquiétude la plus profonde d'être vidé de son énergie et de ses ressources

Trudy exprime son ancienne peur de l'épuisement ainsi : « *Je voulais que les rencontres sexuelles soient des expériences significatives. Alors, je devais investir ce qui me semblait être une grande quantité d'énergie pour faire durer le plaisir de mon partenaire. Cela pouvait être fatigant. J'avais peur d'être vidée de mon énergie.* »

Ed : « *Avant ma prise de conscience et ma compréhension de moi-même, je n'avais tout simplement pas beaucoup d'énergie pour faire l'amour. J'avais envie de me replier sur moi-même pour me protéger de l'épuisement.* »

Jeanine : « *Autrefois, je craignais de manquer de ressources sur le plan sexuel. C'est comme s'il n'y avait tout simplement rien, quels que soient les stimuli ou l'attention amoureuse de mon partenaire. Même au moment de l'orgasme, j'avais l'impression de n'être jamais capable d'absorber suffisamment de plaisir ou de le retenir suffisamment longtemps, même en pleine extase.* »

Et Herb formule le thème de l'épuisement de cette manière : « *J'avais peur de ne pas avoir l'énergie pour satisfaire ma partenaire, d'être un amant médiocre. Je perdais alors ma spontanéité et mon désir. C'était affreux. Grâce à l'Ennéagramme, cela a changé.* »

Lori : « *Je voulais répondre aux désirs et aux besoins de mon partenaire, mais j'avais peur de ne pas avoir assez d'énergie pour le faire. Rien que ces pensées récurrentes avaient tendance à m'épuiser.* »

Dans chacune de ces descriptions, nous pouvons percevoir combien la structure du profil peut impacter l'intimité et la manifestation de l'amour pour soi-même et pour l'autre.

Prenez quelques minutes pour évaluer la manière dont le Profil 5 diminue le vécu de son expérience sexuelle et empêche l'intégration de ses qualités supérieures dans son expérience sexuelle et dans sa vie en général.

Chemin de développement pour le Profil 5

Pour les Profils 5, cela implique de devenir réceptifs et conscients, et, ce faisant, de se détendre en permettant la relation et de faire confiance à la source d'énergie vitale. Lorsque l'énergie de rétraction présumée « protectrice » survient, il devient vital de respirer à fond, d'inspirer et d'expirer, pour ramener l'attention vers le corps et le cœur, loin du mental. En tant que personnes de Profil 5, nous avons besoin de reconnaître l'énergie de contraction, en particulier lorsqu'elle est ressentie dans la zone de la poitrine ; autrefois, elle servait un objectif, mais elle semble maintenant plutôt nous épuiser. Cela signifie que nous avons besoin de relâcher la contraction de la partie supérieure du corps et d'ouvrir le cœur – de lui permettre de recevoir et d'être touché. Cela permet une expérience incarnée de l'énergie source.

Relâcher cette contraction du cœur permet de rester engagé et connecté aux systèmes de sécurité et de soutien qui sont réels et font partie de la vie. L'amour peut être, et est, une sorte de nourriture affective vibratoire pour l'esprit affamé d'un Profil 5. Avec l'amour existe un sentiment d'abondance, de curiosité et de joie, ce qui enrichit naturellement l'expérience sensuelle / sexuelle.

Prenez quelques minutes pour réfléchir à ce que le Profil 5 doit faire pour se développer afin de permettre une relation intime satisfaisante, incluant la qualité supérieure du non-attachement, ce qui signifie autoriser le flux de l'énergie vitale, sans avoir peur qu'elle nous fatigue.

Ce que les Profils 5 ont à dire à propos des expériences sexuelles sur le chemin de l'accomplissement

Richard décrit ainsi le chemin : « *Lorsque je suis détendu, léger et drôle, je permets à la sexualité de prendre une place appropriée dans l'ordre des choses. Ma tête, mon cœur et mes tripes sont alors en équilibre et s'accordent plutôt bien.* »

Pour Liz, le sexe s'épanouit lorsque : « *Je ne m'attache pas au résultat. Le sexe est plus amusant si l'orgasme n'est pas un objectif et si le toucher et l'exploration de nos corps ici et maintenant sont au centre de nos préoccupations.* »

Molly : « *M'autoriser à être dans le flux de l'énergie, simplement dans le moment présent sans m'attacher au résultat.* »

Timothy : « *Suivre le flux fonctionne plutôt bien. Cela arrive quand j'interromps cette tendance à résister pour me protéger. J'accepte simplement les choses comme elles sont, et ça va.* »

Daniela exprime de façon poignante son chemin vers l'accomplissement : « *Le sexe était un tel effort ! Et puis je me suis rendu compte que c'était en fait ma résistance, ma contraction en présence du désir qui m'épuisait. Une fois libérée, et simplement là dans mon corps et dans mon cœur avec mon partenaire aimant, tout a changé. Quelle joie !* »

Ici, avec le Profil 5, nous avons affaire au relâchement d'une habitude d'esprit « protectrice » pour revenir à la présence naturelle, réceptive à l'autre ; remarquez combien ce flux démontre la qualité du non-attachement intégrée dans l'expérience intime. Prenez quelques minutes pour réfléchir à la manière dont les représentants du Profil 5 accroissent la qualité de leur expérience sensuelle / sexuelle en favorisant l'intégration de leurs qualités supérieures dans leur expérience sexuelle, et dans leur vie en général.

Le travail de David avec le Profil 5 | l'Observateur

Le commentaire de David : Nous pouvons découvrir ici la compréhension intellectuelle de Holly et voir le travail qu'elle a réalisé pour se débarrasser de ce retrait vis-à-vis des autres qui amoindrit son amour et son expérience sexuelle. Lorsque le Profil 5 se libère de cette contraction en apparence protectrice et se rend compte que l'amour et son expression physique nous nourrissent et ne nous épuisent pas, l'énergie peut jaillir à nouveau.

Holly : *Je sais que je suis un Profil 5 parce que je crois que la vie est quelque chose qui doit être compris. J'ai besoin de savoir les choses. Je suis incapable de vivre simplement pour vivre. Je dois d'abord comprendre quoi faire et pourquoi avant de faire quelque chose.*

David : *Donc cela signifie que vous avez besoin d'observer et de connaître d'abord avant de vous engager dans une relation, par exemple ?*

Holly : *En fait, non. Du moins, je pense que l'amour c'est l'occasion d'être moi-même avec quelqu'un d'autre. Et c'est l'occasion pour l'autre d'être lui-même, pour lui-même et avec moi.*

David : *C'est magnifique. Pourtant, il faut que ce soit plus qu'une bonne idée. Donc si nous évoquons l'expression physique, qu'est-ce que c'est pour vous ?*

Holly : *C'est un peu dur. C'est dur de m'accepter physiquement, de penser que je suis suffisante.*

David : *Vous savez, quand vous allez au supermarché et que vous voyez tous les magazines féminins exposés près de la caisse, ils proposent tous des articles sur les secrets de l'épanouissement sexuel. Cela peut nous mettre une pression importante à tous.*

Holly : *Eh bien, je suis obstinée. Je veux être libre de faire ce qui compte pour moi. Je veux être moi, et quand nous sommes entre nous et qu'il n'y a pas d'interférences extérieures, je peux être très passionnée.*

David : *En tenant compte de votre profil Ennéagramme, qu'avez-vous trouvé comme amoindrissements dans votre expression sexuelle ?*

Holly : *Je dois vraiment être dedans. Lâcher le détachement.*

David : *Oui, c'est vrai. Le plus important pour le Profil 5 est la façon dont ce détachement, en apparence protecteur, le vide en fait de son énergie et peut l'empêcher d'être véritablement « dans » l'expression physique des relations sexuelles. Remarquez cela dans le ressenti conscient de votre corps, c'est habituellement dans votre poitrine, et essayez de vous convaincre que vous ne serez pas épuisée.*
Vous pouvez respirer à fond, inspirer et expirer, et vous libérer dans l'expérience de l'abondance. Vous pouvez même vous dire : « Je m'autorise à simplement être là dans mon corps, dans mon cœur et dans mon esprit. » Il existe beaucoup d'éléments prouvant que l'expérience sexuelle est très nourrissante pour les deux partenaires.

Holly : *Je sais, je sais, parfois la contraction me stoppe. Merci.*

Prenez un moment pour réfléchir sur la manière dont cet exemple de Profil 5 illustre le travail que nous devons tous faire pour nous développer sur le chemin de l'unité.

Profil 6 | le Loyal-Sceptique

Après avoir lu ce chapitre sur le Profil 6, fermez les yeux et respirez profondément pour vous recentrer, vous ancrer dans votre corps et accueillir le moment présent. Prenez quelques minutes pour réfléchir à la manière dont les caractéristiques de ce profil affectent l'intimité, la sexualité et ses qualités essentielles. En silence ou avec votre partenaire. Si c'est avec votre partenaire, prenez quelques minutes supplémentaires pour échanger sans jugement, à cœur ouvert.

Vue générale et accomplissement ultime pour le Profil 6

En tant que représentants de ce profil, nous croyons que pour garantir les besoins fondamentaux d'amour, d'estime de soi et de sécurité, nous devons subvenir à nos besoins, nous demander ce qui pourrait mal tourner et acquérir des certitudes dans un monde que nous ressentons comme dangereux et imprévisible, un monde auquel nous ne pouvons pas faire confiance. Nous ne devons pas nous retrouver impuissants, dépendants ou incapables de faire face. Au cours du développement de notre personnalité, passent à l'arrière-plan notre présence originelle, confiante, ainsi qu'une ouverture fluide et complaisante, qui peut enrichir naturellement l'expérience sensuelle / sexuelle grâce à une union sans compromis, une union qui fait confiance à soi et à l'autre, qui inclut un ancrage sincère et une présence dans le corps. Dans l'intimité, nous pouvons, en tant que Profils 6, nous tenir en éveil, en étant libérés du doute et de l'incertitude, en faisant l'expérience du soi et du partenaire pleinement, en toute sécurité, dans l'instant.

La confiance abonde, apportant à l'union sexuelle un amour inébranlable et un toucher intime. Toutefois, ces expressions supérieures de la sexualité sensuelle peuvent être amoindries par notre anxiété, notre incertitude, notre doute et notre tendance à amplifier les pires scénarios. C'est notamment le cas lorsque la peur de la trahison, de l'exposition, d'être exploité ou abandonné nous saisit.

Enfants, notre tempérament de Profil 6 se caractérisait par sa capacité d'attention et sa persévérance, c'est-à-dire que nous ne lâchions pas et nous répondions présents, même devant les obstacles. Exprimé simplement, c'est une propension à la vigilance. Parce que les personnes de Profil 6 peuvent avoir du mal à faire confiance, le sexe peut être utilisé pour se rassurer et se prouver l'impact et l'influence que nous avons sur notre partenaire, en particulier pour les Profils 6 « contre-phobiques ». Par conséquent, faire l'amour procure temporairement un sentiment de sécurité et la preuve que nous avons un impact et une influence sur notre partenaire. Bien que cela puisse atténuer nos sentiments d'impuissance et de dépendance, la présence authentique est mise en sourdine. En outre, nous, Profils 6, nous nous inquiétons souvent des risques potentiels, comme une grossesse ou les maladies sexuellement transmissibles. Toutes ces inquiétudes peuvent interférer avec notre capacité à nous détendre lors d'une expérience sensuelle / sexuelle et dans son expression.

Prenez quelques minutes pour réfléchir au chemin du Profil 6 vers l'unité et l'intégration de ses qualités essentielles.

Ce que les Profils 6 ont à dire à propos des difficultés rencontrées dans leur vie sexuelle

Sur le fait de ne pas être dépendant et de faire face aux dangers dans un monde auquel on ne peut tout simplement pas faire confiance

Un Profil 6 plus craintif, Sophie, explique : « *Avant l'Ennéagramme, j'avais peur de tomber enceinte ou d'attraper une maladie sexuellement transmissible. Donc soit j'évitais les relations sexuelles, soit cette perspective ne m'enchantait guère. Mais maintenant que j'ai confiance en moi-même et que j'ai une relation de confiance avec mon partenaire, j'adore le sexe.* »

Et Ella dit, à propos de la confiance : « *J'ai évité le sexe jusqu'à ce que je me sente en confiance, ce qui n'arrivait presque jamais, jusqu'à ce que je développe une certaine foi en moi-même. Avec cette confiance en mes propres capacités, je peux relâcher ma vigilance et ma réaction peut être intensément sexuelle. Je joue même avec l'élément risque pour améliorer mon expérience sexuelle, comme faire l'amour sur la plage.* »

Jim : « *Je ne pouvais m'engager ni même être excité si je n'avais pas confiance. J'avais besoin de faire l'amour dans un endroit sûr et confortable, parce que, sinon, les risques potentiels me distrayaient et rendaient difficiles la concentration et le plaisir.* »

Madeline : « *Je m'inquiétais des risques, en particulier des risques de maladies sexuellement transmissibles et de grossesse, jusqu'à me faire ligaturer les trompes. Je fais toujours attention à avoir des rapports sexuels protégés, je communique sur les risques et je fais des visites médicales annuelles. Mais lorsque je cesse de m'inquiéter, je commence à davantage apprécier de faire l'amour. Maintenant, je prends du plaisir et j'en donne aussi.* »

Sur l'émotion directrice de la peur et le doute qui lui est associé

Carole : « *J'ai toujours eu des pensées et des doutes à propos de mon aptitude à influencer sexuellement mon partenaire.* »

Serena exprime combien la peur a influencé sa sexualité : « *Très tôt, j'ai eu cette peur d'être utilisée et abandonnée ou trahie si je n'étais pas performante, si je ne prenais pas de plaisir ou si je n'étais pas assez sexy. Une fois en couple, j'étais toujours terrifiée à l'idée qu'il me quitte parce que je lui faisais confiance pour ma vie, mon corps et ma sexualité.* »

Charlie : « *Je n'initiais pas facilement les relations sexuelles car j'avais beaucoup de doutes et d'incertitudes. J'avais grand besoin d'être rassuré. Si ma partenaire était passive ou peu démonstrative, j'imaginais toutes les choses qui pouvaient mal tourner ou qui n'allaient pas. Cela rendait les choses vraiment difficiles.* »

Don, un Profil 6 davantage contre-phobique, n'était pas de cet avis et relevait le défi : « *J'adore le sexe avec ma partenaire depuis de nombreuses années et je suis vraiment capable de la séduire, de l'exciter, de la satisfaire, et moi-même aussi par la même occasion. C'est très satisfaisant. La seule chose qui m'inquiète est d'atteindre l'orgasme trop tôt et de ne pas la satisfaire. Cela pourrait vraiment gâcher la joie.* »

Ruby : « *Je pouvais l'exciter à n'importe quel moment, et avant le mariage c'était pareil avec n'importe lequel de mes partenaires. J'étais vraiment à fond aussi, je ne retenais rien. C'était et c'est toujours très rassurant. J'étais pour ainsi dire accro aux preuves. Et dans une certaine mesure, je le suis encore.* »

Sur les inquiétudes les plus profondes – être dépendant et incapable de faire face

Ici, les témoignages révèlent cette peur et les façons d'y faire face pour la surmonter. Par exemple, Carole dit : « *Quand j'étais plus jeune, je doutais de mes capacités à satisfaire sexuellement mon partenaire. J'étais incapable de me détendre vraiment et d'apprécier le sexe jusqu'à ce que j'apprenne à me masturber. Je me suis alors sentie suffisamment en sécurité pour expérimenter les sensations physiques et apprendre à connaître mon corps et ma sexualité.* »

Pat : « *J'avais peur de me sentir ennuyeuse sur le plan sexuel. Alors, je lui donnais plus de sexe que ce dont j'avais personnellement envie ou besoin, craignant que mon mari ne soit pas satisfait, même si notre accord a toujours été d'avoir une réciprocité sexuelle.* » Une façon de surmonter la peur est de l'embrasser.

Virginia : « *Un de mes fantasmes récurrents était d'être attachée et sans défense. Me sentir sans défense tout en faisant quand même confiance à mon partenaire est excitant.* »

Ruby exprime un style davantage contre-phobique : « *J'ai toujours simplement senti ce que voulait mon partenaire et je pouvais le satisfaire.* »

Donald : « *En vieillissant et malgré beaucoup de désir et des antécédents de confiance, j'ai commencé à avoir peur de perdre mon érection. Cela pouvait me consumer jusqu'à ce que je me laisse aller à la confiance, quel que soit le résultat avec ma partenaire amoureuse.* »

Ici, les caractéristiques du profil affectent clairement l'expérience sexuelle, et la diminuent. Grâce à un travail sur soi, ces préoccupations s'estompent, ce qui permet davantage de présence et de plaisir.
Prenez quelques minutes pour évaluer la manière dont le Profil 6 diminue le vécu de son expérience sexuelle et empêche l'intégration de ses qualités supérieures dans son expérience sexuelle et dans sa vie en général.

Chemin de développement pour le Profil 6

Pour les Profils 6, cela implique de devenir réceptifs et conscients, de remarquer lorsque la peur et l'anxiété surviennent à propos de toutes sortes de dangers, comme le fait que l'on puisse profiter d'eux, une grossesse, les maladies vénériennes. Lorsque cela arrive, respirez profondément, inspirez et expirez, et permettez à un sentiment de confiance d'emplir votre corps, au-delà du besoin de certitudes.

Cette confiance en soi et en les autres, avant et au-delà d'avoir des preuves, dépend du pouvoir de l'énergie réceptive. « *Puis-je simplement me faire confiance et faire confiance aux autres ?* » Cela signifie également ne pas mettre à l'épreuve l'amour et l'attention que l'autre a pour nous par des questions, des accusations ou des remises en question. Enfin, tout ceci englobe l'expérience d'être digne de confiance, assuré et confiant dans l'amour durable et florissant, qui accompagne la confiance en soi, en l'autre et en l'univers. La plupart des personnes de Profil 6 ont connu des moments de confiance et de certitude dans certains aspects de leur vie. Le sentiment ressenti de ces expériences peut être rappelé avec foi et courage, activé à volonté pour améliorer l'expérience sexuelle.

Prenez quelques minutes pour continuer à réfléchir et assimiler ce que les Profils 6 ont besoin de développer afin d'avoir une relation intime profondément satisfaisante, qui intègre la qualité supérieure du courage (pour abandonner le contrôle et le besoin de certitude), et afin d'entrer pleinement dans l'expérience avec une confiance en soi et en les autres.

Ce que les Profils 6 ont à dire à propos des expériences sexuelles sur le chemin de l'accomplissement

Pour Jim, cette intégration de la confiance dans l'expérience sexuelle s'exprime ainsi : « *En me connectant à la foi et au courage, je suis devenu un bien meilleur amant. Maintenant, je peux être présent à ma partenaire et à moi-même dans l'instant présent et même être pleinement ouvert à des relations sexuelles longues, lentes et jouissives.* »

Pour Donald, cela signifie : « *Être si présent que je me libère de toute intellectualisation et de toute inquiétude. Parfois, l'orgasme ensemble est même une expérience spirituelle d'unité amoureuse entre nous. Dans ce cas, je ne dois pas essayer de répéter cette expérience intense, mais simplement l'autoriser.* »

Ruby, la 6 contre-phobique, exprime sa confiance de cette façon : « *Lorsque j'ai compris qu'il y avait beaucoup de réassurance de l'ego dans ma vie sexuelle, j'ai lâché prise et je me suis autorisée à être beaucoup plus réceptive. Au début, ma peur sous-jacente que l'on profite de moi apparaissait. En m'en libérant, j'ai ressenti mon corps tout entier, les os, la peau et les muscles, pas seulement sur le plan génital. Je suis véritablement là pour nous deux.* »

Rose : « *Avoir le courage d'accepter les fantasmes de mon mari – comme faire l'amour en pleine nature – a été important.* »

Hailey : « *Je demande ce que je veux et je partage mes pires craintes. Cette nouvelle confiance me transforme.* »

Et Carole dit : « *Le courage, c'est le passage à travers la peur, d'abord en faisant confiance, puis en autorisant, et enfin en étant présente. Alors, je me sens irrésistible.* »

En revenant sur ce chemin de développement du Profil 6, remarquez combien intégrer les qualités de courage, de confiance et de foi est source de bienfaits et de transformations.
Prenez quelques minutes pour réfléchir à la manière dont les représentants du Profil 6 accroissent la qualité de leur expérience sensuelle / sexuelle et favorisent l'intégration de leurs qualités supérieures dans leur expérience sexuelle et dans leur vie en général.

Le travail de David avec le Profil 6 | le Loyal-Sceptique

Le commentaire de David : Les Profils 6 peuvent pencher vers un état plus phobique (craintif) ou plus contre-phobique (foncer vers ce qui fait peur). Vicki manifeste un peu les deux. Elle accueille l'intimité, et a pourtant peur de parler en son nom propre. Elle a tendance à amplifier ce qui pourrait mal se passer, et embrasse pourtant la sexualité et le travail de développement personnel. Pour moi, son attitude peut être inspirante pour nous tous, sur nos chemins respectifs.

Vicky : *Je sais que je suis un Profil 6, j'en suis consciente mais je demeure très craintive. Cela rend ma vie difficile, car c'est ma réalité quotidienne, et il y a tant de choses à propos desquelles on peut s'inquiéter.*

David : *Eh bien, vous savez que cela vient de la croyance fondamentale de votre structure de personnalité, la façon dont vous êtes organisée, votre habitude d'esprit. Cela fonctionne ainsi 90 % du temps.*

Vicky : *J'étais avec cet homme depuis vingt-cinq ans, très loyale, mais je ne pouvais jamais le satisfaire. Quand j'ai découvert l'Ennéagramme, cela m'a aidée à me libérer de l'inquiétude de devoir simplement faire avec ce sentiment répété de le décevoir. Et puis nous avons rompu.*

David : *C'est un fait, lorsqu'une personne dans un couple commence un chemin de développement personnel et pas l'autre, cela peut déstabiliser la relation et parfois mener à la séparation. Pour cette raison, j'ai toujours exhorté les couples à s'engager dans ce travail de développement ensemble.*

Vicky : *Eh bien, maintenant, je suis à nouveau mariée et je suis très heureuse. Il est véritablement là pour moi donc j'avais bien besoin de me développer. J'ai dû apprendre que je suis bien et en sécurité par moi-même, ce qui m'a donné le courage de quitter mon ancien compagnon.*

David : *Oui, il est très important pour nous, Profils 6, de développer d'abord la confiance en nous-même de façon à pouvoir être là pour l'autre. Alors, pour vous maintenant, lorsqu'on parle de relations sexuelles, quels sont vos points forts ?*

Vicky : *Eh bien, j'ai toujours aimé la sexualité. Mon mari, lui aussi, est physique. C'est rassurant pour moi que nous ayons cette proximité.*

David : *L'entente physique est une partie très importante d'une relation intime entre partenaires. Cela a toujours été important pour moi aussi. Qu'est-ce qui, à votre avis, peut se mettre en travers de votre route et amoindrir votre expérience sexuelle ?*

Vicky : *Parfois, ma peur peut se mettre en travers de ma route. Il m'arrive encore de me demander s'il m'aime. Cela peut vraiment freiner mon expression, ou bien je vais avoir tendance à lui en demander trop, à vouloir plus d'expressivité de sa part comme preuve d'amour.*

David : *Lorsque ces doutes surviennent, faites simplement une courte pause, remarquez où, dans votre corps, vous ressentez la peur, puis faites de votre mieux pour revenir à davantage de foi en vous-même, en vous disant : « Je peux avoir plus confiance en moi et en notre amour mutuel… » Ensuite, devenez présente de manière consciente, et éveillez-vous à l'expérience. Faites-le en sachant que vous êtes aimée et que vous aimez, vous aussi. Sachez que vous vous épanouissez tous les deux. Faire ce travail peut réellement libérer notre esprit.*

Vicky : *Merci, David.*

Prenez un moment pour réfléchir à la manière dont cet exemple de Profil 6 illustre le travail que nous devons tous faire pour nous développer sur le chemin de l'unité.

Profil 7 | l'Épicurien

Après avoir lu ce chapitre sur le Profil 7, fermez les yeux et respirez profondément pour vous recentrer, vous ancrer dans votre corps et accueillir le moment présent. Prenez quelques minutes pour réfléchir à la manière dont les caractéristiques de ce profil affectent l'intimité, la sexualité et ses qualités essentielles. En silence ou avec votre partenaire. Si c'est avec votre partenaire, prenez quelques minutes supplémentaires pour échanger sans jugement, à cœur ouvert.

Vue générale et accomplissement ultime pour le Profil 7

Rappelons que, en tant qu'Épicuriens, nous croyons que pour garantir nos besoins élémentaires de sécurité, d'amour et d'estime de soi nous devons vivre une vie optimiste, pleine de possibilités et stimulante, ne pas être limités par des obstacles, l'ennui des choses banales et la souffrance dans un monde qui, d'après notre expérience, est douloureux, frustrant et potentiellement limitatif. Lors de la formation de notre personnalité passe à l'arrière-plan notre aptitude originelle à nous concentrer et à nous intéresser à ce qui est présent et devant nous, ainsi qu'à tout l'éventail des possibles, ce qui enrichit naturellement l'expérience sensuelle / sexuelle. Pleinement présents à soi et à l'autre, nous sommes joyeux lorsque nous expérimentons toutes les opportunités qui surviennent et que nous avons intégré le plaisir d'accueillir les moments de vulnérabilité. Cette vulnérabilité peut inclure des sentiments de tristesse, de limitation et d'ennui, ainsi que de joie, de stimulation et d'expansion.

Dans l'intimité, nous, les Profils 7, nous expérimentons la liberté de tout ressentir, toute la gamme des hauts et des bas émotionnels. Nous exprimons joie et intérêt pour tout ce qui se passe et nous le faisons sans fuir ce qui est problématique ou difficile. La liberté ultime d'être pleinement dans l'instant avec soi-même et son partenaire est appelée « sobriété ». Cependant, ces expressions supérieures de la sexualité sensuelle sont amoindries par notre besoin bien exercé d'échapper à la limitation, à la frustration et à la souffrance. Il en résulte un important bouillonnement de pensées et la recherche d'une stimulation qui fasse diversion, qui influent de manière négative sur la profondeur de notre expérience.

Tout cet ensemble de pensées, ces fuites dans l'imagination et ces voyages dans le futur vers des options plus passionnantes nous éloignent du moment présent. Aussi revigorants que nous puissions être pour les autres, nous ne sommes pas souvent dans l'instant présent. Bien que nous soyons au fond accros aux expériences diverses, nous manquons souvent ces expériences elles-mêmes, car mentalement nous sommes déjà passés à la suivante. Nous avons tendance à ne pas rester longtemps avec la réalité telle qu'elle se déploie dans le présent.

Bien que nous puissions être extrêmement axés sur l'expérimentation, notre boulimie virtuelle d'expériences peut amoindrir la profondeur de l'expérience elle-même. Les relations peuvent également être de courte durée, ce qui limite le degré d'intimité recherché et vécu. En essayant de satisfaire nos désirs, nous pouvons nous livrer à une quête de nouvelles expériences et être fascinés par la variété : « *Je veux tout essayer* » ; « *C'est dur de se focaliser sur une personne à la fois* ». Cela limite la profondeur de l'expérience et de la relation à l'autre, nous laissant encore une fois à la surface de la vie, affamés de « *quelque chose de nouveau* » qui nous stimule et nous donne l'espoir d'être rassasiés.

Le style de tempérament de notre Profil 7 est généralement vu comme de la « distractivité », c'est-à-dire que des stimuli environnementaux étrangers modifient la direction du comportement. Parfois, notre attention est portée sur nous-même et non à parts égales sur nous et sur notre partenaire. La crainte d'une perte d'autonomie et d'être piégés et / ou contraints limite paradoxalement l'expérience sensuelle / sexuelle et nous nous retrouvons bizarrement coincés dans une variété dépourvue de profondeur. Même lorsqu'ils étaient petits, les Profils 7 étaient facilement distraits par toutes sortes d'expériences possibles ou des stimuli du type « *Oh, regarde là-bas !* », qui les faisaient avancer.

Prenez quelques minutes pour réfléchir au chemin du Profil 7 vers l'unité et l'intégration de ses qualités essentielles.

Ce que les Profils 7 ont à dire à propos des difficultés rencontrées dans leur vie sexuelle

Nous nous intéressons ici aux amoindrissements sexuels du Profil 7. Nous pouvons constater leur tendance à fuir les anxiétés indésirables déguisées en ennui, à aller vers d'autres options positives qui les empêchent d'être piégés, limités ou non stimulés.

Sur le fait d'être sans limites et de vouloir une abondance d'options et d'opportunités

Pour Kelsey, les options signifient : « *Quand les choses ne vont pas bien avec mon partenaire, je me surprends à fantasmer sur les hommes de mon cours de gym. J'imagine comment ce serait d'être avec eux. Cela peut même me sortir d'un marasme émotionnel. Mais cela me prive de ma présence à mon partenaire.* »

Paige : « *Avant que je prenne conscience de mon habitude d'esprit, les fantasmes d'une action sexuelle spécifique étaient souvent meilleurs que la réalité. Lâcher l'esprit et simplement être là était difficile.* »

Georges : « *J'adore avoir beaucoup d'options et de variété avec mon partenaire. Leur intensité peut vraiment me stimuler.* »

Marge : « *Autrefois, j'étais attirée par de multiples options, comme une variété de positions et de fantasmes sur différents hommes. Maintenant, avec mon mari, je travaille à être simplement amoureuse et présente.* »

Roland : « *Toutes les possibilités de rencontres facilitent le fait d'être gay. Je me sens ouvert à l'expression de ma sexualité et à des pratiques sexuelles alternatives. Mais j'oublie souvent où en est mon partenaire.* »

Betty : « *L'esprit est le meilleur aphrodisiaque. Ma retenue reposait strictement sur mon souci de l'autre plutôt que sur la peur de l'inconnu ou de briser des tabous.* »

Linda voit le côté négatif des options comme suit : « *Je ne pouvais pas m'empêcher de penser. J'avais toujours un bavardage mental en cours pendant les moments d'intimité. Je me reposais même sur des fantasmes concernant d'autres personnes pendant que j'étais avec mon partenaire.* »

Sur le besoin impérieux d'une boulimie de plaisirs, en particulier par l'esprit

Kelsey exprime cet excès de pensées jouissives simplement : « *J'ai toujours voulu essayer des relations sexuelles dans des positions et des endroits différents, essayer de nouvelles façons de donner et de recevoir du plaisir, et simplement aller de l'avant, en disant presque toujours "oui" sans tenir compte des désirs de mon partenaire.* »

Sue : « *Je voulais tout essayer. Je voulais beaucoup de jeux sexuels, toucher, goûter, sentir, fantasmer et parler de façon intime. Et je perdais de vue ce que voulait mon partenaire.* »

Richard : « *Je m'imagine encore indéfiniment des relations sexuelles avec un nombre considérable de femmes. Je ne les poursuis pas dans la vie réelle. Mais c'est amusant de penser à elles.* »

Betty, avant sa prise de conscience : « *La fascination pour la variété sexuelle, en particulier la stimulation mentale par les fantasmes et les conversations autour de ces fantasmes pendant que je faisais l'amour, me dopait.* »

Roseanne : « *J'avais l'habitude de coucher avec n'importe qui, juste pour essayer de satisfaire une faim infinie d'expériences sexuelles. Je ne me rendais pas compte que je passais à côté du plus grand des plaisirs, celui d'être simplement présente avec mon partenaire dans l'instant.* »

Roland : « *Je pensais à tous les plaisirs à explorer. Je sentais que j'avais besoin d'une variété infinie d'expressions sexuelles, sinon je me sentais coincé.* »

Sur les inquiétudes les plus profondes – être totalement limité et piégé dans la souffrance

Betty : « *Ma peur des pensées négatives douloureuses associées à mon partenaire m'amenait à fantasmer sur d'autres hommes ou à idéaliser ma propre attractivité. Quand je n'avais pas envie d'être dans les bras de mon partenaire, je rationalisais même le fait d'avoir des relations sexuelles avec lui, juste pour me sentir bien dans ma peau.* »

Gabe : « *Je n'aimais pas me sentir coincé dans mon mariage. Je détestais ça. Alors, je m'évadais dans mes fantasmes dans les bras d'autres femmes, même quand je faisais l'amour avec ma bien-aimée. Maintenant, heureusement, je suis là pour elle.* »

Pour Marge, la peur la plus poignante a été de : « *Perdre mon partenaire et d'être toute seule. Alors, j'essaie encore parfois de le satisfaire en simulant un orgasme lorsqu'il n'est pas disposé à une longue relation sexuelle, afin qu'il se sente puissant et apte à satisfaire mes besoins.* »

Anna : « *J'avais vraiment peur du moment présent, qu'il voie l'ensemble de ma personne, avec tous mes sentiments négatifs, comme la colère, l'impuissance et la tristesse, et que ce soit inacceptable pour lui. Je pensais : "Comment pourrait-il me désirer alors ?"* »

Roland : « *J'avais l'impression que ma liberté serait limitée si j'étais obligé de rentrer dans le moule sur le plan sexuel. La limitation ressemblait à la mort. Je pensais sans le moindre doute que j'avais besoin d'avoir une variété d'expériences sexuelles pour avoir une bonne vie.* »

Prenez quelques minutes pour évaluer la manière dont le Profil 7 diminue le vécu de son expérience sexuelle et empêche l'intégration de ses qualités supérieures dans son expérience sexuelle et dans sa vie en général.

Chemin de développement pour le Profil 7

Pour nous les 7, cela implique de devenir réceptifs aux autres et conscients des autres en respirant profondément, en inspirant et expirant, en nous ancrant dans le moment présent et en nous engageant à revenir à cet ancrage de l'être, encore et encore, chaque fois que c'est nécessaire. Cela implique d'accepter l'infini du moment présent, de s'y accrocher avec une douce persévérance, de ressentir de la stabilité dans le corps où les impulsions sont alors contenues et où la présence n'est pas laissée de côté. Avec un cœur ouvert qui accepte l'expérience dans sa globalité, passant par toute la gamme des sentiments – de la joie au chagrin, du plaisir à la déception –, le moment présent peut être vécu plus pleinement.

Avec cette présence sincère, les joies et les désirs sensuels / sexuels profonds de notre partenaire reçoivent une attention et une importance égales aux nôtres. Ce faisant, la présence accueille paradoxalement tout ce que nous avions laissé de côté en nous laissant emporter par notre imagination, l'avenir ou diverses autres formes de distraction ou de stimulation. Cultiver la présence nourrit à la fois notre expérience sensuelle / sexuelle et celle de l'autre. La présence et la sobriété n'ôtent rien au plaisir du possible ou au piquant de la variété. La présence est en fait ce qui apporte aux expériences de la vie cette vitalité si désirée.

Prenez quelques minutes pour continuer à réfléchir et pour assimiler ce que les Profils 7 ont besoin de développer afin d'avoir une relation intime profondément satisfaisante, qui intègre la qualité supérieure d'être appelée « sobriété ». Ici, la sobriété signifie simplement la capacité de rester présent dans l'instant avec ce qui est et de s'y engager pleinement, sans détourner l'attention vers quelque chose d'autre qui est également ou davantage stimulant.

Ce que les Profils 7 ont à dire à propos des expériences sexuelles sur le chemin de l'accomplissement

Jan : « *Je me concentre maintenant sur le fait d'être présent à ma partenaire, sur le plaisir sexuel ou le fait de donner du plaisir, au lieu de m'inquiéter à l'idée de m'ennuyer. Je suis dans mon corps, détendu, ouvert et patient – moins frénétique ou pressé mentalement. Je suis connecté à nos âmes et à l'univers.* »

Betty : « *Je ne suis pas à la recherche permanente de plus de possibilités, encore et encore. Je suis là, avec celui qui compte pour moi, à travailler sur les problèmes au lieu de chercher quelque chose de mieux.* »

Gabe : « *Peu importe la force de mon énergie sexuelle, je ne perds pas ma connexion avec ma partenaire. J'ai la chance d'éprouver un large éventail de sentiments, pas simplement des fantasmes, mais des sensations pures.* »

Mary : « *Lorsque, maintenant, je suis calme et pas dans ma tête, je ressens de l'amour inconditionnel, à la fois exprimé et reçu. Que demander de plus ?* »

Sam : « *Mon bavardage mental sur toutes les possibilités qui s'offrent à moi rendra toujours ma vie intérieure plus intéressante que celle de beaucoup d'autres, mais c'est le serviteur de mon plus grand bien, pas le maître !* »

Roland : « *En pratiquant la présence dans l'instant présent, je suis capable d'avoir une connexion plus profonde avec mon partenaire. Je suis capable de connaître un engagement total avec lui.* » La présence **est** la manière dont nous vivons la joie et la richesse de l'intimité, elle n'entrave pas la variété.

Prenez quelques minutes pour réfléchir à la manière dont les représentants du Profil 7 accroissent la qualité de leur expérience sensuelle / sexuelle et favorisent l'intégration de leurs qualités supérieures dans leur expérience sexuelle et dans leur vie en général.

Le travail de David avec le Profil 7 | l'Épicurien

Le commentaire de David : Cet exemple illustre les améliorations et les amoindrissements pour le Profil 7 dans le domaine de l'amour et de la sexualité. Paul vit la spontanéité et l'espièglerie, mais a également besoin de rester dans le moment présent et d'être aussi présent pour l'autre que pour lui-même. Cela fait partie de son chemin d'intégration sur la voie de la plénitude à la fois dans la vie et en amour.

Paul : *Je sais que je suis un Profil 7 car j'ai une multitude d'envies et d'idéaux. Je vois tous les côtés positifs et de nombreuses alternatives. La vie est pleine de possibilités.*

David : *Donc, comment votre structure de personnalité, qui se concentre sur les points positifs et les possibilités, influe-t-elle sur votre expression de l'amour, pour le meilleur et, oui, pour le pire ?*

Paul : *Eh bien, c'est variable. Je veux connaître avec elle tout ce que nous n'avons pas connu avant.*

David : *Et comment cela influe-t-il sur votre expérience sexuelle ?*

Paul : *Cela a à voir avec la fascination. Je suis toujours intrigué par ce qui peut arriver. J'adore l'aventure. Quand j'ai commencé à faire un travail sur moi, je suis devenu plus calme. Elle me dit : « Je te trouve amusant maintenant que tu es plus équilibré, tu es davantage là pour moi. » Mais trouver cet équilibre est dur pour moi.*

David : *Eh bien, cela fait partie du chemin de l'intégration, d'apporter un équilibre entre ses désirs, ses besoins, et les vôtres, et d'apprendre à être présent pour elle autant que vous l'êtes pour vous.*

Paul : *Je suis passé du jeu à une acceptation plus grande de ce qui est là. Je commence à rechercher l'amour en me connectant aux autres. Je sens maintenant que je suis davantage connecté aux autres, plus présent. J'ai même découvert au cours de l'année dernière combien j'aime la nature, être davantage dans le flux des choses. Je n'ai plus toujours besoin de faire quelque chose.*

David : *C'est merveilleux, mais revenons à l'expression intime et à l'expression sexuelle, qu'est-ce qui est le mieux pour vous ?*

Paul : *Oh, m'amuser, célébrer la vie. Mais j'ai découvert que mon enthousiasme et mon côté expressif étaient aussi un inconvénient : ma partenaire s'éloignait. Je sais que j'ai un esprit espiègle et que je peux très facilement passer à quelque chose d'autre, de nouveau et de différent. C'est compliqué dans mes relations avec mes proches et surtout avec ma femme, ils peuvent se sentir négligés. Cela peut vraiment la blesser et même éteindre son excitation. Et je me demande toujours pourquoi.*

David : *C'est là où se situe la croissance. C'est en calmant cet esprit qui s'emballe et en remarquant grâce à la pleine conscience quelles sont vos impulsions corporelles ; c'est ce que votre bien-aimée ressent comme un enthousiasme excessif, elle a l'impression que vous partez ailleurs. Alors, vous pouvez revenir, et respirer lentement et profondément, et entraîner votre cœur à s'ouvrir à elle. Cela augmente en fait votre propre joie et, paradoxalement, élargit votre propre expérience de l'amour, qui est plus complète. Bien sûr, cela demande de la pratique et de la patience, ce qui n'est pas le point fort d'un Profil 7.*

Paul : *Oui, je sais que c'est mon chemin.*

Prenez un moment pour réfléchir à la manière dont cet exemple de Profil 7 illustre le travail que nous devons tous faire pour nous développer sur le chemin de l'unité.

Profil 8 | le Protecteur

Après avoir lu ce chapitre sur le Profil 8, fermez les yeux et respirez profondément pour vous recentrer, vous ancrer dans votre corps et accueillir le moment présent. Prenez quelques minutes pour réfléchir à la manière dont les caractéristiques de ce profil affectent l'intimité, la sexualité et ses qualités essentielles. En silence ou avec votre partenaire. Si c'est avec votre partenaire, prenez quelques minutes supplémentaires pour échanger sans jugement, à cœur ouvert.

Vue générale et accomplissement ultime pour le Profil 8

Rappelons que, en tant que Protecteurs, nous croyons que pour garantir nos besoins élémentaires d'estime de soi, d'amour et de sécurité nous devons être forts et justes, dans un monde où, nous en avons fait l'expérience, les puissants prennent l'avantage et les faibles sont brimés. Nous ne pouvons pas être impuissants et faibles. Lors de la formation de notre personnalité passe à l'arrière-plan notre innocence originelle, qui nous permet d'aborder chaque contact intime avec un regard neuf, sans excès, sans domination. Notre innocence originelle enrichit naturellement la réciprocité et l'expérience sensuelle / sexuelle par une présence aimante, disponible, accompagnée d'une abondance d'énergie que nous avons de manière innée.

L'intimité, c'est faire l'expérience de sa vérité et de celle de l'autre, ensemble. En présence de l'intimité, nous sommes emplis d'une tendresse sincère et de la douceur de l'innocence dans le moment présent, qui se combinent avec une action passionnée. Cela crée une présence à l'autre pleinement réceptive, de la compassion sans recherche de pouvoir. Toutefois, ces expressions supérieures de la sexualité sensuelle peuvent être affectées par notre soif de pouvoir, d'excès, de désirs forts et d'assurance, qui est ressentie par les autres tandis que nous nous exprimons sexuellement. L'expression est facilement incontrôlée (et il est possible qu'elle ne soit pas agréable), plutôt que libre – une différence essentielle. Enfant, ce tempérament sans retenue était décrit comme une « intensité de réponse », ce qui signifie que le degré de réponse était fort, quels que soient sa qualité, sa direction ou les stimuli. Les Profils 8 peuvent aussi, sans en avoir l'intention, exercer un contrôle sur une situation. Par exemple : « *Mes sentiments de pouvoir dans le sexe semblent tendre vers un extrême* » et « *Je suis excité par le pouvoir sexuel que j'ai sur mon partenaire* ». Le relâchement du contrôle peut survenir lorsque l'on se sent en sécurité.

La sexualité des personnes de Profil 8 peut aussi s'exprimer par l'endurance et l'intensité, l'expression physique prenant le pas sur la connexion émotionnelle ; il est possible que la capacité non intentionnelle des 8 à « faire pression » soit ressentie comme excessive. Ils peuvent confondre vulnérabilité et faiblesse, ce qui entraîne souvent des difficultés à se laisser aller et à être réceptifs, à cause des peurs sous-jacentes de faiblesse et d'impuissance. Cette difficulté concernant la vulnérabilité, associée à l'excès d'exubérance lubrique et de domination, amoindrit souvent l'expérience sensuelle / sexuelle.

Prenez quelques minutes pour réfléchir au chemin du Profil 8 vers l'unité et l'intégration de ses qualités essentielles.

Ce que les Profils 8 ont à dire à propos des difficultés rencontrées dans leur vie sexuelle

La puissance de cette structure de personnalité et les problèmes affectant l'expérience intime peuvent amoindrir et déformer l'expérience sexuelle la plus intime des Profils 8. Se libérer de l'habitude d'esprit de la domination pour la remplacer par celle de la réceptivité renforce l'expérience de l'intimité – tant de l'amour que de la sexualité.

Sur le fait d'être puissant, d'avoir de l'impact et d'exprimer un sens de l'équité et de la vérité

Claire exprime le thème du pouvoir et de l'impact de la manière suivante : « *J'ai une conscience aiguë de moi-même en tant que femme sexuellement puissante. Avoir du pouvoir sexuel sur un homme m'excite. Dans ma jeunesse, je trouvais même amusant de mettre un homme mal à l'aise avec mes manières directes et lubriques.* »

Joséphine : « *Dans le passé, je ressentais un contrôle fort sur mon amant. Je voulais un homme qui puisse répondre à mes désirs sexuels. J'ai appris à partager équitablement en donnant plutôt qu'en prenant.* »

Jim dit simplement : « *J'aime le pouvoir du sexe. Donner un orgasme à ma partenaire m'enflamme. Mais j'ai appris à être plus attentionné.* »

Lauren : « *J'ai toujours une forte pulsion sexuelle, ce qui ravit et consterne mon mari, au départ bien plus inhibé, voire fuyant.* »

Jack : « *Bien que j'aspire à des expériences sexuelles avec différentes femmes, je suis fidèle à ma femme depuis trente-huit ans et je la protège. Cela satisfait mes valeurs car je suis fidèle à mes engagements.* »

Judy : « *La justice et le pouvoir se sont exprimés pour moi par mon mariage avec un homme handicapé et le fait que je prenne soin de lui. J'ai toujours voulu lui donner du pouvoir et j'ai le sentiment de "rentrer à la maison" lorsque nous avons des rapports sexuels. Mais j'ai toujours des fantasmes, à la fois d'avoir du pouvoir sur lui et de lui être soumise.* »

Sur l'énergie motrice de l'exubérance et le désir sexuel qui lui est associé

Pour Henry, cela s'exprime par : « *Même à 68 ans, mon désir sexuel est fort. Je veux souvent faire l'amour mais avec moins d'exubérance et tout le respect que j'ai pour ma partenaire.* »

Joséphine voit l'exubérance sexuelle de cette façon : « *Le désir sexuel est une lutte constante pour moi. J'ai entendu dire qu'une vie sexuelle moyenne, c'était deux rapports sexuels par semaine. Nous devons toujours dépasser ce chiffre. Pour moi, le désir sexuel est un désir d'orgasmes et de relations sexuelles dépourvues d'inhibition, sans entraves. Je suis une vilaine fille, j'imagine…* »

Jacqueline présente l'exubérance sexuelle ainsi : « *Je suis à fond dans le sexe. Autrefois, un orgasme n'était jamais suffisant. Malheureusement, la plupart du temps, le sexe est devenu une question de quantité plutôt que de connexion émotionnelle. Parfois, pour mon mari, j'étais tout simplement trop.* »

Max : « *Lorsque j'étais jeune et célibataire, mes pensées et mes fantasmes s'échauffaient très vite et devenaient excessifs en présence d'une fille que je considérais comme super sexy. Nous allions au lit dès que je pouvais l'en convaincre. Mais si le sexe est une arène pour exprimer une grande énergie vitale, je me suis rendu compte qu'une telle exubérance sexuelle pouvait me faire dérailler et déséquilibrer mes relations.* »

Sur les inquiétudes les plus profondes : être impuissant et faible et confondre la vulnérabilité avec la faiblesse

Max : « *Avant de faire un travail intérieur et de reconnaître ma vulnérabilité comme une force, je ne pouvais jamais m'abandonner à ma femme. Maintenant que je peux autoriser ma vulnérabilité et être réceptif à ma femme, l'intensité de mes orgasmes est encore plus importante.* »

Barbara : « *Dans le passé, ma plus grande inquiétude était que lorsque j'étais vulnérable je pouvais être blessée. Mais maintenant, après une dispute, lorsque nous nous écoutons l'un l'autre et que la vulnérabilité m'enveloppe, le sexe est encore meilleur. Je me sens protégée, en sécurité et aimée.* »

Pour Ed, être vulnérable est encore difficile : « *C'est un défi de s'abandonner. J'ai peur d'être impuissant et de perdre le contrôle. J'aimerais me sentir en sécurité en m'abandonnant complètement au plaisir sexuel. Maintenant, je me rends compte que ce n'est pas la même chose avec une présence réceptive, ancrée dans la réalité.* »

Élisabeth : « *Avant, je pouvais facilement avoir des rapports sexuels occasionnels avec un partenaire et éviter tout problème de vulnérabilité. J'exerçais mon pouvoir sexuel et ne ressentais rien. Le sexe était facile, et l'amour était difficile.* »

Grace : « *Il m'arrive encore de ne pas me sentir en sécurité lorsque mon partenaire prend l'initiative d'une relation sexuelle. Je me sens exposée, pas prête et vulnérable. Je peux même me fermer et perdre toute excitation. Mais lorsque je lâche le contrôle, je me sens à l'aise et il m'arrive même de pleurer après l'orgasme tant je suis pleine d'émotion et de gratitude.* »

Prenez quelques minutes pour évaluer la manière dont le Profil 8 diminue le vécu de son expérience sexuelle et empêche l'intégration de ses qualités supérieures dans son expérience sexuelle et dans sa vie en général.

Chemin de développement pour le Profil 8

Pour les Profils 8, cela implique de devenir réceptifs et conscients, puis de permettre l'innocence de chaque moment sans anticipation. Cela inclut l'abandon dans l'union et l'expérience de l'innocence et de l'émerveillement avec lesquels les enfants viennent au monde. Il peut y avoir beaucoup de résistance à l'innocence, à l'émerveillement et à la réceptivité sincère car cela fait apparaître de la vulnérabilité. Pour les personnes de Profil 8, la douceur est souvent perçue comme de la faiblesse et évitée. Nous devons prêter attention à l'endroit dans notre corps où nous ressentons le déclenchement qui suscite notre réactivité. Où se trouve cette sensation ? Respirons profondément et faisons de notre mieux pour *autoriser* la réceptivité de manière active. Sachons que cette réceptivité, et son aptitude à accueillir la vulnérabilité, est une force. Ne la définissons pas si volontiers comme une faiblesse. C'est notre chemin de développement.

Le développement vers la plénitude englobe l'expérience de la vulnérabilité, de l'impact et de la confiance. Autorisons-nous à vivre la réalité innocemment, purement, simplement comme elle nous arrive. Sachons que notre exubérance sera toujours là et qu'elle nous protégera toujours en cas de besoin. L'intensité sans anticipation, lorsqu'elle est complétée dans l'instant par l'innocence de l'enfance, nous permet de nous abandonner à une union partagée qui, paradoxalement, amplifie notre puissance, notre exubérance et notre magnanimité.

Prenez quelques minutes pour continuer à réfléchir et pour assimiler ce que les Profils 8 ont besoin de développer afin d'avoir une relation intime profondément satisfaisante qui intègre leur qualité supérieure d'être, appelée « innocence ». Dans ce cas, l'innocence consiste à aborder une situation sans arrière-pensée, avec un cœur ouvert, avec vulnérabilité, sans porter de jugement et avec un esprit d'ouverture aux autres.

Ce que les Profils 8 ont à dire à propos des expériences sexuelles sur le chemin de l'accomplissement

Jacqueline : « *M'autoriser à devenir tendre, douce et calme. Lorsque je ralentis, que je suis attentive, que j'apprécie le moment présent et que je fais participer mon partenaire, il survient toutes sortes d'échanges émoustillants. Quelle bénédiction a été pour moi la réceptivité ! Pour tous les deux, en fait.* »

Pour Cody, le chemin vers l'innocence dans l'instant passe par : « *Le fait de ne pas entrer dans une lutte de pouvoir. Alors, je peux être le partenaire le plus charmant, le plus spontané, le plus créatif et le plus amusant. Je suis naturellement doté d'une curiosité qui me permet de relâcher cette immense énergie instinctive et de simplement être.* »

Sara : « *Respirer profondément, sachant que cela me permet d'être présente. Cela mène à l'ouverture, à la confiance, à l'abandon et à la joie, en profitant du plaisir que cela nous procure à tous les deux. Pour moi, c'est l'innocence associée à l'absence de programme, d'attentes.* »

Max : « *Maintenant, je satisfais sexuellement ma partenaire chérie sans aucune idée préconçue. D'une certaine manière, c'est la liberté, c'est enfantin. Comment aurais-je pu saisir cela sans connaître la force et le pouvoir de la réceptivité ?* »

Laura décrit son chemin ainsi : « *Je m'autorise à être présente à mes sentiments, mes pensées et mes sensations sans la superposition de croyances fondamentales de contrôle ou de mes peurs récurrentes de vulnérabilité. J'ai simplement besoin de me souvenir que je peux avoir confiance en moi et en mon partenaire.* »

Mark : « *J'aborde le moment de faire l'amour comme une expérience nouvelle, sans attentes, ni scénarios de pouvoir préconçus. Nous sommes comme deux innocents qui jouent.* »

Suite à ces témoignages, autorisez-vous à ressentir le pouvoir du développement personnel et la liberté qu'il nous apporte.
Prenez quelques minutes pour réfléchir à la manière dont les représentants du Profil 8 accroissent la qualité de leur expérience sensuelle / sexuelle, favorisant l'intégration de leurs qualités supérieures dans leur expérience sexuelle et dans leur vie en général.

Le travail de David avec le Profil 8 | le Protecteur

Le commentaire de David : L'énergie importante, le peu de répit et le côté percutant du Profil 8 peuvent être excessifs pour les autres. Le passage à l'action peut être si rapide qu'il n'y a que peu d'attention portée à l'état de l'autre. Ralentir, devenir plus réceptif et autoriser des sentiments plus tendres peut être profitable à la fois à l'expression de l'amour et aux relations sexuelles.

***Hector :** Je prends la direction des opérations sachant que je peux changer les choses. Je m'exprime simplement mais je ne suis pas toujours conscient de mon impact excessif sur les autres. Ils ont l'impression qu'ils doivent faire les choses à ma façon, sinon gare à eux ! Moi, j'ai juste l'impression d'aider l'autre.*

***David :** Comment cela peut-il devenir problématique pour les personnes de votre entourage, dans vos relations amoureuses ou lorsque vous faites l'amour ?*

***Hector :** Ils ont l'impression que je les critique ou que je les menace, comme si j'étais simplement excessif. Si je suis physiquement avec vous, je fais attention à vous et je vous aide à réaliser vos projets, alors vous savez que je vous aime. J'ai un gros appétit sexuel et ma partenaire sait que je suis avec elle. De mon point de vue, il y a beaucoup de respect. De son point de vue, je peux en faire trop et ne pas être vraiment avec elle.*

***David :** Oui, votre impact, qui vous semble si naturel, peut être ressenti par les autres comme une énergie trop active, agressive même. Quels sont donc les inconvénients lorsque vous faites l'amour ?*

***Hector :** J'ai l'impression qu'elle n'est pas bien et que je suis excessif. J'apprends à être plus calme et plus réceptif, mais autrefois je considérais l'immobilisme et la réceptivité comme de la faiblesse ou de la passivité.*

***David :** Oui, c'est le chemin, pas seulement dans les relations sexuelles, mais aussi dans la vie. Entraînez-vous à remarquer votre grande énergie, faites une pause et respirez profondément, inspirez et expirez de façon à vous permettre de devenir plus réceptif ; accueillez les sentiments doux et tendres comme vous le feriez lorsque vous tenez un petit enfant. Souvenez-vous, la vulnérabilité est une force immense et non une faiblesse. Votre grande énergie active, quelquefois exubérante, est une bénédiction lorsqu'elle est mêlée à votre énergie réceptive plus tendre, plus douce.*

***Hector :** Oui, je sais maintenant que c'est mon chemin. Maintenant, nous arrivons à une véritable union lorsque nous faisons l'amour.*

Prenez un moment pour réfléchir à la manière dont cet exemple de Profil 8 illustre le travail que nous devons tous faire pour nous développer sur le chemin de l'unité.

Profil 9 | le Médiateur

Après avoir lu ce chapitre sur le Profil 9, fermez les yeux et respirez profondément pour vous recentrer, vous ancrer dans votre corps et accueillir le moment présent. Prenez quelques minutes pour réfléchir à la manière dont les caractéristiques de ce profil affectent l'intimité, la sexualité et ses qualités essentielles. En silence ou avec votre partenaire. Si c'est avec votre partenaire, prenez quelques minutes supplémentaires pour échanger sans jugement, à cœur ouvert.

Vue générale et accomplissement ultime pour le Profil 9

Rappelons que, en tant que Médiateurs, nous croyons que pour garantir nos besoins élémentaires d'estime de soi, d'amour et de sécurité nous devons suivre le mouvement sans faire de vagues, dans un monde qui, nous en avons fait l'expérience, nous demande de rentrer dans le moule et de ne causer de problèmes à personne. Par conséquent, nous supprimons notre différenciation, nous ne nous montrons pas pour ne pas prendre le risque d'être jugés sans intérêt. « Passer inaperçu » et « n'avoir d'impact sur personne » est sans danger. Nous démarquer peut nous amener à être rejetés, d'une façon plus ou moins violente, et à nous sentir indignes d'être aimés.

Il s'agit d'enfants qui ont manifesté une grande capacité à s'adapter à leur environnement, aux stimuli extérieurs, à ne pas faire d'histoires et à bien s'entendre avec les autres. Au cours de la formation de notre personnalité passe à l'arrière-plan notre aptitude originelle à simplement être présents à notre propre personnalité, à soi comme à l'autre. Avec l'énergie réceptive, notre présence enrichit naturellement les expériences sensuelles / sexuelles grâce à notre flexibilité, notre réactivité et notre harmonie, dont résultent la concordance et l'acquiescement, ainsi qu'une présence corporelle et émotionnelle. Dans l'intimité, notre engagement sans réserve se traduit par un ancrage dans la réalité, une expansivité et une unité avec notre partenaire.

L'amour de soi est égal à l'amour de l'autre, ni plus ni moins. Le soi peut se différencier de celui de l'autre sans se sentir en danger. Ces expressions supérieures de la sexualité sensuelle sont impactées de façon négative par la structure de notre personnalité lorsque les nombreuses sollicitations de l'environnement captent notre attention et nous conduisent à une perte d'autonomie, à disperser notre énergie, à être passifs et à suivre le mouvement pour ne pas nous démarquer ou nous différencier. Ces propensions empêchent alors une véritable réceptivité à nous-même comme aux autres.

L'expression sexuelle est souvent liée à l'excitation qui survient lorsqu'un partenaire s'affirme, « prend les rênes ». Ensuite, en prenant le temps de s'éveiller, la réactivité sexuelle se produit avec la présence accordée à l'expérience. L'inertie directrice de notre Profil 9 envers nous-même peut s'exprimer par de la fatigue, un manque d'énergie, une tendance à se renfermer et à vouloir une routine confortable. Nous pouvons facilement nous sentir insuffisants, invisibles et ignorés, mais le plus souvent nous ne l'exprimons pas. L'amoindrissement, quand il arrive, résulte du fait de se référer à l'autre, de notre indisponibilité, parce que les revendications des autres nous demandent notre temps et notre énergie. Une inattention et une inertie vis-à-vis de nous-même, pas tellement envers les autres, peuvent poser des difficultés au fil du temps.

Prenez quelques minutes pour réfléchir au chemin du Profil 9 vers l'unité et l'intégration de ses qualités essentielles.

Ce que les Profils 9 ont à dire à propos des difficultés rencontrées dans leur vie sexuelle

Ci-dessous, dans ces trois types d'amoindrissement, les problèmes et les préoccupations du profil ont des répercussions sur l'expérience sexuelle intime, diminuant le lien, la joie et la liberté de l'expression sexuelle et de l'expérience de l'amour.

Sur le fait de suivre le courant et d'être entraîné par toutes les demandes extérieures

Pour Cathy, le fait d'être entraînée par des demandes extérieures s'exprime de cette manière : « *Avant ma rencontre avec l'Ennéagramme, quand la musique était allumée pendant que nous faisions l'amour, je pouvais être distraite par les paroles. Les bruits extérieurs, comme les tondeuses à gazon ou les voitures, me distraient aussi. Et surtout, toutes les tâches que j'ai encore sur ma liste ! Il était difficile pour moi d'être sexuellement réactive. Cela peut encore prendre du temps.* »

John : « *J'avais l'habitude de prêter attention à mon travail et à d'autres aspects de ma vie. Je pouvais être distrait et me perdre, ne pas rester présent.* »

Shannon : « *La réponse sexuelle est devenue un obstacle, en particulier après la naissance des deux premiers enfants.* »

Selon Whitney : « *J'attendais simplement que mon mari prenne l'initiative pour me sentir bien pour faire l'amour ou laisser se manifester mon énergie érotique. Mon attention était majoritairement sur lui. Je faisais même des choses que je n'appréciais pas tellement.* »

Monica : « *Avant, je ne pensais qu'à lui, de façon presque obsessionnelle. Je voulais être avec lui. Nos relations sexuelles étaient plus liées à son orgasme qu'au mien. Je me sentais vide et pleine à la fois. Je donnais tout pour que, quand il n'était pas avec moi, je puisse me sentir connectée et unie à lui.* »

Pour Fred, le fait de suivre le courant signifiait : « *Je concentrais toujours mon attention sur l'extérieur, sur ce que l'autre voulait. Oui, j'ai toujours essayé de m'adapter aux besoins et aux désirs de ma partenaire. Mais je n'arrivais pas à obtenir ce que je voulais.* »

Sur la résignation poussant à l'inertie envers soi, sur le fait de s'engourdir et de rechercher le confort au lieu de s'engager dans son(ses) véritable(s) désir(s)

Holly : « *J'apprécie vraiment le sexe avec mon partenaire de toujours et j'atteins presque à chaque fois l'orgasme avec lui. Avant de m'éveiller à ma propre expression la plus profonde, je n'aimais que la routine de ce qui a fait ses preuves. Il peut vraiment m'exciter avec son désir pour moi. Maintenant, je peux prendre les devants et l'exciter aussi.* »

Dana : « *J'aimais tellement la routine. J'aimais le confort de faire comme nous faisions toujours. Et je me sens encore tout à fait à l'aise lorsque je suis ce qu'il veut faire. Le problème, c'est que je nous prive d'une satisfaction profonde.* »

Pour Tim, le confort de l'engourdissement se manifestait ainsi : « *Avant, je remettais à plus tard l'initiative des rapports sexuels. Je me sentais inadéquat, comme si j'allais faire quelque chose de mal. Alors, il valait mieux ne rien faire du tout plutôt que d'avoir des problèmes. C'était plus facile pour moi de me masturber plutôt que de risquer la possibilité d'un désaccord douloureux.* »

Jack : « *J'ai suivi le dicton "lentement mais sûrement". Je ne voulais pas insister trop fortement pour faire l'amour. C'est agréable, mais surtout quand ma partenaire prend l'initiative. Maintenant, notre vie sexuelle est plus équilibrée, plus riche.* »

Sur les inquiétudes les plus profondes – être insignifiant au point d'être écarté et rejeté

Whitney : « *Le rejet était une grande peur pour moi, sexuellement et dans tous les domaines de ma vie. Cela m'empêchait de prendre l'initiative sur le plan sexuel dans la plupart des cas, excepté les quelques fois où je me suis sentie confiante. Maintenant, j'ai appris à m'apprécier moi-même et à exprimer mes désirs.* »

De même, pour Joan, le rejet était un thème clé : « *Lorsque je me sentais rejetée, ma libido s'envolait. Je ressentais de la colère, mon corps s'éteignait et j'étais "partie". Maintenant, je participe pour me sentir entendue, respectée et honorée ; il y a plus de chances que je sois sexuellement présente.* »

Victor : « *Si ma femme ne semblait pas demandeuse de relations sexuelles, je me mettais en colère et il n'y avait jamais de sexe. Mais quand elle était réceptive, le sexe pouvait être vraiment satisfaisant. Elle avait besoin que je prenne davantage d'initiatives.* »

Joan : « *Je m'inquiète encore à l'idée d'être rejetée, alors je m'efforce d'être une bonne amante en étant sensible à ce qui est nécessaire, pour que cela soit bon pour lui en premier lieu, et seulement ensuite pour moi.* »

Et enfin, Jonathan considère l'insignifiance de cette façon : « *Je me tracassais vraiment à l'idée de ne pas être à la hauteur pour ma partenaire, d'être juste trop ordinaire et pas excitant. Et bien sûr, cela ne faisait qu'amoindrir nos relations sexuelles et le ressenti que j'avais de ma propre sexualité.* »

Prenez quelques minutes pour évaluer la manière dont le Profil 9 diminue le vécu de son expérience sexuelle et empêche l'intégration de ses qualités supérieures dans son expérience sexuelle et dans sa vie en général.

Chemin de développement pour le Profil 9

Pour nous, les Profils 9, cela implique de devenir réceptifs et conscients, de placer notre attention aussi bien sur nous-même que sur l'autre. Ce faisant, on retrouve notre ouverture d'esprit, mais de façon proactive cette fois. Une pseudo-réceptivité est en réalité une non-présence à soi, ce qui est, à un degré plus ou moins important, inconsciemment ressenti par l'autre. Une réceptivité active envers nous-même – qui demande de la pratique car notre réceptivité est bien souvent une synchronisation avec l'autre, qui oublie le soi –, couplée à notre aptitude innée à fusionner, que demander de plus ? C'est là que peut avoir lieu une union inconditionnelle, bienheureuse, entre notre soi devenu indépendant et celui de l'autre.

Cela engendre la flexibilité et une relation harmonieuse qui nourrit chaque individu. Nous avons tous besoin d'un bon « soi-chercheur » (un soi indépendant). Cela signifie que nous sommes tous uniques, que nous nous montrons au monde et que nous poursuivons nos rêves, que nous interagissons en tant que personnes à part entière et que nous prenons les bonnes décisions pour notre plus grand bien. Ainsi, les autres peuvent nous ressentir et nous connaître. Et nous avons tous besoin d'un bon « soi-fusionnel » qui s'aligne sur les autres, ce qui signifie que nous nous autorisons à fusionner sans différenciation. Nous sommes en résonance avec les autres, nous compatissons à leur expérience subjective d'eux-mêmes. En tant que tel, nous pouvons faire l'expérience de devenir « un » avec un autre. Les deux sont des capacités magnifiques et des expériences humaines profondément épanouissantes.

Prenez quelques minutes pour continuer à réfléchir et pour assimiler ce que les Profils 9 ont besoin de développer afin d'avoir une relation intime profondément satisfaisante qui intègre leur qualité supérieure d'être, appelée « Action juste ». Dans ce cas, l'action juste signifie adopter une position qui reconnaît le soi comme égal aux autres et une action qui reflète cette considération de soi.

Ce que les Profils 9 ont à dire à propos des expériences sexuelles sur le chemin de l'accomplissement

Ryan décrit le chemin vers l'accomplissement de cette manière : « *Maintenant, je m'autorise à être sexuel, sensuel et à me sentir fort. Je suis bien plus présent à ce que je veux et à ce dont j'ai besoin. Je me prépare en m'ancrant dans le sol, et en prêtant attention à ce que mon corps, mon cœur et mon esprit me disent, en n'étant pas distrait par des aspects moins importants de ma vie.* »

Joan : « *Je suis dans l'action juste, ce qui signifie pour moi être mon moi passionné, être aventureuse, créative, enjouée, énergique, olé olé, amusante, être vivante dans mon corps et non engourdie. Maintenant, je suis facilement excitée et j'éprouve davantage de sensations. Même de simples baisers peuvent m'exciter.* »

Anita : « *Devenir active et entreprenante dans ce que nous essayons. Je suis plus active dans le don, l'amour et la créativité qu'auparavant. Je ressens plus de liberté et moins d'inertie pour faire ce que mon intuition me dit de faire, à la fois donner ET prendre.* »

Sally : « *Maintenant, je veux être présente pour mon partenaire, le satisfaire et l'exciter. J'y arrive, mais seulement quand je me prépare mentalement et que je suis présente pour moi-même.* »

Jonathan : « *Je suis mieux à même, maintenant, de savoir ce que je veux, et je peux l'exprimer. C'est certainement mieux pour moi, mais également pour ma partenaire, car cela a accru son plaisir.* »

Molly : « *Je suis maintenant tellement plus réactive à son toucher ! Je suis juste présente à cela, gémissant de plaisir, et lorsque je le touche je ressens une joie similaire.* »

Remarquez combien il est important d'être présent à soi-même et à l'autre lors des expériences sexuelles, indépendamment du profil Ennéagramme. La capacité à fusionner tout en étant présent à soi-même est bien souvent magnifiquement exprimée par les Profils 9.
Prenez quelques minutes pour réfléchir à la manière dont les représentants du Profil 9 accroissent la qualité de leur expérience sensuelle / sexuelle, favorisant l'intégration de leurs qualités supérieures dans leur expérience sexuelle et dans leur vie en général.

Le travail de David avec le Profil 9 | le Médiateur

Le commentaire de David : Cet exemple de Profil 9 montre clairement le lien entre notre expression sexuelle et notre profil, le reste de notre vie et notre chemin de développement. Ici, Emily travaille à intégrer sa propre importance. Elle illustre cela par sa métaphore de la respiration. Ce faisant, elle a besoin d'avoir davantage de compassion envers elle-même.

Emily : *Je sais que je suis une 9 parce que c'est très difficile pour moi de savoir pourquoi je fais ce que je fais et ce que je pense.*

David : *Qu'est-ce que l'amour signifie pour vous ?*

Emily : *Je sens battre le cœur du monde et celui des autres, mais pas le mien. Cela rend les relations sexuelles difficiles pour moi. Je sens battre le cœur de mon partenaire, mais pas le mien. Je deviens anxieuse et mon rythme cardiaque s'accélère, pas celui de mon partenaire. Je ne suis tout simplement pas présente quand nous faisons l'amour.*

David : *Vous prêtez attention aux battements de cœur de votre partenaire, c'est merveilleux, mais pas aux vôtres. L'amour profond prête attention aux deux, dans la vie comme dans le sexe. C'est au cœur du chemin pour les Profils 9.*

Emily : *Si je prête attention à mes propres battements de cœur, je me sens très seule.*

David : *Oui, c'est la peur profonde du Profil 9 : « Si je fais attention à mes propres battements de cœur, je perdrai ma connexion aux battements de cœur de l'autre. » [Pause.] Où en êtes-vous maintenant ?*

Emily : *J'essaie maintenant de m'occuper plus de moi-même et de prêter attention à mes propres sentiments d'amour. Mais pour atteindre mes propres battements de cœur, je dois passer par la solitude.*

David : *Encore une fois, c'est votre inquiétude profonde : je perdrai le monde si je suis présent à moi-même. Lorsque cette peur de la solitude survient, faites de votre mieux pour simplement remarquer où elle se situe dans votre corps, le ressenti que vous en avez, et faites une pause, de manière à pouvoir faire le travail d'investigation. C'est tout aussi vrai quand on fait l'amour que ça l'est dans la vie. Vous découvrirez que cela découle de votre croyance fondamentale, qui sous-tend la structure de votre Profil 9. Faites simplement de votre mieux pour revenir vers vous-même. Vous ne perdrez jamais l'autre. Et vos relations sexuelles s'épanouiront quand vous serez là à la fois pour votre partenaire ET pour vous.*

Emily : *Je sais maintenant que c'est mon chemin.*

Prenez un moment pour réfléchir à la manière dont cet exemple de Profil 9 illustre le travail que nous devons tous faire pour nous développer sur le chemin de l'unité.

En résumé

Il est intéressant de constater l'impact de chacune des neuf structures de personnalité de l'Ennéagramme sur la sexualité et la manière différente dont chacune aborde le sexe et les relations sexuelles. L'amour, lorsqu'il s'exprime à travers l'intimité du corps, offre la possibilité de partager certaines de nos plus grandes vulnérabilités.

Notre sexualité nous expose l'un à l'autre. C'est là où le fait de perdre le contrôle, de recevoir et de s'abandonner l'un à l'autre est rendu possible et peut être pratiqué. C'est aussi là où nous pouvons nous affirmer ou apprendre à manifester notre désir l'un pour l'autre.

Peu de choses peuvent être cachées dans les relations sexuelles. C'est là que des sensibilités et des besoins très intimes, très personnels, peuvent être exprimés, partagés et explorés, même si cela peut demander du courage, un certain « inventaire » de soi-même, et de la pratique.

L'intimité sexuelle profonde exige une connaissance de soi et une confiance en l'autre, un désir sincère de se connecter intimement, et la volonté de faire des efforts pour surmonter les obstacles et les amoindrissements de notre propre structure de personnalité ainsi que de celle de notre partenaire.

En fin de compte, nous espérons recevoir la permission et du soutien de la part de l'autre, être acceptés et aimés, nourris et encouragés. L'intimité nous appelle à nous montrer pleinement, honnêtement, spirituellement et sans inhibition. Puisse cette application de l'Ennéagramme et sa sagesse nous y aider.

Chapitre 15

Dernières pensées

Se comprendre l'un l'autre permet d'aimer mieux et de vivre plus pleinement…

Je sais que c'est vrai et c'est la raison pour laquelle nous avons décidé d'écrire ce livre il y a bien longtemps. Il le fallait. Aimer mieux est ce que nous désirons, vivre plus pleinement est ce dont nous avons besoin et ce que nous méritons. Avec Suzanne, nous avions à cœur de contribuer au développement de notre bien-être et d'améliorer notre expérience de nous-même et des autres.

La « prise de conscience » est le point de départ. La compréhension est notre direction. La connexion est ce qui se produit. Et l'amour est ce qui est rendu possible. Parce que l'amour EST au plus profond de notre être qui et ce que nous sommes véritablement. L'amour est ce que nous recherchons à chaque instant, en nous-même et chez les autres. Vivre plus pleinement nous permet d'exprimer cet amour chaque jour, de toutes les manières, avec tous ceux que nous rencontrons.

Nous nous épanouissons en sa présence et nous nous flétrissons en son absence.

Le philosophe du XVIIe siècle John Locke a rendu populaire « la Tabula rasa », également connue sous le nom de « l'ardoise vierge » ou de la « page blanche ». Nous savons maintenant, grâce à la recherche moderne, que l'être humain n'est PAS une « page blanche » à la naissance. Au contraire. Nous ne naissons pas sans un système d'organisation déjà en place pour traiter les données et le flux d'énergie de la force vitale. Ce qui est déjà là accueille et répond à notre environnement dès notre naissance.

Nous savons également que la manière dont nous nous développons n'est pas formée uniquement d'expériences sensorielles et émotionnelles, qui sont des réactions à notre environnement. Nous arrivons déjà préparés, prédisposés d'une façon fort intelligente pour réagir de manière particulière. Notre corps émotionnel et instinctif répond du mieux qu'il peut pour nous, bien avant que nous fassions consciemment nos propres choix de réponse.

Reconnaître notre prédisposition – nos propensions neuronales, comme les appelle le Dr Dan Siegel – nous donne l'opportunité d'étudier par nous-même deux aspects de notre devenir : premièrement, notre tempérament inné, qui est notre manière prédisposée d'organiser les informations et l'énergie lorsqu'elles circulent en nous ; deuxièmement, ce qu'il nous a été donné de gérer, d'expérimenter, y compris et surtout les relations affectives, dont nous dépendons depuis le premier jour de notre vie et jusqu'au début de l'âge adulte.

S'engager à comprendre cela, avec compassion, est un travail sacré. C'est le travail profond du développement personnel. C'est le fantastique voyage vers la liberté personnelle qui nous libère des limites de notre centre d'attention habituel, de notre blessure conditionnée et de ses défenses correspondantes. Le développement personnel est ce qui peut nous emmener au-delà de l'attitude défensive et du jugement critique qui nous sépare *de tout* et ce qui peut commencer à restaurer les nombreuses pertes possibles du soi qui nous ont coupés de nous-même et de l'amour. C'est le travail qui nous amène à aimer mieux, à vivre plus pleinement avec nous-même et avec chacune de nos relations.

Pour reconquérir pleinement notre identité, pour ouvrir notre cœur à la guérison de toutes les pertes émotionnelles que nous avons subies à un stade précoce, nous avons besoin de revenir en arrière avec curiosité, compassion et bienveillance. Il existe de nombreuses façons d'appréhender ce travail et nous vous encourageons à trouver celle qui vous semble juste et efficace pour vous.

Nous pouvons guérir de nos blessures émotionnelles, celles qui se sont produites dans nos relations avec les autres – à commencer par les toutes premières personnes qui se sont occupées de nous –, en travaillant d'abord à approfondir notre relation à nous-même, puis en cultivant des relations bienveillantes et qui témoignent de ce travail sacré avec ceux que nous rencontrons au long de notre route et en qui nous pouvons avoir confiance. Des personnes désireuses d'entreprendre ce voyage vers l'amour de soi et la connaissance de soi à nos côtés. Nous en avons les capacités. Nous avons simplement besoin d'exercer les intelligences qui sont en nous – de les activer – pour aller de l'avant et atteindre notre plein potentiel. Nous pouvons le faire.

L'Ennéagramme est idéal pour étudier notre tempérament, nos inclinations biologiques et nos aptitudes spécifiques. Ma fascination pour les propensions neuronales et les contributions des neuf structures de personnalité s'est approfondie au fil des ans. Je n'ai cessé de m'émerveiller devant la pertinence de cet outil et ses nombreuses applications. C'est le plus efficace que je connaisse pour la compréhension de soi et l'introspection. Ce n'est pas exagérer que de dire que l'Ennéagramme a été extraordinairement bénéfique pour les clients de mon cabinet ainsi que d'innombrables autres personnes avec lesquelles j'ai eu la chance de travailler.

L'intelligence de ce système est perspicace et précieuse. Il nous indique assez innocemment la manière extrêmement complexe dont nous, membres de l'espèce humaine, sommes conçus et organisés pour nous soutenir les uns les autres et survivre. Nommé discrètement par l'association de deux mots grecs, l'« Ennéagramme » est illustré de façon quelque peu mystique sous la forme d'un diagramme païen à neuf pointes qui ne manque pas de susciter une certaine appréhension. Ni son nom ni son symbole unique ne rendent justice à sa pertinence et à sa contribution à notre développement.

L'Ennéagramme nous offre une compréhension très fine, incisive et fiable de notre nature humaine – encore et encore, pays après pays et culture après culture. Il nous révèle à quel point nous sommes – même sur le plan neurobiologique – différenciés les uns des autres de façon unique, tout en étant extraordinairement interconnectés et interdépendants. À ce jour, aucune autre typologie connue ne peut en faire autant. Nous avons ainsi la possibilité de mieux nous connaître nous-même et les uns les autres, respectueusement et intimement. C'est là que le besoin profond que nous avons les uns des autres – notre interconnexion et notre interdépendance – revêt une importance cruciale. En comprenant notre interconnexion intérieure, nous atteignons notre nature divine.

Ce qui fait fonctionner cette typologie et l'ensemble de notre espèce, c'est un système fondé sur les relations. Notre relation à nous-même est la principale, mais nos relations avec les autres sont primordiales. Elles sont bâties sur des besoins, des désirs, des talents et des capacités. Les relations interconnectées et interdépendantes sont au cœur même de notre survie. L'Ennéagramme est un système composé à la fois de micro- et de macro-compréhensions. Il est composé de neuf énergies différenciées, avec leurs talents et leur centre d'attention, ingénieusement intégrées dans un ensemble collectif, l'ensemble d'une humanité dynamique dans laquelle nous dépendons les uns des autres.

La camaraderie, dans la mesure où elle a un impact sur la compatibilité de nos relations, joue également un rôle dans le développement de l'intimité, en particulier lorsque l'on envisage de construire une vie à deux. Construire l'intimité peut et doit inclure au départ une compatibilité dans le respect du niveau de développement du bien-être de l'un et de l'autre. Ensuite, il faut ajouter d'innombrables heures de discussions sur les valeurs personnelles, les croyances culturelles et les milieux familiaux ; apprendre comment l'autre s'organise dans ses activités et la gestion de son quotidien ; partager ses opinions et ses croyances religieuses ; prendre en compte les relations respectives de l'un et de l'autre avec Dieu et la spiritualité. L'intimité se développe et se renforce en partageant des moments de loisirs, des moments de divertissement, en partageant nos rêves et nos ambitions, et même – et c'est encore plus important – en développant des moyens de partager la croissance personnelle et le soutien. La liste est longue !

Un livre sur « l'Ennéagramme, les relations humaines et la vie de couple » était très attendu. Nous aurions pu explorer bien d'autres dimensions et aspects du développement de l'intimité.

Nous avons choisi d'orienter ce livre sur certains des problèmes les plus sensibles de l'intimité que j'ai pu observer et qui sont à l'origine d'une déchirure et d'une souffrance profondes. Notre peur du rejet et notre peur d'être seuls sont au cœur de nos préoccupations lorsque nous essayons d'entrer en relation et de nous aimer l'un l'autre. Ces mêmes peurs nous hantent quand il s'agit de nous aimer nous-même. Il ne fait aucun doute que la plupart d'entre nous faisons de notre mieux pour mettre dans chaque relation que nous abordons tout ce que nous avons, avant que nos peurs intrapersonnelles et les faiblesses de notre personnalité ne commencent à créer les difficultés que nous ne connaissons que trop bien.

Nous avons décidé de nous lancer courageusement dans l'écriture, espérant apporter des réponses aux questions délicates que les membres de nombreux couples n'osent pas aborder ensemble, ou se poser personnellement. Nous avons voulu ouvrir un dialogue qui aiderait chacun d'entre nous à parler plus ouvertement et de manière plus constructive avec les autres. Pour ce faire, il nous fallait commencer par examiner de très près l'intimité personnelle – l'intimité avec le soi. C'est la relation avec laquelle nous luttons intérieurement. Comment cultiver l'intimité avec soi-même de manière saine, honnête et complète ? Il est essentiel de se pencher sur cette question car c'est dans la qualité de notre relation avec nous-même que commence et se termine tout niveau d'intimité durable avec les autres.

Le point de départ étant l'intimité avec soi-même, ce livre s'aventure à aborder la plus intime des intimités – notre sexualité. Notre sexualité, et la façon dont nous nous connectons dans ce domaine, touche notre bien-être physique, émotionnel et spirituel. Oui, notre sexualité est déterminée en grande partie par notre corps physique, mais elle est bien plus que cela. Notre corps est l'une des sources et l'un des principaux moteurs de notre bien-être global – c'est le temple qui renferme nos besoins essentiels. C'est ce qui contient et guide, ce qui manifeste et révèle *notre esprit* – notre force vitale. La sexualité est également l'intimité qui mène à la procréation, la création de la vie elle-même, et à l'union spirituelle, si nous en avons la chance. Ces deux issues possibles nous mettent, d'une façon ou d'une autre, en contact avec le divin.

Nous espérons voir l'Ennéagramme être utilisé comme il a été conçu pour l'être – pour nous libérer au point de nous connecter, de ressentir, de créer et d'exprimer davantage. Cet extraordinaire outil de connaissance et de compréhension de soi propose d'innombrables apprentissages, y compris une manière incisive de saisir nos croyances fondamentales et les habitudes d'esprit qui déterminent notre *centre d'attention*. Ces connaissances nous permettent de grandir et d'aimer davantage. Nous espérons qu'en utilisant l'Ennéagramme pour scruter en nous-même nous aurons la chance d'accéder à nos vulnérabilités, celles qui sont profondément ancrées en nous, et que nous oserons courageusement les partager de manière plus intime avec nos proches.

C'est certain, ce genre de plongée en profondeur dans notre vulnérabilité nous met face à certaines de nos plus grandes peurs relationnelles. Elle nous rapproche également de nos espoirs et de nos victoires sur le chemin de l'accomplissement de notre transcendance spirituelle. Nous ne pouvons qu'espérer parvenir à développer notre sensibilité aux besoins cognitifs, émotionnels, physiques, sexuels et spirituels de chacun et gagner en compassion, à chaque étape de notre découverte, en encourageant notre propre développement et celui des autres au long du chemin. Qu'y a-t-il de plus important, en réalité ?

Nous savons au plus profond de notre cœur que l'Ennéagramme peut nous aider à faire ce travail. Que l'entraînement et la pratique de la pleine conscience peuvent nous y aider. Que les nombreuses façons dont ce livre nous encourage à nous examiner, à nous connaître nous-même nous soutiendront. Que les chapitres de ce livre, qui remettent en question nos manières habituelles de voir le monde et d'interagir avec lui, de nous voir et d'interagir l'un avec l'autre, peuvent nous aider à faire ce travail.

Puisse le sujet délicat abordé dans ce livre nous permettre d'entamer de nouveaux échanges, d'explorer une application de l'Ennéagramme particulièrement importante. Et puissions-nous le faire avec délicatesse, car il s'agit d'un domaine de travail personnel qui concerne nos relations les plus intimes et notre sexualité. Ce sont des aspects sensibles de notre vie, dans lesquels nous pouvons souffrir de l'isolement et de la honte. Que cette application de l'Ennéagramme nous aide à soulager les discordes, la déchirure, la souffrance et la mésentente au sein des couples et de toutes sortes de relations intimes.

Puissions-nous finir par reconnaître l'importance cruciale de nos relations intimes. Trouver le moyen d'améliorer l'expérience que nous en faisons, ainsi que nos nombreuses autres expériences relationnelles. Nous espérons que les réflexions partagées dans ce livre toucheront chacun, de la manière la plus engageante et encourageante possible. Que ces idées que nous partageons nous soient une aide dans ces moments où nous pouvons nous sentir seuls, submergés, pas à la hauteur, ou déconnectés.

Notre espoir est que chacun parvienne à des relations et à des intimités plus profondes – psychologiques et émotionnelles, sexuelles jusqu'à spirituelles – avec lui-même et avec les autres. L'Ennéagramme peut permettre cela. Il s'agit, comme nous l'avons dit, d'une cartographie systémique de compréhension pour la libération personnelle. Avec cette cartographie, nous sommes dotés d'une clé qui ouvre à la liberté intrapersonnelle, celle qui nous libère intérieurement pour nous aimer pleinement et ensuite aimer les autres. Et de telle sorte que l'innocence qui est en nous, celle que nous avons incarnée dans l'enfance, puisse s'exprimer à nouveau.

Nous encourageons chacun d'entre vous, qui lisez ce livre et qui êtes actuellement en couple, à prendre le temps et l'espace nécessaires pour toutes sortes de partages à deux afin de développer votre intimité. Ce processus ne peut que renforcer votre relation et votre plaisir mutuel, sans oublier votre capacité à communiquer avec amour et à construire une vie épanouie avec l'autre.

Les couples doivent partager beaucoup de choses pour développer leur intimité. J'implore chacun d'entre vous d'entreprendre cela – cette quête de l'intimité – avec une sincérité profonde, un grand dévouement, beaucoup d'enthousiasme et de passion.

Puissions-nous poursuivre notre développement personnel avec curiosité. Puissions-nous accepter la mission qui consiste à rechercher et à développer notre personnalité divine, en lui permettant de s'épanouir et de se manifester comme elle a été conçue pour le faire – sans entraves. Saluons notre volonté de développer notre aptitude à aimer, ainsi que notre courage d'emprunter ce chemin.

Avec révérence et une immense gratitude pour tout ce que nous sommes et tout ce que nous pouvons devenir, pour nous-même et pour les autres, nous espérons que vous avez apprécié cette lecture. Puissions-nous nous montrer à la hauteur du défi – aimer mieux et vivre plus pleinement – pour le plus grand bien de tous.

Puissions-nous nous consacrer au travail de découverte personnelle, pour le bien de la vie elle-même, de toute l'humanité et de notre magnifique planète. « *C'est mon ultime vision.* »

« Il n'y a rien
de plus important que
la conscience de soi
pour amener
paix et compassion
dans nos relations
et dans le monde. »

David Daniels

Notes et références

De la part de David : Je suis reconnaissant à tous mes collègues enseignants de l'Ennéagramme dans la tradition narrative pour ce qu'ils m'ont enseigné au fil des années : Helen Palmer, Terry Saracino, Peter O'Hanrahan, Marion Gilbert et Renée Rosario. Et je suis reconnaissant à tous les élèves et tous les enseignants qui ont étudié avec nous, qui ont enseigné avec moi, qui ont partagé leurs connaissances et qui ont témoigné en panels lors des stages de la tradition orale pendant toutes ces années.

Sur David : Moi qui l'ai côtoyé pendant vingt-cinq ans, j'ai toujours été touché par sa simplicité et son humilité. Par exemple, rares sont ceux qui savent qu'il a mis sa carrière en jeu, fin 1992, pour obtenir ce qu'il voulait : réserver le campus de l'Université de Stanford pendant quatre jours pour y tenir la première conférence internationale sur l'Ennéagramme en août 1994. Le directeur de l'université ne voulait pas. David a osé lui dire : « *C'est ça ou je démissionne !* » David était alors directeur du département Sciences comportementales et, la réputation d'une université tenant notamment au prestige de ses professeurs, le directeur avait fini par accepter. David n'en parlait presque jamais, mais c'est ce jour-là que le développement de l'Ennéagramme a pris son essor. En liant le nom de l'Ennéagramme à celui de Stanford, David était conscient de l'immense gain pour l'Ennéagramme en matière de crédibilité et de légitimité.
Par ailleurs, ce livre demeurera intemporel. Traiter les structures de personnalité TOUT EN donnant des pistes de transformation est assez rare. Aller jusqu'à corréler l'Ennéagramme avec les neurosciences, la biochimie, la théorie de l'attachement, la sexualité et la spiritualité, notamment, est unique. David a également réussi à unifier l'apprentissage qui consiste à « mieux se connaître et comprendre les autres » en une idée principale : « Prenez soin de votre intimité grâce à la connaissance de l'Ennéagramme. » Bienheureux ceux qui liront ce livre, ils auront un magnifique matériau pour entreprendre ou poursuivre leur chemin de développement.
Cela a été un honneur pour moi de contribuer à la parution de ce livre en français. Merci à Delphine Renard, Astrid Leclerc et Perrine Malaud-Wakim pour leur aide précieuse dans la relecture Ennéagramme de cet ouvrage.
Eric Salmon, directeur du Centre d'Études de l'Ennéagramme

Sites et formations à la tradition orale de l'Ennéagramme

Site de David Daniels : www.drdaviddaniels.com
Site de l'École de la tradition orale monde : www.enneagramworldwide.com
Site de l'École de la tradition orale France : www.cee-enneagramme.eu
Le Centre d'Études de l'Ennéagramme, créé en 1995, a pour but de diffuser l'Ennéagramme dans la pédagogie de la tradition orale, par des animateurs formés par David Daniels et Helen Palmer : vivre des expériences, partager des témoignages et prendre en compte la globalité de l'être.
www.enneagramme.net

Livres en français

David Daniels et Virginia Price, *Trouver rapidement son profil Ennéagramme… et savoir qu'en faire*, InterÉditions
PALMER Helen, *L'Ennéagramme en amour et au travail*, InterÉditions
PALMER Helen, *Le guide de l'Ennéagramme*, InterÉditions
SALMON Eric, *L'Ennéagramme* (collection ABC), Grancher
SALMON Eric, *La clé de l'Ennéagramme : les sous-types*, InterÉditions

Références en anglais

Lorsqu'on en arrive à la neurobiologie, le travail du Dr Daniel J. Siegel est une ressource clé. En particulier :

SIEGEL Daniel J., *The new science of personal transformation*, Bantam Books, New York, NY, 2010.
SIEGEL Daniel J., *The mindful brain*, W.W. Norton & Company, New York, NY, 2007.
SIEGEL Daniel J., *The mindful therapist*, W.W. Norton & Company, New York, NY, 2010.
SIEGEL Daniel J., *Pocket guide to interpersonal neurobiology*, W.W. Norton & Company, New York, NY, 2012.

Arthur Hastings, avant son décès en 2014, a exploré la sexualité et l'expérience spirituelle dans son enseignement à l'Institute of Transpersonal Psychology (aujourd'hui Université de Sofia) à Palo Alto, CA.

ASSAGIOLI Roberto, *L'acte de volonté*, 1993.
BORYS Ajayan, *Effortless mind : meditate with ease*, New World Library, Novato, 2013.
BRADSHAW John, *Healing the shame that binds you*, Health Communications Inc., Deerfield, FL, 2005.
BRIZENDINE Louann, *The female brain*, Morgan Road Books, New York, NY, 2006.
BRIZENDINE Louann, *The male brain*, Broadway Books, New York, NY, 2010.
CHESTNUT Beatrice, *The complete Enneagram*, She Writes Press, Berkeley, CA, 2013.
COONTZ Stephanie, *Marriage, a history : how love conquered marriage*, Penguin Group, New York, NY, 2005.

CORNFIELD Jack, *Meditation for beginners,* Sounds True, Boulder, CO, 2008.

DAVIDSON Richard et BEGLEY Shan, *The emotional life of your brain,* Hudson Street Press, Londres, 2012.

DEIDA David, *Enlightened sex, finding freedom and fullness through sexual union,* Sounds True, Boulder, CO, 2004, 2007.

DURANT Will and Ariel, *The Lessons of history,* Simon and Schuster, New York, NY, 1968.

EISLEY Loren, *The immense journey : an imaginative naturalist explores the mysteries of man and nature,* Random House, New York, NY, 1946, 1957.

Exercices essentiels pour le développement des relations reposant sur plus de vingt-cinq années d'expérience, développés par l'intermédiaire de nos formations Enneagram Studies in the Narrative Tradition (ESNT). Nous avons utilisé ces principes pendant de nombreuses années. J'ai développé le nom UGP et les « 5 A » avec ma collègue Terry Saracino.

FEUERSTEIN Georg, *A little book for lovers,* Sounds True, Boulder, CO, 1996.

FISHER Helen, *Why we Love,* St. Martin's Press, New York, NY, 2004.

FISHER Helen, *Why we love,* St. Martin's Press, New York, NY, 2004.

FRANKL Viktor, *Man's search for meaning,* Beacon Press, Boston, MA, 2006 (première traduction en anglais par Beacon Press, 1959).

GOTTMAN John, *Why marriages succeed or fail : and how you can make yours last,* Simon and Schuster, New York, NY, 1994.

GRAY John, *Men are from Mars, women are from Venus.* Harper Collins, New York, NY, 1992.

GUNARATANA Bhante Henepola, *Mindfulness in plain english,* Wisdom Publications, Somerville, MA, 2002.

HANSON Rick, *Hardwiring happiness,* Harmony Books, Crown Publishing Group, New York, NY, 2013.

HARLEY Willard, *Fall in love, Stay in love,* Baker Publishing Group, Grand Rapids, MI, 2001. HARLEY Willard Jr., *Falling in love, Staying in love,* Revell Press, Ada, MI, 2001.

HAWKINS Jeff, *On intelligence,* Henry Holt, New York, NY, 2004. C'est un livre essentiel sur le cerveau en tant que machine à schémas.

HENRY Holt, *Why him ? Why her ?,* Holt Paperbacks, New York, NY, 2009.

HORSTMAN Judith, *The scientific american book of love, sex, and the brain,* Jossey-Bass, San Francisco, CA, 2012.

KELTNER Dacher et NORTON W.W., *Born to be good,* W.W. Norton & Company, New York, NY, 2009.

KILLEN Jack M. D., *Toward the neurobiology of the Enneagram, IEA Journal,* volume II, 2009. Ce travail porte sur les trois émotions aversives et les trois besoins fondamentaux.

La contribution de Terry Saracino sur l'esprit critique et le surmoi ; The Narrative Enneagram (TNE).

LAMA THE DALAI et CUTLER Howard, *The art of happiness,* Riverhead Press, New York, NY, 1998.

LEDERACH John Paul, *The moral imagination : the art and soul of building peace*, Oxford University Press, New York, NY, 2005.

Le travail et les enseignements somatiques révolutionnaires de Marion Gilbert et de Peter O'Hanrahan ; ils ont tous deux énormément enrichi ce travail.

Le travail révolutionnaire de Rochelle Wald en 2005 dans son essai pour l'Institute for Advanced Study of Human Sexuality de San Francisco : *The Enneagram types : nine styles of expressing sexuality.*

Les études de neurosciences reposent en grande partie sur le travail de Daniel J. Siegel, en particulier sur son livre : *Mindsight : the new science of personal transformation.*

Les travaux de Harry Harlow avec les singes rhésus ont démontré l'incroyable puissance du lien, de la connexion, du contact social et de l'amour, dont : « Total social isolation in monkeys », in *Proceedings of the National Academy of Science*, États-Unis, juillet 1965, 54(1), p. 90–97.

Les travaux du Dr Ron Levine, psychologue clinicien à Van Nuys, en Californie, qui enseigne la sexualité humaine, explorent en profondeur les trois domaines de l'expression sexuelle et leurs connexions neurobiologiques. Il a participé au Human Sexuality Training Program au Neuro-psychiatric Institute de l'UCLA. Il est également rabbin diplômé. Il est l'auteur de nombreux articles, dont « Mindful teenage sexuality : an integrated approach to teaching teenagers about human sexuality ».

LEWIS Thomas, M.D., AMINI Fari, M.D., et LANNON Richard, M.D., *A general theory of love,*

Random House, New York, NY, 2001.

MARVIN Oka et SOOSALU Grant, *mBraining – Using your multiple brains to do cool stuff*, mBit International Pty Ltd., 2012.

MATÉ Gabor, M.D., *In the realm of hungry ghosts, close encounters with addiction*, North Atlantic Books, Berkeley, CA, 2008, 2009, 2010.

NEUFELD Gordon, Ph.D., et MATÉ Gabor, M.D., *Hold on to your kids, why parents matter more than peers*, Ballantine Books-Random House, New York, NY, 2004, 2005, 2014.

Osho, *Love, Freedom, Aloneness : the koan of relationship*, Osho International Foundation, New York, NY, 2001.

PANKSEPP Jaak écrit sur la gamme des émotions partagées par les mammifères, leur rôle fondamental dans la vie et dans l'adaptation : *Affective neuroscience : The foundation of human and animal emotions*, Oxford University Press, New York, NY.

RISO Don et HUDSON Russ, *The wisdom of the Enneagram*, Bantam Books, New York, NY, 1999.

ROBERT Emmons, *Thanks ! How the new science of gratitude can make you happier*, Hougton Mifflin Company, Boston, New York, NY, 2007.

RODGERS Carl, *Client-centered therapy : its current practice, implications and theory*, Constable, Londres, 1951.

Salzberg Sharon, *Lovingkindness*, Shambhala Publications, Boston, MA, 1997.
Sax Leonard, *Boys adrift*, Basic Books, New York, NY, 2007.
Schafer Bill, *Roaming free inside the cage : a Daoist approach to the Enneagram and spiritual transformation*, iUniverse, Bloomington, IN, 2009.

Schnarch David, *Sexual crucible*, W.W. Norton, New York, NY / Londres, 1991.
Schwartz Richard C., *Internal family systems therapy*, The Guilford Press, New York, NY, 1995.
Sukel Kayt, *Dirty minds : how our brains influence love, sex and relationships*, Free Press, New York, NY, 2012.
Tannen Deborah, *You just don't understand*, Harper Collins, New York, NY, 1990. Ce livre référence de Deborah Tannen explore les différences entre hommes et femmes sur la forme et le fond.
Thomas Alexander et Chess Stella, *Temperament and Development*, Brunner / Mazel, New York, NY, 1977-1990. C'est la source des neuf tempéraments chez les jeunes enfants de 3 à 18 mois.
Trayser John Richard, *The ACEs Revolution : the impact of adverse childhood experiences*, CreateSpace Independent Publishing Platform, 2016.
Wagner Jerry, *Nine lenses on the world*, Nine Lenses Press, Evanston, IL, 2010.
Wilber Ken, *Sex, Ecology, Spirituality*, Shambhala Publications, Boston, MA, 2000.
Wilbur Ken, *Kosmic consciousness (DVD)*, Sounds True, Boulder, CO, 2003.
Wilbur Ken, *Integral spirituality*, Shambhala, Boston, MA, 2006.
Zinn John Kabat, *Wherever you go, there you are : mindfulness meditation in everyday life*, Hyperion Books, New York, NY, 2005.

Table des matières

Chapitre 3
La biologie des relations : l'anatomie de l'amour
53

Chapitre 4
Mieux nous connaître : commençons avec l'Ennéagramme
71

Chapitre 5
Notre structure : trois centres de l'intelligence et trois émotions aversives
83

Chapitre 6
Développement personnel à l'aide de l'Ennéagramme
101

Chapitre 7
Trois comportements instinctifs (sous-types de l'Ennéagramme) et leurs répercussions sur les relations
143

Chapitre 8
Le genre, les énergies masculine et féminine et l'Ennéagramme
183

Chapitre 9
Développer la conscience demande un processus méthodique
199

Chapitre 10
Ce qui nous sépare l'un de l'autre : de la résistance au développement
247

Chapitre 11
Intimité et sexualité
311

Chapitre 12
Obstacles et malentendus : qu'est-ce qui affecte notre intimité ?
327

Chapitre 13
Aperçus et suggestions : influençons notre intimité de manière consciente
355

Chapitre 14
L'expression sexuelle et les neuf profils de l'Ennéagramme
365

Chapitre 15
Dernières pensées
425

Dépôt légal : février 2022 N° imprimeur 022271250

Imprimé en France par Présence Graphique - Monts.